LE
CABINET DES ANTIQUES

A LA BIBLIOTHÈQUE NATIONALE

MACON, IMPRIMERIE PROTAT FRÈRES

LE
CABINET DES ANTIQUES

A LA BIBLIOTHÈQUE NATIONALE

CHOIX DES PRINCIPAUX MONUMENTS

DE L'ANTIQUITÉ, DU MOYEN-AGE & DE LA RENAISSANCE

CONSERVÉS AU DÉPARTEMENT DES MÉDAILLES ET ANTIQUES DE LA BIBLIOTHÈQUE NATIONALE

PAR

M. ERNEST BABELON

Attaché au département des Médailles et Antiques de la Bibliothèque Nationale

PARIS
A. LÉVY, LIBRAIRE-ÉDITEUR
13, RUE DE LAFAYETTE, 13.

1887

INTRODUCTION

L E département des Médailles et Antiques de la Bibliothèque Nationale est formé de la réunion de monuments nombreux et variés, qui appartiennent à l'antiquité classique ou orientale, au Moyen-Âge ou même aux temps modernes. Outre les monnaies anciennes qui en sont l'élément essentiel, il renferme des pierres gravées, des statuettes de bronze et de terre cuite, des bustes en marbre, des vases peints, des ivoires, des bijoux d'or et d'argent, des inscriptions phéniciennes, grecques et romaines. Plusieurs de ces diverses séries, si on les compare aux collections similaires d'autres musées français ou étrangers, tiennent la première place ou au moins occupent un rang honorable par l'importance archéologique des objets qui les composent.

La suite numismatique est d'une incomparable richesse ; la galerie des camées et intailles de l'antiquité et de la

_{La gravure placée en tête de cette page représente, d'après une photographie, une vue intérieure de la salle principale de l'ancien Cabinet des Médailles, tel qu'il avait été organisé sous Louis XV. Ainsi qu'on le verra dans la présente Introduction, cette installation fut changée en 1865 et n'est plus qu'un souvenir.}

Renaissance est sans rivale et illustrée par des chefs-d'œuvre de glyptique que les cabinets de Naples, de Florence, de Pétersbourg, de Londres ou même de Vienne sont bien loin d'égaler. On chercherait en vain, ailleurs, une aussi belle réunion de diptyques consulaires, de cachets d'oculistes gallo-romains et de vases antiques en argent ; la série des statuettes de bronze est de premier ordre, et les vases peints, moins nombreux, il est vrai, qu'au Louvre et dans d'autres musées, constituent cependant, par leur heureux choix, une des plus intéressantes collections qui existent. Il nous a paru utile de retracer ici, en quelques pages, l'histoire de ce Cabinet de médailles et d'antiquités, l'un des premiers établissements scientifiques du monde, de raconter comment il s'est formé et développé, de rappeler les nobles souvenirs qui s'y rattachent et les noms des hommes de science et de goût qui en ont facilité l'extension et accru les richesses.

I.

Ce serait remonter trop loin, sans doute, que de rechercher dans les trésors des princes ou des églises du Moyen-Age les origines du Cabinet des Médailles. Il n'y avait point alors de collections d'objets anciens formées, comme nos musées, au point de vue de l'intérêt rétrospectif de l'art et de l'histoire. Loin de nous de supposer, par exemple, que la collection de gemmes et joyaux de Philippe-Auguste, dont le catalogue nous a été conservé[1], ou que les bijoux, vases et pierres gravées du mobilier de Jean le Bon et de Charles V, soient l'origine directe de ce Cabinet d'antiquités que, dans les derniers temps de l'ancienne monarchie, les rois de France avaient installé dans leur palais pour leur instruction ou pour se procurer d'agréables distractions artistiques, à la manière des amateurs de nos jours. Cependant les sacristies des églises et les garde-meubles des palais n'étaient-ils pas les musées du moyen-âge ? N'est-ce pas là qu'ont été recueillies les épaves échappées au naufrage de l'antiquité, et que nous retrouvons ces onyx multicolores, ces rubis, ces topazes, ces améthystes qui font aujourd'hui la gloire de nos vitrines de gemmes antiques ? Le Moyen-Age se sert des dépouilles des Romains et des Grecs pour rehausser la magnificence du culte chrétien, et pour donner plus de prix et plus d'éclat aux produits de l'orfèvrerie et de l'émaillerie contemporaines. Les reliquaires, les croix, les vases sacrés, les meubles de luxe, les coffrets, les couvertures de manuscrits précieux sont incrustés de camées et d'intailles. On va jusqu'à employer au service des autels des vases et des ustensiles couverts des emblèmes de la mythologie gréco-romaine, et les rituels des églises contiennent des oraisons particulières pour purifier les vases païens qu'on veut remettre en usage, vascula arte fabricata gentilium[2]. Au lieu d'être un prétexte à la destruction des œuvres de la glyptique et de l'orfèvrerie antiques, la piété ardente de nos pères fut, contre le vandalisme, une garantie bien autrement efficace que les raisonnements scientifiques d'époques plus éclairées. Seulement, elle dénatura le sens archéologique des monuments et elle chercha à leur appliquer une interprétation de fantaisie qui répondit à ses aspirations chrétiennes. Chaque objet d'art ancien devint une relique de l'Ancien ou du Nouveau Testament ; les scènes les plus faciles à expliquer, les tableaux les plus réalistes même trouvèrent leur commentaire dans les Livres Saints.

C'est ainsi que les plus illustres des gemmes du Cabinet des Médailles furent vénérées comme de pieuses reliques, et les inventaires des trésors de Saint-Denis, de la Sainte-Chapelle et de la cathédrale de Chartres, par exemple, leur

---

[1]. Archives nationales, JJ. 2 B, f° 3, v°.
[2]. Rituel de Rouen : Oratio super vasa in loco antiquo reperta, dans Le Prévost, Mémoire sur la collection de vases antiques trouvés à Berthouville, p. 2.

donnent, comme à cent autres, des attributions aussi pieuses que naïves. Un certain nombre d'intailles servent encore de cachets au Moyen-Age comme dans l'antiquité, mais on est si loin de soupçonner le sens vrai des sujets figurés sur ces pierres, que des Vénus et des Lédas passent pour des représentations de la Vierge; des Victoires et des cavaliers se trouvent transformés en Anges et en saints Georges [1]. La même absence de critique caractérise les inventaires des trésors des princes qui, pourtant, par leur caractère de réunion d'objets curieux et précieux, se rapprochent davantage de nos musées, dans le sens moderne du mot. Dans le trésor de Charles V [2], par exemple, on constate que ce prince, protecteur des arts, était particulièrement passionné pour la glyptique des anciens et l'on y relève une grande quantité d' « anneaux à camaieux », la plupart servant de cachets, des hanaps, des drageoirs et autres ustensiles couverts de pierres fines antiques; mais la description de ces joyaux, camées et autres bijoux est telle qu'il nous est, presque toujours, fort difficile d'identifier, d'après ce signalement barbare, ceux des objets qui n'ont pas été détruits dans la suite des siècles et qui figurent sous les vitrines du Cabinet des Médailles ou du Musée du Louvre. On reconnaît bien, à la vérité, une cornaline représentant Jupiter Ammon, sous ce travestissement : « Ung petit signet d'or où a une pierre cornaline où dedens est taillé une teste d'homme qui a une corne sur l'oreille [3]. » Mais quel peut bien être le sujet antique qui se cache sous cet autre déguisement : « Ung grant camahieu carré, où dedens a ung homme séant soubz ung arbre, tenant ung espervier sur son poing, et ung chien devant luy, assiz à fillet, dont le fillet est emaillé à l'environ de fleurs de lys [4]. » Un des plus beaux camées du Cabinet des Médailles, qui représente un taureau dont le sexe est nettement accentué, est décrit comme étant « une vache noire »; un autre où l'on reconnaît au premier coup d'œil Noé sous un cep de vigne [5], rare spécimen de la glyptique du Moyen-Age, est dit figurer « un hermite qui boit à une coupe sous un arbre. »

Non contents de travestir inconsciemment le sens des monuments, les gens du Moyen-Age ne pouvaient supposer que le paganisme eût donné le jour à des œuvres aussi remarquables que celles qu'ils recherchaient avidement. Il fallait à tout prix leur trouver une origine chrétienne, de même que l'on faisait remonter à Noé la fondation de Rome. Tous les objets d'orfèvrerie qui paraissaient exécutés avec un art si merveilleux que les plus habiles se reconnaissaient impuissants à l'égaler : vases précieux ornés de gemmes, bibelots ouvragés, aiguières de formes étranges, vaisselle d'or et d'argent, furent réputés l'œuvre du roi Salomon, devenu le type de la Sapience et de l'habileté technique [6]. La légende du voyage de Charlemagne à Constantinople et aux Lieux Saints, qui s'accrédita dès le xe siècle, vint à merveille favoriser cette tendance générale des esprits : il fut bientôt de règle d'admettre que Charlemagne avait rapporté de son pèlerinage la plupart des gemmes, joyaux et reliques dont on ignorait la véritable origine. Un des plus curieux exemples de ces fausses attributions de provenance concerne le reliquaire de Corbie, désigné sous le nom de Numisma Caroli, qui fut détruit à la Révolution. C'était un disque lenticulaire de cristal, « recouvert d'un côté d'un filigrane d'or, et de l'autre, d'une grande médaille romaine; un vide pratiqué

---

1. G. Demay, Inventaire des sceaux de l'Artois et de la Picardie, p. III.
2. Jules Labarte, Inventaire du mobilier de Charles V, in-4°. Paris, 1879.
3. Inventaire du Trésor de Charles V, n. 570.
4. Id., n. 700.
5. Chabouillet, Catalogue des camées, pierres gravées, etc., du Cabinet des Médailles et Antiques, n. 3496.
6. Voyez sur l'Œuvre Salomon, opus Salomonis, A. de Longpérier, Œuvres, publiées par G. Schlumberger, t. I, p. 445 et suiv.

IV

au centre du cristal, contenait une statuette de la Vierge, taillée dans le bois de la Croix¹. » Ce joyau, comme l'a établi M. le comte Riant, fut rapporté à Corbie par Robert de Clari, à la suite de la croisade de 1204, et il provenait du pillage de Constantinople par les croisés. N'importe! on racontait, peu d'années après la croisade, que cette relique avait été donnée aux moines de Corbie par Charles le Chauve, et la médaille romaine devenait le portrait de Charlemagne. C'est pour de pareils motifs qu'il serait téméraire d'adopter sans quelque réserve la tradition de Saint-Denis relative à plusieurs des plus importants monuments du Cabinet des Médailles, qu'elle fait remonter à l'ambassade envoyée par Haroun-al-Raschid à Charlemagne. Il serait facile de multiplier les exemples de ce genre sans sortir même de nos collections; et nous devons reconnaître que de pareilles constatations ainsi que l'identification des joyaux de nos musées avec les descriptions des inventaires du Moyen-Age, constitueraient un des plus intéressants et des plus curieux chapitres de l'histoire de l'archéologie. Mais notre but a été seulement de constater que si le Moyen-Age a respecté les gemmes et autres bijoux que l'antiquité lui avait légués, il n'en a connu que le côté pratique et utilitaire; ses artistes n'ont pas appris à s'en servir comme de modèles, ses amateurs de curiosités n'eurent pas l'idée de former avec discernement des collections de monuments anciens par amour pour les Grecs et les Romains : en d'autres termes, personne, avant le milieu du XIVᵉ siècle, ne sut être un antiquaire.

Le mouvement de renaissance littéraire provoqué par Pétrarque eut son contre-coup dans les arts; on commença à comprendre l'antiquité, à en interroger les restes pour leur demander compte, à eux-mêmes, de leur origine et de leur passé, à les recueillir non plus seulement à titre de bijoux pouvant servir à la décoration de meubles ou de reliquaires, mais comme des produits des civilisations païennes. Le premier, dès 1335, un citoyen de Trévise, Olivier Forza, mérita le nom d'antiquaire en formant une collection de monuments grecs et romains, et il ne tarda pas à avoir des imitateurs. Bientôt, rois, princes et seigneurs veulent avoir leur galerie de camées, d'intailles, de marbres et de bronzes, reliques du paganisme dont on commence à saisir le caractère et qui peuvent servir de modèles aux artistes contemporains. On les recherche avidement; puis, quand l'Italie semble aux plus impatients à peu près épuisée, on voit, dès 1430, le Florentin Niccolo Niccoli dépêcher dans le Levant des émissaires chargés de lui rapporter des antiques : c'est ainsi qu'avaient procédé, jadis, les riches Romains désireux de parer leurs palais et leurs villas des dépouilles artistiques de la Grèce. Déjà avant d'être pape sous le nom de Paul II (1457-1471), le cardinal Barbo avait une collection comprenant environ deux cent quarante camées qu'il fit sertir dans des cadres d'argent². Monté sur la chaire de saint Pierre, Paul II ne se contenta pas de rechercher les gemmes de l'antiquité; il déploya tout son zèle à encourager les graveurs en pierres fines et à remettre en honneur la glyptique qu'on avait à peu près négligée en Occident depuis la chute du monde romain. Ses collections d'antiques formèrent le fond principal de celles, à jamais célèbres, de Laurent de Médicis; son successeur Sixte IV fonda le musée du Capitole.

La France ne resta pas longtemps en dehors du mouvement d'enthousiasme artistique qui prit naissance au delà des Alpes. A l'imitation des princes italiens, François Iᵉʳ songea à se créer une collection de gemmes et de médailles; il en fit rechercher à grands frais et il attira même à sa cour des artistes italiens en renom, auxquels il fit graver des médailles, des camées et des intailles dans le goût antique. On cite particulièrement Matteo del Nassaro, de

---

1. *Comte Riant*, Les dépouilles religieuses de Constantinople, dans les Mémoires de la Société des Antiquaires de France, t. XXXVI, p. 170; cf. Cocquelin, Historia corbiensis, p. 13.
2. *Eug. Muntz*, dans la Revue archéologique, Septembre-Octobre, 1878.

Vérone, Ascanio de' Mari et Benedict Ramel, de Ferrare, qui ont dû sculpter quelques-unes des gemmes de la collection royale, parvenues jusqu'à nous. En amateur éclairé, le roi, ami du Primatice, prend plaisir à s'entourer de ces artistes et à leur donner des sujets de composition. Le premier historien du Cabinet des Médailles, le P. du Molinet [1], raconte que, de son temps, c'est-à-dire au commencement du XVIIIe siècle, on voyait, dans le garde-meuble de la couronne, des médailles antiques collectionnées par ce prince ; il cite particulièrement « un certain bijou de vermeil doré, fait en manière de livre, à l'ouverture duquel on remarque, de chaque côté, une vingtaine de médailles d'or et du Haut-Empire, qui y sont enchâssées ». Il y avait aussi, d'après le même auteur, une centaine de médailles d'argent, encadrées dans la monture de bassins, d'aiguières et autres pièces d'orfèvrerie qu'elles servaient à décorer ; enfin le garde-meuble conservait encore les vases et objets précieux, les gemmes et les joyaux des anciens rois, qui n'avaient pas été détruits au cours de la guerre de Cent ans ; plusieurs de nos camées n'ont jamais quitté la collection royale où l'on constate leur présence depuis Charles V. Malheureusement aussi, un grand nombre d'autres, surtout les vases et bijoux en métal précieux, avaient dû être fondus pour subvenir aux frais de la guerre contre les Anglais, de sorte que la collection était bien appauvrie. François Ier lui-même, malgré sa passion pour les objets d'art, fut contraint d'avoir recours à d'aussi cruelles nécessités et de porter au creuset ses bijoux d'or. En voici un exemple caractéristique : le 28 juillet 1527, étant allé en pèlerinage à la Sainte-Chapelle, il fait don au trésor, en souvenir de sa visite royale, de son chef en or ; quelques années après, il est obligé de reprendre ce buste, œuvre d'orfèvrerie sans doute fort remarquable, pour le convertir en lingots et payer les dettes de la guerre. Le trésorier de la Sainte-Chapelle écrivit en marge du registre où il avait consigné le présent du roi : « Défault ledict chef, parce qu'il a esté prins et fondu pour les affaires du roy [2]. » Plus tard, Catherine de Médicis et Louis XIV même sont réduits à de pareilles extrémités qui rappellent les plus sombres siècles du Moyen-Age où les trésors des palais et des églises n'étaient, pour ainsi dire, qu'une caisse de réserve dans laquelle on puisait aux jours de calamité publique ou de détresse financière.

Henri II, qui sut se placer, comme son père, à la tête du mouvement artistique de son temps, n'eut garde de négliger la naissante collection royale. Tel était d'ailleurs à cette époque l'engouement pour les œuvres de l'antiquité que Pierre Gilles et Pierre Belon parcourent l'Orient dans le but d'en décrire les singularités ; on s'occupe de fixer les attributions iconographiques des monnaies et des statues anciennes ; on veut illustrer l'histoire à l'aide de monuments grecs et romains ; le savant hollandais, Hubert Goltz, le père de la numismatique, vient en France pour visiter les cabinets des amateurs ; il en compte plus de deux cents, parmi lesquels ceux du roi Henri II, de Catherine de Médicis, du prince et de la princesse de Condé, de Diane de Poitiers, des ducs de Lorraine, de Nevers et de Montmorency, des cardinaux de Lorraine, de Tournon, d'Armagnac, du chancelier de l'Hospital, du président Brisson [3]. On remarque, au Cabinet des Médailles, deux bracelets que la tradition dit avoir appartenu à Diane de Poitiers, puis à Catherine de Médicis [4] ; ils sont formés de quatorze camées d'un travail exquis de la Renaissance, œuvre attribuée à Matteo del Nassaro, mais qui pourrait tout aussi bien avoir été exécutée par un autre des nombreux artistes italiens que le roi de France avait, comme son père, attirés à sa cour. Catherine de Médicis enrichit le palais de Fontainebleau de gemmes

---

1. Dans le Mercure de France, mai 1719, p. 46 ; cf. Marion du Mersan, Histoire du Cabinet des Médailles, p. 145 (Paris, in-8°, 1838).
2. Voyez Revue archéologique, t. V, p. 201, note.
3. Marion du Mersan, Histoire du Cabinet des Médailles, p. 146.
4. Chabouillet, Catalogue, etc., n. 673 et 674.

provenant de la collection des ducs de Toscane, mais rien ne nous permet aujourd'hui de les distinguer sous nos vitrines ; tout au plus pourrions-nous désigner la pierre gravée portant l'inscription *LAVR. MED.* qui indiquerait la collection de Laurent de Médicis, si cette inscription n'est pas d'une date postérieure [1].

Malgré les malheurs de son temps, Charles IX fut, comme ses ancêtres et sa mère, grand collectionneur d'antiquités et de curiosités, et c'est à ce prince que revient l'honneur d'avoir constitué administrativement le Cabinet des Médailles. Dès 1560, au début de son règne, il fit dresser par une commission d'orfèvres et de gens des finances, au nombre desquels figure Florimont Robertet, l'inventaire des joyaux et autres objets d'art conservés au palais de Fontainebleau. Ce document qui a pour titre : « Inventaire des vaisselles et joyaux d'or et argent doré, pierres, bagues et autres choses précieuses trouvées au Cabinet du Roy à Fontainebleau, » est des plus importants pour l'histoire des monuments du Cabinet des Médailles qui s'y trouvent décrits avec plus de précision et de critique que dans l'Inventaire du Trésor de Charles V [2] ; en 1562, on dressait de même l'état des objets d'art conservés au château de la Bastille. C'étaient là, toutefois, des mesures qu'on avait déjà prises auparavant, en diverses occasions ; mais ce qui constitue véritablement la grande part de Charles IX dans la formation du Cabinet des Médailles, c'est que ce prince eut l'idée de réunir en musée, au palais du Louvre, les curiosités recueillies par lui et avant lui, et dispersées dans les diverses résidences royales ; enfin, il acheta la collection d'antiquités et médailles de Groslier, et il créa la charge de garde particulier du Cabinet des Médailles et Antiques. Le P. Louis Jacob [3] dit que la collection de Charles IX était une merveille extraordinaire. Pourquoi faut-il que les guerres de religion, qui attristèrent la seconde moitié du XVIᵉ siècle, soient venues disperser ou détruire en partie ces richesses et arrêter ce merveilleux élan de Renaissance artistique que la sagesse de nos rois avait si intelligemment provoqué et dirigé ?

Tout fut à recommencer sous Henri IV, et ce roi populaire ne faillit pas à cette noble tâche lorsqu'il eut achevé de réparer les maux causés par la guerre civile. A l'exemple de François Iᵉʳ et de sa mère Jeanne d'Albret qui avait une riche collection de médailles, il encouragea les artistes en leur faisant copier et imiter les œuvres de l'antiquité, et l'on voit encore au Cabinet des Médailles douze petits camées sur coquille qui représentent les têtes des douze Césars : c'étaient les boutons du pourpoint royal. Des artistes contemporains, comme Julien de Fontenay, Olivier Codoré, Guillaume Dupré, gravèrent ses traits sur les médailles ou les pierres fines, et notre collection nationale possède de remarquables portraits de Henri IV qu'on doit à ces artistes de grand mérite.

Non content d'encourager les graveurs et de les attirer à sa cour, Henri IV résolut de rétablir le Cabinet des Médailles tel que Charles IX l'avait constitué. Il fit appel, en 1602 [4], à un gentilhomme provençal, Rascas de Bagarris ; après lui avoir acheté de nombreux camées, intailles et médailles, il l'institua garde de la collection royale qui fut transportée au château de Fontainebleau où était déjà la bibliothèque ; Bagarris prit le titre de Maître ou Intendant des cabinets des antiques du Roy. Un document récemment publié par M. Tamizey de Larroque [5] nous fournit quelques détails sur le musée que le roi voulait fonder ; ce texte est intitulé : « Abrégé d'inventaire des

---

1. Chabouillet, Catalogue, etc., n. 2299. *Apollon et Marsyas.*
2. Cet inventaire de Fontainebleau est publié dans la Revue universelle des arts, t. III (1856), p. 334 et suiv.
3. L. Jacob. Traité des plus belles Bibliothèques, p. 478.
4. Sur cette date, voyez Ph. Tamizey de Larroque, Pierre-Antoine de Rascas, sieur de Bagarris, p. 12, in-8°. Aix, 1887.
5. Pierre-Antoine de Rascas, sieur de Bagarris, p. 74 et suiv.

pièces que le sieur de Bagarris a en main pour dresser un cabinet à Sa Majesté, de toutes sortes d'antiquités, suivant le commandement donné audit sieur Bagarris par sa dite Majesté, tant de bouche que par lettre du 22 mars 1602. » Henri IV donna l'ordre à Bagarris d'acheter plusieurs cabinets particuliers de médailles et d'antiquités, notamment ceux du sieur Curion et de François du Périer; outre des monnaies romaines de la République et de l'Empire, il lui signale : « grand nombre de camayeux d'agathe et d'autres pierres fines contenant histoires, fables, triomphes, moralités, etc., des anciens Grecs et Romains. Le tout antique. Les douze premiers empereurs de bronze sur buste, assez grands. Antiques. » Il est question d'intailles comprenant « cinquante petites figures en ronde basse de pierres fines comme agathes, onices, jaspe, cornalines, hellietropes, presme » ; de deux cents statues de marbre, d'un « tir espine » (tireur d'épine) de marbre ; de 50 têtes de marbre et de « plusieurs autres pièces, instrumans, vases, urnes, larmoirs, anneaux, pénates trouvés dans les monumans des anciens ». Nous ne savons si le sieur de Bagarris put « négotier le tout » suivant le désir du roi et si tous ces monuments entrèrent au Cabinet des Médailles. Dans tous les cas, la mort subite de Henri IV vint brusquement entraver les développements de la collection et couper court au projet formé par Bagarris et adopté par le roi, de commander aux artistes une série de médailles dans le style antique, pour commémorer les principaux événements du règne. Bagarris se retira en Provence après avoir dédié à Louis XIII et à la reine régente son livre sur la nécessité de l'usage des Médailles dans les Monnaies. Il s'était formé pour lui-même un riche cabinet de médailles et d'antiques qui devait, plus tard, venir se fondre en partie dans la collection royale et dont le catalogue sommaire est parvenu jusqu'à nous sous ce titre qui indique bien le caractère des collections de cette époque : « Curiositez pour la confirmation et l'ornement de l'histoire, tant grecque et romaine, que des barbares et Goths, consistant en anciennes monnoyes, médailles et pierres précieuses, tant gravées en creux que taillées en bas-relief [1]. » Le cabinet de Bagarris, un des plus remarquables du XVIIe siècle, fut vendu par sa veuve, en 1660, à Toussaint Lauthier et à Henri de Loménie.

  Louis XIII ne partageait pas les goûts de Henri IV pour les œuvres de l'antiquité; mais son frère Gaston, duc d'Orléans, se montra, au contraire, un collectionneur passionné. Dans une lettre datée du 3 juillet 1638, Louis XIII avoue à son frère qu'en fait de médailles, il voit « peu de cette antienne », et c'est pourquoi il envoie à Gaston une collection de monnaies trouvées à Chantilly, non, toutefois, sans l'avoir fait préalablement examiner et étiqueter par un savant antiquaire, le P. Sirmond [2]. Cependant, des artistes du plus haut mérite recevaient des encouragements du roi; Dupré modelait des médailles à l'effigie de Louis XIII et de Marie de Médicis, qui feront toujours l'admiration des fins connaisseurs; le Cabinet des Médailles possède plusieurs camées représentant Louis XIII, Anne d'Autriche et Richelieu; l'un d'eux, sur grenat, fut exécuté pour le roi, en l'honneur de la prise de La Rochelle sur les Protestants [3].

  De riches particuliers, à l'imitation du duc d'Orléans, recherchaient les antiquités de toutes sortes et particulièrement les pierres gravées. Un des plus illustres de ces amateurs zélés, Rubens, vint à Paris en 1625 pour admirer et dessiner les camées de la Sainte-Chapelle; plusieurs des gemmes qu'il possédait lui-même sont entrées, plus

---

1. Tamizey de Larroque, Pierre-Antoine de Rascas sieur de Bagarris, p. 78 et suiv.
2. Revue numismatique, 1842, t. VII, p. 75.
3. Chabouillet, Catalogue, n. 337.

tard, au Cabinet des Médailles. C'était le temps où l'on poussait si loin l'admiration pour les œuvres des Grecs et des Romains que des vaisseaux anglais allaient charger des cargaisons de statues à Paros et à Délos, et lord Arundel parlait de « transplanter la Grèce en Angleterre ». Peiresc, l'ami et le correspondant de Bagarris, proposait, en 1619, une interprétation rationnelle du Grand Camée et démontrait que ce monument n'avait rien de commun avec le triomphe de Joseph à la cour du roi Pharaon : la critique archéologique conquiert enfin ses droits, et après avoir longtemps rassemblé des curiosités, les antiquaires commencent à pénétrer le sens des monuments et à leur donner une attribution scientifique.

II.

C'est à partir du règne de Louis XIV que la collection royale de médailles, gemmes, antiquités et autres curiosités revêt les caractères d'un établissement destiné à contribuer aux progrès de l'art et des études historiques. Le goût et la protection éclairée du monarque, l'administration intelligente de Colbert, un grand acte de générosité de la part de Gaston d'Orléans, furent les causes principales qui portèrent le Cabinet des Médailles à un degré de splendeur qui lui assure, aujourd'hui encore, le premier rang parmi ses rivaux des autres pays. Déjà, en 1644, lorsque la charge de garde du Cabinet fut donnée à Jean de Chaumont, seigneur de Boisgarnier, la collection, au témoignage des contemporains, passait « pour une merveille du monde, pour ses raretés et antiquités, outre ses pierreries »[1]; elle s'enrichissait chaque jour de dons faits au jeune prince qui y trouvait un agréable sujet d'étude et aimait à passer une partie de son temps dans la compagnie de ces chefs-d'œuvre de l'Antiquité et de la Renaissance. Lors de son mariage, en 1660, un artiste inconnu sculpta pour lui notre beau camée qui représente le buste du roi encore adolescent[2]; l'année précédente, à l'occasion du traité des Pyrénées, on avait reproduit sur sardonyx le buste de Mazarin, avec la légende : Qui posuit fines suos pacem[3].

En 1660, le duc d'Orléans mourut, léguant au roi, son neveu, toutes les collections d'antiquités qu'il avait rassemblées au château de Blois et dans son palais du Luxembourg. C'étaient des médailles, des camées, des intailles, des marbres, des bronzes, outre une somptueuse bibliothèque. Durant toute sa carrière, Gaston n'avait cessé de se tenir à l'affût des occasions, achetant sans compter tout ce qui lui paraissait présenter un réel intérêt artistique. Le P. Jacob rend naïvement témoignage au zèle éclairé de ce prince : « Je puis dire sans flatterie que ni Alexandre Sévère, empereur des Romains, ni Atticus, grand ami de Cicéron, ni le très docte Varron, n'ont eu une connaissance des médailles comme lui[4]. » Le garde de la bibliothèque et du cabinet d'antiquités de Gaston était l'abbé Bénigne Bruneau, seigneur de Montmuzar et abbé commendataire de Saint-Cyprien de Poitiers.

Un mois à peine après la mort de son oncle, et avant même que le legs fût enregistré au Parlement, c'est-à-

---

1. P. Louis Jacob, Traité des plus belles bibliothèques, p. 474 (Paris, 1644).
2. Chabouillet, Catalogue, n. 346.
3. Chabouillet, Catalogue, n. 349.
4. P. Louis Jacob, Traité des plus belles bibliothèques, p. 476.

dire dès le 4 mars 1660 ¹, Louis XIV fit écrire par Le Tellier à l'abbé Bruneau, « pour lui ordonner de veiller soigneusement à la conservation de tout ce qu'il avait en sa garde, et d'en envoyer un commentaire exact. » Si cet inventaire a existé, il ne paraît pas être parvenu jusqu'à nous, et ce n'est que par conjecture que nous pouvons reconstituer l'ensemble de la précieuse collection qui venait se fondre dans celle du roi. Le P. du Molinet dit vaguement que le cabinet du duc d'Orléans « consistait en cinq choses, en agathes, en médailles, en coquilles, en figures de bronze et en livres d'oiseaux et de plantes peintes au naturel par Robert ». Il ajoute que les camées et les intailles étaient si nombreux qu'il fallut vingt-quatre boîtes pour les transporter. Il s'agit donc d'une partie considérable de nos camées antiques et surtout, fort probablement, de camées et de pierres gravées exécutés à la Renaissance, en Italie et en France, par cette pléiade d'artistes qui copiaient et imitaient l'antique avec une perfection qui fait aujourd'hui le désespoir des archéologues.

Presque en même temps que Gaston léguait ses collections au roi, Hippolyte de Béthune, neveu de Sully, refusait de vendre les siennes à la reine de Suède, pour en faire cadeau à Louis XIV : c'étaient, outre des livres, des manuscrits et des tableaux, « des statues et bustes de marbre et de bronze antiques ² ». Trois ans plus tard, en 1665, l'archevêque électeur de Mayence, Jean-Philippe de Schœnborn, offrait au roi de France les antiquités découvertes dans le tombeau de Childéric I", à Tournai. L'ancien bibliothécaire du duc d'Orléans, l'abbé Bruneau, devenu garde de la collection royale, en faisait rédiger les catalogues par Lalande et Le Cointre, et il classait toutes ces richesses dans une salle du palais du Louvre restaurée par le sieur Le Ménestrel qui toucha 4.247 livres pour ces frais de réparation et d'aménagement ³. Mais, en 1666, Bruneau ayant été assassiné, on trouva que le Cabinet n'était pas en sécurité au palais du Louvre, et on le transporta « en la rue Vivienne, auprès du logis de M. Colbert », où se trouvait déjà la Bibliothèque. Pierre de Carcavi, l'ami et le correspondant de Pascal, de Fermat et de Huygens, bibliothécaire du roi, fut nommé garde du Cabinet, et grâce à l'infatigable dévouement de ce savant, de nouvelles richesses vinrent chaque année grossir la collection ⁴. Colbert, amateur lui-même, et qui honorait Carcavi de sa confiance, stimula le zèle des résidents français en Orient, et envoya de nombreux agents à l'étranger pour rechercher et acquérir, au nom du roi, des manuscrits, des pierres gravées et des antiquités de toute sorte. En 1667, le marquis de Nointel, ambassadeur à Constantinople, envoie au roi des manuscrits, des médailles, des inscriptions et divers monuments, tandis que Laisné, Galland, de Monceaux, P. Lucas, Petis de la Croix, Wansleben et le numismate Vaillant parcourent l'Italie et la Grèce avec la mission « de faire emplette de médailles et de pierres gravées antiques, pour le Cabinet de Sa Majesté ⁵ ». On achète les cabinets de médailles et d'antiquités du comte de Brienne, de Huet, de Séguin, de Tardieu, de Sère, de Le Charron, de Térouënne. Lauthier d'Aix vend au roi une partie des collections que son père tenait de la veuve de Rascas de Bagarris, et dans lesquelles se trouvaient deux joyaux de premier ordre : notre améthyste signée de Dioscorides, qui passe pour représenter Mécènes, et la cornaline qui

---

1. Les lettres patentes du roi, par lesquelles il acceptait la donation du duc d'Orléans, sont du mois de novembre 1661 ; elles ne furent enregistrées au Parlement que le 5 juin 1663. Chabouillet, Recherches sur les origines du Cabinet des Médailles, Paris, 1874, in-8°.
2. L. Delisle, Le Cabinet des Manuscrits, t. I, p. 268.
3. Jules Guiffrey, Comptes des bâtiments du roi, t. I, p. 5 et pp. 101 et 102.
4. Charles Henry, Pierre de Carcavi. Extrait du Bullettino di bibliografia e di storia delle scienze matematiche e fisiche di Roma, tome XVII, mai-juin 1884.
5. Mémoire historique en tête du premier volume du Catalogue de la bibliothèque du roi, p. XXXII.

servit, dit-on, de cachet à Michel-Ange. Le catalogue sommaire de la collection Lauthier, qui nous est parvenu, permet d'apprécier ce qu'était le cabinet d'un grand collectionneur au XVII.ᵉ siècle, et l'importance de l'acquisition faite par le roi. « Pour les médailles, elles y sont au nombre de 992, toutes antiques, savoir : 36 en or, 428 en argent et tout le reste en cuivre, fors 16 grandes modernes en argent.... Pour les gravures, elles y sont au nombre de 869, et consistent en 210 onices, 83 camaïuls, et le restant en saphirs, grenats, cornioles, sardoines, presmes, ametistes, jaspes, agathes, jacinthes, topazes, berilles, gyrosol, turquoises et lapis-lasuli, le tout de considération, tant par la beauté naturelle des pierres, pour leur grandeur et notables rencontres de meslanges des couleurs, que pour la diversité des sujets qui y sont représentés et la qualité des ouvriers qui les ont taillés.... Pour les figures antiques en cuivre, elles y sont en nombre de 33, tant grandes que petites, entre lesquelles on voit un Marc-Aurèle à cheval sur un pied destail [1].... 5 testes antiques de marbre, toutes de bonne main..... Pour les vazes antiques, un d'albâtre fort grand, d'une belle forme, qui a servi pour les sacrifices; un autre plus petit, de la mesme matière, en forme de larmoir; 8 de cuivre avec leurs anses.... Pour les lampes antiques, elles y sont au nombre de 19, desquelles il y en a 8 de cuivre [2].... Pour des coquilles, elles y sont en nombre d'environ 200 [3] ».

En 1684, Louvois, surintendant des bâtiments depuis la mort de Colbert, fit transférer le Cabinet des Médailles et Antiques au palais de Versailles, où on l'installa à côté des appartements royaux. Louis XIV, raconte le P. du Molinet, aimait à étudier et à passer en revue ses pierres gravées et ses médailles; pendant qu'on les rangeait, il venait là, tous les jours, au sortir de la messe jusqu'au diner, « témoignant qu'il y avait d'autant plus de satisfaction, qu'il y trouvait toujours quelque chose à apprendre. » En même temps, il donnait des ordres pour qu'on ne négligeât aucune occasion d'acquérir toutes les médailles et les antiquités offrant un intérêt historique et artistique. On achète, entre autres, les collections du duc de Verneuil, d'Oursel, de Monjeux; les moines de Saint-Evre de Toul vendent notre beau camée de l'Apothéose de Germanicus qu'on avait cru, au Moyen-Age, représenter saint Jean sur son aigle. Le professeur Fesch, de Bâle, fait cadeau au roi de la célèbre améthyste signée de Pamphile, et représentant Achille citharède; les Génovéfains de Paris lui offrent trois cents médailles de leur collection; le procureur général de Harlay lui donne son cabinet de gemmes et de médailles, et le duc de Valentinois lui lègue une grande tête de Cybèle en bronze, déterrée, dit-on, à Paris, et le buste en marbre du médecin Marcus Modius Asiaticus, trouvé à Smyrne. François de Camps, abbé de Signy, dit l'auteur du Mémoire historique sur la bibliothèque du roi [4], « connu par les services qu'il aimait à rendre aux gens de lettres et par le goût qu'il avait pour les médailles, les antiques et les tableaux, était dans l'usage de donner tous les ans au roi des étrennes assez singulières; c'était pour l'ordinaire quelques médailles qui pouvaient convenir au cabinet de Sa Majesté. »

En 1697, le P. La Chaise fit acheter par le roi le disque en argent connu sous le nom de Bouclier de Scipion, trouvé dans le Rhône près d'Avignon. Ce fut une des dernières acquisitions importantes de Louis XIV, et les désastres de la fin du grand règne eurent leur contre-coup dans le développement du Cabinet, qui subit un ralentissement marqué, bien que le goût des choses de l'antiquité n'eût fait que s'accroître, surtout depuis la publication, en

---

1. Cette statuette est au Cabinet des Médailles ; c'est un bronze médiocre de la Renaissance, copie en réduction de la statue du Capitole.
2. Ces lampes de bronze sont au Cabinet des Médailles, mais elles sont de travail moderne.
3. Tamizey de Larroque, Pierre-Antoine de Rascas, sieur de Bagarris, p. 26-27.
4. En tête de l'ancien Catalogue des livres de la bibliothèque du roi, p XLV.

1678, *de la relation du voyage dans le Levant et en Italie du médecin lyonnais Spon*. Une lettre de l'abbé de Louvois, garde du Cabinet, écrite le *13 octobre 1705* au contrôleur général, commence par cette phrase significative : « *Quoique je sois très exact, Monsieur, à faire dans ces temps-ci le moins de dépenses qu'il est possible pour la Bibliothèque du roi et pour le Cabinet des Médailles de Sa Majesté, il y a cependant de certaines occasions où je ne crois pas pouvoir me dispenser de proposer des acquisitions utiles, curieuses et à bon compte* [1]. »

Pendant la minorité de Louis XV, on put être moins parcimonieux : Sevin et Fourmont furent envoyés dans le Levant à la recherche des manuscrits et des antiquités, et la moisson que Fourmont rapporta en *1730* est ainsi appréciée dans l'Histoire de l'Académie des Inscriptions et Belles-Lettres [2] : « *Elle consiste dans un grand nombre de médailles antiques, rassemblées çà et là, et en plus de trois mille inscriptions qui, n'ayant pas encore été publiées, feront la matière d'un ouvrage aussi utile que curieux.* » En *1727*, on acheta pour la somme énorme de quarante mille livres la collection de Mahudel, formée de la réunion de douze cabinets d'antiquités, parmi lesquels le plus important était celui de l'intendant Foucault, mort en *1721*. Montfaucon, dans son Antiquité expliquée, parle fréquemment de cette importante galerie qui comprenait particulièrement des statuettes de bronze. A cette époque, le Cabinet des Médailles avait à sa tête Claude Gros de Boze dont le zèle et l'activité rappelaient Carcavi. Membre de l'Académie des Inscriptions et Belles-Lettres, Gros de Boze composait des légendes et des devises pour les médailles officielles dont on faisait sculpter les figures par B. Duvivier, le digne successeur de G. Dupré et de Warin qui signèrent les médailles de Louis XIV. Ce fut lui qui eut l'idée de ramener de Versailles à Paris la collection de monnaies et médailles, afin de la rendre plus accessible aux recherches des savants. Le déménagement s'opéra le *2 septembre 1741*; les pierres gravées restèrent à Versailles jusqu'en *1791*.

La rue Colbert, qui fait communiquer la rue Richelieu avec la rue Vivienne, était couverte, dans la partie qui aboutit à la rue Richelieu, d'une arcade au dessus de laquelle se trouvaient de somptueux appartements habités alors par la marquise de Lambert qui y réunissait les beaux esprits de son temps : Silvestre de Sacy, La Mothe, Saint-Aulaire, Fontenelle. C'est dans ces salons attenant au palais Mazarin qu'on installa le nouveau Cabinet des Médailles. Vanloo, Natoire et Boucher furent appelés à le décorer ; aux places d'honneur on installa deux tableaux représentant les portraits en pied de Louis XIV et de Louis XV qui furent détruits en *1793* [3]. Dix autres tableaux, Apollon et les neuf Muses, complétaient, raconte M. Chabouillet, « *la décoration de cette belle salle dont les savantes proportions font l'admiration des architectes* [4]. » C'est cette salle, qui subsista jusqu'en *1865*, que représente la gravure placée au frontispice de la présente Introduction ; on y installa de beaux médaillers que les connaisseurs citent parmi les chefs-d'œuvre des meubles du style Louis XV ; les médailles furent disposées sur de riches cartons en maroquin, rehaussés de fers spéciaux aux armes de France, le fond des alvéoles garni de velours vert. Que nous sommes loin, aujourd'hui, de ce luxe exagéré!

Gros de Boze, fatigué par l'âge, s'adjoignit, pour l'aider dans le classement des séries de médailles et d'antiquités, l'abbé Barthélemy, qui devait s'immortaliser en écrivant le Voyage du jeune Anacharsis, et dont l'im-

---
1. L. Delisle, Le Cabinet des Manuscrits, t. III, p. *369*.
2. Tome VII, p. *358*.
3. On les remplaça, en *1816*, par un portrait de Louis XVIII, d'Ary Scheffer, et un portrait de Louis XIV, par Pellier, d'après H. Rigaud.
4. Chabouillet, Catalogue des camées et pierres gravées de la Bibliothèque impériale, p. *627*.

mense érudition et la sûreté de critique contribuèrent, autant que la Doctrina numorum veterum d'Eckhel, à mettre la numismatique dans la voie scientifique. On acquit les collections du maréchal d'Estrées et de l'abbé de Rothelin, cette dernière pour 20.000 livres ; à la vente du cabinet de Thoms, on acheta notamment notre célèbre Apollon étrusque et la belle canéphore athénienne dont la restauration a donné lieu à tant de polémiques[1]. Gros de Boze mourut en 1754 ; dans son Éloge académique[2], on raconte que Foucault avait excepté de la vente de ses antiques « deux belles figures représentant l'une la déesse Isis et l'autre un nain d'Auguste : il les gardait pour les laisser à M. de Boze par son testament, et M. de Boze, dans le sien, a supplié le roi de les accepter pour son Cabinet où elles sont aujourd'hui ».

Sous la direction de l'abbé Barthélemy, les accroissements de la collection royale se succèdent avec une rapidité extraordinaire. En 1755, le maréchal de Lœwendal lègue au roi notre vase de Sobieski, en ivoire, représentant la bataille de Chotzin entre Turcs et Polonais. La même année, on achète pour 18.000 livres la collection de Cary; Barthélemy part pour l'Italie, emportant les doubles avec lesquels il fait des échanges, et il revient avec trois cents médailles rares. Encore avec des doubles, il fait entrer par voie d'échange douze cents médailles, dont 490 en or, réunies par M. de Clèves.

En 1765, le comte de Caylus, un des antiquaires qui ont le plus contribué au progrès des études archéologiques, fait don au roi de son riche cabinet d'antiquités. Cette collection de premier ordre, connue par la publication qu'il en fit lui-même, se composait d'antiquités égyptiennes, grecques, romaines et gauloises. On y admirait surtout des bronzes trouvés à Herculanum, dont les fouilles étaient alors poussées avec activité, et un lot considérable d'autres figurines trouvées en 1763 à Chalon-sur-Saône, toutes remarquables par leur intérêt artistique, leur conservation exceptionnelle et une belle patine verdâtre qui fait de ces statuettes de véritables bijoux. Un autre amateur célèbre, Joseph Pellerin, céda au roi, pour 300.000 livres, sa collection qui comprenait près de 32.500 monnaies grecques : il avait, par patriotisme, refusé de la vendre à l'impératrice de Russie qui lui en offrait 500.000 livres. Cette acquisition mit hors de pair, pour toujours peut-être, notre suite de médailles grecques. Anquetil Duperron rapporta au roi, de ses voyages dans l'Inde, une série importante de monnaies et pierres gravées orientales, et l'année même de la mort de Louis XV, les chanoines de Rennes offrirent généreusement la fameuse coupe d'or romaine trouvée dans leur domaine. De 1780 à 1790, Barthélemy fait successivement entrer au Cabinet les médailles historiques des règnes de Louis XIV et de Louis XV; il reçoit la collection numismatique formée par Cousinéry, consul à Salonique, la série de cylindres et autres antiquités chaldéennes de Beauchamp, consul à Bagdad ; il achète une partie de la collection Michelet d'Ennery. Ce fut la dernière acquisition importante faite sous l'ancien régime. Pendant ce temps, devons-nous ajouter, les cabinets d'antiquités formés dans les cours étrangères sur le modèle de celui du roi de France, s'efforcent de rivaliser avec lui. Celui de Vienne surtout devenait assez riche pour former la base des travaux qui ont valu au jésuite Eckhel l'honneur d'être appelé le législateur de la numismatique. A la veille de la Révolution, en 1791, Louis XVI ordonna de transférer à Paris les pierres gravées restées au palais de Versailles : la collection s'était notablement accrue depuis 1741, surtout dans les séries modernes. On y remarquait principale-

---

1. Chabouillet, Catalogue, n°s 2939 et 3066.
2. Histoire de l'Académie des Inscriptions et Belles-Lettres, t. VII, p. 277.

ment les gemmes magnifiques qui constituent l'œuvre de Jacques Guay et celles que Mme de Pompadour avait elle-même sculptées sous la direction de cet artiste éminent; citons, entre autres, le cachet de Mme de Pompadour, d'après les dessins de Boucher, la victoire de Laufeldt et surtout, enfin, le buste de Louis XV, costumé à l'antique, le dernier des beaux camées.

III.

Au mois d'octobre 1790, en décrétant propriété nationale tous les biens des églises, l'Assemblée législative fournit au Cabinet des Médailles et Antiques du roi l'occasion de s'enrichir dans des proportions extraordinaires, aux dépens des trésors religieux que l'on allait confisquer. Aussi, une ère nouvelle date-t-elle de cette époque pour la collection nationale, quelque efficace qu'ait été la protection des rois, quelque grands que se soient montrés le zèle et le désintéressement des savants ou des amateurs dont nous avons cité les noms. Malheureusement, on ne se contenta pas de la spoliation : on aliéna, on dispersa, on détruisit. La Révolution fut particulièrement néfaste aux objets d'art renfermés dans les églises, et les musées n'ont hérité que des débris échappés au vandalisme. De 1791 à 1794, quelques épaves des richesses de l'abbaye de Saint-Denis échouèrent au Cabinet : c'étaient, entre autres, une baignoire romaine en porphyre, dite de Dagobert, le siège romain en bronze doré qui passait pour le trône du même roi; la superbe aigue marine sur laquelle Evodus grava le buste de Julie, fille de Titus, et qui servait de couronnement à un meuble appelé l'Oratoire de Charlemagne; un calice formé du précieux canthare en sardonyx connu sous le nom de Coupe des Ptolémées; une nef ou gondole en sardonyx avec une monture en or; la coupe de Chosroès ou tasse de Salomon, qu'on prétend avoir été envoyée par Haroun-al-Raschid à Charlemagne; deux camées représentant Auguste, et ayant décoré, l'un, un reliquaire de saint Denis et de ses compagnons, l'autre, un reliquaire de saint Hilaire; le buste d'Annius Verus, en onyx; des pièces de jeux d'échecs apportées, disait-on, par les ambassadeurs d'Haroun-al-Raschid. C'étaient, comme on le voit, des monuments de premier ordre, tant par leur importance artistique que par les souvenirs plus ou moins légendaires qui se rattachent à chacun d'eux. L'aliénation du trésor de la Sainte-Chapelle fut décrétée vers le même temps, et les anciens inventaires de ce trésor que nos rois, depuis saint Louis, s'étaient complu à enrichir sans relâche, nous permettent de mesurer l'étendue du désastre. Pourtant, en remettant les clefs du trésor à la commission exécutive, Louis XVI demanda et obtint que le grand camée, le buste de Constantin qui servait de bâton cantoral et divers manuscrits précieux, fussent exceptés de la destruction et déposés à la Bibliothèque.

Saint-Denis et la Sainte-Chapelle ne furent pas une exception, et la fureur de détruire se manifesta dans toute la France avec un égal acharnement. En 1793, la Convention envoya à Chartres deux délégués, Sergent et Lemonnier, pour faire main basse, en son nom, sur le trésor de la cathédrale qui fut pillé ou détruit; quelques débris seulement furent apportés au Cabinet des Médailles, et parmi eux, nous citerons le camée sur lequel est figuré Jupiter debout, le sceptre à la main, un des chefs-d'œuvre de la glyptique antique, que le roi Charles V avait offert sous le nom de saint Jean à la cathédrale de Chartres. Le dyptique du consul Flavius Philoxenus, donné à l'abbaye de Saint-Corneille de Compiègne par Charles le Chauve, est venu au Cabinet à la même époque et par le même chemin. Le célèbre calice de saint Remy, chef-d'œuvre d'orfèvrerie du XIe siècle, enlevé à la cathédrale de Reims, fut porté à la Monnaie pour être fondu ; il y fut oublié, heureusement, et après la Terreur on l'envoya au Cabinet des Médailles, d'où il est plus tard retourné au trésor de Reims.

Les collections de monnaies et d'antiquités que possédaient la plupart des maisons religieuses de Paris furent rassemblées au Cabinet des Médailles. Celle de l'abbaye de Sainte-Geneviève, commencée par le P. du Molinet avec les débris du cabinet de Peiresc, fournit, outre des camées, bronzes et autres monuments, un appoint de 17.000 monnaies grecques et romaines[1]. Le musée d'antiquités égyptiennes, grecques, romaines et gauloises que dom Bernard de Montfaucon avait réuni à l'abbaye de Saint-Germain-des-Prés, pour servir de base à ses études, fut aussi confisqué. Mais tous ces actes de violence s'accomplissaient avec tant de précipitation et une telle irrégularité administrative, qu'on ne prit même pas la peine de dresser des états plus ou moins sommaires des objets saisis, ni seulement des procès-verbaux de confiscation. Le désordre était complet et les vols se multiplièrent. Telles sont les causes principales pour lesquelles il est impossible de dire la provenance d'un grand nombre de nos monuments.

Pendant que ces événements s'accomplissaient, Barthélemy continuait paisiblement et sans bruit ses travaux de classement et de description, préparant la publication, qui avait été le rêve de sa vie, de toute la série numismatique confiée à sa garde, acceptant les monuments qu'on lui envoyait, se faisant un devoir, comme il le raconte lui-même dans ses Mémoires, de se mettre entièrement, comme par le passé, à la disposition des savants et des artistes « et de donner par écrit, dit-il, tous les éclaircissements qu'on me demandait, soit de nos provinces, soit de l'étranger ». Mais bientôt, ajoute-t-il, « battu presque sans relâche par la tempête révolutionnaire, accablé sous le poids des ans et des infirmités, dépouillé de tout ce que je possédais, privé chaque jour de quelqu'un de mes amis les plus chers, tremblant sans cesse pour le petit nombre de ceux qui me restent, ma vie n'a plus été qu'un enchaînement de maux. Si la fortune m'avait traité jusqu'alors avec trop de bonté, elle s'en est bien vengée. Mais mon intention n'est pas de me plaindre : quand on souffre de l'oppression générale, on gémit et on ne se plaint pas : qu'il soit seulement permis à mon âme oppressée par la douleur de donner ici quelques larmes à l'amitié... » En 1793, Barthélemy avait 77 ans, lorsqu'un de ses commis, Cointreau, le dénonça comme suspect ; il fut arrêté et jeté en prison. On proposa à la Convention de faire fondre toutes les médailles d'or ; « le citoyen Cointreau ouvrit le Cabinet des Médailles aux patriotes de 1793, pendant que la citoyenne épluchait patriarcalement ses légumes dans le vestibule du salon Louis XV, ou y préparait le pot au feu de son mari[2]. » Cependant, un homme de cœur, Paré, ministre de l'intérieur, fit mettre en liberté Barthélemy, en considération pour le Voyage du jeune Anacharsis ; le noble vieillard ne rentra au Cabinet des Médailles que pour y mourir peu de mois après, le 30 avril 1795, laissant inachevée l'œuvre pour laquelle, dans sa pensée, le Voyage du jeune Anacharsis n'était qu'une préparation historique.

Quand l'ère de la Terreur fut close, ce furent les victoires de nos soldats qui enrichirent le Cabinet des Médailles. En 1795, Pichegru, vainqueur de la Hollande, envoya toutes les antiquités et les médailles qu'il put saisir dans les musées de ce pays : « C'était, dit Marion du Mersan, le commencement du tribut que devaient verser au Cabinet des Médailles les victoires des Français dans toute l'Europe. » Les conquêtes de Bonaparte en Italie enrichirent le Cabinet d'un nombre extraordinaire de monuments qu'on dut malheureusement rendre plus tard.

1. Voyez C. du Molinet, Le Cabinet de la bibliothèque de Sainte-Geneviève, Paris, 1692.
2. Dauban, dans la Gazette des Beaux-Arts, t. X, 1861, p. 93.

Le célèbre trésor de Monza, les médailliers du Vatican, le sacro Catino de Gênes, la fameuse madone de Lorette n'étaient pas les moins curieux de ces trophées archéologiques; la madone fut rendue au pape à l'occasion du sacre de Napoléon; les autres objets ne furent restitués qu'aux traités de 1815.

L'épée d'honneur des grands maîtres de Malte, offerte à Bonaparte après la conquête de l'île, fut déposée au Cabinet des Médailles. L'expédition d'Égypte nous valut des monuments pharaoniques; le plus célèbre est, à coup sûr, le zodiaque de Denderah qui a suscité tant de polémiques entre savants. Vers le même temps, on transféra au Cabinet une foule d'objets précieux qui se trouvaient en dépôt à la Monnaie, à Sainte-Geneviève, à l'hôtel de Nesle, au Museum d'histoire naturelle, et même au Garde-Meuble dont les richesses éblouissantes avaient été pillées, le 16 septembre 1793, par une bande de quarante brigands; le général Berthier envoya des pierres gravées dont le pape lui avait fait cadeau; on acquit la fameuse pierre ovoïde en serpentine, couverte de symboles chaldéens, qu'on appelle Caillou Michaux, du nom du botaniste français qui la trouva non loin de Bagdad; le prince de Monaco céda notre grande bulle d'or de Louis XII. L'année 1804 fut une année de deuil pour les collections du Cabinet des Médailles. Dans la nuit du 16 au 17 février, des voleurs s'introduisirent dans le musée et emportèrent les monuments les plus précieux, le grand camée, la coupe des Ptolémées, le calice de Suger qui était venu du Garde-Meuble, plusieurs vases d'agate, le poignard de François Ier, enrichi de camées sur coquilles, deux couvertures d'évangéliaires en vermeil, un diptyque d'ivoire[1]. Les voleurs furent, il est vrai, arrêtés à Amsterdam, mais une partie seulement des objets put être réintégrée au Cabinet : le diptyque, le poignard de François Ier, le calice de Suger disparurent sans retour, ainsi que les montures du grand camée et de la coupe des Ptolémées.

Cet irréparable malheur n'empêcha pas les acquisitions de devenir, sous l'administration de Millin, de jour en jour plus fréquentes; nous signalerons notamment : plusieurs diptyques, celui du consul Flavius Petrus Sabbatus Justinianus, et un autre diptyque consulaire anonyme, tous deux provenant du trésor de la cathédrale d'Autun; le diptyque du consul Anastasius Moschianus Probus Magnus, connu sous le nom de diptyque de Hollande; la tablette d'ivoire qui formait la couverture de l'évangéliaire de Saint-Jean de Besançon, et sur laquelle est sculpté le Christ entre l'empereur Romain IV et sa femme Eudoxie. En 1809, on acquit plusieurs colliers gallo-romains en or trouvés sur les ruines de Nasium, dans le département de la Meuse : les pendants de l'un de ces colliers sont formés de camées sertis dans une monture en or.

De 1815 à 1830, le Cabinet des Médailles s'enrichit successivement des monuments égyptiens que Cailliaud avait recueillis dans ses voyages à Thèbes et à l'oasis de Méroé, de la collection d'antiquités de Choiseul-Gouffier, des médailles grecques de Cousinéry, de Cadalvène et de Allier de Hauteroche; c'était l'époque où Mionnet poursuivait les études et la classification commencées par Barthélemy et préparait la publication de sa Description de médailles antiques, grecques et romaines, livre qui, malgré ses lacunes et ses côtés défectueux, n'a encore été jusqu'ici que partiellement remplacé. En même temps, sous l'inspiration du duc de Luynes, se constituait à Rome, en 1828, au palais Caffarelli, l'Institut de correspondance archéologique qui exerça sur les études archéologiques une influence si durable et si féconde, et dans les publications duquel se trouvent reproduits et commentés un très grand nombre des monuments du Cabinet des Médailles.

1. Marion du Mersan, Hist. du Cabinet des Médailles, p. 177.

L'année 1830 est marquée par l'acquisition du trésor de Bernay, composé de soixante-neuf vases, statuettes et autres objets d'argent déterrés par un paysan normand en cultivant son champ. Jamais trouvaille d'argenterie aussi considérable n'avait été faite dans aucun pays, et aujourd'hui encore, après la découverte, à Pompéi, en 1837, de quatorze vases conservés au musée de Naples, et celle de Hildesheim, en 1868, qui est l'orgueil du musée de Berlin, notre trésor de Mercure Canetonensis tient encore et de bien loin, le premier rang pour le nombre des objets et leur intérêt artistique. C'est l'honneur de Raoul Rochette d'avoir compris tout de suite l'importance de la trouvaille et de l'avoir fait entrer hâtivement au Cabinet des Médailles, avant que les compétitions étrangères eussent eu le temps de se produire. En 1831, à peine venait-on d'acquérir un lot de bijoux d'or trouvés en Crimée, sur les ruines de l'ancienne Panticapée, qu'un événement épouvantable vint rappeler le vol de 1804. Dans la nuit du 5 au 6 novembre, des voleurs firent main basse sur les séries en or, médailles et monuments. On les arrêta, il est vrai, quelque temps après, mais déjà deux mille médailles étaient fondues. La patère de Rennes, trop grande pour entrer dans le creuset des voleurs, fut retrouvée dans la Seine avec des monnaies et le grand sceau de Louis XII : les voleurs, traqués par la police, avaient dû cacher ces objets sous une des arches du pont Marie.

La période de 1835 à 1845 est marquée par des acquisitions importantes, tant en antiquités qu'en médailles ; c'étaient tout ou partie des collections de Cadalvène, de Gayengos, général Guilleminot, Beugnot, Hedervar. Le roi Louis-Philippe fait don des monnaies de la Bactriane rassemblées par le général Allard envoyé dans l'Inde pour organiser l'armée de Runget-Sing, roi des Saïks. On achète des bronzes de Brondstedt, des vases peints d'Edmond Durand, parmi lesquels la coupe d'Arcésilas. D'autres opérations heureuses font entrer dans la collection royale la curieuse gaîne de momie de la fille du Thébain Dioscore, des ostraca ou tessères coptes, une statuette en argent représentant Sophocle; un grand torques gaulois en or, trouvé à Saint-Leu, près de Creil; deux vases d'argent de travail sassanide. Le duc de Luynes donne la belle coupe sassanide de Sapor II à cheval, chassant le sanglier ; Prisse d'Avennes offre les antiquités égyptiennes qu'il avait recueillies à Thèbes et parmi lesquelles il faut citer la Chambre des ancêtres de Thoutmès III. De 1845 à 1848, nous signalerons la donation, par le prince Torlonia, de vingt vases peints trouvés à Agilla, dans le duché de Ceri, en Etrurie; le legs de Henri Beck, comprenant plusieurs beaux camées et bijoux, comme le Jugement de Pâris, sur sardonyx, et une scène de bataille, chef-d'œuvre d'émaillerie du XVe siècle, attribuée à Benvenuto Cellini ou à son école; l'acquisition du trésor mérovingien trouvé à Gourdon, village de l'ancien Charollais, et composé d'une patène et d'un calice à anses, en or, précieux monuments de l'orfèvrerie du VIe siècle; enfin, l'œuvre de Simon qui est venue, à la même époque, prendre place sous nos vitrines, ne mérite d'être mentionnée que parce qu'elle représente l'étape la plus récente de la glyptique moderne : elle se compose de médiocres portraits sur cornaline, de Charles X, de Louis-Philippe et de ses enfants.

En 1851, le camée du triomphe de Licinius prend place sous nos vitrines, et vers le même temps on achète des antiquités orientales à la vente Péretié; des monnaies du Moyen-Age aux ventes Rousseau et Poey d'Avant ; des médailles grecques, à Borell, de Smyrne, et à divers marchands. De 1855 à 1862, nous voyons successivement entrer des vases peints, des cylindres chaldéo-assyriens, des pierres gravées, des statuettes, des inscriptions grecques provenant de la vente de la collection Raoul Rochette; le magnifique camée représentant la courtisane corinthienne Laïs en Vénus sortant du bain; une cuillère d'or celtique, trouvée dans les Côtes-du-Nord ; un camée représentant Noé s'enivrant, rare spécimen de la glyptique du Moyen-Age, qui figure déjà dans l'inventaire du mobilier du roi Charles V ; une série considérable des médaillons de bronze exécutés par David d'Angers. Un décret impérial fait transférer au Cabinet les monnaies anciennes conservées à la Bibliothèque de l'Arsenal et à l'Hôtel des Monnaies. En même temps, Napoléon III donne une collection de 2.429 monnaies grecques et orientales qu'il tenait de Saïd-Pacha, et un amateur célèbre, Prosper Dupré, offre généreusement deux bronzes gallo-romains d'un grand intérêt : une Epona à cheval, et un Mercure.

Un événement à jamais célèbre dans l'histoire de l'archéologie marque l'année 1862 : c'est la donation du duc de Luynes. Elle comprenait 6.893 médailles grecques, phéniciennes, celtibériennes et gauloises, 373 camées, intailles et cylindres chaldéo-assyriens, 188 bijoux d'or, 39 statuettes de bronze, égyptiennes, grecques, étrusques et romaines, 43 armures et armes antiques, 85 vases peints, grecs ou étrusques, un admirable torse en marbre de Vénus Anadyomène, de proportions colossales, des figurines de terre cuite, des poids grecs et phéniciens et divers autres monuments. C'est peut-être le plus riche présent archéologique qui ait jamais été fait à un musée : il laisse, en tout cas, loin derrière lui le legs de Gaston d'Orléans et le don de Caylus, eux-mêmes, et il suffirait à assurer au duc de Luynes, devant la postérité, le titre de nouveau Mécènes, si le noble donateur ne se l'était acquis en outre par ses travaux scientifiques et par les encouragements qu'il prodiguait, sans compter, autour de lui, dès qu'il s'agissait de l'intérêt de la science, de l'histoire et de l'archéologie. Les collections de Luynes installées dans une salle spéciale du Cabinet des Médailles sont remarquables plus encore par le choix des objets que par leur nombre ; rien de banal ou de simplement curieux ; tous les monuments sans exception se distinguent soit par l'art, soit par l'intérêt archéologique. Formées à la longue par un savant qui avait au plus haut degré le culte du beau, ces collections précieuses devaient être particulièrement chères à celui qui leur avait consacré toute sa carrière, avait vécu au milieu d'elles, et savait mieux que personne en apprécier l'intérêt. C'eût été pour lui, sans aucun doute, un déchirement cruel si un coup de force ou un accident les lui eussent enlevées et il eut besoin de faire appel à tout son patriotisme pour s'en séparer volontairement et librement en faveur de son pays. L'élévation de ses sentiments éclate tout entière dans les paroles qu'il prononça le 31 juillet 1862, en annonçant à M. Chabouillet sa généreuse détermination : « Je suis heureux, dit-il, de penser que je vais aider le Cabinet de France à se maintenir au premier rang qu'il a si longtemps occupé en Europe et que l'or anglais s'efforce de lui enlever. Je m'abuse peut-être, mais il me semble que ce supplément lui donnera de l'avance dans cette lutte... Votre établissement est unique au monde, surtout par le choix de ses statuettes de bronze et de ses camées. J'aime à me persuader que ce que j'y ajouterai, si l'on veut bien accepter mon offre, en augmentera encore la valeur[1]. » Qu'on me permette de reproduire aussi les lignes que le Comité consultatif de la Bibliothèque inscrivit sur son registre des délibérations : « L'importance exceptionnelle de ces collections, le goût si hautement éclairé et la science archéologique si sûre avec lesquels les objets dont elles se composent ont été choisis et classés, la noblesse des procédés dont il a plu à M. le duc de Luynes d'user pour assurer au public savant la possession de ces trésors, en un mot, tout ce qui a trait à la valeur même des monuments offerts et à la libéralité du donateur, est apprécié avec la plus vive gratitude par M. l'Administrateur et par les membres du Comité. Tous renouvellent l'expression des sentiments que leur avait inspirés, dès

---

1. Huillard-Bréholles, Notice sur M. le duc de Luynes, membre de l'Institut, p. 112-113.

l'origine, la nouvelle de ce véritable événement; tous s'accordent à reconnaître que le don fait par M. le duc de Luynes surpasse en magnificence les dons particuliers les plus précieux qui, depuis deux siècles, sont venus successivement enrichir la Bibliothèque, et qu'il aura été réservé à un savant de notre époque d'enchérir encore sur les généreuses traditions et les exemples patriotiques des Dupuy, des Gaignières et des Caylus. »

Le local affecté depuis le règne de Louis XV aux collections du Cabinet des Médailles, si admirable qu'il fût d'harmonie et de goût, était devenu trop étroit; la donation du duc de Luynes força à déménager. Ce fut une fâcheuse nécessité, et tous ceux qui ont connu l'ancien Cabinet des Médailles, son élégance et la commodité qu'il offrait pour l'étude, le regretteront probablement toujours. Quoi qu'il en soit, c'est depuis l'année 1865 que le Cabinet des Médailles est installé dans le vaste local qu'il occupe aujourd'hui, local provisoire, dit-on, mais à coup sûr aussi indigne des collections qu'il renferme qu'incommode pour les travailleurs. Le jour où, l'aménagement étant prêt, on voulut procéder à l'inauguration des nouvelles salles, le duc de Luynes se réserva de faire une nouvelle surprise au conservateur qui était allé à son château de Dampierre pour l'inviter à venir assister à la cérémonie. « Je vous rends les armes, » dit-il à M. Chabouillet, et il lui remit la fameuse épée de Boabdil, prince Maure de Grenade, chef-d'œuvre d'ofrévrerie arabe, et l'un des principaux joyaux du Cabinet des Médailles.

L'exemple du duc de Luynes toucha d'autres grands amateurs et développa une sorte de contagion de désintéressement scientifique. Jamais, en effet, les dons généreux n'affluèrent aussi répétés et aussi riches que depuis vingt-cinq ans, et pas un des prédécesseurs de M. Chabouillet n'aura vu s'accroître dans de pareilles proportions les collections confiées à ses soins. Dès 1865, le vicomte de Janzé lègue la plus grande partie de ses antiquités: 88 statuettes de bronze et 82 figurines de terre cuite, presque toutes des chefs-d'œuvre. L'année suivante, le duc de Blacas lègue, à son tour, une belle réduction antique du Gladiateur combattant. En 1869, Napoléon III offre en cadeau les célèbres médaillons d'or connus sous le nom de Trésor de Tarse; deux ans auparavant, on avait acquis le médaillon d'Eucratide. Je n'ai pas besoin d'ajouter que le budget annuel permettait au Cabinet de faire bonne figure aux ventes des collections célèbres de l'époque: Greppo, Anastasi, Behr, Louis Fould, Pourtalès, Gossellin, Raiffé, P. Dupré.

En 1872, malgré les difficultés financières occasionnées par le paiement de l'indemnité de guerre, M. Chabouillet fut assez heureux pour obtenir un crédit supplémentaire de deux cent mille francs destiné à l'acquisition des monnaies gauloises de Saulcy. Deux collectionneurs distingués, le commandant Oppermann et le baron d'Ailly rouvrirent en 1874 et 1877 la liste déjà longue des bienfaiteurs du Cabinet des Médailles; la collection Oppermann ne comprend pas moins de 162 vases peints, 245 statuettes de terre cuite, onze bas-reliefs en marbre, 18 miroirs étrusques: un grand nombre de ces monuments sont de première importance pour l'histoire de l'art classique. La collection de monnaies de la république romaine léguée par le baron d'Ailly se compose de 17.549 pièces; vers la même époque, M. le marquis Turgot donnait une série de monnaies et médailles de la Révolution française, et le legs du vicomte de Saint-Albin nous enrichissait de deux camées et de deux intailles remarquables. Nous n'en finirions pas et nous dépasserions les limites d'une simple introduction générale, si nous voulions seulement énumérer les principaux monuments acquis chaque année, dans les limites budgétaires, soit chez les marchands d'antiquités et de médailles, soit aux ventes des collections privées, telles que celles du marquis de Moustier en 1872, de L. Racine en

1877, de Dutuit en 1879, de B. Fillon en 1882, de Gariel en 1883, puis de Castellani, de J. Gréau, de Grignon de Montigny, et de vingt autres. Comme acquisitions d'antiquités, nous citerons, presque au hasard, des statuettes gallo-romaines en bronze, trouvées à Reims en 1878 ; les stèles votives puniques recueillies par M. de Sainte-Marie à Carthage ; un lot important d'inscriptions latines trouvées en Tunisie; une feuille de diptyque du consul Rufus Achilius; quinze médaillons romains de bronze d'une beauté exceptionnelle ; quelques miroirs antiques, les uns gravés, les autres avec des figures d'applique en haut relief; une cymbale de bronze dédiée à la mère des dieux par Camellius Tutor ; plusieurs cachets d'oculistes gallo-romains; des poids antiques et byzantins; un grand bassin de bronze, du Moyen-Age, sur lequel sont gravés divers épisodes de la jeunesse d'Achille, avec des vers de Stace.

L'année 1887, enfin, ne comptera pas parmi les moins fécondes pour le Cabinet des Médailles; l'acquisition de monnaies d'or exceptionnellement rares et remarquables, à la vente des monnaies romaines de M. le vicomte de Ponton d'Amécourt, le don généreux fait par M. Morel-Fatio d'une riche collection de monnaies mérovingiennes en argent, et celui de M. le baron Jean de Witte sont des événements présents à la mémoire de tous ceux qui s'intéressent à l'histoire de l'art et de l'archéologie. M. de Witte a donné au Cabinet des Médailles, outre une série considérable de monnaies des empereurs qui ont régné dans les Gaules au IIIe siècle de notre ère, plusieurs miroirs étrusques, des vases peints, et particulièrement un bracelet d'or sur lequel sont gravées les divinités des sept jours de la semaine, et un charmant camée représentant le devin Melampos qui guérit les filles de Praetos, roi d'Argos, en répandant sur leur tête le sang d'un porc qu'il vient d'immoler. M. le baron de Witte continue noblement, mais ne clôt pas, nous l'espérons, la liste déjà longue de ces illustres bienfaiteurs auxquels le culte de la science et de l'art inspire l'idée généreuse et patriotique de suppléer à l'insuffisance des ressources pécuniaires dont disposent les musées français : leur noble désintéressement a droit à tous nos éloges.

E. B.

MÉDAILLIER DU CABINET DES MÉDAILLES.

Cabinet des Antiques   Pl. I

LE GRAND CAMÉE (AGATE DE TIBÈRE)

A. Lévy, Éditeur.

I

LE GRAND CAMÉE DE FRANCE

OU

L'AGATE DE TIBÈRE[1]

Haut. 30 cent.; larg. 26.

ES monuments de l'antiquité qui font, aujourd'hui, la gloire de nos musées, pourraient, au point de vue de leur origine, se partager en deux grandes catégories : ceux que l'abandon volontaire, l'indifférence ou le hasard des révolutions ont fait disparaître momentanément et que les fouilles modernes ont ramenés à la lumière; ceux qui, mieux favorisés de la fortune, n'ont jamais été perdus, qu'on n'a pas cessé de considérer comme précieux, et qu'on s'est transmis de main en main, à travers les âges et malgré tous les bouleversements sociaux. Dans cette dernière classe, viennent se ranger presque tous les camées des grandes collections publiques de l'Europe. Ces bas-reliefs en pierres précieuses, de dimensions médiocres, faciles à transporter ou à dissimuler, et dont la destruction, contrairement à celle des bijoux d'or et d'argent, ne pouvait être lucrative, ont échappé aux actes de vandalisme dont l'histoire de tous les temps est remplie. Leurs pérégrinations successives, depuis la cassette des princes ou l'écrin des matrones romaines, jusqu'aux vitrines de nos musées, en passant par les reliquaires du moyen âge, les dangers qu'ils ont courus, les honneurs naïfs dont on les a parfois comblés, constitueraient, à coup sûr, un des plus curieux et des plus intéressants chapitres de l'histoire de l'art. Malheureusement, il n'est guère possible d'écrire cette histoire d'une façon complète, car bien des éléments font défaut pour la reconstituer. Les documents authentiques qui concernent le grand camée de France, en particulier, ne remontent pas au delà du XIIIe et même du XIVe siècle.

[1]. Le grand camée a été souvent reproduit, avec plus ou moins d'exactitude, mais on n'en avait pas encore, jusqu'ici, donné une photogravure d'après l'original. Les principales reproductions sont les suivantes : Tristan de Saint-Amand. *Commentaires historiques*, t. I, p. 100 (en 1644). — J. Le Roy. *Achates Tiberianus, sive Gemma Caesarea*, Amsterdam, 1683. — Montfaucon. *L'antiquité expliquée*, t. V, 1re partie, pl. CXXVI, p. 158. — Morand. *Histoire de la Sainte-Chapelle du Palais*, p. 59. — Millin. *Galerie mythologique*, pl. 179, n° 677. — Monges. *Iconographie romaine*, t. II, p. 157 et suiv. et pl. 26. — Clarac. *Musées de sculpture*, pl. 1052. — Ch. Lenormant. *Iconographie des empereurs romains*, pl. 12 et p. 23. — Müller et Wieseler. *Denkmäler der alten Kunst* (2e éd.), t. I, n° 378 (pl. LXIX). — C. W. King. *Antique gems and rings*, t. II, pl. 51. — Duruy. *Histoire des Romains*, éd. illustr., t. IV. — Bernoulli. *Romische Ikonographie*, 2e partie, pl. XXX et p. 275. Les ouvrages qui traitent du grand camée sans en donner une reproduction sont beaucoup plus nombreux encore; on en trouvera la bibliographie à peu près complète dans le récent ouvrage de Bernoulli, 2e part., p. 275. — Voyez aussi Chabouillet, *Catalogue général des camées et pierres gravées de la Bibliothèque impériale*, n° 188.

Ce célèbre monument, connu sous le nom d'*Apothéose d'Auguste*, est cité pour la première fois en 1341, sous Philippe de Valois, dans l'inventaire de la Sainte-Chapelle, qui lui consacre laconiquement la mention suivante : *Item : unum pulcherrimum camaut in cujus circuitu sunt plures reliquiae*[1]. Comment et à quelle époque ce chef-d'œuvre de la glyptique romaine fut-il déposé à la Sainte-Chapelle? On ne le sait point d'une manière positive. Il est vraisemblable qu'il fit partie du trésor des Césars à Rome, puis de celui des empereurs byzantins, et qu'il fut transporté en France à l'époque des Croisades. La tradition affirme qu'il était au nombre des joyaux et des reliques engagés à saint Louis par l'empereur de Constantinople, Baudouin II, au moment où ce prince faisait argent de tout pour défendre son trône chancelant[2]. A la vérité, le grand camée n'est pas mentionné dans l'acte d'abandon, daté de 1247, dans lequel Baudouin énumère toutes les reliques transportées, à diverses reprises, du Bucoléon à Paris; mais, comme le remarque un savant critique[3], Baudouin et saint Louis n'attachaient de prix qu'aux reliques elles-mêmes, et il ne faut pas s'étonner si aucun des joyaux qui les accompagnaient ne se trouve cité dans la lettre de 1247 qui constitue le premier inventaire des reliques de la Sainte-Chapelle.

Peu de temps après la rédaction de l'inventaire de 1341, Philippe de Valois envoya le grand camée au pape Clément VI, à Avignon. L'aumônier de la reine, Simon de Braelle, trésorier de la Sainte-Chapelle, fut chargé d'accompagner le convoi, et sur le registre d'inventaire, à côté de la mention que nous avons rapportée, on écrivit le mot *vacat*. Simon de Braelle était de retour à Paris au mois de juin 1343[4]. On ne dit point les motifs qui portèrent Philippe de Valois à céder au pape le plus important de ses joyaux, mais il nous paraît aisé de les deviner. C'était l'usage, au moyen âge, de considérer les objets conservés dans le trésor du roi ou ceux des églises, comme une réserve qu'on pouvait engager ou vendre dans un moment de crise financière. A chaque page de notre histoire, les princes, à bout de ressources, sont contraints d'aliéner, pour soutenir leurs guerres, les pierres précieuses et les bijoux d'or et d'argent de leur trésor; des chapitres sont forcés eux-mêmes de vendre ou de porter au creuset les richesses d'orfèvrerie de leurs églises. Parfois même, et c'est ce que fit l'empereur Baudouin II pour la Couronne d'épines, on s'ingénie à tourner les lois ecclésiastiques qui interdisent le commerce des reliques. Or, vers 1342, la situation des finances de Philippe de Valois était des plus critiques; ce fut pour la sauver, sans doute, qu'il engagea le grand camée, et nous ajouterons, pour confirmer cette hypothèse, que le pape Clément VI, dont la richesse était proverbiale, donna à plusieurs reprises des sommes considérables au roi de France[5].

Plus tard, lors du grand schisme d'Occident, les papes d'Avignon, à leur tour, se trouvèrent dans la nécessité de se dépouiller de leurs objets d'art. On a publié la liste de ceux que vendit Innocent VI

---

1. Voyez Douët d'Arcq, dans la *Revue archéologique*, 1848, t. V, p. 169.
2. Montfaucon. *L'antiquité expliquée*, t. V, 1ᵉ part., p. 134; J. Morand. *Histoire de la Sainte-Chapelle*, p. 58.
3. Comte Riant. *Exuviae sacrae Constantinopolitanae*, t. I, p. CLXXX.
4. La lettre par laquelle le roi ordonne à la Chambre des Comptes de payer à Simon de Braelle ses frais de voyage et de supprimer le grand camée de l'inventaire de la Sainte-Chapelle, est datée du 21 juin 1343. Elle est publiée dans la *Revue archéologique*, 1848, t. V, p. 169, note, et dans Riant, *Exuviae sacrae Constantinopolitanae*, t. II, p. 161.
5. M. Faucon. *Prêts faits aux rois de France par Clément VI et Innocent VI*, dans la *Bibliothèque de l'École des Chartes*, 1879, p. 570. Du 26 novembre 1345 à la fin de janvier 1350, Clément VI prêta à Philippe de Valois 592,000 florins d'or et 5,000 écus.

pour 26.000 florins, à des marchands florentins[1]. Clément VII aliéna aussi une partie de ses joyaux, et les inventaires de ses trésors d'orfèvrerie, dressés en 1379 et 1380, laissent constater une énorme réduction dans le nombre des richesses artistiques du palais d'Avignon[2]. S'il n'est pas téméraire de croire que le grand camée quitta la Sainte-Chapelle par suite de la détresse pécuniaire du roi de France, on peut admettre, avec non moins de vraisemblance, que ce précieux monument reprit, plus tard, le chemin de Paris, à cause des embarras politiques et financiers de Clément VII. Le pape d'Avignon avait besoin de l'appui du roi de France contre le pape de Rome Urbain VI : il rendit le camée à Charles V qui le réinstalla à la Sainte-Chapelle, non sans l'avoir orné d'une riche monture et d'un piédestal sur lequel on grava l'inscription suivante : *Ce camaïeu bailla à la Sainte Chapelle du Palais, Charles cinquième de ce nom, roi de France, qui fut fils du roi Jean, l'an 1379.* Le grand camée resta donc exilé à Avignon pendant 37 ans : nul doute qu'on en trouve la description dans les inventaires, encore inédits, du trésor des papes pendant cette période.

Durant tout le moyen âge, l'agate de la Sainte-Chapelle fut considérée comme l'un des objets les plus remarquables que nous ait légués l'antiquité sacrée. Elle passait pour représenter le triomphe de Joseph en Égypte, et la figure montée sur Pégase était censée celle du fils de Jacob porté glorieusement à travers le royaume des Pharaons. Les jours de fête, on exposait cette relique insigne à la vénération des fidèles; les comptes de la chèvecerie de la Sainte-Chapelle nous apprennent qu'on la porta dans la procession qui eut lieu pour le sacre du roi Charles VIII.

Les inventaires successifs du trésor de la Sainte-Chapelle ne manquent jamais de mentionner le *camaïeu*. Celui qui fut rédigé en 1573, à la suite du vol d'un ciboire, et qu'a publié Douët d'Arcq, nous renseigne sur la manière dont on avait orné le joyau; il décrit les gemmes et les émaux dont on l'avait entouré, le piédestal d'argent doré et émaillé que Charles V avait fait fabriquer par d'habiles orfèvres pour lui servir de support :

Ung beau grand camahieu, assis sur une table quarrée, le derrière de laquelle et les costez sont d'argent doré, la partie de devant, sur laquelle est assiz ledict camahieu, est d'or, semblablement la bordure ; sur laquelle bordure y a plusieurs pierres. Ladicte table est assize sur ung pied d'argent doré, auquel sont plusieurs relicques d'ung costé, garnies de sept cristaulx et de plusieurs esmaulx dessoubs lesdictes relicques. En icelle table y a LXIII perles de seyne[3] avec leurs chattons et six chattons desgarniz desdictes perles, plus trois gros saphirs, l'un desquelz tire ung peu sur couleur violet, et est percé au long par dedans; aussi l'ung d'iceulx saphirs, scavoir est celuy qui est au hault de ladicte table, est rond et bond de ce qu'il contient, au regard des deux autres; plus vingt sept presmes d'esmerauldes, dont y en a cinq bonnes, douze rubys de peu de valleur; et aux quatre coings de ladicte table, du costé dudict camahieu, sont quatre potences d'or à ymages esmaillées et lettres, et aux deux bouts d'en hault, près les dictes pottences, deux petites ymages plattes, d'or, esmaillé. Semblablement, du costé dudict camahieu, au tour de la bordure, par dedans, sont vingtz petits esmaulx d'or, rondz. Laquelle table dessus designée fut donnée par Charles le Quint, ainsy qu'il appert par l'escripture estant au pied d'icelle. Et est ledict camahieu aulcunement feellé, et rompu tout au long, en trois pièces, extimé, ainsi qu'il est, dix mil escuz, et vauldroit beaucoup plus n'estoit ladicte féesleure. Pour ce XXm l. 4 »

---

1. *Revue archéologique*, avril 1882.
2. M. Faucon, *La Librairie des papes d'Avignon*, p. 56-57.
3. C'est-à-dire des semences de perles ou petites perles.
4. Douët d'Arcq. *Revue archéologique*, t. V, p. 186-187. Cette description, extraite de l'inventaire de 1573, n'est que la traduction littérale d'un inventaire latin encore inédit, de 1480 (Bibl. Nat., ms. lat. 9941), et dont M. E. Molinier a bien voulu nous communiquer la copie.

Rubens, grand amateur de gemmes antiques, vint à Paris en 1625 pour voir le grand camée, et il en fit un dessin qui nous a été conservé. En 1630, la Sainte-Chapelle échappa à l'incendie du Palais de Justice et ce n'est point, quoi qu'on en ait dit[1], dans ce désastre et sous l'action du feu, que le camée se fêla et que disparurent les deux têtes de captifs qui manquent dans l'angle inférieur à droite. Les fêlures sont plus anciennes, puisqu'elles sont constatées dans les inventaires de 1480 et de 1573. Quant aux têtes des captifs, elles figurent, il est vrai, dans le dessin de Rubens : il faut supposer que le célèbre peintre les restitua d'après son imagination, ou bien que leur mutilation n'est pas aussi ancienne que les fêlures et qu'elles disparurent après 1625, dans une circonstance que nous ignorons.

En 1790, quand Morand publia son *Histoire de la Sainte-Chapelle*, on voyait encore les quatre Évangélistes en émail, aux coins de la monture du grand camée, ainsi que le socle carré-long en argent doré, du temps de Charles V[2]. En 1791, quand on eut décrété la vente des objets conservés à la Sainte-Chapelle, le roi Louis XVI envoya Ch. Gilbert de la Chapelle remettre au maire Bailly les clefs du trésor, mais il le chargea, en même temps, de s'opposer à l'aliénation de quelques objets et de réclamer surtout, en son nom, « les reliques, *une agathe* et autres pierres précieuses, et quelques beaux livres de prières manuscrits. » On s'inclina heureusement devant la volonté royale ; les objets réclamés par Louis XVI furent déposés, les reliques à Saint-Denis, « les pierres précieuses à notre Cabinet des Médailles, » et les manuscrits à la Bibliothèque.

C'est ainsi que le grand camée fut sauvé par Louis XVI et fit, pour la première fois, son entrée au Cabinet des Médailles. Il n'y resta pas longtemps. Pendant la nuit du 26 au 27 pluviôse an XII (16 au 17 février 1804), il fut soustrait par des voleurs qui l'emportèrent jusqu'à Amsterdam. La célèbre gemme allait être vendue pour 300.000 francs à un orfèvre, lorsqu'elle fut reprise par Gohier, commissaire général des relations commerciales dans cette ville. Mais les voleurs l'avaient déjà dépouillée de sa riche monture dont il ne paraît malheureusement pas exister de dessin. Grâce au témoignage de Tristan de Saint-Amand, qui écrivait en 1644, nous connaissons, au sujet de cette monture, quelques détails qui complètent ceux des inventaires : « Les quatre Évangélistes, dit-il, sont représentés de part et d'autre du châssis ou tableau d'or dans lequel cette pierre est enchâssée, ayant ainsi leurs noms inscrits en caractères grecs : ΜΑΤΘΑΙΟΣ, ΜΑΡΚΟΣ, ΛΟΥΚΑΣ, ΙΩΑΝΝΗΣ. » Ce cadre, indépendant du piédestal de Charles V, remontait certainement à l'époque byzantine[3]. Sous le premier Empire, en 1807, on remplaça l'ancienne monture par une autre, en bronze ciselé, aux armes impériales, exécutée par Delafontaine ; mais celle-ci ne répondant point au style du monument, fut plus tard enlevée.

Aussi extraordinaire par ses dimensions et la richesse des couches de la pierre que par la finesse du travail, l'habileté de l'exécution et l'intérêt historique du sujet, le grand camée de France est une sardonyx à cinq couches, graduées depuis le brun foncé jusqu'au blanc laiteux. Il a 30 centimètres de haut sur 26 de large. On appréciera mieux encore son importance minéralogique, si nous le comparons

---

1. Ch. Lenormant. *Iconographie des empereurs romains*, p. 34.
2. Morand. *Histoire de la Sainte-Chapelle*, p. 58.
3. Chabouillet. *Catalogue*, etc., p. 31.

aux plus grands des monuments du même genre. Le grand camée de La Haye, qui représente l'apothéose de Claude et de Messaline, a 22 centimètres sur 18 ; les deux grandes agates de Vienne, le triomphe de Tibère et le portrait d'Auguste, ne dépassent pas 23 centimètres dans leur plus grande mesure. Les autres camées antiques conservés dans les collections de l'Europe ont des proportions beaucoup moindres. Quant aux produits de la glyptique moderne, ils n'ont que fort rarement atteint les dimensions de ces chefs-d'œuvre de l'antiquité. Vasari[1] parle d'un immense camée « d'un tiers de brasse en tous sens », exécuté par Giovanni de' Rossi de Milan et représentant le duc Cosme Ier de Médicis (1519-1574) entouré de toute sa famille. Il le signale comme « le plus étonnant et le plus grand camée que l'on connaisse »; mais on ne sait ce qu'est devenue cette importante œuvre d'art de la Renaissance italienne. Enfin, le camée de l'apothéose de Napoléon, peint par Ingres et exécuté par Ad. David, n'a que 24 centimètres sur 22, et il est loin de pouvoir être comparé, pour la beauté de la pierre, aux joyaux antiques que nous venons d'énumérer[2].

Peiresc, en 1619, démontra qu'il était puéril de considérer l'agate de la Sainte-Chapelle comme représentant le triomphe de Joseph ; il proposa d'y reconnaître l'apothéose d'Auguste et son opinion ne tarda pas à prévaloir. Cependant, le nom d'*Apothéose d'Auguste*, lui-même, est impropre ; Ch. Lenormant l'a remplacé par celui d'*agate de Tibère* déjà proposé par J. Le Roy au xviie siècle ; nous allons constater que le héros principal du tableau est Germanicus.

Au centre, trône Tibère comme un Jupiter terrestre, lauré, nu jusqu'à la ceinture, tenant le sceptre et le bâton augural, les jambes couvertes de l'égide. A côté de l'empereur et sur le même siège, sa mère Livie, laurée et vêtue d'une ample stola, ayant, comme Cérès, des pavots et des épis dans sa main droite. Devant eux, se tient debout Germanicus, couvert du paludamentum et de la cuirasse, le bouclier au bras gauche, les cnémides aux jambes, et portant la main droite à la crinière de son casque orné d'une tête d'aigle. Sa mère Antonia, debout à sa gauche, le front couronné de laurier, le regarde et pose la main sur le casque du héros comme pour le lui affermir sur la tête. Tels sont les quatre principaux acteurs du drame qui se déroule sous nos yeux et dont voici l'interprétation :

Germanicus vient d'accomplir un exploit militaire et il reçoit les félicitations de l'empereur, ou bien il va partir pour une expédition et il prend congé de Tibère. Dans l'un ou l'autre cas, la scène se passe en l'an 17 de notre ère, époque où Germanicus vient de s'illustrer dans la guerre contre Arminius et les Germains en reprenant les enseignes de Varus, et où il se dispose à partir pour l'Orient faire la guerre aux Parthes. C'est le seul moment de sa trop courte carrière où, d'après les historiens, cet illustre guerrier se soit trouvé en rapport avec son père adoptif, depuis que ce dernier était monté sur le trône impérial. Or, nous sommes plutôt en présence du départ de Germanicus pour l'Orient que de son retour de Germanie. Dans cette dernière hypothèse, il eût été, ce semble, représenté en triomphateur. Au contraire, il paraît prendre congé de Tibère ; sa mère Antonia l'aide à revêtir son armure : il va partir

---
1. *Vies des peintres*, etc., t. VIII, p. 167.
2. Voyez Chabouillet, *Le camée représentant l'apothéose de Napoléon Ier*. Paris, 1879.

pour l'Orient d'où il ne devait plus revenir. Voyez son fils, le petit Caligula, tout jeune encore et chéri des troupes, qui a endossé la cuirasse, pris son bouclier, chaussé les *caligae* et qui, impatient, fait le geste du départ en foulant aux pieds des casques et des cuirasses. Derrière Caligula, est assise la femme du héros, Agrippine, tenant le *volumen* où elle écrira les glorieux exploits du jeune prince.

Le guerrier romain qui, debout derrière le trône de Tibère, élève un trophée et contemple la scène qui se passe dans l'Olympe, est Drusus le Jeune, fils de Tibère, qui accompagna Germanicus en Orient ; à côté de lui, sa femme Livilla, sœur de Germanicus. Le personnage, coiffé du bonnet phrygien, qui, prosterné au pied du trône impérial, paraît plongé dans l'accablement, est un prince arsacide gardé à Rome comme otage, probablement depuis l'expédition de Tibère en Orient, et qui voit avec douleur que son pays va, de nouveau, supporter le terrible choc des légions romaines.

Au registre supérieur, c'est-à-dire dans l'Olympe, se déroule un autre drame qui paraît n'être rattaché à la scène du bas que par l'attention que lui prête Drusus le Jeune, son trophée à la main. Germanicus, parti pour l'Orient en l'an 17 avec Drusus, meurt après de brillants succès, empoisonné à Antioche en l'an 19, à l'âge de 34 ans. Mais il est bientôt vengé et on lui décerne les honneurs de l'apothéose ; son compagnon de gloire, Drusus, qui lui a survécu, y prend part avec enthousiasme et rend hommage à sa mémoire en lui présentant un trophée. Nous voyons ici, avec M. Bernoulli, Germanicus mort, enlevé au ciel sur Pégase et reçu par les ancêtres des Césars, savoir : Énée, costumé en Phrygien, portant le globe du monde, symbole de la domination universelle que devait exercer sa race ; Auguste, divinisé et voilé en pontife : il est radié, tient le sceptre et trône dans une attitude analogue à celle qu'on lui a donnée sur des monnaies de restitution de Nerva et de Titus ; enfin, Néron Drusus l'Ancien, père de Germanicus et mort depuis peu : il porte un bouclier. Pégase est conduit par l'Amour, le génie protecteur des *Julii*, l'enfant de Vénus, la déesse mère des Césars.

La double scène que nous venons de décrire représente donc le commencement et la fin de l'expédition de Germanicus en Orient : son départ plein de belles espérances et le moment où, après sa mort, il est reçu au rang des *divi*. Les dix personnages entassés pêle-mêle dans le bas du tableau et donnant des signes non équivoques de tristesse et de deuil, symbolisent les barbares que Germanicus a fait prisonniers dans les deux grandes expéditions de Germanie et de Syrie, où il s'est couvert de gloire. Ce sont des vieillards, des femmes et des enfants pêle-mêle avec des armes qui jonchent le sol : les Germains sont reconnaissables à leur grande barbe échevelée ; les Parthes, à leur costume oriental et à leur bonnet phrygien.

Le grand camée dut être exécuté peu après l'an 19, probablement quand Agrippine ramena en Italie les cendres de son mari, ou au commencement du règne de Caligula (l'an 37), qui prit à cœur de glorifier la mémoire de son illustre père, le plus populaire des généraux romains [1].

---

1. Un Anglais, M. Hawkins, à Bignor-Park (Sussex), possède un camée de 95 millim. sur 60, qui, s'il est authentique, est une réplique des deux registres supérieurs du grand camée de France, sauf quelques modifications de détail. V. le dessin dans Bernoulli, *op. cit.*, t. II, p. 277.

Épée d'Honneur des Grands Maîtres de Malte

II

ÉPÉE DES GRANDS MAITRES DE MALTE

DITE

ÉPÉE DE LA RELIGION

A poignée de cette arme, en or émaillé et ciselé, est un des plus remarquables monuments de l'orfèvrerie allemande de la seconde moitié du XVIᵉ siècle.

Autour du pommeau, quatre têtes de lion sont posées sur des arceaux découpés à jour et séparés par des fleurs et des enroulements symétriques. La fusée, qui n'a que 67 millimètres, est de forme légèrement ovoïde; elle se divise en trois zones. Au centre, un médaillon dans lequel est une tête d'homme laurée : c'est peut-être l'empereur Titus; en pendant, sur l'autre plat, un médaillon semblable, avec la tête de l'impératrice Faustine mère. Les deux autres zones sont décorées, sur chaque face, d'une petite tête d'homme encadrée dans des rinceaux d'émail blanc avec des traits noirs qui accentuent les reliefs; elles sont pareilles en tous points, avec les mêmes variétés de tons, la même intensité de couleurs. Les côtés de la fusée sont également symétriques : au milieu, un mascaron dans des rubans d'or, des festons et des entrelacs.

La garde est formée d'une armature très compliquée. Sur le plat extérieur, un médaillon représentant une tête de femme de trois quarts est serti dans un cadre formé de quatre volutes en émail blanc. Tout le reste de la croisée est orné de rinceaux, de fleurs, de graines semées dans des enroulements multicores, ciselés et évidés avec une dextérité sans égale. Aux quillons qui, ensemble, ne mesurent pas moins de 19 centimètres, est adaptée une armature, recourbée en forme d'arc de cercle, qui s'applique sur les deux côtés de la lame, et une coquille fixe qui fait saillie en fer à cheval perpendiculairement à la fusée. Le plat intérieur de la garde, le seul que nous ayons sous les yeux, présente un médaillon avec une tête d'homme de trois quarts : c'est un vieillard imberbe, aux traits énergiques, ayant quelque ressemblance avec Jules César.

Il nous reste maintenant à raconter l'histoire de cette magnifique dague de cérémonie. Elle n'est pas unique en son genre. Deux poignards, conservés l'un au Musée du Louvre[1], l'autre au Musée de Cassel[2], sont du même dessin et du même travail, si bien que le rapprochement de ces trois chefs-d'œuvre ne permet pas de douter qu'ils aient été fabriqués par le même artiste.

---

1. Ce poignard a été magnifiquement reproduit avec le titre de « Poignard italien », dans le *Trésor artistique de la France, Galerie d'Apollon*, publié sous la direction de M. Paul Dalloz (1ʳᵉ série) ; la notice qui accompagne la photogravure est de M. Paul Mantz.
2. Plon (Eug.). *Benvenuto Cellini*, pl. LXVI.

— 8 —

Or, le poignard du Musée de Cassel a été longtemps attribué à Benvenuto Cellini, comme l'épée de Charles Quint dans la collection d'Ambras à Vienne et un grand nombre d'armes et d'armures émaillées de la Renaissance. Le grand artiste italien s'est-il réellement adonné à des travaux de ce genre? « Tout ce que l'on peut conclure, dit son biographe, M. E. Plon, c'est qu'il exécuta probablement quelques poignées de stylets, de dagues, de poignards et même d'épées, pièces d'acier ou d'orfèvrerie dont les lames pouvaient elles-mêmes avoir été travaillées de sa main. La dague et la masse de chevau-léger remises par lui au cardinal de Ferrare semblent confirmer cette hypothèse. Mais nous ne voyons rien dans ses écrits, nous n'avons rien rencontré dans les documents qui puisse autoriser à lui attribuer ces grandes armures, ces boucliers, ces casques, ces cuirasses, ces harnais de chevaux que, dans les collections publiques et privées, on a cataloguées sous son nom[1]. »

Sans prononcer le nom de Benvenuto, M. Paul Mantz n'hésite pas à attribuer notre rapière « à l'un des orfèvres italiens qu'employait Pie IV ». D'autres enfin, comme M. Davillier[2], lui reconnaissant, non sans raison, une forme espagnole, à cause de la longueur des quillons et des petites dimensions de la fusée, ont cherché l'auteur de l'autre côté des Pyrénées.

Inutile de nous attarder plus longtemps sur le compte de Benvenuto Cellini ou de ses émules espagnols, car l'artiste à qui l'on doit les trois pièces d'orfèvrerie dont nous avons parlé est maintenant connu. Au Musée national de Munich, il existe un dessin des deux poignards de Cassel et du Louvre, qui a dû servir à leur fabrication[3]. Ce dessin est d'un artiste allemand, Hans Muelich, qui, comme tant d'autres de ses contemporains, exerçait à Augsbourg, dans la seconde moitié du XVIe siècle, la double profession de peintre et d'orfèvre. C'est donc très vraisemblablement Hans Muelich qui a dessiné et ciselé les deux poignards; c'est à lui aussi qu'on doit attribuer l'Epée de la Religion. Si l'on compare ces magnifiques armes aux plus célèbres des produits de l'orfèvrerie espagnole, l'épée d'Antonio de Valdès, ou celles qui furent exécutées pour Philippe II par Juan de Soto, par exemple, on sera tenté de conclure que Hans Muelich s'est inspiré de l'art espagnol, et l'on comprendra que certains critiques, des plus habiles, aient pu croire l'épée de Malte d'origine espagnole.

On prétend que le poignard du Musée du Louvre fut offert, vers 1565, par le pape Pie IV, à Jean Parisot de La Valette, grand maître de l'Ordre de Malte, pour le récompenser d'avoir repoussé l'armée de Soliman II; quoi qu'il en soit, il fut remis au général Bonaparte après la prise de Malte en 1798. L'Epée de la Religion fut, dit-on, donnée à l'Ordre de Malte par Philippe II, roi d'Espagne (1554-1598); en 1798, elle eut le même sort que le poignard du Louvre, et Bonaparte l'envoya au Directoire qui la fit déposer au Cabinet des Médailles[4].

---

1. Plon, *op. cit.*, p. 348.
2. Voyez Davillier, *Recherches sur l'orfèvrerie en Espagne*, p. 158 et 197.
3. Voyez Em. Molinier, *Supplément à la Notice des Emaux et de l'Orfèvrerie du Musée du Louvre, par A. Darcel*, n° 964.
4. J. Delaville Le Roulx, *Les archives, la bibliothèque et le trésor de Saint Jean de Jérusalem*, à Malte, p. 59. Une gravure de l'Epée de la Religion est donnée par M. E. de Beaumont dans un recueil intitulé : *Fleur des belles Epées*. Paris, in-f°, 1885.

Cabinet des Antiques   Pl. III

CÉPHALE

A. Lévy Éditeur

III

CÉPHALE

FIGURE D'APPLIQUE EN BRONZE

Haut. 195 millim.

ERMÈS, *le crépuscule*, épousa Hersé, *la rosée*, fille de Cécrops, et de ce mariage naquit Céphale, *la brillante étoile du matin*, qui disparaît au lever de l'aurore[1]. Céphale, dans le développement de la même allégorie, devient un jeune chasseur, d'une incomparable beauté, qui épouse Procris, *le scintillement de la rosée*, fille d'Erechtée, roi mythique d'Athènes, aussi belle et aussi passionnée que lui pour le plaisir de la chasse. Un matin, Eos ou *l'aurore* surprit Céphale qui s'était attardé dans les bois jusqu'au lever du soleil; elle en devint éperdument amoureuse et l'entraîna de force avec elle jusque dans les régions dorées de l'Orient qu'elle habitait. Cependant Céphale demeurait fidèle à sa foi conjugale, sourd aux sollicitations de l'audacieuse qui l'avait enlevé. Celle-ci usa d'un stratagème pour vaincre la vertu du beau chasseur : elle lui conseilla d'éprouver la fidélité de la malheureuse Procris. Céphale se rendit méconnaissable sous les vêtements d'un riche étranger et s'en vint faire la cour à sa femme qui tomba dans le piège et se laissa séduire. Couverte de confusion lorsque son mari se fit connaître et craignant sa vengeance, Procris s'enfuit en Crète, auprès d'Artémis, et elle se consola en suivant la déesse à la chasse. Artémis lui fit cadeau du chien Laelaps qui n'avait pas son pareil en flair et en vitesse, et d'un arc dont les traits étaient inévitables et auxquels nulle proie ne pouvait échapper. Procris résolut à son tour d'éprouver son mari. Elle part sous un déguisement, aborde au port de Thorikos, à la pointe de l'Attique, et invite Céphale à une partie de chasse. Céphale est émerveillé de la rapidité du chien Laelaps et de la vertu de l'arc enchanté qui jamais ne manque son but; pour posséder l'un et l'autre, il déclare sa flamme à la belle étrangère qui ne manque pas de se faire reconnaître au moment propice. Les deux époux, coupables de la même faute, se réconcilièrent, et rien ne vint désormais troubler leur union, jusqu'au moment où Procris, demeurée néanmoins inquiète et jalouse, voulut savoir si Céphale n'aimait point réellement Eos qu'elle l'entendait souvent appeler aux premiers feux du matin[2]. Un jour donc, Procris se cacha, pour épier son mari, derrière un fourré de verdure, à quelque distance de l'endroit où Céphale, assis sur un rocher, se reposait de ses courses nocturnes. Le

---

1. Sur le mythe d'Hermès et d'Hersé, voyez Ch. Lenormant et J. de Witte, *Elite des monuments céramographiques*, t. III, p. 224 et suiv.
2. Divers monuments représentent l'Eos qui emporte Céphale. Voy. *Archæologische Zeitung*, neue Folge, t. VIII, 1875, pl. 15; J. de Witte, *Catalogue de la collection Durand*, n°ˢ 233, 234 et 263. Cf. Roscher, *Lexicon der griech. und römisch. Mythologie*, art. Eos.

jeune chasseur, entendant tout à coup remuer le feuillage, croit à la présence du gibier; il arme son arc et lance dans la direction du bruit le trait inévitable. Procris tombe mortellement frappée, victime à la fois de sa jalousie et du présent fatal qu'elle avait fait à son mari.

Céphale, désespéré et maudissant son sort, erra dans toutes les contrées de la Grèce. Il se trouvait à Thorikos, prêt à s'embarquer pour des régions inconnues, lorsqu'Amphitryon, roi de Thèbes, vint solliciter son secours contre les Téléboens. L'arme qui avait tué Procris procura la victoire à Amphitryon, et celui-ci récompensa les services de Céphale, en lui donnant en toute souveraineté l'île qui s'appela dès lors Céphallénie. Une autre version raconte que Céphale, inconsolable d'avoir tué celle qu'il aimait, s'enfuit bien loin, marchant sans cesse, du côté du soleil couchant; il atteignit le cap Leucade, en face de Céphallénie, et ses forces l'abandonnant, il tomba dans la mer[1].

Le nom de Céphale est donné à notre figure d'applique par M. Chabouillet[2], qui la rapproche des médailles des *Pallenses* de Céphallénie frappées au IVe siècle, sur lesquelles le jeune chasseur est figuré dans la même attitude, avec son nom, ΚΕΦΑΛΟΣ. La statuette, qui paraît contemporaine de ces monnaies, représente Céphale au moment où, se reposant sur un rocher, de ses courses par monts et par vaux, il est réveillé par le froissement du feuillage. Il fixe ses regards sur le fourré de verdure et au moindre bruit qui se produira de nouveau, il se lèvera pour ajuster son arc et lâcher la flèche maudite. Cette flèche qu'il tient dans la main droite, sur les médailles, a disparu dans la statuette, par suite d'une cassure.

On connaît, au Musée de Naples, la célèbre statue en bronze de Mercure au repos, trouvée à Herculanum en 1758[3]: comparons-la à la statuette de Céphale. Les deux figures sont nues, pareillement assises sur un rocher; les bras et les pieds occupant la même position, le buste penché en avant avec la même grâce naturelle et la même souplesse. Seule, la tête a une disposition un peu différente : Mercure incline le visage en avant, tandis que Céphale relève la tête et dirige son regard droit devant lui; enfin les ailerons fixés aux pieds de Mercure ne laissent point de doute sur le nom à donner à la statue du Musée de Naples; Céphale est dépourvu de pareils attributs. Beaucoup d'autres monuments antiques, par exemple, l'Hercule du Belvédère, à Rome, le Mars de la villa Ludovisi, le Satyre d'Herculanum, dormant sur un rocher, le jeune Olympus assis sur le Lycée, au revers de beaux tétradrachmes d'Arcadie, sont aussi dans un mouvement comparable à celui du bronze du Cabinet des Médailles. Que conclure, sinon qu'un artiste de génie avait, dès le IVe siècle, immortalisé cette attitude si gracieuse et si naturelle, dans une œuvre célèbre, que d'autres copièrent et imitèrent, en l'adaptant à des sujets variés, fruits de leur imagination?

---

1. Sous ces fictions poétiques traduites de vingt manières sur les monuments figurés, les mythographes s'accordent à reconnaître dans Céphale, père de Phaéton, un héros solaire qui a deux épouses, celle du jour s'appelle Eos ou Héméra, c'est l'épouse céleste; celle de nuit, l'épouse infernale, est Procris qui se confond avec Hécate et dont le nom paraît signifier *aniagronisme* (προκρίνω, προκροῦω). Voyez Ch. Lenormant et J. de Witte. *op. cit.*, t. II, p. 377 à 380; E. Gerhard, *Griechische Mythologie*, t. II, p. 116 et suiv.
2. Chabouillet, *Catalogue général des camées*, etc., n° 3054; cf. S. Trivier (Fr. Lenormant), dans la *Gazette archéologique*, 1875, p. 144. Clarac l'appelle Narcisse. *Mus. de sculpt.*, n° 1282, pl. 590.
3. Max. Collignon, dans les *Monuments de l'art antique*, publiés sous la direction de O. Rayet, 6e livr., pl. VI.

BAS RELIEF DE TERRE CUITE. — (COLLECTION DE LUYNES.)

IV.

BAS-RELIEF EN TERRE CUITE

DE LA COLLECTION DE LUYNES

Long. 452 mill. ; haut. 30 cent.

IGE courant à gauche au grand galop. C'est un char de guerre, monté par deux hommes armés de pied en cap. L'aurige a un casque rond sans cimier et une cuirasse ornée d'une grande fleur de lotus et de deux spirales symétriques. Son compagnon, armé d'un casque à paragnathides mobiles et à haute *crista*, et d'une lance dont on n'aperçoit que le fer et l'extrémité de la hampe, est presque entièrement dissimulé derrière un grand bouclier circulaire dont l'épisème est un aigle aux ailes éployées. Le caisson du char se compose d'une plate-forme bordée d'un treillage en osier, comme les chars assyriens; le timon recourbé se termine par une tête de griffon avec un anneau dans lequel s'engagent les rênes, et au dessus des chevaux, dont le mors et la bride sont à peu près pareils à ceux dont nous nous servons aujourd'hui, vole un oiseau, probablement un aigle, symbole de la victoire. Il existe des traces de couleur brune sur le fer de la lance du guerrier, sur les chevaux et sur diverses autres parties de la composition.

Cette plaque archaïque en terre cuite rougeâtre a fait autrefois partie de la collection d'antiquités de Raoul Rochette[1]; le duc de Luynes l'acheta en 1855 à la vente qui fut faite de cette collection. Mais quelle était la provenance originaire du monument, et de quel pays fut-il rapporté? C'est ce qu'on ne dit point et ce qu'il est peut-être téméraire de rechercher. M. O. Rayet émet la conjecture que ce remarquable morceau d'ancien style pourrait bien provenir de Cumes, à cause de quelques fragments analogues, trouvés sur l'emplacement de cette ville, qui sont au Musée de Naples[2]; mais le Musée de Naples possède aussi des bas-reliefs du même genre découverts à Velletri[3], et il existe au Louvre un fragment d'une petite plaque archaïque, en terre cuite, de même style, qu'on dit avoir été trouvée à Tanagra. Bornons-nous donc, au lieu d'émettre des hypothèses, à signaler quelques rapprochements archéologiques. La fleur de lotus qui décore la cuirasse de l'aurige se rencontre pareille, la tête en bas et avec les mêmes tiges en vrilles, sur des monnaies archaïques de la Cyrénaïque et de l'île de

---
[1]. *Catalogue des monuments antiques composant le cabinet de feu M. Raoul Rochette*, n° 202 (Paris, 1855).
[2]. *Gazette archéologique*, 1883, p. 305.
[3]. Voyez ces bas-reliefs dans Lenormant et Robiou, *Chefs-d'œuvre de l'art antique*, 2ᵉ série, t. IV, pl. 151 et 152.

Chypre [1]. Comparez l'oiseau qui fend les airs au dessus des chevaux, sa direction anormale de haut en bas, le style des ailes et de la queue, avec l'oiseau qui vole au dessus de la scène représentée sur la coupe d'Arcésilas, comme sur d'autres vases peints de la même époque, et vous reconnaîtrez que le bas-relief de la collection de Luynes doit dater du commencement du ve siècle.

L'usage de cette plaque estampée comme une tuile est facile à déterminer. Elle faisait partie d'une frise en terre cuite comme en avait souvent l'intérieur des maisons grecques. Deux trous la fixaient à la muraille; l'un de ces trous, placé au dessus de la tête des chevaux, a provoqué une cassure qui a fait disparaître l'angle gauche de la plaque; l'autre existe encore devant le visage du cocher, avec le grand clou qui s'est infléchi sous les coups de marteau et n'a pu être enfoncé qu'à moitié dans le mur. Nous ne pouvons apprécier qu'imparfaitement la hauteur de la plaque, la torsade inférieure, qui devait correspondre à la torsade d'en haut, ayant disparu avec une partie des roues du char et des jambes des chevaux; nous l'évaluons à 30 centimètres; quant à la longueur, elle peut être mesurée avec certitude, et elle se trouve être juste d'un pied et demi grec, soit 452 millimètres : ce sont, comme l'a remarqué M. Rayet, les dimensions normales de la brique que les Grecs appelaient *brique lydienne*.

L'usage des chars de guerre, emprunté par les Grecs aux Assyriens et aux Égyptiens, a continué longtemps dans certaines parties du monde hellénique. Il se pourrait que la scène que nous avons sous les yeux figurât un roi grec sur son char de bataille et accompagné d'un aurige, de la même façon que les sculptures de Ninive nous montrent les rois d'Assyrie partant à la chasse ou à la guerre. Nous préférons cependant, au lieu d'une scène contemporaine, y reconnaître, comme sur de nombreux vases peints où un tableau analogue est dessiné, un héros homérique qui vole au combat. Il y a de la souplesse et une grande vérité d'expression dans l'ensemble du sujet; le mouvement des chevaux est bien traduit, l'attitude de l'aurige, légèrement penché en avant, est aussi digne de remarque, et l'on sent que le grand style du ve siècle va bientôt prendre son essor. Mais ce qui, surtout, donne à cette plaque en terre cuite un intérêt exceptionnel, c'est l'exactitude avec laquelle sont rendus tous les détails de l'armement des personnages, de la caisse et des roues du char, enfin du harnachement des chevaux. On retrouve ici l'attelage des chars de guerre qu'Homère décrit avec tant de complaisance. La plate-forme du char (δίφρος) reposait sur un essieu et deux roues qui, parfois, avaient huit jantes; elle était munie d'un parapet (ἐπιδιφριάς) en forme de fer à cheval, et sur le devant du parapet se trouvait une bordure en fer (ἄντυξ) à laquelle on accrochait les rênes quand le char était au repos. Le timon était une longue tige de bois recourbée et munie d'un anneau (κρίκος) dans lequel se croisaient les rênes; il est encore parlé dans Homère de la bride (χαλινός), des bossettes de métal (φάλαρον) appliquées comme ornement sur la bride et le collier [2]. Il faut se reporter aux bas-reliefs égyptiens et assyriens pour constater un pareil souci des particularités secondaires que l'art grec a presque toujours traitées avec dédain.

---

1. L. Müller, *Numismatique de l'ancienne Afrique*, t. I, p. 10; duc de Luynes, *Numismatique et inscriptions cypriotes*, pl. VI, fig. 3 et 9, et pl. XII, fig. 4 et 5. Cf. E. Babelon, *Revue numismatique*, 1885, p. 393, et pl. XV, fig. 2.
2. Voyez Helbig, *Das homerische Epos*, p. 88-110; et l'article *Currus* dans le *Dictionn. des Antiquités gr. et rom.* de Daremberg et Saglio.

Cabinet des Antiques   Pl. V

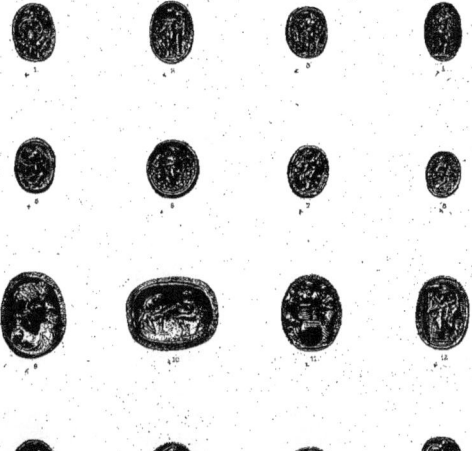

PIERRES GRAVÉES
DE LA COLLECTION DE LUYNES

A Lévy, Éditeur

V

INTAILLES ANTIQUES

DE LA COLLECTION DE LUYNES

I.

 ANDARÉE emmenant le chien de Crète. Le grammairien Antoninus Liberalis raconte dans ses Μεταμορρώσεων συναγωγή (XXXVI) la fable suivante : « Quand Rhéa, qui craignait Cronos, eut caché Jupiter dans l'antre de Crète, la nymphe Æx vint le nourrir de son lait; un chien d'or gardait Æx, d'après l'ordre de Rhéa. Après que Jupiter eut ôté l'empire à Cronos par la victoire qu'il remporta sur les Titans, il donna l'immortalité à sa nourrice; son image fut mise au rang des astres. Quant au chien d'or, il l'établit gardien de son temple dans l'île de Crète. Pandarée, fils de Mérope, ayant volé ce chien, le conduisit au mont Sipyle et le donna en garde à Tantale, fils de Jupiter et de Pluto. Quelque temps après, Pandarée, étant venu au Sipyle, réclama le chien; mais Tantale jura ne pas l'avoir reçu. Jupiter donc, pour punir Pandarée du vol qu'il avait commis, le changea en pierre dans l'endroit même où il se trouvait, et précipita Tantale en bas du mont Sipyle, pour se venger de son parjure[1]. » Nous voyons, sur le scarabée de la collection de Luynes, le voleur Pandarée armé du casque, de la lance et du bouclier, tenant un scyphos de la main droite, et emmenant le chien de Crète qui, bien qu'en or, n'en était pas moins vivant, à ce que prétend la fable. Dans le champ, on aperçoit une tête barbue de Silène qui sert d'orifice à une fontaine. Sur un vase de l'ancienne collection Durand, la même légende se trouve représentée plus complète et avec quelques modifications de détail[2].

Scarabée étrusque en calcédoine brouillée. Haut., 17 mill.; larg., 11 mill. Monture moderne en bague.

II

PERSÉE vainqueur de la Gorgone. Le héros est entièrement nu, debout, s'appuyant légèrement sur un cippe. D'une main, il élève triomphalement la tête de la Gorgone qu'il a saisie par les cheveux;

---

1. Voyez J. de Witte, dans la *Revue numismatique*, 1840, p. 190.
2. J. de Witte, *Catalogue Durand*, n° 262.

de l'autre, il porte une petite Victoire qui tient une palme et une couronne. A ses pieds, sa cuirasse et son bouclier. Ce sujet est fréquemment reproduit sur les monuments antiques, particulièrement sur les vases peints et les médailles ; mais Persée tient généralement la harpé au lieu d'une Victoire, et le cadavre acéphale de la Gorgone est étendu à ses pieds, comme sur les monnaies d'Amisus du Pont, par exemple.

Cornaline. Haut., 16 mill.; larg., 10 mill. Monture moderne en bague.

III.

Céphale et le chien Laelaps. Nous avons raconté ailleurs la légende de Céphale : nous ne reviendrons pas sur ce point [1]. Ici, Céphale est figuré barbu, entièrement nu, debout, tenant le pedum de la main gauche baissée, tandis qu'élevant la droite à la hauteur du visage, il présente un objet très petit au chien Laelaps qui s'élance, debout sur ses pattes de derrière, pour atteindre l'appât. On peut comparer ce type avec celui d'une autre pierre gravée du Cabinet des Médailles, au type de Bacchus présentant une grappe de raisin à un jeune Satyre qui se dresse sur la pointe des pieds et cherche à saisir l'objet de sa convoitise [2].

Scarabée étrusque en cornaline. Haut., 14 mill.; larg., 12 mill. Monture moderne en bague.

IV.

Bacchant debout, se nouant un bandeau autour de la tête. Il a une longue barbe comme Silène; un sayon de poils de chèvre est fixé autour de ses reins. Son thyrse, orné de bandelettes, est posé à terre et appuyé sur son épaule. La pose et le geste de ce personnage bachique rappellent le Diaduméne de Polyclète [3].

Jaspe noir avec un talon pyramidal dont le sommet est percé et muni d'un anneau d'or moderne. Haut., 13 mill.; larg., 10 mill.

V.

Capanée foudroyé. Fils d'Hipponous et d'Astynome, Capanée avait épousé Evadne, fille d'Iphis, roi d'Argos. Il fut un des sept héros argiens qui marchèrent contre Thèbes, lors de la guerre entre Etéocle et Polynice. Il s'était vanté que le feu de Zeus, lui-même, ne l'empêcherait pas de monter à l'assaut de la capitale de la Béotie et n'arrêterait pas son audace; mais, au moment où le téméraire s'élançait sur l'échelle pour escalader le rempart, Zeus le foudroya [4]. Une pierre gravée étrusque représente Capanée renversé sur les débris de son échelle; son nom ΚΑΠΝΟ est gravé à côté de lui [5].

1. Voyez plus haut, p. 9 et pl. III.
2. Chabouillet, *Catalogue des Camées*, etc., n. 1628.
3. Voyez plus loin, pl. XIII.
4. Apollodore, III, 6 et suiv.
5. Voy. Millin, *Galerie mythologique*, pl. CXXXIX, n° 510.

— 15 —

D'autres intailles portent aussi le même sujet[1]. A Delphes, il y avait une statue de Capanée, consacrée à Apollon par les Argiens[2]. Sur notre pierre gravée, le héros argien, renversé et ayant abandonné son épée, essaye en vain de se couvrir de son bouclier et il regarde le ciel d'où le coup fatal lui a été porté; l'échelle n'est pas figurée. Le mouvement du corps est bien compris, hardi et d'une bonne exécution.

Les rapprochements signalés plus haut paraissent autoriser à donner le nom de Capanée au guerrier du scarabée de Luynes. Cependant, nous aurons l'occasion de reproduire dans la suite de ce recueil un autre scarabée qui représente Tydée blessé, son bouclier au bras et levant les yeux au ciel; dans le champ, le nom du héros, en caractères étrusques, ne laisse aucun doute sur l'attribution[3]. Or, l'analogie de la pose de Tydée renversé avec celle du personnage appelé Capanée sur d'autres pierres est des plus caractéristiques. On voit donc que les graveurs étrusques donnaient des noms différents à un même sujet qu'ils copiaient maintes et maintes fois, souvent même sans introduire la moindre variante dans la composition.

Scarabée étrusque en cornaline. Haut., 13 mill.; larg., 9 mill. Monture moderne en bague.

VI.

Marsyas apprenant à Olympus à jouer de la syrinx. Le Satyre phrygien, qui osa disputer à Apollon le prix de la musique et fut cruellement puni de sa témérité, est debout à côté de son élève; on le reconnaît à ses cornes et à ses pattes de bouc; il tient un pedum à la main. Le jeune Olympus, son compatriote et son disciple, est assis sur un rocher, et il tient des deux mains la syrinx dont il va jouer. Plus loin, au second plan, on aperçoit la grotte de Marsyas, placée au dessus d'un rocher escarpé. Peu de légendes furent plus fréquemment que celles de Marsyas interprétées par les artistes grecs; on peut citer de grandes statues de marbre qui représentent, comme notre intaille, Marsyas ou Pan, apprenant à Olympus à jouer de la syrinx[4]; d'autres monuments figurent Marsyas enseignant à son élève à jouer de la flûte[5]. Pausanias raconte qu'une peinture de Polygnote à Delphes représentait Marsyas assis sur un rocher, ayant auprès de lui Olympus jeune, à qui il donne une leçon de flûte[6]. Pline nous informe, d'autre part, qu'on voyait au Champ de Mars, à Rome, un groupe représentant Olympus et Pan, qui passait pour un chef-d'œuvre : l'auteur en était inconnu[7]. L'attitude d'Olympus sur la pierre gravée que nous publions ici, a la plus grande analogie avec le

---

1. J. de Witte, *Catal. Durand*, n° 2189; cf. *Bulletin de l'Institut de correspondance archéologique de Rome*, 1834, p. 118.
2. Pausanias, X, 10, 2.
3. Chabouillet, *Catalogue des Camées*, etc., n° 1805.
4. Clarac, *Mus. de sculpture*, pl. 726 B, 1736 D, 1736 E.
5. Millin, *Galerie mythologique*, t. I, pl. XIX, 77.
6. Pausanias, X, 30, 9.
7. Pline, *Hist. nat.*, XXXVI, 5.

type de revers de tétradrachmes d'Arcadie sur lesquels on voit le jeune héros phrygien assis sur le mont Lycée [1].

Cornaline. Haut., 15 mill.; larg., 14 mill. Monture moderne en bague.

VII.

Diomède portant la tête de Dolon. Le héros grec est nu, armé d'un bouclier, d'une épée et de deux javelots; il tient sur sa main droite la tête casquée de Dolon. Cette pierre gravée a fait autrefois partie de la collection Durand [2]. Un autre scarabée de la même collection représente à peu près le même sujet. [3]. Il existe aussi divers monuments sur lesquels on voit Diomède et Ulysse coupant la tête à Dolon que les Troyens avaient chargé d'observer et d'espionner l'armée des Grecs durant un armistice intervenu au cours du siège de Troie [4].

Scarabée étrusque en cornaline. Haut., 13 mill.; larg., 10 mill. Monture moderne en bague.

VIII.

Apollon devin. Debout, entièrement nu et appuyé sur le trépied, le dieu de Delphes tient dans la main gauche une branche de laurier et paraît prophétiser. Un serpent est enroulé autour du trépied delphique; dans le champ, l'inscription : ΧΡΗCΜΟΔΟΤΩΝ, *celui qui rend un oracle*. Le style de cette pierre est médiocre et de l'époque romaine; l'inscription, qui n'est pas le nom du possesseur, mais qui se rapporte à Apollon lui-même, rend ce cachet intéressant. Comparez ce sujet avec le type de monnaies de Patara en Lycie, à l'effigie de Gordien le Pieux.

Agate rubanée. Haut., 12 mill.; larg., 9 mill. Monture moderne en bague.

IX.

Buste de Satyre. Sa tête nue est surmontée de deux petites cornes; il a les oreilles pointues, des favoris naissants, la nébride sur l'épaule. Derrière la tête, on lit la signature de l'artiste: ΕΠΙΤΥΓΧΑΝΟΥ. Cette intéressante pierre a fait partie de la collection Louis Fould avant de passer dans celle du duc de Luynes [5]. L'artiste *Epitynchanus* est encore connu par sa signature, ainsi abrégée : ΕΠΙΤΥΓΧΑ., sur une intaille qui, de la collection Strozzi, est passée dans la collection du duc de Blacas, et, de là, au British Museum [6]. Une inscription du *columbarium* de Livie mentionne un affranchi du nom de *Epitynchanus*, lequel est qualifié *aurifex* [7]. On s'est demandé si cet affranchi ne serait pas l'auteur des deux pré-

---

1. Voyez aussi Chabouillet, *Catalogue des Camées*, etc., n. 1674.
2. J. de Witte, *Catalogue Durand*, n. 2199, Bull. de l'*Institut de correspondance archéol. de Rome*, 1834, p. 118.
3. J. de Witte, *Catalogue Durand*, n. 2200.
4. Millin, *Galerie mythologique*, pl. CLVII, n° 573.
5. Voyez Chabouillet, *Catalogue de la collection Louis Fould*, n. 999.
6. Bracci, *Memorie degli antichi incisori*, t. II, pl. LXX. Stoch (Ph. de), *Pierres antiques gravées*, pl. XXXII, 43.
7. Gori, *Monumentum sive columbarium libertorum et servorum Liviae*, p. 152, n. CXV.

cieuses intailles que nous venons de signaler : elles peuvent bien effectivement, par leur style remarquable, appartenir au premier siècle de notre ère. Cependant, ainsi que le remarque M. Chabouillet, le nom de *Epitynchanus* est trop fréquent en épigraphie pour qu'on puisse adopter sans réserve une identification qui n'est appuyée que sur le titre d'*aurifex* donné à l'affranchi de Livie.

Améthyste. Haut., 21 mill.; larg., 15 mill. Monture moderne en or émaillé.

X.

Le tireur d'épine. Satyre agenouillé, cherchant à extraire une épine du pied d'un autre satyre assis devant lui. Le patient, le corps à demi couvert d'une nébride, et muni de la queue de cheval qui caractérise sa nature, lève la jambe droite et l'appuie sur le genou de son compagnon; les contorsions de son corps, sa tête rejetée en arrière, ses traits contractés, tout cela rend bien l'expression d'une violente douleur. L'opérateur, aussi à demi couvert d'une nébride, est tout entier absorbé par l'extraction de l'épine; il regarde attentivement son ouvrage sans se préoccuper de la souffrance qu'endure son camarade.

On connaît le tireur d'épine classique : le berger qui cherche à extraire lui-même l'épine qui a pénétré dans ses chairs, et dont les principales répliques sont les statuettes de bronze du Vatican, de la collection de Rothschild [1], et le marbre qui, de la collection Castellani, est passé au Musée Britannique [2]. Mais un autre type de tireur d'épine, créé sans doute par un autre artiste, est celui qui se compose de deux personnages, et dont la pierre gravée de la collection de Luynes est une reproduction plus ou moins libre. D'autres pierres gravées nous montrent également le même sujet, mais différemment traité [3]. Ajoutons qu'il existe plusieurs groupes de marbre qui doivent être rapprochés du type de ces intailles. Nous n'en citerons que deux. L'un, au Vatican, représente un Satyre, cornu, à pattes de bouc, accroupi devant son camarade assis sur un rocher, et cherchant à extraire une épine du pied de ce dernier [4]. L'autre, au Musée du Louvre, est un groupe analogue avec une pose assez différente. Les variantes que nous signalons n'empêchent pas que ces monuments n'aient un fond commun et qu'ils ne soient évidemment de libres interprétations d'un chef-d'œuvre unique qui malheureusement n'est pas parvenu jusqu'à nous [5].

Calcédoine blanche. Haut., 22 mill.; larg., 17 mill. Monture moderne en bague.

XI.

Le devin Polyidios retirant le corps de Glaucos du vase de miel, en présence de Minos et de Pasiphaé. Le jeune fils de Minos, roi de Crète, et de Pasiphaé tombe dans un tonneau (πίθος)

---

1. Voy. *Gazette archéologique*, t. VII (1881-82), pl. IX, X et XI, et p. 127.
2. *Archæologische Zeitung*, 1879, p. 21, et pl. II et III.
3. Voyer Millin, *Pierres gravées inédites*, pl. XXXVII et XXXVIII.
4. *Museo Pio Clementino*, t. I, pl. XLIX. Cf. Clarac, *Mus. de sculpt.*, n. 1742, pl. 726.
5. Sur les tireurs d'épine, voy. A. Furtwængler, *Der Dornauszieher und der Knabe mit der Gans*, in-8o, Berlin, 1876. *Annales de l'Institut archéol. de Rome*, 1874, t. XLVI, pl. M, et 1876, t. XLVIII, pl. O.

de miel, en poursuivant une souris. Il y meurt étouffé, avant qu'on ait pu songer à l'en retirer. Minos s'adresse alors à Polyidios, devin d'Argos, descendant du fameux Mélampos qui avait guéri les filles de Praetos. Mais Polyidios se fait prier : ce n'est que contraint par la force et les menaces qu'il se décide à retirer l'enfant. Minos exige en outre qu'il le ressuscite, et pour forcer le devin à avoir recours à toute sa science, il l'enferme avec le cadavre, jusqu'à ce que l'enfant soit ramené à la vie. Le miracle s'accomplit, et Glaucos revoit le jour. Ici, nous voyons Polyidios debout, à demi nu, enveloppé dans son péplos, et tenant une baguette magique qu'il enfonce dans le vase de miel; la tête de Glaucos émerge au dessus du vase. A droite et à gauche, Minos debout, la barbe pointue, enveloppé dans son péplos, et Pasiphaé, assise, posant les mains sur le bord de la cuve, assistent à l'opération théurgique. On connaît d'autres gemmes où le même sujet se trouve représenté; l'une d'elles a fait autrefois partie de la collection Louis Fould [1].

Scarabée étrusque en cornaline. Haut., 21 mill.; larg., 16 mill. Monture moderne en bague.

XII.

ACHILLE pleurant sur le tombeau de Patrocle. Le héros grec, coiffé du bonnet phrygien, est nu. Penché en avant, il s'appuie, triste et rêveur, sur le cippe funéraire de son compagnon d'armes. Il porte la main droite à son visage en signe de douleur, tandis que, de la main gauche, il tient deux lances et un glaive dans sa gaîne. Achille pleurant la mort de Patrocle, tué par Hector, est un sujet inspiré de l'Iliade, et reproduit de diverses manières sur de nombreux monuments. Nous ne citerons, en passant, qu'une autre pierre gravée sur laquelle on voit Achille assis sur une pierre et pleurant son ami dont Antiloque vient lui annoncer la mort [2].

Scarabée étrusque en cornaline. Haut., 20 mill.; larg., 12 mill. Monture moderne en bague.

XIII.

MERCURE au repos. Mercure nu, assis sur un rocher, tenant son caducée de la main droite posée sur son genou. Deux autres intailles du Cabinet des Médailles reproduisent le même type [3]. Ce sujet est la copie de la célèbre statue de bronze d'Herculanum connue au Musée de Naples sous le nom d'*Hermès au repos*, et dont la pose est pareille à celle de la statuette que nous avons appelée *Céphale* [4]. M. Collignon s'est demandé, dans la notice qu'il a consacrée au bronze d'Herculanum, si Mercure tenait dans sa main une bourse ou un caducée. Nos pierres gravées tranchent la question. Bien que le style de l'intaille de Luynes soit médiocre, elle offre donc un intérêt tout particulier.

Jacinthe. Haut., 18 mill.; larg., 11 mill. Monture moderne en bague.

1. Chabouillet, *Catal. de la collection Louis Fould*, n° 1047. Voy. aussi Gori, *Museum Florentinum*, t. II, pl. XLIII, n° 11.
2. Winkelmann, *Monuments inédits*, n° 129; cf. Millin, *Galerie mythologique*, pl. CXXXIII, n° 584.
3. Chabouillet, *Catalogue des Camées*, etc., n°s 1610 et 1611.
4. Voyez plus haut, pl. III.

XIV.

Buste de Bacchante. Vue à mi-corps et étendue dans une attitude voluptueuse, la suivante de Bacchus lève le bras droit au dessus de sa tête. Une draperie, engagée autour du bras gauche, lui couvre le bas du corps. Elle est coiffée comme les femmes du temps de Titus. A son côté, on voit un thyrse orné de bandelettes. Une autre pierre gravée du Cabinet des Médailles représente le même sujet; seulement la coiffure est différente, et l'absence de thyrse dans le champ explique qu'on ait pu donner à cette figure de femme le nom de Vénus [1].

Cornaline. Haut., 15 mill.; larg., 12 mill. Monture moderne en bague.

XV.

Satyre agenouillé, préparant un sacrifice. Sur un autel entouré de guirlandes, on voit un chevreau couché, la tête penchée en avant, les pattes liées, et tout prêt à être égorgé. Le Satyre, entièrement nu, caractérisé par sa queue de cheval, s'est accroupi pour aiguiser son couteau. Son attitude et son geste rappellent la statue célèbre de Florence, à laquelle on donne généralement le nom de *Rémouleur* et qu'on appelait autrefois *l'esclave Vindex*. Il est établi aujourd'hui que c'est un esclave scythe qui, sur les ordres d'Apollon, s'apprête à écorcher Marsyas; ce sujet, qui paraît avoir été traité pour la première fois par le peintre Zeuxis, a été signalé dans une peinture murale d'Herculanum [2]. L'œuvre de Zeuxis a peut-être inspiré l'artiste de notre pierre gravée.

Cornaline. Haut., 10 millim.; larg., 11 millim. Monture moderne en bague.

XVI.

Neptune ouvrant la source de Lerne. D'après Hygin [3] et Apollodore [4], la nymphe Amymone, la plus belle des cinquante filles de Danaüs, suivit son père lorsqu'il vint s'établir à Argos. Danaüs l'ayant envoyée dans les environs chercher de l'eau pour accomplir un sacrifice, elle n'en trouva nulle part, à cause de la grande sécheresse qui désolait alors l'Argolide et avait tari toutes les sources; après avoir longtemps erré non loin de Lerne, elle céda à la fatigue et s'endormit. Pendant son sommeil, un Satyre survint qui voulut lui faire violence. La belle Danaïde appela Neptune à son secours. Le dieu de la mer accourut et lança sur le Satyre son trident qui, manquant le but, alla s'enfoncer dans le rocher. Amymone reconnaissante se livra à Neptune qui arrachant son arme fixée dans la paroi du rocher, ouvrit les sources de Lerne où la nymphe put puiser l'eau qu'elle cherchait. Cette fable argienne a été, comme les autres amours du dieu de la mer, assez souvent

---

1. Chabouillet, *Catalogue des Camées*, etc., n. 1548.
2. Michaelis, *Annales de l'Institut archéologique de Rome*, 1858, p. 298 et suiv.
3. Hygin, *Fab.* 169.
4. Apollodore, II, 1, 4.

exploitée par l'art grec et étrusque,' avant qu'Æschyle composât son drame satyrique d'*Amymone*, dont il ne nous reste que deux vers. Les peintures d'un cratère du Musée de Vienne représentent ce mythe, avec les noms des personnages, ΠΟΣΕΙΔΩΝ et ΑΜΥΜΩΝΕ ². Sur la pierre gravée de la collection de Luynes, nous voyons Neptune, imberbe, un péplos sur les épaules, et incliné sur un rocher qu'il saisit des deux mains et contre lequel il appuie le pied droit en faisant un vigoureux effort musculaire. L'eau jaillit de la source à grands flots. Dans le champ, le trident de Neptune et son nom en caractères étrusques ΣVИΛΦΞИ. Les traits jeunes donnés à Neptune méritent d'attirer l'attention, aussi bien que le beau style de la gravure.

Scarabée étrusque en cornaline. Haut., 15 mill.; larg., 11 mill. Monture antique en or.

XVII.

Satyre dansant. Il est imberbe et muni d'une queue de cheval. Sur son bras gauche levé flotte sa nébride et il tient dans la main droite un thyrse orné de bandelettes. Le sujet de cette pierre est des plus fréquents dans l'art antique; l'exemple le plus remarquable que nous en puissions citer, dans les œuvres de la glyptique antique, est un Satyre qui danse le thyrse à la main, et avec la dépouille d'une panthère sur le bras ³. Nous reproduirons cette magnifique intaille dans la suite de ce recueil. Ici, le torse du Satyre est particulièrement bien modelé, le dessin hardi, la pose étudiée et savante.

Cornaline. Haut., 18 mill.; larg., 15 mill.; légère cassure sur le pied gauche du Satyre. Monture moderne en bague.

XVIII.

Saturne dans un char traîné par deux serpents. Le dieu est assis, les jambes enveloppées dans sa chlamyde; de la main droite il tient la harpé debout, en guise de sceptre; de la gauche, il saisit les rênes nouées autour du cou des dragons. Dans le champ, on voit les figures du Capricorne et du Verseau. Les représentations de Cronos ou Saturne sont rares ⁴; celle-ci est particulièrement intéressante. Il faut la rapprocher des monnaies d'Antonin le Pieux, frappées la VIIIe année de son règne à Alexandrie d'Egypte. Sur ces pièces, le buste de Saturne est accompagné tantôt de la constellation du Capricorne et tantôt de celle du Verseau : on sait que ces constellations étaient le domicile de la planète Saturne. A l'époque d'Antonin, l'astrologie était particulièrement en honneur à Alexandrie ⁵.

Jaspe rouge. Haut., 11 mill.; larg., 15 mill. Monture moderne en bague.

---

1. Raoul Rochette, *Choix de peintures de Pompéi*, p. 17 et suiv.
2. Ch. Lenormant et J. de Witte, *Elite des monuments céramographiques*, t. III, p. 51, et pl. XVII. Voyez aussi A. de Laborde, *Vases de Lamberg*, t. I, pl. XXV; J. de Witte, *Catal. de la coll. Durand*, n°ˢ 3, 207 et 208; id. *Catal. étrusque*, n. 64; Gerhard, *Auserlesene griech. Vasenbilder*, taf. XI, 2.
3. Chabouillet, *Catalogue des Camées*, etc., n. 1648.
4. Voyez A. de Longpérier, *Notice des bronzes antiques du Louvre*, p. 2.
5. *Nouvelle galerie mythologique*, p. 5.

XIX.

Minerve et Acratès. Minerve luttant contre le géant Acratès est un thème plus d'une fois traité par l'art étrusque. Sur un miroir du Musée de Pérouse, publié par Inghirami [1] et Gerhard [2], on voit la déesse qui terrasse le géant à qui elle arrache un bras; les noms étrusques ΑΙΗΜΜ et ΑΚΡΑΘΕ, gravés à côté des personnages, ne laissent aucun doute sur l'interprétation de la scène. Un vase peint du Musée de Berlin est décoré de la même composition et l'on voit en outre, dans le champ, le quartier de rocher avec lequel Acratès aurait voulu frapper Minerve, et qui lui échappe des mains [3]. Sur le scarabée étrusque que nous publions ici, on voit Minerve casquée, tenant de la main gauche sa lance et son bouclier, et rejetant avec sa main droite le bras arraché du géant contre lequel elle s'avance résolûment. Acratès, agenouillé devant elle, est casqué et a encore son bouclier au bras gauche. Minerve luttant contre des géants est un sujet fréquent sur les peintures de vases; quand elle combat Acratès, on l'appelle Minerve Crastia ou Crathia (Κραθία). La tête de Minerve Crathia figure sur de belles monnaies de Thurium où elle est représentée avec un casque orné de la figure du monstre Scylla.

Scarabée étrusque en cornaline. Haut., 15 mill.; larg., 11 mill. Monture antique en or.

XX.

Castor puisant de l'eau à la fontaine, chez les Bébryces. Le héros est représenté nu, avec de longs cheveux, son péplos enroulé autour du bras gauche. Posant le pied sur une roche, il se penche en avant du côté d'un mufle de lion qui forme l'orifice de la fontaine et d'où s'échappe un filet d'eau. A ses pieds, on voit l'outre qui s'emplit lentement. Dans le champ, le nom ꟼV+ZA⊃, *Castur*, en caractères étrusques. Dans sa XXIIe idylle, Théocrite chante la gloire des Dioscures et raconte notamment les aventures de Castor et de Pollux quand ils prirent part à l'expédition des Argonautes. Le navire Argo s'étant arrêté sur la côte du pays des Bébryces, en Bithynie, les deux jumeaux en profitèrent pour débarquer et faire une excursion dans cette région inconnue. Après avoir marché quelque temps à l'aventure, dans des contrées solitaires, au milieu des montagnes et des bois, ils découvrirent, sous une roche escarpée, une source abondante. Ils allaient s'y désaltérer, et déjà Castor y puisait, comme on le voit sur notre scarabée, lorsque paraît l'hôte de ce site sauvage, le

---

1. Inghirami, *Mon. étrusc.*, sér. II, tav. LXXXI.
2. Gerhard, *Etruskische Spiegel*, pl. LXVIII.
3. Gerhard, *Berlin's ant. Bildwerke*, n. 1623 ; Ch. Lenormant et J. de Witte, *Elite des mon. céramographiques*, t. I, p. 293-294.

géant Amycus, pareil, dit le poète, à un colosse forgé sous le marteau et portant pour tout vêtement, une peau de lion comme Hercule. La vue seule des deux étrangers l'irrite; un colloque s'engage : « Eh quoi, mon ami, dit Pollux, ne pourrons-nous même pas nous désaltérer à cette source? » Le barbare prétend s'y opposer, et finalement Pollux engage avec Amycus un combat corps à corps, combat terrible dans lequel il fait preuve d'une force extraordinaire : le géant est terrassé et vaincu.

Scarabée étrusque en cornaline. Haut., 16 mill.; larg., 9 mill. Monture moderne en bague.

1. Silène jouant de la double flûte, assis au pied d'une statue de Priape érigée sous un platane. Des femmes apportent leurs offrandes au dieu des jardins et des plaisirs obscènes : une jeune fille présente une patère de fruits et une œnochoé de vin ; une vieille femme voilée paraît offrir un phallus symbolique. Sardonyx à deux couches. Haut. 22 mill,; larg. 27 mill. (Chabouillet, *Catalogue*, etc., n° 84). Ce camée est un de ceux qui décoraient autrefois la châsse de la Sainte-Chemise, à la cathédrale de Chartres. En 1793, il entra au Cabinet des Médailles avec plusieurs autres camées du Trésor de Chartres, confisqués par la Révolution (F. de Mély, *Le Trésor de Chartres*, p. 32-33). Le cliché ci-dessous nous a été obligeamment cédé par M. de Mély.

OFFRANDE A PRIAPE (CAMÉE) 1.

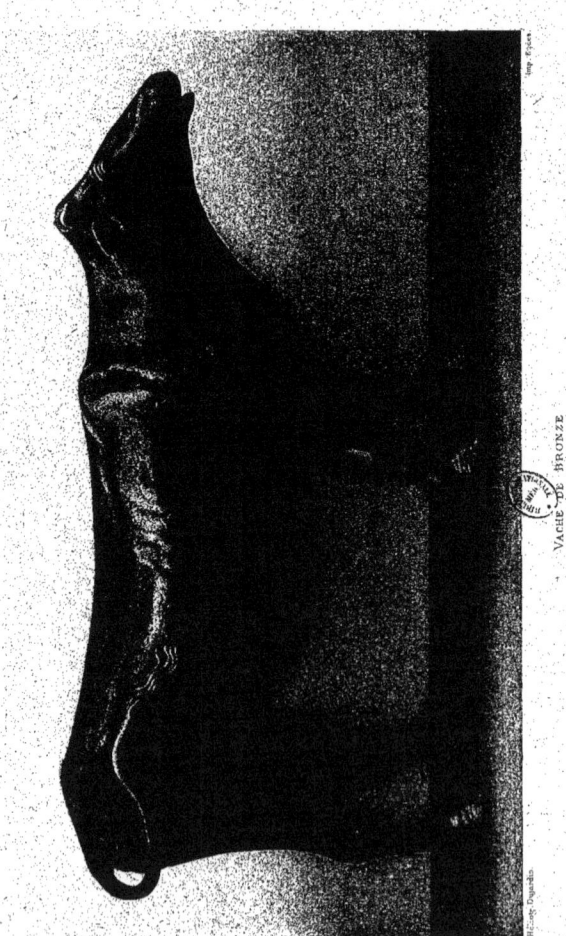

VACHE DE BRONZE

VI.

VACHE DE BRONZE

Long., o m. 53; Haut., o m. 25.

N décrivant pour la première fois ce bronze qui faisait partie de la collection d'antiquités qu'il a léguée au Roi, Caylus fournit à son sujet les renseignements qui suivent : « Le bronze dessiné sous ce numéro [1], et trouvé à Pompéïa, nous rappelle l'idée de cette ville et celle d'Herculanum, dont la découverte intéresse depuis une quarantaine d'années la curiosité de toute l'Europe. » Puis, après avoir rappelé l'éruption du Vésuve de l'an 79, il ajoute : « Le bronze qui m'a conduit à cette digression est recommandable par sa beauté, sa vérité et son élégance. C'est un monument des plus authentiques. Il représente simplement une vache qui ne fournit aucune conjecture; mais elle frappe par la vérité de l'imitation. La conservation en est très belle, et la fonte ne peut être plus légère. »

On ne peut que souscrire à ce jugement de l'illustre antiquaire : cette vache est, sans contredit, le monument le plus remarquable de la série des animaux en bronze du Cabinet des Médailles. Nous ne ferons qu'une observation relative à la provenance du monument : Caylus le dit découvert à Pompéi, mais nous avons quelques doutes sur ce point. La patine à reflets rougeâtres dont le métal est couvert, le distingue de tous les bronzes trouvés à Pompéi, qui sont, sans exception, revêtus d'une patine rugueuse, granulée, à efflorescences vertes ou bleuâtres. Toutes les statues de bronze d'Herculanum ont, au contraire, comme la vache du Cabinet des Médailles, une patine ferme et lisse, pareille à un vernis, et dont la teinte foncée, le plus souvent presque noire, est, par places, maculée de rouge. Rappelons-nous qu'Herculanum fut engloutie sous les flots de la lave en fusion qui s'est ensuite durcie comme du plomb, tandis que Pompéi a été recouverte par une pluie de cendres et de pierres calcinées, lancées par le volcan en éruption; l'élément destructeur étant différent, les effets en furent variés. Au surplus, on se rend facilement compte de l'erreur où a pu être entraîné Caylus : à l'époque où il écrivait, on n'avait pas encore rigoureusement identifié les ruines de Pompéi et d'Herculanum qu'on prenait l'une pour l'autre; la plus grande incertitude régnait sur le nom à donner aux villes qu'on sut, depuis, être Pompéi et Herculanum, et Caylus se sera fait l'écho de quelque confusion topographique, en fixant à Pompéi la provenance du bronze dont il fit l'acquisition.

1. N° III de la pl. xl. du deuxième volume de son *Recueil d'antiquités*; cf. la description, p. 119. — Chabouillet, *Catalogue des camées, pierres gravées*, etc., *de la Bibliothèque Impériale*, n° 3111.

Ce monument formait, croyons-nous, l'orifice d'une de ces petites fontaines qu'on connaît par de nombreux exemples et qui apportaient la fraîcheur dans la cour intérieure des maisons romaines. Cette conjecture s'appuie sur la présence d'une ouverture circulaire et démesurément grande, pratiquée aux deux extrémités de l'animal, et évidemment destinée au passage d'un tuyau; l'eau jaillissait par la gueule béante.

Cet admirable morceau, d'un sentiment si conforme à la réalité, permet de supposer que l'artiste a eu sous les yeux un modèle vivant, et il nous remet en mémoire ce que Pline raconte du sculpteur grec Pasitélés qui vivait à Rome au temps de Jules César : il ne sculptait jamais rien sans avoir préalablement modelé une maquette d'après nature. Un jour même, il était entré dans une ménagerie pour faire une étude de lion et il manqua être dévoré par une panthère[1]. Le réalisme est aussi ce que les anciens admiraient dans la plus célèbre des vaches de Myron; elle avait les pis gonflés de lait et elle semblait vivante, nous disent les faiseurs d'épigrammes qui la célèbrent à l'envi. On connaît le trait satirique d'Anacréon : « Berger, fais paître plus loin ton troupeau, de peur que croyant voir respirer la vache de Myron, tu ne la veuilles emmener avec tes bœufs; » et cet autre non moins spirituel du tarentin Léonidas : « Non, Myron ne m'a pas sculptée, il ment; mais tandis que j'étais à paître, m'ayant chassée du troupeau, il m'a attachée sur ce socle de pierre[2]. » Serions-nous en présence d'une réduction, faite au commencement de notre ère, du chef-d'œuvre de l'artiste grec de la fin du cinquième siècle?

Myron avait sculpté, au dire de Properce, quatre vaches qui, amenées de la Grèce après la conquête romaine, furent placées autour de l'autel d'Apollon Palatin; on vante encore un chien de ce même artiste qui occupe, parmi les animaliers de l'antiquité, le premier rang avec Calamis, Nicias, Menechme, Lysippe, Protogène et même Praxitèle. Mais, tandis que tous ces sculpteurs se sont complu à représenter, sous mille formes variées, des taureaux bondissants, des lions, des chiens, des chevaux, ils n'ont presque jamais tenté, sauf Myron, de reproduire la figure de la vache. Les formes moins gracieuses de ce rustique animal, son attitude moins noble, plus alanguie, toute prosaïque, paraissent peu propres à provoquer l'imagination d'un artiste. Cependant, n'est-ce point à la renommée des vaches de Myron qu'il faut attribuer le choix qui fut fait de l'image d'une vache pour type de quelques monnaies du Haut-Empire? Sur des pièces d'or d'Auguste, figure une vache élancée comme la nôtre et qui paraît marcher lentement. C'est le même art et le même style. Mais là doit s'arrêter la comparaison, car tandis que la statuette de bronze a la tête droite et qu'elle bat ses flancs de sa longue queue, la vache de la monnaie d'Auguste laisse traîner sa queue et relève la tête comme pour pousser un beuglement. On voit encore une vache, dans une attitude qui se rapproche davantage de celle du bronze du Cabinet des Médailles, sur des monnaies en or et en argent, datées du cinquième consulat de Titus, c'est-à-dire de l'an 76 de notre ère, trois ans avant l'éruption du Vésuve.

1. Pline, *Hist. nat.*, XXXVI, 5.
2. Overbeck, *Die antiken Schriftquellen*, n°s 550 et suiv. (Leipzig, 1868.)

Cabinet des Antiques． PL. VII

COUPE D'OR MASSIF.
(PATÈRE DE RENNES)

A. Lévy, Éditeur.

VII.

LA PATÈRE DE RENNES[1]

Diam., 25 cent.; Haut., 4 cent.; Poids, 1,315 gr. 50.

A *Gazette de France* du 8 avril 1774 contient le récit d'une trouvaille extraordinaire faite le 26 du mois précédent par des maçons qui travaillaient, à Rennes, à la démolition d'une maison du chapitre, située sur la place de la Vieille-Monnaie, en face de l'ancien Hôtel de Ville. Ils avaient découvert dans les substructions, à six pieds de profondeur, des ossements humains, 94 monnaies romaines en or, une chaîne d'or ornée de médailles, une fibule et une grande coupe en or massif décorée d'un *emblema* et d'une bordure de médailles. Tous ces objets furent offerts par les chanoines au duc de Penthièvre, gouverneur de Bretagne, en le chargeant d'en faire hommage au roi Louis XV. L'abbé Barthélemy, garde du Cabinet des Médailles du Roi, en recevant ce précieux trésor, voulut connaître les circonstances de sa découverte; il en écrivit à l'abbé de la Croix, chanoine syndic de Rennes, qui lui répondit ce qui suit :

Il n'y a ni titres ni vestiges qui prouvent ou qui fassent conjecturer qu'il y ait eu autrefois en cet endroit aucun édifice public..... Ces monuments n'étaient point dans un tombeau ni sous une maçonnerie, mais dans une terre jaunâtre provenant des décombremens et mêlée de débris d'anciens édifices. Ce qu'il y a de plus remarquable, c'est qu'à peu de distance de cet endroit, du côté du midi, se terminait une aire ou un plafond, lequel s'étendait et se continuait sous les terres à plus de trente pieds de profondeur. Il était composé d'une couche de ciment de chaux mêlée avec du gravier ou gros sable, recouverte de carreaux de terre cuite de différentes grandeurs... Le lundi 28 mars, on découvrit une fosse creusée de quinze pouces de profondeur dans le sable, à un pied et demi loin de l'endroit où étaient ces morceaux antiques, et l'ouverture en était à deux pieds plus bas. Parmi une terre légère comme la cendre dont elle était remplie, on trouva des ossements d'un corps humain, d'une force et d'une taille au dessus de l'ordinaire, et dans leur position naturelle... D'un autre côté, vers le nord, à quinze pieds de distance, sous les fondations d'un mur qui n'allaient pas jusqu'au solide, on a trouvé, à treize pieds de profondeur, une fosse creusée de cinq pieds dans le solide, large de six, où étaient quantité d'ossements humains de différentes grandeurs, confondus pêle-mêle, et recouverts d'une terre grasse et noire[2].

Sur l'*emblema* qui forme le fond de la patère, on voit en relief un tableau qui représente un défi porté par Bacchus à Hercule : à qui boira davantage. Les Thraces, ivrognes et grossiers, s'étaient, à l'imitation de leurs dieux favoris, rendus célèbres par de semblables joûtes : ils se servaient pour cet usage de rhytons énormes appelés ἄμυστις, et Horace rappelle ces amusements quand il dit :

*Neu multi Damalis meri
Bassum Threiciâ vincat amystide*[3].

---

1. Chabouillet, *Catalogue des Camées*, etc., n. 2537; Lucien Decombe, *Notice sur la Patère d'or découverte à Rennes en 1774*, Rennes, 1879.
2. Lettre reproduite par Millin dans la *Notice* qu'il a consacrée à la Patère de Rennes. Millin, *Monuments antiques inédits*, t. I, p. 227.
3. Horace, *Od.*, I, 36; cf. Athénée, XI, 7.

On était passé maître dans l'art, quand on savait boire avec l'*amystis* et la vider d'un seul trait, sans que le vase touchât les lèvres [1]. La règle du défi variait au gré des buveurs; généralement on s'engageait à boire neuf coups en l'honneur des Muses et trois coups en l'honneur des Grâces [2]. Ici, le combat entre Bacchus et Hercule se passe devant témoins. Il y a Pan, avec sa tête ornée de cornes, qui joue de la syrinx; le vieux Silène, couronné de pampres, son pallium sur l'épaule; le jeune Ampelus qui souffle dans sa double flûte, et trois Ménades. La panthère elle-même, accroupie aux pieds de son maître, semble prendre part, en hurlant, à l'orgie et au concert bachiques. Tout est à la joie sans mélange dans cette fête orgiaque : « Bacchus est le dieu des plaisirs, dit un chœur des *Bacchantes* d'Euripide; il règne au milieu des festins, parmi les couronnes de fleurs; il anime les danses joyeuses au son du chalumeau; il fait naître les ris folâtres et dissipe les noirs soucis; son nectar, en coulant sur la table des dieux, augmente leur félicité, et les mortels puisent dans sa coupe riante le sommeil et l'oubli des maux. »

Bacchus, assis sur un trône, couronné de pampre et de lierre, et tenant le thyrse, vient de vider d'un seul trait son rhyton en forme de pavot, qu'il élève triomphalement, aux applaudissements de sa troupe joyeuse. Son rival, assis sur la peau de lion posée sur un rocher, a déjà abandonné sa massue, le canthare tremble dans sa main vacillante, et il va essayer une dernière fois de le porter à ses lèvres avant de rouler à terre : c'est le triomphe du vin sur la force. Cette allégorie ou plutôt cette légende d'Hercule vaincu par Bacchus donna naissance à un nouveau type dans l'art grec et romain : celui d'Hercule Philopotis ou Hercule Bibax. On le représente toujours une coupe à la main. Pausanias rapporte que Bacchus l'emporta sur lui comme il l'avait emporté lui-même sur Lépreus [3]. Une épigramme de l'Anthologie est ainsi conçue : « Hercule, ce vainqueur des monstres et des hommes, dont les mortels ont célébré les douze travaux et la force indomptable, chargé aujourd'hui de vin, ne peut plus soutenir son corps qui chancelle : il est vaincu par l'efféminé Bacchus. »

Un grand nombre de monuments antiques représentent Hercule en état d'ivresse, figurant dans la pompe triomphale de Bacchus. Sur la Patère de Rennes, la frise qui entoure le médaillon central n'est qu'une des mille formes de cette légende mythologique arbitrairement interprétée par l'imagination capricieuse des artistes. C'est une procession de faunes, de satyres, de bacchants et de bacchantes dans un état de folle ébriété. Une bacchante ouvre la marche en dansant et en jouant des cymbales; Silène est presque endormi sur un chameau, et cependant il étend la main et demande encore à boire; des Amours entassent et foulent des raisins dans des paniers d'osier. Voici Bacchus lui-même, l'air efféminé, assis sur un char traîné par deux panthères, et précédé de Pan, armé du pedum. L'inséparable compagnon de Bacchus lui montre du doigt et désigne à la risée de tous Hercule, dans le dernier degré de l'ivresse, ayant perdu la raison, et dont la marche titubante est soutenue par deux

---

1. S. Ambros., *De Eliâ et jejun.*, cap. XVII, 64.
2. Hor., *Od.*, III, XIX, 11 et suiv.
3. Pausanias, V, 5.

satyres. Plus loin, bacchants et bacchantes dansent et jouent de la flûte, des cymbales, de la syrinx; des chars de raisins traînés par des boucs, un satyre qui frappe un bouc de sa corne ont enfin leur place dans cette fête tumultueuse.

Une couronne de laurier ciselée en relief encadre toute cette scène et la sépare de la zone où seize monnaies romaines de l'époque impériale sont enchâssées dans des alvéoles ménagées à dessein dans l'épaisseur des parois de la coupe. Millin, qui, en 1802, publia pour la première fois la Patère de Rennes, fit dessertir ces médailles afin de donner une description exacte de leur revers, et il eut ainsi l'occasion de faire une constatation curieuse. Au fond de l'alvéole où elles sont encastrées, on avait indiqué au trait, à la pointe, le nom en abrégé de chaque prince ou de chaque impératrice, afin de guider l'ouvrier et de l'empêcher de placer les médailles au hasard. Elles ne se suivent donc point arbitrairement, mais l'ordre choisi n'a pas été l'ordre chronologique, et l'on s'est inspiré d'une préoccupation artistique : « On remarque, dit M. Chabouillet, que les têtes barbues alternent régulièrement avec les têtes imberbes, et que les têtes barbues sont placées dans les cases ornées de couronnes de laurier, tandis que les têtes de femmes ou d'hommes imberbes sont dans les cases ornées de couronnes d'acanthe [1] ».

Voici la nomenclature sommaire de ces seize médailles :

1. *Hadrien.* HADRIANVS AVG. COS. III. P. P. Buste à droite.
   ℟. HISPANIA. L'Espagne couchée.
2. *Caracalla et Géta.* ANTONINVS AVGVSTVS. Buste lauré de Caracalla, à droite.
   ℟. P. SEPT. GETA. CAES. PONT. Buste de Géta, à droite.
3. *Marc Aurèle.* M. ANTONINVS AVG. ARM. PARTH. MAX. Buste lauré, à droite.
   ℟. IMP. IIII. COS. III. TR. P. XXI. Victoire debout.
4. *Faustine jeune.* FAVSTINAE AVG. PII. AVG. FIL. Buste à droite.
   ℟. LAETITIAE PVBLICAE. L'Allégresse debout.
5. *Antonin le Pieux.* ANTONINVS AVG. PIVS P. P. TR. P. XII. Buste lauré, à droite.
   ℟. COS. IIII. La Libéralité debout.
6. *Géta.* P. SEPTIMIVS GETA. CAES. Buste à droite.
   ℟. PONTIF. COS. II. Septime Sévère et ses deux fils Caracalla et Géta, assis sur un trône.
7. *Commode.* M. COMM. ANT. P. FEL. AVG. BRIT. Buste lauré et barbu, à droite.
   ℟. LIBERT. — P. M. TR. P. XIII. IMP. VIII. COS. V. P. P. La Liberté debout.
8. *Faustine mère.* DIVA FAVSTINA. Buste à droite.
   ℟. AVGVSTA. Cérès debout tenant un sceptre et un flambeau.
9. *Septime Sévère.* SEVERVS PIVS AVG. P. M. TR. P. X.
   ℟. AETERNIT. IMPERI. Bustes affrontés de Caracalla et de Géta.
10. *Caracalla.* ANTON. P. AVG. PON. TR. P. V. COS. Buste lauré à droite.
    ℟. CONCORDIAE AETERNAE. Bustes accolés de Septime Sévère et de Julia Domna.
11. *Antonin le Pieux.* ANTONINVS AVG. PIVS P. P. TR. P. COS. III. Buste lauré à gauche.
    ℟. IMPERATOR II. Jupiter assis.
12. *Faustine mère.* DIVA FAVSTINA. Buste à gauche.
    ℟. AVGVSTA. Cérès debout tenant deux flambeaux.

---

1. Chabouillet, *Catalogue des Camées*, etc., p. 360.

13. *Antonin le Pieux*. ANTONINVS AVG. PIVS P. P. TR. P. X. COS. III. Buste lauré à droite.
   ℟. COS. IIII. LIB. V. La Libéralité debout, tenant une corne d'abondance et un abaque.
14. *Commode*. COMMODO CAES. AVG. FIL. GERM. SARM. Buste imberbe, à droite.
   ℟. HILARITAS. L'Hilarité debout.
15. *Septime Sévère*. SEVER. P. AVG. P. M. TR. P. X. COS. III. Buste lauré à droite.
   ℟. FELICITAS SAECVLI. Buste de Julia Domna de face, entre ceux de ses deux fils Caracalla et Géta.
16. *Julia Domna*. IVLIA AVGVSTA. Buste à droite.
   ℟. LAETITIA. L'Allégresse debout.

Les monnaies les plus récentes étant de Septime Sévère, de sa femme et de ses fils Caracalla et Géta, elles permettent de fixer avec certitude la date de fabrication de la patère : elle est de l'an 210 de notre ère ou peu s'en faut. C'est ce qu'indiquent aussi le style soigné, mais lourd et sec, ainsi que le choix du sujet, car on sait que les dieux thébains, Hercule et Bacchus, étaient particulièrement vénérés par Septime Sévère et ses deux fils.

Ce furent sans doute les troubles dont la Gaule fut le théâtre au IIIe siècle qui portèrent le riche Romain, possesseur de cette coupe d'or, à l'enfouir dans un caveau pour la préserver du pillage et de l'incendie. L'homme lui-même n'aura pas survécu à la ruine de sa demeure, et les richesses qu'il avait cachées sont restées ensevelies sous les décombres de son palais pendant quinze siècles. C'est ainsi que nous fut conservé ce monument qui n'a son rival dans aucune collection de l'Europe; le même sort fut fait, dans des circonstances analogues, aux vases d'argent de la trouvaille de Bernay. En 1831, la Patère de Rennes courut un danger non moins grand qu'au temps des guerres civiles de l'empire romain. Dans le vol fameux qui eut lieu cette année-là au Cabinet des Médailles, elle fut emportée par les voleurs et jetée par eux dans la Seine sous une des arches du pont Marie, où elle fut retrouvée par la police.

---

1. Le bijou d'or figuré ci-dessous est un des pendants de collier trouvés avec la Patère de Rennes et conservés au Cabinet des Médailles. Il est formé d'une monnaie de l'empereur Postume, sertie dans un encadrement découpé à jour et muni d'une bélière de suspension. Du côté de la tête de l'empereur, on lit la légende : POSTVMVS PIVS AVG. Au revers, on voit Postume assis tendant la main à un suppliant ; la légende INDVLG. PIA POSTVMI AVG. explique le type monétaire. (Voyez Chabouillet, *Catalogue des camées*, etc., n°s 1256 à 2564 et 2687.)

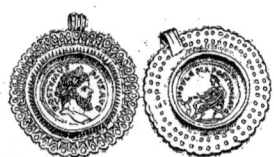

PENDANT DE COLLIER
trouvé avec la Patère de Rennes¹.

Cabinet des Antiques. PL. VIII

CAMÉES ANTIQUES
A Lévy Éditeur

VIII.

CAMÉES ANTIQUES

ICONOGRAPHIE ROMAINE

I.

ustes de Caligula et de Drusilla, conjugués et tournés à droite[1]. L'empereur est lauré et sa poitrine est couverte de la cuirasse et du manteau militaire; Drusilla a la tête ceinte du diadème des impératrices. On connaît un autre camée moins remarquable que celui-ci, qui représente aussi les têtes accolées des deux enfants de Germanicus[2]. Nous n'avons point à raconter l'histoire infâme de Caligula qui prit sa sœur pour épouse et voulut qu'après sa mort, en l'an 38, elle fut déifiée[3]. Il existe des monnaies à l'effigie de Drusilla, émises après sa mort; à Milet, on en frappa, avec la légende ΘΕΑ ΔΡΟΥΣΙΛΛΑ.

Sardonyx à trois couches. Haut., 35 mill.; larg., 30 mill. Monture moderne en or émaillé.

II.

Buste de Messaline, lauré et tourné à gauche[4]. Ce camée est un des plus importants de la série iconographique romaine, non seulement par le mérite artistique, mais par la matière qui est exceptionnellement belle. Rubens, qui avait un goût particulier pour les gemmes antiques, fit de celle-ci un dessin qui nous a été conservé, comme celui du grand Camée. Sous le buste de Messaline se croisent deux cornes d'abondance qui, s'élevant de chaque côté, produisent, au premier abord, un certain effet disgracieux. Mais la perspective était difficile à ménager dans le travail des pierres dures, et il faut remarquer que les cornes d'abondance sont placées, non pas l'une devant la poitrine et l'autre derrière la tête de Messaline, mais de chaque côté des épaules. Deux bustes émergent de ces cornes : ce sont les enfants de Messaline et de Claude, Britannicus et Octavie. Britannicus est nu-tête, et il semble que l'artiste ait cherché à établir quelque ressemblance entre les traits du jeune prince et ceux d'Auguste; Octavie casquée est identifiée, comme l'avait déjà été Livie, avec la déesse Rome qu'on a toujours représentée le casque en tête. La figure allégorique de la Constance sur les médailles de Claude, au revers CONSTANTIA AVGVSTI, est aussi coiffée du casque. On peut encore rapprocher du camée de Messaline les médailles de Claude qui portent au revers LIBERIS AVG(usti), avec les bustes des trois enfants de Claude et de Messaline : Britannicus, Antonia et

---

1. Chabouillet, *Catal. général des Camées*, etc., n° 219; Visconti, *Iconogr. rom.*, pl. XXV, n° 8; *Trésor de numismatique. Iconogr. rom.*, pl. XI, n° 17.
2. *Trésor de numismatique. Iconogr. romaine*, pl. XI, n° 16. On ne dit pas dans quelle collection se trouve ce camée.
3. R. Mowat, *La domus divina et les divi*, p. 21.
4. Chabouillet, *Catalogue*, etc., n° 228; cf. Visconti, *Iconogr. romaine*, pl. XXVIII, n° 5; *Trésor de numismatique. Iconogr. romaine*, pl. XIV, n° 6.

Octavie. Deux de ces bustes sont placés au dessus de cornes d'abondance qui se croisent, comme sur le camée. Messaline a au cou une bulle d'or; elle est vêtue de la *stola* par dessus laquelle elle porte la *palla* dont la bordure est décorée d'une riche broderie. Un pampre, terminé par une grappe de raisin, serpente autour de la corne qui sert de support à Britannicus.

Sardonyx à trois couches. Haut., 68 mill.; larg., 54 mill. Monture moderne en or émaillé.

III.

Ce camée[1] n'a rien de remarquable au point de vue de l'exécution, et il est l'œuvre d'un artiste romain des plus médiocres. Il représente la tête laurée de Jules César en regard de celle d'Auguste qui est radiée, et la tête de Tibère en regard de celle de Germanicus, toutes deux laurées. Ces figures sans expression, vulgairement aplaties, sont montées sur un cou deux fois trop long. Les noms inscrits au dessus des têtes : IVLI (*Julius*), AVGV (*Augustus*), TIBE (*Tiberius*), GERM (*Germanicus*), ont été gravés à une époque moderne, probablement contemporaine de la monture. La tradition attribue cette monture émaillée à Benvenuto Cellini. « On peut y reconnaître, dit M. Plon, avec assez de vraisemblance, la main de Benvenuto. L'encadrement, composé de trophées et de lions en bas-relief, est couronné par une composition allégorique : *La Renommée entre deux captifs enchaînés*. Ces figures qui, par leur attitude, rappellent bien l'école de Michel-Ange, sont détachées en ronde bosse et paraissent avoir été exécutées par les procédés que décrit Cellini, en parlant, au *Traité de l'Orfèvrerie*, de ses médailles d'Atlas et d'Hercule[2]. »

Ne pouvant rien ajouter au sujet de cette attribution conjecturale, nous nous contenterons de décrire les figures et les ornements de ce magnifique bijou. La Renommée, à demi nue, ailée, sonne de la trompette. Une draperie grenat lui couvre les jambes; l'émail de ses ailes a mille reflets; elle est assise sur un trône dont le dossier est formé d'une grande fleur épanouie qui sort d'un monceau d'armes : casques, flèches, épées, canons. Les captifs, tous deux barbus, sont en guerriers antiques, les mains liées derrière le dos, avec une cuirasse bleue et de hauts brodequins. Assis, ils détournent la tête dans un mouvement de contorsion admirablement rendu; les lions, d'une couleur fauve, posent la patte sur un globe et grimpent en détournant la tête. Plus bas, deux trophées avec des drapeaux, des boucliers, des lances et des épées, des trompettes guerrières. L'un des boucliers a le champ occupé par une tête de face; le champ du bouclier de l'autre trophée porte au centre la marque ✳. Deux autres boucliers se voient au revers et font pendant à ceux de la face. Au dessous, un mufle de bélier, bleu de ciel, avec des fleurs et des festons qui se terminent de chaque côté par deux bustes d'homme. Au revers, la même tête de bélier fait pendant à celle-ci; une couronne de fleurs court tout autour du cadre. Enfin, un trou placé au dessous des têtes de bélier, et trois amorces d'agrafes ou de petites charnières qu'on voit par derrière, servaient à fixer ce joyau, une des œuvres d'émaillerie les plus délicates qui soient sorties de l'école de Benvenuto, sinon des mains du maître lui-même.

1. Chabouillet, *Catalogue*, etc., n° 189.
2. Eug. Plon, *Benvenuto Cellini*, p. 249.

Cabinet des Antiques.

Pl. IX

IPHICLÈS

IX.

IPHICLÈS

BRONZE DE LA COLLECTION DE JANZÉ

Haut., 185 millim.

LCMÈNE, épouse d'Amphitryon, roi de Thèbes, avait deux jumeaux, Hercule et Iphiclès. Ils étaient âgés de dix mois, lorsqu'un jour, les couchant sur un bouclier de bronze, elle les endormit par de douces paroles. Déjà, raconte Théocrite, la nuit avait fourni la moitié de sa carrière; l'Ourse était à son déclin, et près d'elle Orion montait sur ses larges épaules, lorsque l'impitoyable Junon fit pénétrer dans le palais deux serpents pour dévorer le jeune Alcide. Les deux monstres sont là, lançant de leurs yeux de sinistres étincelles, dardant leurs langues empoisonnées; mais voilà que les fils chéris d'Alcmène se réveillent à la lueur qui éclaire le palais. Iphiclès aperçoit sur le bord du bouclier les reptiles prêts à le dévorer. Il jette un cri d'effroi; mais Hercule, sans s'effrayer, saisit les deux monstres de ses mains enfantines et presse leur gorge tuméfiée. C'est en vain que les serpents essayent de l'enlacer dans leurs replis; bientôt, ils se déroulent épuisés, et cherchent à se dégager de la main qui les broie. Cependant Alcmène a entendu les cris d'Iphiclès; elle réveille Amphitryon qui s'élance de sa couche, se précipite sur son épée, appelle ses esclaves. A la vue du jeune Hercule qui tient les serpents étroitement serrés dans ses jeunes mains, tous à la fois poussent un cri d'horreur; mais lui, il montre les reptiles à Amphitryon et les jette en riant à ses pieds, étouffés et sans vie.

Les poètes ont chanté à l'envi cette légende de l'enfance d'Hercule, et les artistes en ont reproduit, sous mille formes, les principaux épisodes. Un célèbre tableau de Zeuxis, que Pline signale en ces termes : *Hercules infans dracones instrangulans, Alcmena matre coram pavente et Amphytrione*, paraît avoir servi de prototype à la plupart des œuvres de sculpture et de peinture représentant le même mythe, qui sont parvenues jusqu'à nous [1]; il inspira aussi le groupe qu'on désigne sous le nom de *l'Enfant à l'oie*, qui a, au point de vue plastique, la plus grande analogie avec celui d'Hercule ou d'Iphiclès. Si des sculpteurs de grand mérite ne dédaignèrent pas de traduire le tableau de Zeuxis, la caricature s'en empara à son tour pour le travestir. C'est une œuvre de cette nature, fort prisée sans doute par les anciens, que vise cette épigramme sceptique et railleuse de l'*Anthologie* : « Le petit Macron dormait durant l'été; un petit rat, l'ayant vu, le tira par le pied; mais, lui, saisissant le rat, l'étrangla en s'écriant : « Regarde, grand Jupiter, tu as en moi un autre Hercule! »

---

1. Mylonas a dressé la liste des monuments qui représentent Hercule étouffant les serpents. *Mitth. der deutsch. arch. Instituts in Athen*, III, 265.

— 32 —

La statuette de bronze que nous donnons ci-dessous en cul de lampe, représente le jeune Hercule au moment où, calme et impassible, il étrangle les deux reptiles [1]. Cette figurine reproduit presque exactement l'image du revers de monnaies d'or et d'argent de Cyzique, de Samos, d'Ephèse, de Rhodes et d'autres villes grecques qui ont emprunté à la statuaire ce gracieux type monétaire. Il faut la rapprocher de la statuette de grandes proportions qui figure sur notre planche et que nous appelons Iphiclès à cause de l'expression du visage, de l'absence des serpents, et de sa pose qui est celle d'Hercule, en sens inverse : les statuettes se feraient pendant si elles étaient de même grandeur. On ne saurait exprimer avec plus de grâce l'étonnement mêlé de stupeur naïve d'Iphiclès : il a peur à la vue des reptiles, mais sans se rendre un compte bien exact du danger qu'il court. Un réalisme plein de charme est empreint dans son geste aussi bien que dans le modelé de ses membres potelés et arrondis.

L'authenticité de ce bronze n'a inspiré aucun doute à Fr. Lenormant [2]; nous le croyons également antique, à cause des traces d'oxydation profonde, et de certaines mutilations qui ne s'expliqueraient guère dans une statuette entièrement moderne. Cependant, il n'est pas possible de méconnaître sur la surface du métal les retouches d'un habile restaurateur. Dans la main droite, l'index et le médius qui manquent actuellement avaient été rétablis : ce travail, dont on distingue encore les amorces et les points d'attache, a disparu à son tour. Dans la main gauche, sauf le pouce et l'index, les doigts ont été ajoutés. Les yeux ont été refaits; les mèches de la chevelure sont fouillées à la moderne. On remarque sur le bras droit une petite plaque de métal qui a été soudée pour combler un trou provenant d'une mutilation antérieure; le bras gauche, cassé au dessus de l'humérus, a été habilement consolidé. Enfin la patine jaunâtre, tirant sur le brun, qu'on a donnée au métal, est purement factice; elle manque de profondeur et elle a été appliquée sur la surface du bronze comme un vernis. Bref, on peut dire que, de cette statuette, le métal et le modelé général peuvent seuls revendiquer des droits à l'antiquité, tant les détails de la fonte ont été retouchés au burin. Ce bronze n'en est pas moins, tel qu'il se présente à nos regards, une œuvre des plus gracieuses et du plus haut mérite artistique.

1. Chabouillet, *Catalogue*, etc. n. 3032. Hauteur totale, avec le socle qui est antique : 7 cent. Ce bronze trouvé au siècle dernier à Ripa Tranzona, dans l'ancien Picenum, a fait partie de la collection de Caylus qui l'a légué au roi. Caylus, *Recueil d'antiquités*, t. IV, p. 198 et pl. LXIV.
2. *Gazette archéologique*, 1875, t. I, p. 63.

HERCULE ÉTOUFFANT LES SERPENTS

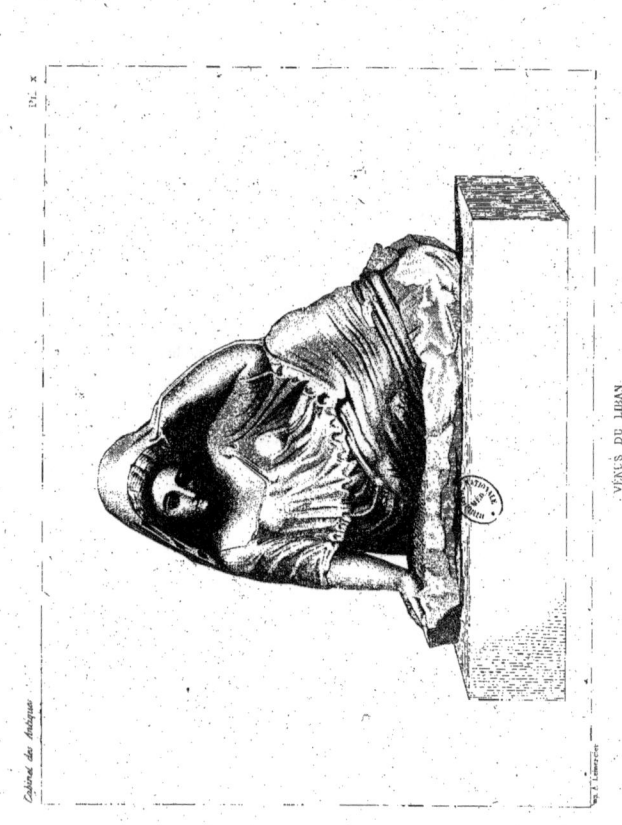

Pl. X.

Cabinet des Antiques

VÉNUS DU LIBAN
À Lady Stuart

X.

VÉNUS DU LIBAN

STATUETTE EN PIERRE CALCAIRE DE LA COLLECTION DE LUYNES

Haut., 11 cent.

E dieu phénicien Tammuz ou Adonis, fils de Myrrha, princesse d'Assyrie, étant devenu l'amant d'Astarté, la Vénus orientale, Mars en conçut une si violente jalousie qu'il résolut de faire périr son jeune et heureux rival. Un jour qu'Adonis chassait dans les gorges boisées du Liban, non loin de Byblos, sa patrie, Mars prend la figure d'un énorme sanglier et se poste sur son chemin : une lutte terrible s'engage, qui se termine par la mort de l'imprudent chasseur. Les gens de Byblos apprirent le malheur de leur dieu en voyant descendre de la montagne, toutes rouges de sang, les eaux du fleuve qui baigne leur ville, et Vénus demeura à jamais inconsolable de la perte de son amant préféré : assise sur le bord du fleuve, et couverte d'un long voile de deuil, elle versait jour et nuit d'abondantes larmes sur le triste sort du plus beau des Immortels.

Telle est, sous sa forme sommaire, une des variantes les plus répandues en Syrie, à l'époque gréco-romaine, de la vieille légende orientale de Tammuz et Astarté. De grandes fêtes, les *Adonies*, avaient été instituées, et chaque année, à l'automne, toutes les femmes revêtaient leurs habits de deuil pour aller sur la rive du fleuve pleurer, dans Adonis, la mort passagère de la belle nature. Aucun mythe religieux ne fut plus populaire que celui-là et ne donna naissance, en Orient, à des cérémonies funèbres plus éclatantes. Les femmes d'Israël elles-mêmes y prirent part, malgré les avertissements des prophètes : Ezéchiel les dépeint assises, toute la nuit, sur le seuil de leurs portes et versant des larmes intarissables : « Il m'introduisit par la porte de la maison du Seigneur, qui regardait l'aquilon; et là étaient des femmes assises pleurant Tammuz [1]. » En Phénicie, où le culte d'Adonis n'était point entravé par un autre culte jaloux, on voyait des femmes couper leur chevelure en signe de deuil; d'autres, errer çà et là, les cheveux épars et avec de longues robes flottantes, chantant de lugubres cantiques ou poussant de longs gémissements [2].

Il serait superflu de raconter les détails et les variantes sans nombre du mythe que nous venons de résumer, ainsi que les circonstances singulières des rites auxquels il donnait lieu : la

---

1. Ezéchiel, VIII, 14.
2. Creuzer et Guigniaut, *Religions de l'antiquité*, t. II, 1re partie, p. 48.

9

— 34 —

résurrection et le retour d'Adonis sur la terre, au printemps, avec la végétation et la chaleur nouvelles; les réjouissances publiques, souvent désordonnées, qu'on célèbre en son honneur après avoir pleuré son absence; la préparation et l'entretien des *Jardins d'Adonis*, nom donné aux paniers dans lesquels on sème des plantes qui croissent rapidement et meurent après une végétation de quelques semaines; l'identification d'Adonis avec le soleil dont la chaleur fécondante disparaît en hiver pour revenir au printemps; l'assimilation de la Vénus du Liban à la lune, et la fête de la déesse devenant, en conséquence, équinoxiale et se célébrant en avril ou mai, à la nouvelle lune[1].

Nous en avons dit assez pour faire saisir le sens et le caractère religieux de la statuette de la collection de Luynes, dans laquelle Fr. Lenormant a reconnu la Vénus du Liban pleurant la mort d'Adonis[2]. Cette figurine a été trouvée dans le voisinage de Tripoli de Syrie, non loin des ruines d'Arca Caesarea, appelée plus ordinairement à l'époque romaine, *Caesarea ad Libanum*. Or, coïncidence significative, dans cette vieille cité, tout aussi bien qu'à Byblos, le culte d'Adonis et de Vénus était particulièrement vivace : Vénus y avait un temple célèbre où on l'honorait sous le nom de *Venus Archaitis* ou Vénus d'Arca. Il importe ici d'invoquer le témoignage de Macrobe : « Adonis, dit-il, c'est le soleil, d'après la religion des Assyriens, chez lesquels la Vénus d'Arca et Adonis étaient en grande vénération : les Phéniciens leur ont emprunté ce culte... Cette déesse, sur le mont Liban, est représentée tête nue, le visage empreint de tristesse, soutenant sa tête de sa main gauche passée sous son voile, et des larmes paraissent s'échapper de ses paupières. » Ne dirait-on pas la description même de notre statuette? Lorsqu'il écrivait ces dernières lignes, Macrobe avait, ce semble, sous les yeux, une image pareille à celle-ci. Nous voyons, en effet, Vénus accroupie comme sur le bord du fleuve, « le visage empreint de tristesse, soutenant sa tête de sa main gauche passée sous son voile. »

L'ensemble de cette figurine, qui n'est pas antérieure à la conquête de la Syrie par les Romains, est lourd et mal proportionné; certains détails du costume, comme les plis de la robe, sont traités avec la sécheresse et le convenu qu'on remarque dans les œuvres de décadence; cependant le visage auquel l'artiste paraît avoir consacré tous ses soins est fort expressif; ses traits sont empreints d'une tristesse résignée qui ne manque ni de noblesse ni d'élégance.

1. Voy. Fr. Lenormant, *Il mito di Adone Tammuz*. Florence, 1879.
2. *Gazette archéologique*, t. I, 1875, p. 97.
3. Lion dévorant un taureau. Agate sardonyx à trois couches. Haut., 20 mill.; larg., 30 mill. (Chabouillet, *Catalogue*, etc., n° 1402). Ce camée est un de ceux qui décoraient la châsse de la Sainte Chemise de Chartres; il en fut arraché le 17 septembre 1793. (Voyez plus haut, p. 22, note, et F. de Mély, *Le Trésor de Chartres*, p. 121 et pl. IX.)

CAMÉE BYZANTIN[3].

Cabinet des Antiques   Pl. XI

Héliog. Dujardin.   Imp. Eudes.
BAS-RELIEF DE MINO DA FIESOLE
A. Lévy, Editeur.

MÉDAILLON EN MARBRE

DE MINO DE FIÉSOLE

Haut., 49 cent.; larg., 33 cent.

UCUNE indication manuscrite, aucune pièce d'archives du Cabinet des Médailles ne fait connaître la provenance et l'histoire du bas-relief en marbre que nous présentons sur cette planche. La tradition en fait un objet confisqué sur une famille d'émigrés à l'époque de la Révolution ou rapporté d'Italie au temps des guerres de Napoléon, et déposé à la Bibliothèque, sans que le moindre écrit ait été rédigé pour attester l'origine du monument.

Quoi qu'il en soit, c'est une œuvre bien authentique de Mino de Fiésole, car elle porte au revers en grandes lettres, OPVS MINI, signature ordinaire du plus sentimental des artistes florentins qu'on a appelés les Précurseurs de la Renaissance. Il ne nous paraît pas que Mino ait voulu faire un portrait et sculpter le buste d'une jolie femme de son temps. C'est une tête de convention, sans caractère iconographique, et en tout semblable au type féminin que l'artiste a adopté pour ses Madones : c'est bien la même figure, d'un gracieux ovale, les yeux secs et saillants, modestement baissés, le nez très fort à la naissance des arcades sourcilières, avec un fin et presque imperceptible sourire sur les lèvres. Si vous remarquez que la jeune femme porte suspendu à son cou, outre un collier de deux rangs de perles, un énorme disque rond orné d'ailerons, vous vous rendrez facilement compte que ce bas-relief de Mino n'était qu'un miroir surmonté d'un grand buste décoratif. Le disque, sculpté dans le marbre, est vide aujourd'hui; mais replacez-y une glace, en la fixant dans la rainure circulaire ménagée dans ce but, et tout l'effet disgracieux produit maintenant par ce cadre rond, démesurément grand, aura disparu. Mino de Fiésole avait l'habitude de charger de couleurs tranchées les figures de ses bas-reliefs; celui-ci a effectivement conservé des traces de coloration, et l'on distingue encore la peinture bleue appliquée sur la pupille des yeux et sur la robe, la dorure qui rehaussait le bord du vêtement et les cheveux, ainsi que les ailes du miroir; la tête se détachait sur un fond bleu d'azur.

Des savants compétents, MM. Courajod[1] et Fr. Lenormant[2], ont déjà fait ressortir l'intérêt artistique du médaillon que nous venons de décrire, non pas que ce soit une œuvre de premier ordre et qu'on doive placer parmi les plus belles sculptures de la Renaissance italienne; mais il porte la signa-

[1]. *Le Musée archéologique*, 1877, p. 65.
[2]. *Gazette archéologique*, 1883, p. 181.

ture du maître, et à cause de cela, M. Courajod le qualifie de pièce capitale pour la critique des travaux attribués à Mino qui n'a laissé qu'un très petit nombre d'œuvres signées. Le médaillon du Cabinet des Médailles est donc important pour l'archéologie, puisqu'il sert de criterium et, pour ainsi parler, de pièce à conviction, dans ce grand procès, en cours d'instruction aujourd'hui, de l'histoire de la sculpture italienne et de l'attribution des chefs-d'œuvre anonymes qu'elle a enfantés. Hâtons-nous de faire observer que l'embarras, en ce qui concerne Mino, est peut-être moins grand que pour tout autre, car cet artiste a une manière si personnelle et si originale, qu'au premier aspect on reconnaît ses sculptures et ses portraits. C'est sans doute un mérite pour un artiste de savoir ainsi individualiser ses œuvres, et se créer un tour spécial, mais c'est à la condition de ne pas tomber dans l'uniformité et la monotonie. Cet écueil, Mino n'a pas su l'éviter ; il se copie sans cesse lui-même et reproduit à satiété quelques formules qui sont les créations de son génie ; il fatigue et ennuie l'esprit qui aime par dessus tout qu'on varie ses plaisirs et que la scène change de décor. « Malgré la grâce séduisante et le charme des œuvres de Mino de Fiésole, dit M. Perkins [1], malgré leur fini extrême et leur grande délicatesse d'exécution, elles offrent une uniformité de type qui, si agréable qu'elle soit, finit par devenir monotone. Il en est toujours ainsi des œuvres qui, tout en ayant une certaine originalité, manquent de profondeur. On ne se lasse pas du chant du rossignol, mais on se fatigue vite d'un chanteur, comme Mino, qui répète continuellement la même note. »

    Ce qui caractérise les œuvres de Mino de Fiésole, c'est, dans ses portraits d'hommes, comme celui de Pierre de Médicis, au Musée de Florence, par exemple, un réalisme outré qui exagère les reliefs et les contours, et tue l'idéal ; dans ses portraits de femmes et ses Vierges, c'est un type féminin qui, à la grâce et à la candeur mystiques du Moyen-Age, joint quelque chose de maniéré et de superficiel. L'œuvre semble trop finie ; le marbre fouillé par le ciseau de Mino paraît poli au brunissoir et revêtu d'une couche d'émail polychrome, comme la porcelaine. On a vu avec raison dans ces caractères généraux une réaction contre la tendance vers l'antiquité qui avait tout à coup et exclusivement été l'inspiratrice des premiers précurseurs : la tradition chrétienne du Moyen-Age reprend glorieusement ses droits avec Desiderio de Settignano et son intime ami Mino de Fiésole (1431-1484). Mais qu'on ne s'y trompe point : cette réaction contre le goût du jour fut voulue et préméditée par ses auteurs ; elle ne fut pas l'effet de l'ignorance ou de la routine traditionnelle. Et la preuve, c'est que Mino, à ses débuts, sculpta d'après les chefs-d'œuvre de la Grèce et de Rome et dans le goût antique : le Musée du Louvre possède de lui des devants de sarcophages si bien conçus qu'ils étaient autrefois exposés comme des sculptures romaines des plus remarquables [2]. Mino, toutefois, fixa de bonne heure ses regards du côté du Moyen-Age, et s'il n'eût emprisonné son génie dans une formule étroite, qui sait s'il n'eût conquis une influence assez forte pour attirer des disciples, et en face des adorateurs exclusifs de l'antique, dresser autel contre autel ?

1. *Les sculpteurs italiens*, trad. franç., t. I, p. 257.
2. E. Müntz, *Les précurseurs de la Renaissance*, p. 164.

Cabinet des Antiques   Pl. XII

LA COUPE D'ARCÉSILAS

A. LÉVY Éditeur

XII

LA COUPE D'ARCÉSILAS

Haut., 200 millim. ; diam. du pied, 135 millim. ; diam. du bassin, 259 millim.

ETTE coupe célèbre a été trouvée dans un des tombeaux de la nécropole étrusque de Vulci; de la collection Durand, elle passa, en 1836, au Cabinet des Médailles[1]. Publiée et expliquée d'abord par le duc de Luynes[2], puis par Micali[3], M. le baron de Witte dans le catalogue de la vente Durand (n° 422), Welcker[4], Panofka[5] et d'autres encore qui n'ont rien ajouté d'original aux premières études, c'est un des monuments de la céramique antique les plus intéressants que l'on connaisse, tant à cause de sa date qui est positive que par sa fabrication et l'originalité du sujet qui s'y trouve reproduit.

Sous un pavillon d'honneur installé en plein air, et dont les draperies sont tendues par des cordages, nous voyons le roi cyrénéen Arcésilas, assis sur un trône et présidant à un marché de silphium; son nom ΑΡΚΕΣΙΛΑΣ est à côté de lui. Il est coiffé d'un pétase à bords plats, surmonté d'une fleur de lotus; les boucles de ses longs cheveux descendent sur son dos; il porte une barbe pointue comme les figures de l'art grec archaïque. Sa robe de laine blanche, sans manches, dépasse à peine sous son grand péplos rouge chargé de broderies; il a des souliers pointus et retroussés à la poulaine; il étend la main droite en déployant l'index, et de la main gauche, il tient un sceptre surmonté d'un fleuron à trois pétales. Sous le trône est accroupi un chat-pard avec un collier au cou; un grand lézard grimpe par derrière.

Voici la scène qui se passe sous les yeux du roi. A une poutre horizontale est suspendue une balance dont le nom est écrit : ϘΟΜΘΑ (στΑΘΜΟΣ). Sur la poutre, un singe; derrière le singe, un pigeon qui se penche en avant comme sur le point de prendre son vol pour descendre à terre; devant le singe, un autre pigeon. Une cigogne et un troisième pigeon accourent en volant, pour recueillir, eux aussi, les grains échappés des sacs dans l'opération du pesage.

Le fléau de la balance est fixé à la poutre par des cordages et une tige verticale passée dans un anneau. Les plateaux, très vastes, sont suspendus par quatre cordes aux extrémités du fléau; ils sont chargés d'une matière floconneuse comme la laine et paraissent en équilibre parfait. Point d'aiguille

---

1. Voyez J. de Witte, *Description des antiquités et objets d'art du cabinet du chevalier E. Durand*, n° 422, et *Supplément*, p. 6.
2. *Annales de l'Institut archéologique de Rome*, t. V, p. 56 et suiv. *Mon. inéd.*, I, pl. XLVII.
3. *Storia degli ant. pop. ital.*, tav. XCVII, 1.
4. *Denkmaeler der alten Kunst*, 3ᵉ part., pl. XXXIV. Récemment, M. O. Puchstein a comparé la scène figurée sur la coupe d'Arcésilas avec celles qu'on voit sur des monuments de l'ancienne Égypte. (Lepsius, *Denkmæler*, 3ᵉ part., pl. 10, 39, 122; Wilkinson, *Ancient Egyptians*, 2ᵉ éd., I, p. 285. *Archæologische Zeitung*, Neue Folge, t. XII, p. 185.
5. Panofka, *Parodien und Karikaturen*, pl. III.

surmontant le fléau pour marquer les oscillations dans un sens ou dans l'autre : c'est à l'inspection approximative qu'on juge d'une bonne pesée. Point de poids non plus : on se contente de mettre dans chaque bassin deux fardeaux d'égale pesanteur comme s'il s'agissait d'un partage. Les mêmes remarques peuvent également s'appliquer à la balance d'une forme aussi primitive employée dans une scène représentée sur une amphore signée de Talcides, et où l'on voit trois hommes qui pèsent des ballots de laine [1]. Il y avait de longs siècles, pourtant, que les balances égyptiennes étaient plus perfectionnées; sur les monuments pharaoniques où figure cet instrument, on se sert toujours de poids, et une aiguille fixée au milieu du fléau indique le déplacement du centre de gravité.

Le premier personnage qui est devant le roi et qui s'entretient avec lui, est en partie dissimulé par l'un des plateaux de la balance; ses cheveux sont liés par un large bandeau; il est imberbe et nu, sauf une tunique qui le couvre depuis la taille jusqu'aux cuisses; il montre du doigt le roi qui lui répond par le même geste; son nom est ΙΟΦΟΡΤΟΣ, *l'écuyer porteur des flèches*. Plus loin, un homme barbu prête une attention particulière au plateau de la balance qui est devant lui; il porte dans le pan de son vêtement une certaine quantité de silphium et il s'apprête à en ajouter sur le plateau ou à en retrancher, de manière à établir un parfait équilibre. Un tas de matière non pesée encore est à ses pieds. Un serviteur ΙΡΜΟΦΟΡΟΣ, *le porteur de sac tressé* (de εἱρμος, *plexus*), selon l'interprétation du duc de Luynes, a sur son épaule un sac plein. Deux personnages enfin complètent la scène, occupés qu'ils sont à entasser le silphium dans un sac posé à terre : ils regardent le fléau de la balance pour s'assurer qu'on a bien pesé. Celui qui est debout s'appelle ΣΛΙΦΟΜΑΨΟΣ (pour σιλφομάψος), *le préparateur du silphium*; au dessus de son compagnon, on lit : ΟΧΥϘΟ en légende rétrograde, peut-être pour ὀρύξω, *extraham* (?).

La partie inférieure de la composition est occupée par un grand magasin voûté où des portefaix entassent les sacs que l'on vient de peser. A l'entrée, près de la retombée de la voûte, se tient, accroupi à l'orientale, le gardien, ΦΥΛΑΚΟΣ; à côté de l'un des porteurs de sacs qui marchent à pas précipités, on lit : MAEN, qu'on a essayé d'interpréter par ἅμα ἐν, *simul in* (*eamus*). Un mot qui se trouvait derrière son compagnon a disparu presque entièrement; il semble qu'on distingue encore les lettres ...A.Ⅎ.

Le duc de Luynes a émis l'opinion que la matière pesée et entassée dans les sacs est de la laine; mais M. de Witte croit que c'est plutôt le silphium et nous nous rangeons à son avis. Le silphium était, on le sait, le produit, par excellence, de la Cyrénaïque où l'on en faisait un grand commerce d'exportation. C'est l'emblème national des Cyrénéens; on le voit figurer sur presque toutes leurs monnaies, soit en tige, soit en feuilles, soit en grains. Ils en retiraient un suc qu'ils préparaient avec de la farine, au moyen d'une recette enseignée par le dieu Aristée : c'était, disait-on, un remède infaillible contre le poison et les morsures des serpents, des scorpions et des chiens enragés. Aristophane et Théophraste, aussi bien que Pline et Dioscorides, parlent du silphium comme d'une

---

1. O. Jahn, *Berichte über die Verhandlungen der K. S. Gesellschaft der Wissenschaften zu Leipzig*, 1867, pl. IV, 1 ; Schreiber, *Kulturhistorischer Bilderatlas*, pl. LXVI, 9.

panacée universelle; la graine servait à assaisonner les aliments, et on mangeait la racine apprêtée avec du vinaigre, comme la salade. A Delphes, parmi les dons sacrés, se trouvait une tige de silphium envoyée par un roi de la Pentapole cyrénéenne; à Rome, le silphium était précieusement renfermé dans le trésor de l'Etat[1]. Il est donc bien plus rationnel d'admettre que sur la cylix d'Arcésilas, il s'agit de silphium emballé comme du foin, plutôt que d'un marché de laine. La présence des oiseaux qui viennent recueillir les grains corrobore cette hypothèse : le roi préside à la rentrée de la récolte ou peut-être à la vente de la plante sacrée qui faisait la richesse et la réputation de son pays.

De nos jours, les botanistes ont cherché à assimiler le silphium des anciens soit avec l'*assa fetida*, soit avec le *thapsia garganica* dont la tige a quelque ressemblance avec l'ache et le persil[2]. Mais ni l'une ni l'autre de ces plantes n'a les vertus médicinales qu'on prêtait jadis au silphium véritable qui a peut-être disparu. Dans tous les cas, il était déjà devenu si rare à l'époque de la conquête de la Cyrénaïque par les Romains, que Pline raconte comme un fait digne de remarque qu'on en rapporta trente livres à Rome. Sous Néron, on n'en put trouver qu'une seule tige qui fut envoyée à l'empereur : on accusa les colons d'avoir laissé détruire le silphium par leurs troupeaux.

Quel est cet Arcésilas en l'honneur de qui cette cylix a été peinte? La Cyrénaïque compte quatre princes de ce nom, qui, tous, appartiennent à la dynastie fondée par Battus vers l'an 640; on sait peu de chose d'Arcésilas Ier (599-583). Sous Arcésilas II (560-550) et Arcésilas III (530-514), les Grecs de Cyrène eurent à lutter contre les populations libyennes; même, ils se divisèrent entre eux, si bien qu'Arcésilas III dut s'enfuir à Samos et il ne rentra dans ses Etats que pour subir la domination des Perses. Arcésilas IV, le dernier de la dynastie des Battiades, qui mourut assassiné en 450, eut un règne prospère. Il noua les relations commerciales les plus actives avec les Grecs de Chypre, de la Crète, de Rhodes, de Samos, et avec les Tyrrhéniens dont les flottes sillonnaient alors la Méditerranée. En 466, il prit part aux jeux Pythiques célébrés à Olympie et il remporta le prix à la course des chars. Pindare[3], qui a chanté son triomphe, l'appelle « heureux Arcésilas » et parle de « l'opulente Cyrène »; l'ode à Arcésilas se termine par cette apostrophe dithyrambique : « Ta sagesse et ton éloquence sont au dessus de ton âge; pour le courage, tu es l'aigle qui d'une aile vigoureuse devance tous les oiseaux; dans les combats, ta force est un rempart puissant; dès le matin de tes ans, ton génie s'est élevé au séjour des Muses. Avec quelle adresse ne te voit-on pas diriger à ton gré un char rapide! Tout ce qui est grand et sublime, tu l'encourages, tu l'adoptes, et les dieux bienveillants te donnent la force et les moyens de l'exécuter. » Ce prince ainsi chanté par les poètes a dû être aussi célébré par les artistes et l'on peut conjecturer, malgré l'archaïsme de la peinture, que c'est lui plutôt qu'Arcésilas III qui figure sur notre vase.

Quoi qu'il en soit, nous sommes en présence d'un tableau qui n'est point, comme ceux qu'on

---

1. L., Müller, *Numismatique de l'ancienne Afrique*, t. I, p. 105.
2. Smith et Porcher, *Recent discoveries at Cyrene*, p. 87.
3. Pind. *Pyth.* IV, 457 ; cf. *Schol.*

rencontre sur presque tous les vases antiques, une représentation mythologique : c'est une scène de la vie journalière et champêtre, un coin de la place du marché à Cyrène, au commencement du Vᵉ siècle avant notre ère. Cette magnifique cylix est non moins remarquable par sa fabrique, par les procédés techniques auxquels l'artiste a eu recours et par l'originalité de son style. Une fois que le céramiste en eut façonné au tour les parois si minces et aujourd'hui si fragiles, elle a été enduite complètement d'une engobe blanchâtre, puis on a peint la scène et les ornements qui l'environnent, en appliquant seulement trois couleurs : blanc, rouge-violet et noir-brun. Alors le vase fut soumis à la cuisson, après quoi l'artiste a dessiné au trait, à la pointe sèche, les principaux contours des figures, afin de les faire ressortir davantage, surtout aux endroits où des objets différents, mais de même teinte, se trouvent en contact. Ce procédé du dessin à la pointe sèche, intervenant après la peinture, pour mieux distinguer les plans, se constate souvent sur les vases à figures noires.

Le bord intérieur de la coupe d'Arcésilas est orné de bandes noires et blanches, parallèles, et d'une élégante bordure de fleurs de lotus, alternativement fermées et épanouies. La paroi extérieure est revêtue de fleurons et d'entrelacs réguliers et symétriques comme les mailles d'un filet. On en voit de semblables sur la coupe d'*Ulysse et Polyphème*, conservée aussi au Cabinet des Médailles¹, avec quelques autres cylix qui portent également l'empreinte manifeste du même art et du même style. M. O. Puchstein s'est efforcé de démontrer que l'ornementation des vases de fabrique rhodienne et cyrénéenne était le résultat de l'imitation de l'industrie métallique des villes phéniciennes de l'île de Chypre². On a trouvé à Naucratis, dans la basse Égypte, d'autres vases analogues avec des débris céramiques qui ont permis d'établir que là était un des centres de fabrication de ces poteries cyrénéennes, si caractéristiques par leurs peintures, et dont les parois sont si fines, les formes si élégantes.

1. *Monuments de l'Instit. archéol. de Rome*, I, pl. VII.
2. O. Puchstein, dans l'*Archaeologische Zeitung*, 1881, t. XXXIX, pl. 11, 12 et 13.

PROFIL DE LA COUPE D'ARCÉSILAS.

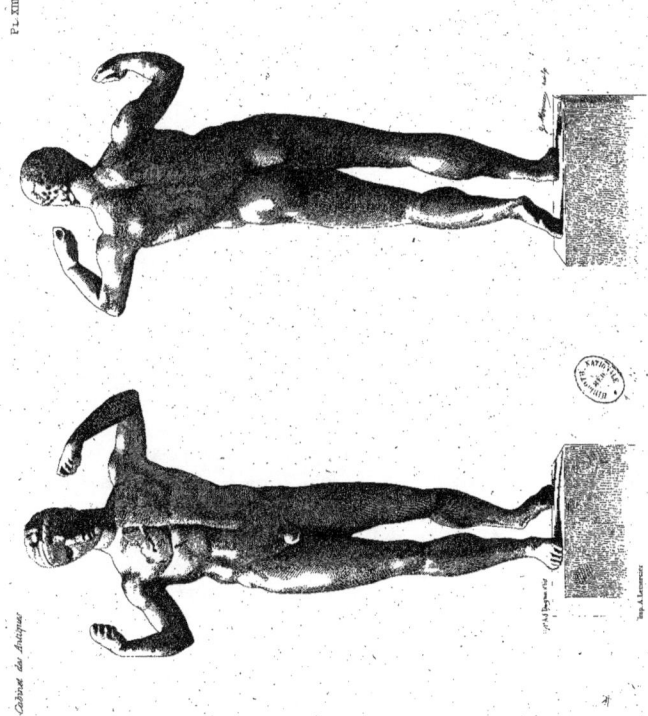

Pl. XIII

Cabinet des Antiques

LE DIADUMÈNE
BRONZE DE LA COLLECTION JANZÉ
A. Lévy, Éditeur

XIII.

LE DIADUMÈNE

BRONZE DE LA COLLECTION DE JANZÉ

Haut., 143 millim.

E sculpteur Agéladas, qui tenait école à Argos vers 470, et dont la renommée s'était étendue, de son temps, bien au delà du Péloponnèse, a surtout, aux yeux de la postérité, la gloire d'avoir formé des disciples comme Myron, Phidias et Polyclète.

La plupart des œuvres de ce dernier nous sont connues, soit par la mention qu'on en trouve dans les auteurs, soit par des répliques. La belle tête de Héra, sur les tétradrachmes d'Argos, nous conserve la copie des traits que cet artiste avait donnés à la célèbre statue d'or et d'ivoire érigée dans le temple de la déesse. La statue d'Amazone qu'il avait faite pour Éphèse avait, auprès des fins connaisseurs de l'antiquité, plus de renom que celle même de Phidias. Après que Rome victorieuse se fut embellie des dépouilles de la Grèce, on admirait, au témoignage de Pline, dans le palais de Titus, un groupe en marbre, de deux enfants jouant aux osselets, qu'avait sculpté Polyclète. Il y a certainement des répliques des célèbres Canéphores du maître argien, dans les innombrables figures féminines de ce type que possèdent les musées. Enfin, c'est surtout par ses statues d'athlètes que Polyclète se rendit populaire. On en cite deux qui figurent parmi les chefs-d'œuvre du génie grec : le Doryphore, athlète qui tient une épée, et le Diadumène, athlète qui se noue autour de la tête, aux applaudissements de la foule, le diadème que lui a remis le gymnasiarque, après son triomphe.

Le Doryphore, dont les plus remarquables copies sont celles du Vatican, de Naples et de Florence, fut le *canon*, c'est-à-dire la figure type dans laquelle Polyclète s'appliqua à traduire les lois absolues de la sculpture, fondées sur l'étude du corps humain. Il avait écrit un traité de l'anatomie artistique qu'il chercha à mettre en pratique, et il réussit si bien que le Doryphore resta le modèle classique des sculpteurs grecs jusqu'à Lysippe. Lucien dit encore, au IIe siècle de notre ère : « Pour le corps humain il faut se conformer au canon de Polyclète ; de cette façon, il ne sera ni trop élevé et d'une longueur disproportionnée, ni trapu et d'une taille trop petite ; il sera au contraire d'une mesure moyenne et convenable [1]. » Ce ne fut pas seulement pour les proportions du corps humain qu'on imita Polyclète ; il fut encore un maître sans rival dans le soin qu'il prenait des moindres détails. Il avait pour principe que « la perfection tient à des nuances infiniment petites », et il répétait qu'un peu de terre ajoutée

---

1. Lucien, *De saltatione*, 75.

ou raclée avec l'ongle, suffit pour achever une œuvre, et la porter aux dernières limites de l'art ; c'est ce qui faisait dire à Quintilien que « personne n'égala Polyclète pour la finesse des détails [1] ».

Le Diadumène dut être conçu et exécuté d'après les mêmes principes ; Lucien ne l'appelle que « le beau Diadumène » et Pline rapporte qu'un amateur le paya 600.000 drachmes. On en connaît les principales répliques ou copies suivantes : 1. Statue de la collection Farnèse ; — 2. Statue du Musée Britannique ; — 3. Autre statue du Musée Britannique, trouvée à Vaison ; — 4. Statuette de la collection de Janzé, au Cabinet des Médailles ; — 5. Bas-relief du cippe funéraire de Ti. Octavius Diadumenus, au Vatican ; — 6. Vase de Canosa, au Louvre, sur lequel on voit à la fois le Diadumène et le Doryphore ; — 7. Statuette en terre cuite de M. W. R. Paton [2]. On a rapporté encore au type du Diadumène une belle tête du Musée de Cassel [3] et une statue en bronze du musée de Constantinople [4]. Dans toutes ces copies plus ou moins éloignées du type initial, on retrouve une donnée générale, un fond commun, en un mot la manière de Polyclète.

Entre le Diadumène et le Doryphore, il y avait cette distinction délicate que l'un, ainsi que l'a fait subtilement ressortir O. Rayet, était « un homme jeune dont le corps a gardé la souplesse de l'adolescence, et l'autre un adolescent dont les formes ont la fermeté de l'âge viril [5] ». Si vous comparez le Diadumène et le Doryphore, vous serez frappé de leur ressemblance technique ; mêmes proportions trapues, mêmes formes rectangulaires ; les anciens, au témoignage de Varron, l'avaient déjà remarqué. Dans le détail cependant, il y avait des différences sensibles. O. Rayet n'a pas de peine à démontrer que la tête du Diadumène est proportionellement un peu plus petite que celle du Doryphore ; que le torse de celui-ci est plus trapu, plus bombé en avant ; que les membres y sont plus forts ; les pieds du Diadumène sont plus petits, la cheville mieux nettoyée. « Si le Doryphore est un garçon d'une vingtaine d'années, le Diadumène a quatre ou cinq ans de plus. Il réalise l'harmonie parfaite des formes de l'homme arrivé au plein développement de sa force, comme l'autre est le type idéal de l'adolescent parvenu au complet épanouissement de la jeunesse. » Tous deux portent le poids du corps sur la jambe droite, mais le Doryphore plus que le Diadumène.

En ce qui concerne spécialement l'admirable statuette de la collection de Janzé, on peut en fixer l'âge vers l'an 300 avant notre ère. M. Murray a essayé, en effet, de démontrer que tout en copiant l'œuvre de Polyclète, l'artiste qui a modelé ce bronze travaillait sous l'influence de Lysippe [6]. On ne sait où le Diadumène de Janzé a été trouvé ; il est couvert d'une belle patine d'un brun verdâtre qui a souffert, par places, des injures des siècles : le nez et le front sont usés ; comme dans toutes les autres répliques du même chef-d'œuvre, les bouts du bandeau dans les mains de l'athlète ont disparu.

---

1. Quintilien, I, O, XII, 22. Cf. Friedrichs, *Le Doryphore*. Michaelis, *The statue Policletee*, dans les *Annales de l'Institut archéol. de Rome*, 1878, p. 5.
2. Voy. sur cette statuette, récemment découverte, A. S. Murray dans le *Journal of hellenic Studies*, 1885, p. 243 et pl. LXI.
3. Conze, *Beiträge zur Geschichte der griechischen Plastik*, pl. 2 et p. 12.
4. *Gazette archéologique*, 1883, pl. I.
5. O. Rayet, *Monuments de l'art antique*, 4e livraison. — Pline appelle l'un *juvenis* et l'autre *puer*.
6. *Journal of hellenic Studies*, 1885, p. 243.

Cabinet des Antiques Pl. XIV.

CANTHARE DES CENTAURES
TRÉSOR DE BERNAY

A. Lévy, Éditeur

XIV.

CANTHARE DES CENTAURES

(TRÉSOR DE BERNAY[1])

Haut., 11 cent.; diam., 16 cent. (sans les anses).

ARMI les vases d'argent du trésor dit *de Bernay*, figurent au premier rang deux canthares qui forment la paire et se font pendant, tant par la forme et les dimensions que par l'analogie des sujets qui en décorent la surface extérieure. Ils sortent incontestablement l'un et l'autre de la même fabrique; enfin ils ont été offerts en ex-voto à Mercure *Canetonensis* par le même personnage, Q. Domitius Tutus, comme le constate l'inscription suivante qu'on a gravée au pointillé sur tous les deux, au moment où ils furent déposés dans le temple :

MERCVRIO AVGVSTO Q. DOMITIVS TVTVS EX VOTO.

C'est l'un de ces deux magnifiques monuments que nous reproduisons sous deux aspects et que nous allons décrire[2]. Le nom de Q. Domitius Tutus se lit encore sur cinq autres des plus beaux vases du Trésor du temple de *Canetonum*, et tout porte à croire que ce personnage, qui n'est mentionné dans aucun auteur, était un riche patricien romain qui vint s'établir en Gaule après la conquête et qui possédait une villa sur le territoire des Eburovices.

Première face. — Centaure jouant avec des Amours. Le Centaure est barbu et à demi accroupi, comme un cheval qui se cabre; il appuie la main droite sur un cippe orné de guirlandes de laurier; le bras et la main gauches, malheureusement mutilés en partie, sont rejetés en arrière sur la croupe, et tiennent une nébride faite d'une peau de lion dont il ne reste plus que le mufle et une patte. Le Centaure,

---

1. Le trésor de Bernay se compose, dans son ensemble, de soixante-neuf vases et ustensiles en argent découverts le 21 mars 1830, par un paysan nommé Prosper Taurin, au hameau du Villeret, commune de Berthouville, arrondissement de Bernay (Eure). C'est, avec le trésor de Hildesheim qui lui est inférieur en importance, la plus grande trouvaille d'argenterie antique qui ait jamais été faite. Tous ces objets avaient été offerts par différents personnages, à titre d'ex-votos, à Mercure, dans le temple de cette divinité à Canetonum; ils furent enfouis, à la fin du IIIe siècle, dans un caveau du sanctuaire, sans doute pour être mis à l'abri de l'invasion et du pillage. En ce qui concerne la divinité à laquelle les Romains comme Q. Domitius Tutus et P. Aelius Eutychus, et des Gaulois tels que Combaromarus et Camulognata, ont offert les plus riches pièces de leur argenterie, il importe de rectifier un point important. Le nom ethnique qu'elle porte n'est donné tout au long et sans abréviation qu'une seule fois : c'est sur le grand plateau de table ou *missorium* offert par C. Propertius Secundus, et sur lequel on lit *Deo Mercurio Kanetonnessi* (Chabouillet, *Catalogue*, etc., n° 2821). Or, si, à la rigueur, on peut transcrire *Kanetonnessis* par *Canetonensis*, il ne saurait être permis philologiquement d'appeler le dieu *Mercurius Canetus* et la localité où était son temple, *Canetum*. Le mot *Canetum* formerait l'adjectif *Canetensis*. Mercure, le dieu favori des Gaulois, avait des temples nombreux, et on lui donnait souvent pour qualificatif le nom de chacun de ses sanctuaires, de même que nous disons aujourd'hui : Notre-Dame de Lorette, Notre-Dame de Fourvières, Notre-Dame de la Garde, etc. Le nom de *Canetonum* n'est pas connu autrement que par les vases de Bernay. L'histoire et la description du trésor de Bernay ont déjà été faites plusieurs fois. L'étude de M. Chabouillet (*Catalogue des Camées*, etc., p. 418 à 457) est la plus complète et la plus exacte. Jusqu'ici, il n'a été publié aucune bonne reproduction des objets du trésor de Bernay; nous essayerons dans ce recueil de combler en partie cette lacune.

2. Chabouillet, *Catalogue*, etc. n. 2807.

baissant la tête, se prête bénévolement et d'un air narquois aux agaceries d'un Amour qui lui tire les cheveux et lève sa petite main comme pour le frapper. Derrière le Centaure, un autre petit génie bachique s'efforce de soulever une corbeille remplie de fruits. Telle est la scène principale : tout le reste n'est qu'accessoire. Mais les détails secondaires sont traités eux-mêmes avec un goût charmant et une perfection inimitable. Voyez, devant le Centaure, la fontaine sous forme d'hydrie renversée, d'où s'échappe un vin généreux qui tombe dans un cratère; remarquez ce jeune Satyre qui puise le vin, d'un air de satisfaction infinie. Il n'est pas jusqu'aux minuscules figures représentées sur le cratère à demi dissimulé derrière l'anse du vase, qui ne soient traitées avec une exquise délicatesse: c'est un Satyre qui présente à Hercule un canthare rempli de vin : scène qui rappelle le sujet de la patère de Rennes. Les détails du masque tragique et de la lyre sur laquelle est sculpté Apollon avec un Amour, sont exécutés avec un pareil souci de la perfection. Fermant la scène, à droite, un tronc d'arbre dont les rameaux longs et effeuillés en partie, comme il arrive dans la saison des vendanges, recouvre une table dionysiaque chargée de deux rythons, d'un cratère et de cornes à boire; les supports de la table, eux-mêmes très élégants, sont formés de Bacchants et de Bacchantes se livrant à de joyeux ébats.

Deuxième face. — L'autre côté ne le cède à celui que nous venons de décrire ni comme richesse ni comme élégance. Une Centauresse, peut-être Hippa, la nourrice de Bacchus, à demi accroupie, joue, comme le Centaure qui lui fait pendant, avec deux Amours bachiques. Ses cheveux épars et ses flancs sont ornés de guirlandes de lierre. Elle détourne la tête comme pour ne point voir un Amour dont l'image se réfléchit dans un grand miroir qu'elle lui présente et qu'elle tient des deux mains. Cet Amour joue de la double flûte et se tient perché sur un cratère renversé d'où bondit une panthère; au second plan, un cippe carré et la ciste mystique de Bacchus, avec le serpent; plus loin, une corbeille pleine de fruits et un flambeau sur un cippe.

Derrière la Centauresse, un Amour, le pied gauche sur l'orifice d'une fontaine, le pied droit sur une amphore, cueille des pavots dont il remplit un vase; remarquez sur la panse de l'amphore un cavalier qui lance un javelot à un ennemi terrassé. Comme tout à l'heure, le cadre de la scène est formé par le tronc d'un grand arbre noueux, aux branches duquel est suspendue une clochette; il ombrage un autel de Bacchus sur lequel brûle un feu de pommes de pin.

Les deux canthares du trésor de Bernay rappellent, par leur forme et les scènes bachiques qui les décorent, la célèbre coupe en onyx du Cabinet des Médailles, connue sous le nom de *Coupe des Ptolémées*; nous retrouvons aussi des sujets bachiques analogues, avec des masques ou *oscilla* suspendus aux arbres, sur une magnifique coupe du trésor de Hildesheim [1]. Les Centaures et les Centauresses se voient enfin dans une attitude presque identique sur deux canthares du trésor d'argenterie trouvé à Pompéi et conservé au Musée de Naples [2]. On pourrait peut-être conclure de ces rapprochements que les habiles toreuticiens qui ont ciselé ces vases copiaient ou interprétaient un même chef-

---

1. Voyez notamment Heinrich Holzer, *Der Hildesheimer antike Silberfund*, pl. v.
2. B. Quaranta, *Di quattordici vasi d'argento disotterrati in Pompei*.

d'œuvre. Parmi les artistes grecs qui se sont illustrés dans l'art de ciseler des vases d'argent, et dont Pline nous a conservé les noms, il en est deux qui doivent particulièrement fixer notre attention à ce point de vue. Mys, l'un d'eux, avait fait une coupe décorée de Silènes et d'Amours, qu'on admirait dans le temple de Bacchus à Rhodes; l'autre, Acragas, qu'une scène de chasse reproduite sur plusieurs vases avait rendu célèbre, cisela aussi, pour le même temple de Bacchus, un canthare avec des Centaures et des Bacchantes. Pourquoi ne pourrions-nous conjecturer que les canthares de Bernay, de Naples, de Hildesheim, sont inspirés des chefs-d'œuvre de Mys ou d'Acragas?

Il est probable que les vases offerts au Mercure de Canetonum par Q. Domitius Tutus n'ont jamais servi à l'usage journalier; leurs parois sont trop minces et trop délicates, et si elles ont subi les injures du temps, elles ne portent pas les traces, facilement reconnaissables, du frottement ou de l'usure qui proviendraient d'une manipulation quotidienne. C'étaient des vases de luxe, acquis à grands frais et qui décoraient la villa de Domitius avant d'être consacrés en ex-voto. Mais alors, comme aujourd'hui, tout le monde ne pouvait avoir des originaux, et il fallait bien se contenter des copies qu'on exécutait à profusion et avec plus ou moins d'habileté, de même que l'on imitait les autres œuvres d'art de la Grèce. Chacun faisait montre de ses plus belles pièces d'argenterie qu'il exposait sur une table ou un dressoir (*abacus, cartibulum, monopodium*)[1] destiné à cet usage. En Gaule, le luxe de l'argenterie était répandu longtemps avant l'arrivée des Romains. Bituit, le fameux roi des Arvernes, avait un char en argent, et le vainqueur des Boii, P. Cornelius Scipio Nasica, rapporta de sa conquête 1.340 livres de vases en argent de travail gaulois[2]. Les abondantes mines d'argent de l'Espagne, de la Bretagne, de la Gaule même, contribuaient à entretenir ce luxe qui ne prit fin, chez nos ancêtres, qu'avec les grandes invasions sous lesquelles succomba l'empire romain. Le trésor trouvé à Caubiac, près de Toulouse, en 1785 et aujourd'hui au Musée Britannique; celui de Notre-Dame d'Alençon (Maine-et-Loire) découvert en 1836, et conservé au Musée du Louvre; le trésor de Montcornet (Aisne) qui date seulement de 1883, sont, avec la trouvaille de Bernay, les éloquents témoignages de la richesse et des goûts artistiques de ces Gallo-Romains contraints bientôt d'apporter dans les temples leur argenterie pour essayer de conjurer les malheurs de leur patrie que, seule, l'intervention divine aurait pu protéger contre les barbares.

Nous donnons ci-dessous, en cul-de-lampe, le manche d'un autre vase d'argent, dont le fond a été détruit par l'oxydation[3]. Son ornementation montre jusqu'à quelle perfection était poussée la technique de la toreutique au commencement de l'empire romain; dans les détails mêmes de la fabrication de vulgaires casseroles de cuisine, nous rencontrons le goût exquis de l'artiste. Le disque qui forme l'extrémité du manche de celle-ci est décoré d'une coquille; deux autres plus petites sont placées sur le cou des deux cygnes dont les têtes s'allongent gracieusement, en sens inverse, le long

---

1. H. Thédenat et Héron de Villefosse, *Les trésors de vaisselle d'argent trouvés dans les Gaules*, p. 27.
2. Tite-Live, XXXVI, 40; cf. H. Thédenat et Héron de Villefosse, *op. cit.* p. 5.
3. Chabouillet, *Catalogue*, etc. n° 2835. Diam. de la circonférence, 10 cent.; longueur totale avec le manche, 17 cent.

du bord de la coupe. Le nom du pieux donateur n'a pas été inscrit, ou du moins, s'il était placé sur le fond de la coupe, il ne nous a pas été conservé. La dédicace seule se trouve sur le manche, et elle offre de curieuses particularités [1]. On lit clairement en lettres incrustées en or : $\genfrac{}{}{0pt}{}{M}{VENER}$, ce qu'on doit interpréter par *Mercurio et Veneri*. Mercure et Vénus se retrouvent associés sur une autre patère du trésor de Bernay, dans le fond de laquelle les bustes de ces deux divinités forment un *emblema* en ronde bosse [2]; il n'y a donc rien d'étonnant de les trouver associés dans une même dédicace. Mais, chose singulière, avant de graver ces lettres d'or, on a tracé à la pointe des inscriptions qu'on a laissées inachevées, comme si le graveur s'était repris après s'être trompé. Le long du bord circulaire de la coupe on distingue les lettres APOL, ce qui peut faire croire qu'on a voulu d'abord graver une dédicace à Apollon ; entre les deux lignes incrustées en or, on voit les lettres IV (peut-être *Junoni*), avec deux gros traits pour chaque jambage; enfin, au bas de *Veneri*, le mot suivant : LUPIINOC, en caractères cursifs extrêmement ténus et d'un déchiffrement difficile [3]. Il est plaisant de constater que Lupinus, après avoir hésité à offrir le tribut de sa reconnaissance tour à tour à Apollon et à Junon, s'est, en fin de compte, décidé pour Mercure et Vénus.

1. Voyez R. Mowat, dans le *Bulletin monumental* de 1885, p. 138-139.
2. Chabouillet, *Catalogue*, n° 2823.
3. Le dessin de l'inscription, dans l'image ci-dessous, n'est pas parfaitement exact.

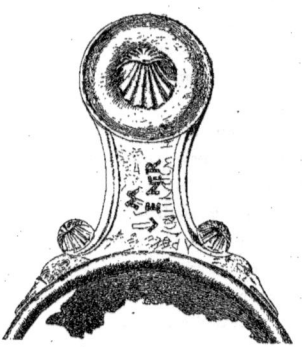

MANCHE DE PATÈRE DU TRÉSOR DE BERNAY.

Cabinet des Antiques   Pl. XV

CAMÉES DE LA RENAISSANCE

A. Lévy, Éditeur

XV.

CAMÉES DE LA RENAISSANCE

I et II. — PORTRAITS DE PERSONNAGES INCONNUS.

u milieu du mouvement artistique de la Renaissance italienne, Laurent le Magnifique et Pierre de Médicis, son fils, furent les princes qui contribuèrent le plus à populariser la glyptique, et à remettre en honneur cet art si délicat et si noble que le Moyen-Age avait laissé mourir entre ses mains. Autour de ces amateurs passionnés, comme à la cour des princes qui les imitèrent, vinrent se grouper de nombreux graveurs en pierres fines qui luttèrent à l'envi pour copier les gemmes antiques, trop souvent aussi pour les restaurer et les retoucher suivant le goût moderne. La protection de ces Mécènes du xve siècle enfanta des maîtres qui visèrent à la perfection, et plus d'un se montra, dans ses œuvres, le digne émule des anciens. Parmi ceux qui s'étaient acquis un renom d'habileté, nous citerons Giovanni *delle Corniole* (des cornalines), dont le surnom révèle la spécialité, célèbre surtout pour un buste de Savonarole qu'il avait sculpté dans une pierre de dimensions insolites; Domenico *de' Camei*, dont l'intaille sur rubis, représentant la tête de Louis le More, fut particulièrement admirée des contemporains. Sous le pontificat de Léon X, on vit fleurir entre autres : Pierre-Marie de Pescia, Michelino, Giovanni Bernardi de Castel-Bolognese, Valerio Vicentino, Matteo del Nassaro, le Marmita de Parme et son fils Lorenzo, le Florentin Domenico di Polo, disciple de Giovanni delle Corniole, Luigi Anichini de Ferrare, Alessandro Cesari surnommé *il Greco* à cause du cachet antique de ses œuvres, et qui grava sur pierre fine la tête du roi de France Henri II [1].

C'est à l'un de ces artistes qui, malheureusement, n'ont presque jamais signé leurs ouvrages, qu'il convient d'attribuer deux portraits d'hommes que nous n'hésitons pas à considérer comme les chefs-d'œuvre de la glyptique italienne à la fin du xve siècle.

Les deux personnages portent le chaperon à la mode du temps de Louis XII. Le premier, celui qui est de profil à droite, a longtemps passé pour représenter Louis le More. La comparaison du camée avec les portraits authentiques du fameux duc de Milan a suffi pour renverser cette attribution qu'on a vainement essayé, d'ailleurs, de remplacer par une autre mieux justifiée. Les auteurs du *Trésor de numismatique* ont toutefois signalé une certaine analogie entre la tête du camée et l'effigie monétaire de Louis II,

---

1. Vasari, *Vies des peintres*, etc., t. VIII, p. 155 et suiv.

onzième marquis de Saluces, l'allié fidèle de Charles VIII et de Louis XII, et qui, un instant vice-roi de Naples, mourut à Gênes le 27 janvier 1504 [1].

L'autre portrait, celui qui est de trois quarts à gauche et dont le chaperon est orné d'une médaille, suivant la coutume de la fin du xve siècle, a fait partie au siècle dernier de la collection de pierres gravées de Louis, duc d'Orléans [2], et il passait pour représenter Louis XII. M. Chabouillet propose, avec les plus grandes réserves, de lui reconnaître un certain air de ressemblance avec un portrait de Charles d'Amboise, seigneur de Chaumont, conservé au département des Estampes à la Bibliothèque nationale [3]. Mais Charles d'Amboise, qui fut gouverneur du Milanais, mourut à 38 ans, en 1511, et notre camée reproduit, ce nous semble, la figure d'un homme beaucoup plus avancé en âge, même en tenant compte de la mode artistique du commencement du xvie siècle qui faisait accentuer jusqu'à l'exagération les traits et les rides du visage.

Nous sommes donc forcés de rester dans l'incertitude aussi bien au sujet de l'artiste qu'en ce qui concerne l'attribution iconographique de ces deux admirables camées. L'un et l'autre sont des agates-onyx à deux couches. Le premier mesure 32 mill. sur 11 ; le second, 25 mill. sur 20.

III. — FRANÇOIS Ier.

Buste cuirassé de François Ier, posé sur une couronne royale non fermée. La tête nue du roi est de profil à gauche ; sa cuirasse est ornée d'une tête de Méduse placée au dessus de festons et d'enroulements fleurdelisés. Un manteau, jeté par dessus la cuirasse, est agrafé sur l'épaule, comme le pallium des Romains que l'artiste s'est, d'ailleurs, proposé d'imiter ; des épaulières, formées de bandelettes plates en cuir ouvragé, retombent de chaque côté. Sur le bord du camée, taillé en biseau, on lit en légende circulaire, en creux :

F·I·GRA·DEI·FRAN·℞. (*Franciscus primus graciâ Dei Francorum rex.*)

La forme circulaire de ce camée et la légende qui l'entoure lui donnent l'aspect d'une grande médaille. Bien plus, le buste du roi se voit identique sur des médailles qui portent en légende : FRANCISCVS·PRIMVS·F·R·INVICTISSIMVS. Le camée et les médailles sont dus au même artiste, qui n'a pas signé. On a supposé que le camée pouvait être l'œuvre de Matteo del Nassaro de Vérone [4]. Cette conjecture s'appuie sur ce fait que Matteo s'installa en France et jouit de la faveur royale : François Ier le nomma graveur général de ses monnaies et nous savons, d'autre part, que l'artiste véronais travaillait habilement les pierres fines. Il avait pris des leçons dans cet art de Galeazzo Mondella et de Niccolo Avanzi. Vasari cite de Matteo del Nassaro une descente de croix sur un beau jaspe-sanguin, qu'il vendit à la marquise Isabelle d'Este. « Il alla ensuite, dit le même auteur, en France, muni de plusieurs ouvrages de sa main, pour se faire connaître à la cour du roi François Ier.

---

1. *Trésor de numismatique et de glyptique : Bas-reliefs et ornements*, pl. xvi, n° 1, p. 9 ; cf. Chabouillet, *Catalogue des Camées*, etc., n° 323.
2. La Chau et Le Blond, *Pierres gravées du duc d'Orléans*, t. II. p. 183.
3. Chabouillet, *Catalogue des Camées*, etc., n° 324.
4. Chabouillet, *Catalogue*, n° 325 ; cf. *Trésor de numismatique et de glyptique : Bas-reliefs et ornements*, p. 9 et pl. xvi, n° 3.

Ce prince, juste appréciateur de tous les gens de mérite, accueillit parfaitement Matteo. Il lui prit bon nombre de ses pierres gravées, l'attacha à sa maison avec une bonne pension, et aima en lui le musicien non moins que le graveur[1]. » Toutefois, parmi les œuvres nombreuses de cet artiste, que cite Vasari, on ne voit point figurer le buste du roi de France; en outre, François Ier fit venir à sa cour d'autres graveurs en médailles et en pierres fines, comme Bénédict Ramel de Ferrare, et Benvenuto Cellini lui-même mit son merveilleux talent au service du roi. L'attribution proposée ne doit donc être considérée que comme une probabilité ingénieuse et non dépourvue de vraisemblance.

Monture en or émaillé du XVIIIe siècle. Sardonyx à deux couches. Diam. 9 cent. sans la monture.

IV. — VICTORIA COLONNA.

Buste tourné à droite, de Victoria Colonna, marquise de Pescaire. La grande poétesse italienne porte une couronne de pampre qui indique sans doute qu'elle a obtenu le prix dans un tournoi littéraire; elle est vêtue à l'antique, avec un sein découvert, comme une Amazone. Victoria Colonna, née en 1490, était fille de Fabrice Colonna, grand connétable du royaume de Naples. A 17 ans, elle épousa François d'Avalos, fils du marquis de Pescaire. Ses poésies, surtout celles dans lesquelles elle pleure son mari, mort des suites de ses blessures à la bataille de Pavie, en 1525, l'ont placée au premier rang parmi les imitateurs de Pétrarque.

L'attribution iconographique du camée nous paraît certaine[2]. Il suffit pour la justifier de comparer ce buste de Victoria Colonna avec son portrait qui figure sur des médailles de la Renaissance italienne[3]; le médailleur est inconnu tout aussi bien que l'artiste habile qui a sculpté le camée. On connaît encore d'autres portraits de Victoria Colonna; le plus célèbre est un dessin de la Galerie des Uffizi, à Florence, attribué à Michel-Ange, opinion qui a paru contestable à d'éminents critiques de nos jours[4].

Monture en or ciselé. Agate cendrée à deux couches. Haut., 4 cent.; larg., 24 mill.

V. — HENRI IV.

Buste lauré de Henri IV, de profil à gauche et couvert de son armure[5]. On a longtemps répété, à la suite de Mariette, que ce camée, une des belles productions de la glyptique française, était probablement l'œuvre de Julien de Fontenay, surnommé *Coldoré*, croyait-on, en raison d'une chaîne d'or que lui aurait donnée le roi et qu'il portait au cou[6]. Mais, en 1855, M. de Chennevières ayant trouvé, dans un document émané de la chancellerie du roi Charles IX, la mention d'un graveur en pierres fines du nom d'Olivier Codoré, il fut dès lors établi que Coldoré ou Codoré est le

---

1. Vasari, *Vies des peintres*, etc., t. VIII, p. 160.
2. Chabouillet, *Catalogue des Camées*, etc., n° 382.
3. Voyez Armand, *Médailleurs italiens* (2e édit.), t. II, p. 107.
4. Voyez un article de Léon Lagrange, dans la *Gazette des Beaux-Arts*, 1862, t. XII; cf. Charles Blanc, *Histoire des peintres. Ecole florentine*, p. 87.
5. Chabouillet, *Catalogue*, n° 326.
6. Mariette, *Traité des pierres gravées*, t. I, p. 135; *Abecedario*, t. I, p. 385.

véritable nom d'un artiste, nullement un sobriquet, et qu'en conséquence le graveur Olivier Coldoré n'est pas le même que Julien de Fontenay[1].

Cela n'empêche, toutefois, que Julien de Fontenay puisse être l'auteur de notre portrait de Henri IV, car il figure comme graveur en pierres fines sur l'état de la maison du Roi, dès l'année 1590; il y était encore en 1611, date où ses gages sont portés à 100 livres. Henri IV, dans ses lettres patentes, appelle cet artiste « notre graveur en pierres précieuses et valet de chambre ». Il est donc probable que Julien de Fontenay a sculpté lui-même quelques-uns des camées et intailles représentant Henri IV, que possède le Cabinet des Médailles.

Cependant M. Chabouillet a dèmontré, dans un savant mémoire[2], qu'un autre artiste célèbre, contemporain de Henri IV, Guillaume Dupré, fut non seulement statuaire et médailleur, mais qu'il cultiva aussi la gravure en pierres fines. Des intailles, où d'autres avaient lu C·D·F, en interprétant *Col Doré Fecit*, portent en réalité G·D·F· (*Guillelmus Dupré Fecit*); et parmi ces intailles, il s'en trouve une, actuellement dans la collection du duc de Devonshire, qui, précisément, représente le buste de Henri IV. Cette pierre gravée n'est probablement pas la seule, avec la figure de Henri IV, qu'ait sculptée le burin de l'habile artiste, de sorte que nous pouvons conjecturer que Guillaume Dupré, tout aussi bien que Julien de Fontenay, pourrait être l'auteur du beau camée dont nous donnons la reproduction. Enfin Olivier Codoré lui-même, qui n'était peut-être pas encore mort sous Henri IV, a dû, aussi bien que ses deux émules, mettre son talent au service du roi. Ici, comme en bien des cas, il faut savoir ignorer et se résigner à conclure que le véritable auteur de notre camée restera probablement toujours inconnu.

Sardonyx à trois couches. Monture en or émaillé. Haut., 34 mill.; larg., 25 mill.

---

1. *Archives de l'art français. Documents*, t. III, p. 39. Cf. Chabouillet, *Bulletin de la Société de l'art français*, juillet 1875, p. 38.
2. *Bulletin de la Société de l'art français*, juillet 1875, p. 38-39.
3. Buste d'Apollon, la tête laurée, la chlamyde nouée sur l'épaule, et ayant pour attributs l'arc et le carquois; la figure efféminée d'Apollon pourrait, de prime abord, être prise pour celle de Diane. Intaille sur sardoine, de style romain et d'exécution médiocre. Haut. 42 mill.; larg. 32 mill. (Chabouillet, *Catalogue*, n° 1459). M. F. de Mély, à l'obligeance de qui nous devons ce cliché, a cru reconnaître cette pierre gravée parmi celles qui décoraient la châsse de la Sainte-Chemise, à la cathédrale de Chartres, et qui en furent arrachées le 17 septembre 1793 (voyez plus haut, pp. 22 et 34, notes, et F. de Mély, *Le Trésor de Chartres*, p. 28 et pl. IX). Nous ne saurions partager l'opinion de M. de Mély; en effet, la pierre qu'il s'agit d'identifier est décrite comme il suit dans l'inventaire du Trésor de Chartres de 1682 : « Une agate sur laquelle est gravée une chasseresse tenant un arc en main. » Dans l'inventaire de 1726, on lit : « Une agate en figure de poire émaillée, gravée d'une Diane, sans chien. » Enfin, en 1793, on décrit : « Une agate de 15 lignes de haut représentant Cupidon (Barthélemy a corrigé *une Diane*) ». Le rapprochement de ces textes permet de conclure qu'il s'agit d'une figure en pied; en outre, 15 lignes font 33 millimètres. Il ne saurait donc être question de l'intaille dont nous donnons ici l'image.

BUSTE D'APOLLON (INTAILLE)[3].

Cabinet des Antiques.   Pl. XVI

TÊTE DE NÈGRE DE LA COLLECTION DE JANZÉ.

A. Lévy, Éditeur.

XVI.

TÊTE DE NÈGRE

BRONZE DE LA COLLECTION DE JANZÉ

Haut., 16 cent.

ES monuments antiques qui représentent des Ethiopiens (c'est sous ce nom que les anciens désignaient tous les noirs) ne sont pas rares. Il en existe dans toutes les grandes collections, et M. Löwenherz, dans son opuscule sur *les Éthiopiens dans l'art classique* [1], en a dressé des listes qui, bien que déjà longues, sont fort incomplètes. Si l'on compare entre elles les figures que nous donnent ces divers monuments : vases peints, peintures murales, mosaïques, terres cuites, marbres, pierres gravées, monnaies, on reconnaîtra facilement qu'elles ne traduisent pas un type uniforme de race; des particularités caractéristiques prouvent que, parmi les noirs que les Grecs et les Romains ont connus, on avait su distinguer et individualiser plusieurs races, tout en les groupant sous l'appellation générique d'Ethiopiens, c'est-à-dire « les hommes au visage brûlé ». Dans les idées des anciens, le terme d'*Ethiopie* était, comme l'a démontré Letronne [2], une expression vague qui pouvait aussi bien désigner une région orientale et asiatique que la portion la plus reculée de l'Afrique. On sait qu'Alexandre, arrivé sur les bords de l'Indus, crut avoir découvert les sources du Nil, parce qu'il vit dans le fleuve des crocodiles, et, sur ses bords, des peuples d'un brun foncé comme ceux de la Nubie. Le roi mythique des Ethiopiens qui vient au secours de Troie, Memnon, est, dans la mythologie grecque, « fils de l'Aurore »; sa capitale est Suse, ses sujets sont des Asiatiques et non des Africains, et bien qu'à l'époque romaine, à la suite de l'expédition de Caius Petronius dans la Haute-Egypte contre la reine Candace, on ait transporté à Méroé le siège de l'empire légendaire de Memnon, le nom d'Ethiopie continua toujours à désigner vaguement les pays du soleil, en général.

Il semble que les Romains aient distingué trois grandes races d'Ethiopiens : les Pygmées, les Maures et les Nubiens. Il y aurait donc une étude comparative des monuments archéologiques qui nous sont parvenus, fort intéressante à faire au point de vue ethnographique, et peut-être parviendrait-on à constituer plusieurs groupes de figures de nègres se rapportant à chacune des trois grandes divisions que nous venons d'indiquer, ou même, plus spécialement encore, à des subdivisions de

---

1. J. Löwenherz, *Die Æthiopen der altclassischen Kunst*, in-8°, Göttingue, 1861.
2. *Œuvres choisies. Egypte ancienne*, t. II, p. 60 et suiv.

ces trois groupes. Le bronze de la collection que le vicomte de Janzé légua au Cabinet des Médailles est assez caractérisé, par exemple, pour que nous puissions croire que l'artiste qui l'a modelé a obéi à un sentiment de recherche de l'exactitude ethnographique : c'est l'Ethiopien des bords du Nil, le Nubien de nos jours. Le nez épaté n'est point écrasé comme celui des Pygmées ou des nègres des régions soudaniennes; son crâne n'est pas déprimé et rejeté en arrière. Des yeux très ouverts, la mâchoire proéminente, la barbe enroulée en torsades le long des joues et de chaque côté du menton, les cheveux très épais, longs et bouclés en vrilles étagées symétriquement, sont bien les traits essentiels du type nubien, tel que nous le connaissons encore et tel que Pline l'a décrit [1].

Nous savons, par le témoignage de divers auteurs anciens, ceux de Térence et de Tibulle notamment, que, pour les Romains de l'époque impériale, c'était la marque d'un grand confort et d'une maison bien tenue que d'avoir à son service un certain nombre d'esclaves éthiopiens. Ceux-ci devinrent communs après la conquête de l'Egypte, et les marchands amenaient par bandes, sur le marché, ces malheureux arrachés, comme un vil bétail, à leur patrie. Les écrivains satiriques de l'antiquité nous font les confidents des étranges caprices des matrones romaines pour les esclaves noirs; Martial, après Juvénal, s'écrie dans une diatribe énergique et indignée, où il trace le portrait des enfants issus de cette impure origine :

> *Hic, qui retorto crine Maurus incedit,*
> *Sobolem fatetur esse se coci Santrae.*
> *At, ille, simâ mare, turgidis labris,*
> *Ipsa est imago Pannychi palaestritae* [2].

La corruption ne cessant de grandir, elle finit par étouffer les préjugés sociaux, et des mariages légitimes entre Romaines et Ethiopiens, ou réciproquement, se produisirent, au grand scandale des moralistes. Saint Jérôme ne craint pas de lancer cette pointe à Eustochia : *Non est sponsus tuus arrogans, non superbus : Æthiopissam duxit uxorem* [3]. Cette ironie mordante de quelques écrivains chrétiens et païens était bien impuissante à réformer les mœurs d'une société en décomposition qui ne songeait plus qu'aux raffinements du luxe et de la corruption.

Les deux arêtes que l'on aperçoit au sommet de la tête de nègre de la collection de Janzé sont les charnières d'un couvercle, aujourd'hui disparu, qui fermait une ouverture ronde de 35 millimètres de diamètre; le monument servait probablement de vase à parfums; son style le place au siècle des Flaviens ou des Antonins.

1. Pline, *Hist. nat.*, II, 78, 80.
2. Martial, *Epig.* VI, n° 39, v. 8 et suiv.
3. Hieron., *Epist.*, 22, 1.

Pl. XVII

LE TRIOMPHE ET LA MORT D'ACHILLE
ŒNOCHOÉ DU TRÉSOR DE BÉRNAY
A. Lévy Editeur

Cabinet des Antiques

XVII.

LE TRIOMPHE & LA MORT D'ACHILLE

ŒNOCHOÉ DU TRÉSOR DE BERNAY[1].

Haut., 25 cent. (sans l'anse).

u dessous du col de cette grande et magnifique aiguière d'argent, on lit l'inscription suivante gravée au pointillé :
MERCVRIO AVGVSTO Q. DOMITIVS TVTVS EX VOTO.
Il s'agit donc d'un vase offert à Mercure *Canetonensis* par Q. Domitius Tutus, le même personnage qui fournit aussi le canthare dont nous avons déjà parlé[2]. Remarquons au point de vue de la technique, que le canthare décrit plus haut est formé d'un gobelet revêtu extérieurement d'une feuille d'argent, mince, travaillée au repoussé et offrant en relief des scènes décoratives; notre œnochoé, au contraire, est dépourvue de cuvette intérieure et sa paroi est uniquement composée de l'enveloppe métallique sur laquelle les figures ont été repoussées au marteau, puis rehaussées d'une couche de dorure qui n'a complètement disparu que dans les reliefs.

Deux scènes distinctes occupent la panse du vase ; elles se passent l'une et l'autre sous les murs de Troie qu'on aperçoit au second plan flanqués de tours et surmontés de créneaux. La première représente le char d'Achille traînant le cadavre d'Hector. Les deux coursiers du héros grec sont lancés au grand galop; Automédon les dirige et agite un fouet à double mèche. Achille debout derrière lui, se couvrant la tête de son bouclier pour éviter les traits lancés du haut des remparts, tient sa lance de la main droite; il a son épée au côté; son péplos flotte sur ses épaules. Derrière le char, le corps inanimé d'Hector, nu, attaché par les pieds, les mains liées au dessus de la tête. Sous les pieds des chevaux, le cadavre d'un guerrier encore couvert de son armure. Trois Grecs suivent le char en courant, armés de toutes pièces et appelant à leur suite le reste de l'armée. Au dessus des remparts, Priam et Hécube se lamentent. Hécube, échevelée, levant les bras au ciel, pousse des cris de désespoir; Priam, reconnaissable à son bonnet phrygien, étend les mains d'un geste douloureux en regardant le spectacle cruel qui s'offre à sa vue. Plus loin, au dessus des chevaux, deux héros troyens combattent en lançant des javelots sur l'armée des Grecs.

La vengeance exercée par Achille sur le cadavre d'Hector est un des thèmes le plus fréquemment

1. Chabouillet, *Catalogue des Camées*, etc., n. 2805.
2. Voyez plus haut, p. 43 et suiv., et pl. XIV.

traités par les artistes de l'antiquité. La margelle de puits connue sous le nom de *Table ronde* du Capitole, la *Table iliaque* du Capitole, ainsi que des lampes et des pierres gravées de l'époque romaine, reproduisent ce sujet avec des modifications de détail. On possède aussi, de l'époque hellénique, plusieurs vases peints décorés de la même scène et Raoul Rochette a consacré à ces peintures une étude comparative des plus intéressantes [1].

L'autre face de l'œnochoé offre en tableau la mort d'Achille. On voit le héros grec qui s'affaisse, un genou en terre : une flèche l'a atteint au talon droit. Il est nu, casqué; il a abandonné son bouclier, et son glaive est dans le fourreau. Ajax, nu aussi, son épée au côté, le soutient et le protège en étendant au dessus de lui son bouclier; il est secondé par trois héros grecs qui veulent arracher leur chef aux mains de l'ennemi : c'est, d'après l'Iliade, Nérée qui tombe mortellement frappé derrière Achille, la main gauche posée sur son bouclier; Ménélas qui combat en se couvrant de son bouclier; Néoptolème dont on n'aperçoit que la tête et le bras armé qui frappe à coups redoublés. D'autre part, trois Troyens, Énée, Pâris et Agénor, armés du casque, du bouclier et du javelot, se précipitent pour achever Achille; la Victoire les précède, tenant une palme et une couronne.

Sur le col de l'œnochoé : Ulysse et Dolon. Le roi d'Ithaque interroge l'espion troyen qui paraît devant lui avec une peau de loup sur la tête, sa lance à la main. Entre eux, sur le devant, on voit un arbre et un autel surmonté de deux têtes de bélier; à l'opposé, c'est-à-dire sous l'anse, est un cippe orné d'une guirlande de laurier et surmonté d'un vase funéraire. La soudure de l'anse est dissimulée par un grand masque tragique, la bouche béante, la barbe et les cheveux épars. Le pied est orné de grandes feuilles retombantes, et au dessous des figures, une zone de feuilles de chêne et d'entrelacs montre que l'artiste s'est complu à traiter les détails secondaires de l'ornementation tout aussi bien que la scène principale. Une autre œnochoé du trésor de Bernay fait pendant à celle-ci et représente également deux scènes empruntées à l'Iliade.

1. Voyez Raoul Rochette, *Achilléide*, p. 85 ; Clarac, *Mus. de sculpture*, pl. III, n° 243 ; Müller et Vieseler, *Denkmæler der alt. Kunst*, pl. XIX, 97.
2. Agate à deux couches. Haut., 31 mill.; larg., 31 mill. Chabouillet, *Catalogue*, n° 110 ; F. de Mély, *Le Trésor de Chartres*, pl. IX et pp. 38, 119 et 121.

TÊTE DE MÉDUSE (CAMÉE) [2].

Pl. XVIII

Pelée et Atalante

XVIII.

PÉLÉE ET ATALANTE

CYLIX DE LA COLLECTION DE LUYNES

Diam., 24 cent.; haut., 11 cent.

N Arcadie, on racontait qu'Atalante, fille d'Iasos, avait vaincu et terrassé Pélée, fils d'Æacos, roi des Myrmidons, lors de la célébration des jeux funèbres institués par Acaste, en l'honneur de son père Pélias[1]. Cette victoire étonnante d'une femme sur un des athlètes les plus vigoureux qui eussent figuré dans les jeux publics de la Grèce, fit grand bruit, et les artistes s'empressèrent d'exploiter, dans la peinture et dans la sculpture, les diverses péripéties de cette lutte singulière qui s'était passée dans les temps héroïques.

L'Artémis arcadienne avait révélé, dans cette occasion, qu'elle avait reçu des dieux, sous des dehors gracieux et avec les formes féminines, une force musculaire plus que virile et plus qu'humaine. Quand elle naquit, son père Iasos espérait un garçon; désappointé et furieux, il porta le nouveau né dans la montagne où il l'abandonna à la dent des fauves. Une ourse survint, allaita la jeune fille qui puisa dans le lait de la bête féroce le germe de sa force prodigieuse. Plus tard, des chasseurs la découvrirent et la recueillirent, comme le berger Faustulus avait découvert et recueilli les légendaires fondateurs de Rome, nourris par une louve. Atalante grandit, suivant ses bienfaiteurs dans leurs chasses quotidiennes : ce fut elle qui, lors de la chasse du sanglier de Calydon, porta, avant Méléagre, au terrible ravageur le premier coup mortel. Sans cesse elle gravissait, intrépide, les sentiers les plus abruptes, escaladait les rochers, achevant d'acquérir ces qualités viriles qui en ont fait, dans la poésie et dans l'art, une rivale d'Artémis et le type de la souplesse féminine unie à la force musculaire que procurent les exercices violents dans les montagnes.

Elle se plaisait surtout à provoquer à la course ou au combat corps à corps, les plus robustes et les plus agiles des chasseurs. Un jour, ses succès la rendirent téméraire. Elle devait courir avec Mélanion qu'elle avait défié; celui-ci, durant la course, laissa tomber trois pommes d'or qu'Aphrodite lui avait données, et Atalante s'arrêta pour les ramasser. Quand elle reprit son élan, il n'était plus temps, et Mélanion, trop près du but, l'atteignit avant elle.

La rude fille d'Iasos était aussi belle que forte et courageuse; mais vivant au fond des bois, ne connaissant d'autre abri que le creux des rochers, d'autre lit que le gazon du bord des fontaines, elle

---

1. Apollodore, III, 9 2.

était farouche comme une gazelle, fuyant les hommes et condamnée par un oracle à ne se marier jamais. Avant que Mélanion ne parvînt, par un stratagème, à la devancer à la course et à conquérir des droits sur son cœur, Pélée avait été l'un de ses courtisans malheureux. La terrible chasseresse mettait à mort tous ceux qui, prétendant à l'épouser, ne parvenaient point à triompher d'elle dans les jeux publics : sa main était le gage de la victoire. De nombreux monuments, vases peints, miroirs, terres cuites, pierres gravées retracent, les uns, les préparatifs de la lutte de Pélée et d'Atalante, les autres, le combat lui-même : les deux adversaires se saisissent et cherchent réciproquement à se terrasser. Fr. Lenormant a groupé un certain nombre de ces curieuses représentations, parmi lesquelles notre cylix qui a été trouvée à Vulci, et fait partie de la collection de Luynes [1].

Auprès d'une grande vasque (dont l'artiste n'a dessiné que la silhouette) on voit Atalante debout, entièrement nue, la tête penchée en arrière, se lavant les cheveux avant d'engager le combat; au dessus de sa tête, on lit : ΑΤΑΛΑΝΤΗ. Devant elle, Pélée, ΠΕΛΕΥΣ, assis, également nu, les mains croisées sur le genou, regarde sa belle antagoniste, et semble attendre patiemment que sa toilette soit achevée. On remarquera le soin qu'a pris l'artiste de donner aux deux adversaires des formes souples et vigoureuses sans tomber dans l'exagération et la lourdeur. Le dessin des figures est d'une pureté de lignes surprenante.

Nous ne connaissons qu'un autre monument, avec celui-ci, sur lequel Pélée et Atalante soient figurés entièrement nus : c'est une plaque de terre cuite qui représente les deux héros au plus chaud de la lutte [2]. Partout ailleurs, si Pélée est nu, Atalante est couverte d'une sorte de pagne ou d'une courte tunique. Comme chasseresse et compagne de Méléagre, Atalante est vêtue, à l'instar d'Artémis, d'une tunique serrée à la taille, avec de hauts brodequins de chasse, les cheveux noués au dessus de la tête, portant l'arc et le carquois [3]; la légende finit en la métamorphosant en lionne.

La paroi extérieure de la cylix de Luynes est aussi ornée de peintures à figures rouges. D'un côté, ce sont deux athlètes nus, tenant l'un un céras, l'autre un strigile, et placés de chaque côté d'un pédotribe enveloppé d'un péplos, qui étend la main pour saisir le céras. De l'autre côté, on voit un second pédotribe entre deux athlètes qui jouent avec des osselets peints en blanc. C'est, comme on le reconnaîtra, un sujet qui n'est pas sans rapport avec la peinture de l'intérieur de la coupe, puisqu'il fait aussi allusion aux jeux publics de la Grèce.

1. *Gazette archéologique*, 1880, p. 93 à 95.
2. *Gazette archéologique*, 1880, pl. 13, et p. 94.
3. Voy. l'art. *Atalante* dans le *Dictionnaire des antiquités grecques et romaines* de Daremberg et Saglio, et dans les *Denkmaeler des klassischen Altertums* de Baumeister.

Cabinet des Antiques. Pl. XIX

CAMÉES ANTIQUES.

A. Lévy Éditeur.

XIX.

CAMÉES ANTIQUES

I.

Buste de Héra d'Argos [1]. La déesse, tournée à gauche, a la tête surmontée d'un polos orné de fleurons; ses cheveux, dont l'extrémité est liée par un nœud, retombent sur ses épaules. Elle porte un collier au cou et son buste est couvert du péplos et de l'himation. Le Cabinet des Médailles possède un autre beau camée grec représentant le buste de la Junon argienne [2]. Ils ont l'un et l'autre une analogie frappante avec la tête de Héra qui figure sur les tétradrachmes d'Argos. Sur ces camées comme sur les médailles, on s'est probablement efforcé de reproduire le type de la statue que Polyclète avait sculptée pour le fameux sanctuaire d'Argos. Pausanias dit qu'elle avait la tête ceinte d'une stéphané autour de laquelle étaient figurées les Charites et les Heures [3]. Les fleurons qu'on voit, ici, sur le polos remplacent ces petites figures que l'exiguïté des camées et des médailles ne permettait pas de graver.

Sardonyx à trois couches. Haut., 66 mill.; larg., 50 mill. Monture en or émaillé.

II.

Buste de Mercure [4]. La matière de cette gemme est d'un magnifique blanc laiteux sur fond brun, et le travail, de style grec, en est particulièrement soigné. Mercure est représenté la tête nue, les tempes munies des ailerons qui surmontent son pétase quand le dieu porte cette coiffure. Une chlamyde agrafée sur l'épaule au moyen d'un bouton en forme de tête de Méduse recouvre sa poitrine.

Sardonyx à deux couches. Haut., 70 mill.; larg., 56 mill. Monture moderne en or émaillé.

III.

Vénus marine emportée par deux hippocampes. La déesse est assise sur l'un des chevaux marins; de la main droite, elle tient la bride de sa monture et elle s'appuie de la main gauche sur la croupe de l'animal. Elle est nue, sauf un long péplos enroulé autour de son poignet gauche et qui, ramené sur sa jambe droite, lui sert de selle. Ses cheveux sont retenus par un bandeau, sa figure est souriante;

---

1. Chabouillet, *Catalogue des Camées*, etc., n° 8. Cf. *Trésor de numismatique. Nouvelle galerie mythologique*, pl. XII, 1.
2. Chabouillet, *op. cit.*, n° 9; *Nouv. galerie mythologique*, pl. XI, 1.
3. Pausanias, II, 17, 4.
4. Chabouillet, *op cit.*, n° 51 et *Nouv. galerie mythologique*, pl. LI, 5.

les formes de son corps sont admirablement modelées; les hippocampes qui s'élancent à l'unisson au grand galop sur les flots, sont aussi d'un beau mouvement. Sous leurs pieds, l'Amour ailé nage dans la même direction. Rapprochez de cette composition le type de monnaies du Bruttium.

Sardonyx à trois couches. Haut., 16 mill.; larg., 20 mill. Camée monté en bague et acheté par le duc de Luynes à la vente de la collection Révil (n° 462 du Catalogue de vente).

IV.

Achille vainqueur de Penthésilée. La reine des Amazones, costumée en guerrière, le sein droit à découvert, est affaissée à côté de son cheval emporté; elle s'appuie d'une main sur sa pelta et de l'autre elle saisit le bras du héros grec. Achille, coiffé du casque conique et armé du bouclier, la chlamyde rejetée sur le bras gauche, se précipite sur elle et la saisit par les cheveux. De nombreux monuments représentent la même scène avec des variantes [1].

Agate à deux couches. Haut., 18 mill.; larg., 27 mill. Travail médiocre; cassure sur le bord, à gauche. Coll. de Luynes.

V.

Laïs [2]. La pose de la courtisane corinthienne rappelle celle de la Vénus accroupie. Elle vient de sortir du bain et elle s'apprête à se couvrir d'une grande draperie qu'elle saisit des deux mains. L'artiste a gravé en creux, sur un vase qui se trouve en face d'elle, le mot ΛΑΙΣ; il n'y a donc aucune incertitude sur l'attribution de ce petit chef-d'œuvre qui reproduit le type d'Aphrodite au bain, créé par Polycharme. Parmi les auteurs anciens, d'aucuns font naître Laïs à Corinthe, d'autres à Hyccara en Sicile, au temps des guerres du Péloponnèse. Ses débordements sont fameux et célébrés par de nombreux épigrammes; elle compta parmi ses admirateurs le philosophe Aristippe; Démosthènes, qu'elle voulut séduire, ne lui répondit que par le mépris. Quoi qu'il en soit, Corinthe s'enorgueillit d'avoir été sa patrie : sur des monnaies de cette ville, on voit, au droit, la tête de Laïs, et au revers, une colonne surmontée d'un groupe représentant une lionne qui déchire un bélier [3]. C'est la reproduction même du monument funéraire de Laïs; on avait voulu par là symboliser le sort des naïfs libertins qui se laissèrent prendre à ses appâts. Tatien nous apprend que Turnos avait sculpté une statue de Laïs; il s'élève avec indignation contre lui et d'autres artistes comme Hérodotos, Callistrate et même Praxitèle, qui ne rougirent pas de consacrer leur talent à honorer des courtisanes [4].

Sardonyx à deux couches. Haut., 15 mill.; larg., 11 mill. Monture moderne en or.

1. Voy. notamment J. de Witte, Catal. Durand, n° 389.
2. Chabouillet, Catalogue des Camées, etc., n° 3495; cf. Lenormant, dans la Gazette archéologique, t. III, 1877, p. 143.
3. Mionnet, Descr. des monnaies grecques, t. II, p. 169, et Suppl., t. IV, p. 152 et suiv.; Visconti, Iconogr. grecque, t. I, p. 316, pl. 37, n° 2.
4. Tatian. 53 et suiv., dans Brunn, Geschichte d. Griech. Kunst, t. I, p. 399 et pass.

TÊTE COLOSSALE EN MARBRE

XX.

TÊTE COLOSSALE DE FEMME

EN MARBRE[1]

Haut. totale, 50 cent.

N 1846, on retira des caves de la Bibliothèque Royale un certain nombre de marbres antiques parmi lesquels se trouvait le morceau de grande sculpture dont nous donnons ici l'image. Comment et à quelle époque cette tête fut-elle déposée dans les sous-sols de la Bibliothèque? C'est ce qu'on a vainement cherché à établir. Charles Lenormant essaya de démontrer qu'elle fit partie des sculptures du Parthénon et qu'elle était, par conséquent, un fragment dû au ciseau de Phidias. Personne n'ignore que le temple d'Athéna fut grandement endommagé, en 1687, lors du siège d'Athènes par le proveditore Morosini et le général suédois Kœnigsmark, à la solde des Vénitiens; on sait aussi que de 1801 à 1803, lord Elgin fit transporter à Londres, au Musée Britannique, ce qui restait des sculptures des frontons du temple. Mais, en 1674, c'est-à-dire treize ans avant la destruction à jamais regrettable, qui fut l'œuvre des Vénitiens, le marquis de Nointel avait eu l'idée heureuse de faire dessiner en détail les bas-reliefs du Parthénon par un artiste français, Jacques Carrey, élève de Le Brun, et les précieux dessins de Carrey sont conservés aujourd'hui au Cabinet des Estampes, à la Bibliothèque Nationale. Ch. Lenormant crut reconnaître sur l'un d'eux la place qu'occupait la tête de marbre. Elle faisait partie, selon ce savant, du fronton occidental sur lequel Phidias avait représenté Athéna avec le Céphise et l'Ilissos, après sa victoire sur Poseidon pour la fondation d'Athènes; c'était la tête de la nymphe qui accompagne Amphitrite et dans laquelle on s'accorde à voir Halia ou Leucothée. Ce qui parut confirmer l'assertion de Ch. Lenormant, ce sont les proportions de ce fragment, en harmonie avec les autres sculptures des frontons du temple; c'est la qualité et le grain du marbre qui sont les mêmes; c'est aussi une certaine ressemblance de style et de travail entre cette tête de femme et celle de la Victoire aptère qui faisait partie du même fronton et que Morosini fit, après le bombardement, transporter à Venise où elle a été acquise par Léon de Laborde en 1845. Ajoutez à cela que le derrière de la tête conservée au Cabinet des Médailles n'est qu'ébauché; le sculpteur ne s'est pas donné la peine de l'achever; circonstance qui convient parfaitement à une figure appuyée contre le tympan et qui n'occupait que l'arrière-plan dans la décoration du fronton. La sobriété du

---

1. Chabouillet, *Catalogue des camées*, etc., *de la Bibliothèque Impériale*, p. 575, n° 3276; Fr. Lenormant, dans la *Gazette archéologique*, t. I, 1875, p. 1 et suiv. On trouvera dans les notes de l'article de Fr. Lenormant toute la bibliographie du sujet.

style, la pureté des lignes et des contours, à égale distance de la sécheresse et de l'affectation, ont paru aussi militer en faveur de l'opinion de Ch. Lenormant. Cependant la conviction ne s'est pas faite dans tous les esprits. M. Michaelis [1] a d'abord démontré que les cheveux relevés et noués au dessus de la tête sont inadmissibles dans une sculpture du Parthénon. C'est aussi à peu près l'opinion de M. Collignon [2]. Enfin un des derniers auteurs qui aient écrit sur les œuvres de Phidias, M. Ch. Waldstein [3], consulté par moi, m'a répondu : « La tête conservée au Cabinet des Médailles, et dont il existe un moulage au Musée Britannique, ne me paraît aucunement appartenir au Parthénon. Comme vous me le dites, sa ressemblance avec une des têtes des dessins de Carrey n'est pas frappante. De plus, le modelé des cheveux diffère complétement des indications du traitement des cheveux de l'*Olympe* du fronton oriental et des autres têtes de la frise. Les instruments employés par l'artiste pour travailler les cheveux diffèrent, et le caractère général n'est pas le même. Cette tête ne me paraît pas plus ancienne que la fin du IVe siècle. » En effet, et quoi qu'on en dise, les dessins de Carrey ne sont ni assez précis ni exécutés sur une assez grande échelle pour qu'on puisse les invoquer dans la question, et l'opinion de Ch. Lenormant n'est qu'une conjecture ingénieuse. Si la tête du Cabinet des Médailles semble avoir, de prime abord, un air de famille avec les sculptures authentiques du Parthénon, cette illusion s'évanouit lorsqu'on se livre à une étude attentive des détails de la sculpture, du caractère de l'œuvre et des procédés de l'artiste. Il s'agit, en réalité, d'un fragment de sculpture postérieur d'un siècle au moins à la construction du temple d'Athéna.

François Lenormant cherche à rendre compte comme il suit des évènements qui ont pu, selon lui, faire transporter en France cette tête qu'il suppose, comme son père, détachée de son tronc par un boulet vénitien. Dans l'armée de Morosini, il y avait des mercenaires de tous pays, notamment quelques Français. Plusieurs de ces aventuriers voulant conserver, chacun de son côté, un souvenir du siège tristement célèbre qu'ils venaient d'entreprendre, choisirent parmi les sculptures mutilées du Parthénon, les débris qui leur parurent les moins endommagés et les plus remarquables, et ils rentrèrent en Europe avec ces trophées qu'ils admiraient sans se rendre bien compte de leur importance artistique. Telle paraît être, effectivement, l'origine des fragments du Parthénon retrouvés à Venise et à Copenhague. Pourquoi, dit F. Lenormant, la tête de Leucothée ou d'Halia n'aurait-elle pas couru les mêmes aventures et ne serait-elle pas entrée, par le même chemin, dans la collection privée de quelque Français, capitaine à la solde de Venise? Tout ceci, bien entendu, n'est qu'un roman.

Le nez de ce beau morceau de l'art grec de la fin du IVe siècle est de restauration moderne; il a été habilement exécuté par le sculpteur Seurre, sous la direction de Charles Lenormant.

1. *Der Parthenon*, p. 202.
2. Collignon, *Phidias*, p. 62.
3. Ch. Waldstein, *Essays on the art of Pheidias*, Cambridge, in-8°, 1885.

LA COUPE DE CHOSROÉS
DITE TASSE DE SALOMON

XXI.

LA COUPE DE CHOSROÈS I

Diam., 282 millim.

VANT la Révolution, on conservait dans le trésor de l'abbaye de Saint-Denis, sous le nom de *Tasse de Salomon*, la précieuse coupe sassanide qui fait l'objet de cette notice. Dom Doublet la signale en ces termes, en 1625 : « Une très riche tasse garnie de son pied d'or, qui est la tasse du sage Roy Salomon, enrichie sur le bord de hyacintes, au dedans de très beaux grenats et de très belles esmeraudes, aussi au fond d'un très excellent et grand saphir blanc entaillé, à enleveure par dehors, de la figure au naturel dudit Roy séant en son throsne, avec un escalier orné de lyons de part et d'autre, à la façon qu'on le voit représenté dedans la Sainte Bible. Cette tasse donnée par l'Empereur et Roy de France, Charles le Chauve[1]. »

Près d'un siècle plus tard, en 1706, dom Félibien, lui consacre cette courte mention : « Espèce de sous-couppe d'or ornée de crystaux de différentes sortes de couleurs. Au milieu, l'on y voit un Roy assis dans son trosne[2]. » La description du savant religieux est reproduite en 1783, dans un guide des visiteurs à Saint-Denis[3], et comme le nom de Salomon n'est plus prononcé, il est permis de croire que, dès le commencement du XVIIIe siècle, les critiques élevaient déjà des doutes au sujet de l'attribution traditionnelle de la fameuse Tasse salomonienne. Quoi qu'il en soit, ce fut en 1786 seulement, que Mongez émit formellement l'opinion que le personnage représenté sur l'*emblema* de la coupe de Saint-Denis n'était point Salomon, mais un roi parthe de la dynastie des Sassanides[4].

---

1. Dom F.-J. Doublet, *Histoire de l'abbaye de Saint-Denys*, t. I, p. 342, Paris, 1625. Dans l'inventaire du trésor de Saint-Denis rédigé en 1634 et encore manuscrit, la coupe sassanide est décrite comme il suit :
  « Item, une tasse d'or garnie d'un pied d'or que lesdits religieux disoyent estre le plat de Salomon, garny par le bord de hyacinthes et LV places vuides, et au dessous dudit bord neuf grands ronds de cristal et neuf autres grands ronds de grenat entaillez, les deux cassés en deux pièces ; entre lesdits ronds et ledit bord, dix-huit escussons de vorres vert ; et au dessous desdits grands ronds, neuf ronds de cristal et neuf ronds de grenat moindres que les dessusdits entaillés comme les dessusdits ; entre lesdits grands ronds et les dessurdits moindres dix-huit lozanges de verre vert ; au dessous desdits ronds moindres neuf autres petits ronds de cristal et neuf de grenat ; entre lesdits petits et moyens ronds dix-huit lozanges de verre vert ; tous lesdits ronds taillez en fleurs enlevez à quatre pampes ; dessous lesdits petits ronds un grand rond faisant le milieu du fond dudit plat, bordé de onze hiacinthes , les deux cassées en deux pièces et douze places vuides ; entre lesdits petits ronds et ledit grand rond dix-huit places vuides d'escussons de pierre ; au milieu dudit rond un grand rond de cristal entaillé à enleveure par dehors d'un personnage d'homme qu'on disoit estre Salomon. » *Inventaire manuscrit du trésor de l'abbaye de Saint-Denis, dressé en 1634.* Archives nationales, LL. 1327, fol. CXVI, 5. Cf. Ch. de Linas, *Les origines de l'orfèvrerie cloisonnée*, t. I, p. 226, note. En 1640, dom Germain Millet fait de la coupe de Chosroès une description copiée sur celle de Doublet :
  « Une très riche tasse d'or, qui servit jadis au grand roy Salomon, enrichie de hyacinthes par le bord, et au dedans de grenats et d'esmeraudes très fines, au fond d'un très beau saphir blanc, sur lequel est entaillé à démy relief la figure dudit Roy séant en son throsne, tel que l'Escriture saincte le représente au troisième livre des rois, chap. 10. Cette tasse a esté donnée par l'empereur Charles-le-Chauve. » Dom G. Millet, *Le trésor sacré ou inventaire, etc.*, de *Saint-Denys*, p. 129. Paris, 1640.
2. Félibien. *Hist. de l'abbaye royale de Saint-Denys en France*, p. 543, Paris, 1706 in-f°.
3. *Le trésor de l'abbaye royale de Saint-Denys en France*, p. 14. Paris, Pierres, imprimeur, in-12, 1783.
4. Voyez deux mémoires de Mongez insérés dans le recueil de l'Académie des inscriptions, intitulé : *Littérature et Beaux-Arts*, t. IV.

16

Le vendredi, 30 septembre 1791, deux des administrateurs composant le directoire du département de la Seine, Germain Garnier et François Cretté-Palluel, délégués à cet effet et accompagnés de Mongez et de Le Blond, son collègue à l'Académie des Inscriptions, se rendirent à Saint-Denis pour y prendre livraison des monuments qui, d'après la loi sur l'aliénation des trésors des églises, devaient être transportés au Cabinet des Médailles. Dans l'inventaire sommaire des objets qu'ils apportèrent à la Bibliothèque, nous trouvons la coupe de Chosroès ainsi décrite : « N° 5. Un plateau de pièces rapportées, dans le fond duquel est encastré un morceau de cristal représentant un roi Parthe gravé en creux. » Mongez reprit quelques mois plus tard, en 1792, l'étude de la coupe qu'il compare judicieusement aux monnaies et aux sculptures sassanides, puis il ajoute que ce beau vase « est probablement un don d'un de nos souverains, qui en aura fait l'acquisition dans l'Orient pendant les croisades [1] ».

On voit par là que, si Mongez rejette l'attribution iconographique à Salomon, il n'accepte pas davantage la tradition des *Inventaires* de Saint-Denis, d'après laquelle le monument aurait été donné au trésor de l'abbaye par Charles le Chauve. Y a-t-il donc lieu de repousser comme une légende, ce que nous disent les *Inventaires*, et l'hypothèse, greffée sur cette tradition, d'après laquelle la coupe aurait été déposée aux pieds de Charlemagne par les ambassadeurs d'Haroun-al-Raschid [2] ? Un passage des *Chroniques de Saint-Denis*, qui concerne la mort et les dispositions testamentaires de Charles le Chauve, semble, au premier abord, donner une réponse catégorique à cette question : il y est raconté en effet, que Charles le Chauve, en 877, donna la tasse de Salomon au trésor de l'abbaye : « Après, (Charles-le-Chauf) donna laiens *le hanap Salomon* qui est d'or pur et d'émeraudes fines et fins granes, si merveilleusement ouvré que dans tous les royaumes du monde ne fu oncques œuvre si soubtille [3]. » Mais la plus ancienne rédaction des grandes Chroniques de Saint-Denis n'est pas antérieure au commencement du XIII° siècle, et il est probable que le chroniqueur n'a fait qu'enregistrer la tradition courante à cette époque, sans se préoccuper de rechercher si l'on pouvait en faire remonter la source jusqu'aux temps carlovingiens. Son témoignage ne sert donc, en réalité, qu'à nous faire constater qu'au XIII° siècle on croyait que la tasse de Salomon venait de Charles le Chauve et rien de plus. L'hypothèse de Mongez reste possible sinon probable : les croisés qui ont pillé Constantinople en 1204, par exemple, peuvent aussi légitimement que les ambassadeurs d'Haroun-al-Raschid revendiquer des droits à notre reconnaissance [4].

Quant au nom de Salomon attaché à la coupe de Saint-Denis, les idées du Moyen-Age sur le plus fastueux des rois d'Israël vont suffire à nous l'expliquer. Salomon, qui avait fait construire le Temple

---

1. Art. *Perses*, dans l'*Encyclopédie méthodique*. *Antiquités, Mythologie*, etc., t. IV, p. 661, 663 et 664 ; cf. *Planches*, t. II, pl. 304, fig. 4, et p. 166 de la *Description des Planches*.
2. Ch. de Linas. *Les origines de l'orfèvrerie cloisonnée*, t. I, p. 230.
3. *Les grandes chroniques de Saint-Denis*, éd. Paulin Paris, t. III, p. 66, année 877.
4. Les princes carlovingiens, il convient toutefois de le rappeler, avaient recueilli de grands trésors d'orfèvrerie antique ou orientale qui ont dû contribuer, dans une large part, à enrichir les trésors des églises et des monastères. Voyez, par exemple, l'énumération des trésors artistiques dont le comte Everard, gendre de Louis le Débonnaire, fait la distribution à ses enfants, par son testament de l'année 827, dans Miraeus. *Opera diplomatica*, t. I, p. 19 à 22.

du vrai Dieu et l'avait enrichi des plus précieux ustensiles, vases et objets du culte, était devenu, dans la tradition chrétienne, le type idéal de l'orfèvre et du toreuticien. Aux yeux des gens du Moyen-Age, ce merveilleux artiste fut censé avoir ciselé tous les ouvrages d'origine inconnue qui paraissaient des prodiges d'habileté : c'est là ce qu'on appelait l'*Œuvre Salemon*, *opus Salomonis* [1]. On racontait couramment que le khalife Haroun-al-Raschid avait fait des présents aux princes étrangers avec les trésors artistiques du roi juif. On devine par là comment s'est formée la tradition attachée à la coupe de Chosroés, comment on fut amené à croire que ce chef-d'œuvre d'émaillerie cloisonnée, était l'ouvrage de Salomon, et que le fils de David lui-même se trouvait représenté sur le disque du fond. Voilà, ce semble, à quoi se réduit la tradition de Saint-Denis relative à notre coupe : l'histoire critique, on peut le regretter, est moins piquante que la légende.

L'honneur d'avoir déterminé le nom du prince sassanide « séant en son trône », revient à Longpérier qui y reconnut Chosroés Ier (Kosrou Nouschirwan), roi de Perse, de 531 à 579 de notre ère [2]. Cette attribution est fondée sur la ressemblance parfaite de la figure avec l'effigie monétaire de ce prince et sur la forme de la tiare royale surtout qui, on le constate par les monnaies, changeait à chaque règne et pour chaque souverain.

Éminemment précieuse par les souvenirs historiques ou légendaires qui s'y rattachent, la coupe de Chosroés ne l'est pas moins par son importance archéologique et la place qu'elle occupe dans l'histoire de l'orfèvrerie cloisonnée. Elle a la forme d'un plat rond, peu profond, muni d'un pied très bas. Elle se compose d'un réseau en or, ajouré, travaillé au marteau, qui sert d'armature ou de châssis à des médaillons en cristal et en verre de couleur. Au centre, est le médaillon principal en cristal de roche. On y voit, sculpté en relief comme un camée (le relief faisant saillie sous la coupe, du côté convexe), le roi Chosroés Ier, en costume d'apparat, assis de face sur un trône dont les pieds sont des chevaux ailés, aux ailes recroquevillées. Les effets de perspective sont singulièrement traités; l'artiste s'est trouvé embarrassé pour rendre le dossier du siège sans mettre de la confusion dans son dessin : la plupart des bas-reliefs assyriens et perses offrent la même singularité. Le dossier, qui devrait être figuré au second plan, derrière le roi, est placé naïvement à côté de lui, et représenté par une sorte de treillis losangé.

Le roi a les cheveux partagés en deux grosses touffes frisées qui retombent sur ses épaules : coiffure qui lui est commune avec la plupart des princes sassanides et qui rappelle celle des Assyriens et des Achéménides; il a la barbe courte, non frisée; sa tunique ou candys, dont le tissu paraît parsemé de pierreries, montre que l'art de la broderie, si développé dès l'époque la plus reculée de la civilisation assyro-chaldéenne, n'avait pas dégénéré sous les Parthes. Des deux mains il s'appuie sur le pommeau de son épée dont le fourreau est richement ciselé. Sa mitre est ornée d'un croissant et de pointes

---

1. Sur l'*Œuvre Salemon*, voyez A. de Longpérier. *Œuvres*, publiées par G. Schlumberger, t. I, p. 442 et suiv.
2. Longpérier. *Notice sur quelques monuments émaillés du Moyen-Age*, 1841, p. 15; *Annales de l'Institut archéol. de Rome*, 1843 (t. XV), p. 100. Cf. *Œuvres de Longpérier*, publiées par G. Schlumberger, t. I, p. 73.

crénelées; un autre croissant supportant le globe solaire, sans doute une énorme perle, est fixé au-dessus du premier; il s'en détache deux bandelettes flottantes. A la partie inférieure de la mitre sont adaptés des fanons comparables à ceux des mitres des évêques. Enfin, deux autres rubans plus grands encore, paraissent se détacher de la tunique elle-même : ce sont les bouts de la ceinture religieuse appelée *costi*, que Firdousi, dans le *Schah Nameh*, signale, avec la tiare et le trône, comme un des emblèmes essentiels de la royauté. Les chaussures du monarque sont elles-mêmes richement enrubanées. Ses pantalons ou *anaxyrides* sont pareils à ceux que portent les Sassanides sur tous leurs monuments : de larges et flottants qu'ils sont en haut, ils diminuent graduellement de façon à être collants à la cheville.

Autour du grand médaillon central, on voit trois rangées concentriques de disques colorés, translucides, alternativement blancs et rouges. Les disques blancs sont en cristal de roche; les disques rouges, en verre coulé : les uns et les autres portent un fleuron ciselé en relief comme le médaillon du milieu. Des losanges et des triangles remplis par des verres unis, de couleur verte, sont aussi découpés à jour dans les intervalles ménagés entre les trois rangées de disques ronds que nous venons de décrire. Enfin, une bordure d'hyacinthes et de verres orange, dont les petits cubes sont enchâssés dans des bâtes closes, court sur la lèvre intérieure du vase et autour du disque central[1].

La coupe de Chosroës avec ses verres de couleur maintenus dans une armature ajourée ou dans des cavités à fond métallique, nous révèle un genre particulier d'orfèvrerie cloisonnée dont les procédés techniques se retrouvent en Occident à l'aurore du Moyen Age. C'est cet art que Ch. de Linas définit si bien : « un travail particulier de joaillerie qui consiste à incruster *à froid* dans des alvéoles d'or, ou, par extension, dans une plaque de métal découpée à jour, soit des pâtes vitreuses, soit des lames de verre, soit des pierres précieuses taillées en table, soit enfin des cabochons, disposés de manière à former un ensemble décoratif, une sorte de mosaïque »[2]. Ce genre d'orfèvrerie qui précéda naturellement le procédé plus compliqué, qui consistait à fondre l'émail pour le répandre liquide dans les interstices d'un cloisonnage métallique, est, dans la coupe de Chosroës, le même que dans les bijoux mérovingiens, d'où l'on a conclu que les Francs avaient reçu quelques-uns des secrets de l'art sassanide par l'intermédiaire des Byzantins. Il convient d'ajouter que l'incrustation à froid comporte, au moins dans ses produits rudimentaires, un travail fort simple, à la portée des peuples les plus barbares; aussi, dès l'époque la plus reculée, les primitives civilisations de l'Orient ont-elles su y avoir recours.

En grand honneur chez les Perses achéménides, les Phéniciens et surtout les Parthes arsacides et

---

1. Voyez la description de M. Chabouillet. *Catalogue*, n° 2538.
La coupe de Chosroës a été mesurée avec le plus grand soin par Ch. de Linas, et nous avons vérifié après lui les dimensions suivantes : largeur des cloisons : épaisses, 0^m 004^m; minces, 0^m 0015^d. — Diamètres : vase entier, 0^m 2825^d; disque central, 0^m 075^m; grands disques, 0^m 034^m; moyens disques, 0^m 021^m; petits disques, 0^m 018^m. — Les écussons triangulaires et les grandes losanges ont environ 0^m 015^m de côté; les petites losanges, 0^m 012^m. — Les hyacinthes de la lèvre mesurent 0^m 007^m sur 0^m 004^m; celles de la bordure intérieure, 0^m 012^m sur 0^m 006^m. — Profondeur centrale, 0^m 030; — Hauteur du pied, 0^m 0125^d.
2. Ch. de Linas. *Les origines de l'orfèvrerie cloisonnée. Préliminaires*, t. I, p. 1.

sassanides, cet art ne pouvait manquer d'être connu et pratiqué par les Romains et les Byzantins eux-mêmes. C'est à lui qu'il faut rattacher ces *gemmata vasa* dont nous parlent fréquemment les auteurs latins : des camées, des intailles, des cabochons, et jusqu'à des éclats de silex ou des pâtes de verre coloré étaient encastrés sur le pourtour d'aiguières et de patères d'or et d'argent de la même façon que nous voyons des médailles enchâssées sur la patère de Rennes. Le Musée Britannique possède un petit vase d'argent trouvé en Italie, dont la panse présente huit rangées de pâtes de verre bleu foncé; elles ne sont pas embâtées dans des alvéoles, mais le métal est ajouré et découpé à l'emporte-pièce, « de telle sorte, dit M. Froehner, que les pâtes ont conservé tout le charme de leur transparence et que l'argent n'est plus qu'une armature destinée à maintenir ces bijoux [1]. »

Les Romains paraissent donc avoir connu cette double application de l'orfèvrerie cloisonnée, l'une consistant à creuser des alvéoles dans le champ du métal, l'autre à le découper à jour, mais les Orientaux les dépassèrent singulièrement dans l'habileté technique de la fabrication comme dans le luxe des joyaux incrustés de pierreries. Les Romains et plus tard les Byzantins furent toujours, à ce point de vue, tributaires des civilisations asiatiques, et ils demandèrent aux Parthes les chefs-d'œuvre d'orfèvrerie qu'ils se reconnaissaient inhabiles à fabriquer. Les écrivains du temps citent comme une merveille le char *argento, auro, gemmis operosus atque distinctus*, que le roi Varaham Ier donna à Aurélien en l'an 274 [2], et, avant d'être empereur, Aurélien montrait avec orgueil une patère qu'il avait reçue de Sapor Ier et sur laquelle on voyait l'image du soleil, c'est-à-dire l'emblème d'Ormuzd.

Les Parthes avaient reçu en héritage, des Assyriens et des Perses achéménides, ce goût passionné pour les gemmes, les perles, les verroteries qu'ils aimaient à enchâsser dans leurs tiares et les broderies de leurs vêtements officiels, aussi bien que sertir dans la paroi des plats et des aiguières d'or et d'argent. Chosroès Ier fut un des princes sassanides qui ont poussé le plus loin cette recherche des vases habilement ciselés ou décorés de bijoux et de pierreries. Sa coupe gemmée en est le plus éclatant témoignage; on raconte qu'il possédait une énorme perle pêchée dans le golfe Persique, dont Justinien lui offrit vainement cent livres pesant d'or [3].

Les vases sassanides, aiguières ou patères, en argent, avec sujets dorés en relief, que possèdent en assez grand nombre nos musées, ont mieux résisté aux injures des siècles que les coupes couvertes de gemmes et d'émaux. Celles-ci ont disparu, sauf celle de Chosroès qui, seule, représente à nos yeux un art oriental que nous ne connaîtrions que par les vagues témoignages littéraires que Longpérier a su habilement recueillir [4]. C'est d'un vase du même genre qu'il est parlé dans un ouvrage arabe : le *Récit des voyages de Sindbad-el-Bahri*; on y raconte que le Khalife Haroun-al-Raschid envoya au roi de Serendyb une coupe de cristal pharaonien, « coupe épaisse d'un doigt et large d'un empan, au milieu de laquelle on voyait un lion, et devant lui un homme agenouillé qui avait déjà placé une flèche dans

---

1. W. Froehner. *La verrerie dans l'Antiquité*. Collection Charvet, pp. 56, 92 et 93.
2. Vopiscus, *Aurélian*. 33, 2.
3. Ch. de Linas. *Les origines de l'orfèvrerie cloisonnée*, t. I, p. 223.
4. *Observations sur les coupes sassanides*, dans les *Œuvres de Longpérier* publiées par G. Schlumberger, t. I, p. 254 à 264.

son arc. » Cet archer agenouillé, le type ordinaire des monnaies perses connues sous le nom de dariques, trahit la véritable patrie de cette coupe qui n'avait évidemment rien d'égyptien.

Dans une autre anecdote tirée de divers historiens, il est aussi fait allusion à des coupes incrustées de verres de couleur, de travail incontestablement sassanide, bien que les chroniqueurs les attribuent aux Byzantins. Sapor II, voulant espionner l'armée de Constance ou de Julien (on ne sait lequel), se déguisa, partit pour Constantinople et parvint à s'asseoir à table au milieu des soldats, dans un grand festin donné par l'empereur. Mais il se trouva que l'empereur avait donné ordre de graver la figure du roi de Perse « sur un grand nombre de vases et de coupes d'or et d'argent »; un des soldats reconnut Sapor en comparant la figure de l'étranger avec celle qu'on voyait sur l'une des coupes, et trahi ainsi par son portrait, Sapor II fut arrêté et jeté dans un cachot. Un auteur ajoute même que les vases dont on se servait dans le banquet étaient « des coupes de cristal de roche, d'or, d'argent et de verre artificiel ».

Ce curieux récit, en signalant des coupes ornées de verres et de cristaux comme celle de Chosroës, nous apprend en même temps avec quelle passion les Byzantins recherchaient ces produits de l'orfèvrerie de leurs plus redoutables ennemis. Le faste impérial s'en parait orgueilleusement et les patères gemmées figuraient avec celles d'argent doré parmi les pièces les plus admirées de la vaisselle du palais. D'aucunes étaient sans doute aussi dans les trésors des églises de Constantinople et servaient aux usages religieux du christianisme après avoir été, peut-être, consacrées au culte d'Ormuzd. C'était probablement dans une patère de ce genre qu'au dire d'Hérodote, Xerxès faisait ses libations au soleil : les bas-reliefs de Ninive mettent des coupes de même forme aux mains des monarques assyriens offrant des sacrifices à leurs dieux.

Au surplus, le témoignage d'un voyageur français du XVIIe siècle contribue mieux encore, peut-être, à nous éclairer sur l'emploi officiel des coupes enrichies de pierreries et de verres colorés comme celle de Chosroës : la fidélité traditionnelle avec laquelle se perpétuent les usages et le cérémonial des cours en Orient laisse au récit moderne de Tavernier toute sa valeur archéologique : « Quand le grand Mogol demande à boire sur son trône, dit-il, on lui apporte *sur une soucoupe en or enrichie de pierreries* une grande tasse de cristal de roche, ronde et unie, dont le couvercle est d'or et de la même richesse que la soucoupe [1]. » Le même voyageur signale un usage analogue à la cour de Constantinople : « Quand le grand seigneur est altéré et qu'il demande de l'eau... L'eau est portée tantost dans une tasse d'or, tantost dans une tasse en porcelaine, posée *sur une grande soucoupe d'or* d'environ deux pieds de diamètre et *enrichie de pierreries dedans et dehors*; elle passe pour une des plus riches pièces du sérail [2]. »

La forme de la coupe de Chosroës, le peu d'élévation de son pied nous autorisent à la regarder comme une soucoupe du genre de celles dont parle Tavernier. Nous n'avons ainsi que l'une des deux pièces du service : l'aiguière nous manque, et si l'on en juge par la soucoupe, quelle merveille d'orfèvrerie ce devait être !

---

1. Tavernier. *Voyages*, t. IV, p. 120, éd. Henry et Breton, in-18. Paris, 1817. Ch. de Linas, *op. cit.*, t. I, p. 231.
2. Tavernier. *Nouvelle relation de l'intérieur du serrail du grand seigneur*, in-4º. Paris, 1675; *Magasin pittoresque*, t. XLIII, p. 112.

Cabinet des Antiques   Pl. XXII

JEUNE PAN
STATUETTE DE BRONZE
A Lévy Editeur

XXII.

JEUNE PAN

STATUETTE DE BRONZE DANS L'ATTITUDE DU DORYPHORE [1].

Haut., 31 cent.

ANS une précédente notice [2], nous avons donné la description et l'image d'une des meilleures répliques du *Diadumène* de Polyclète, que nous comparions à une autre célèbre statue du sculpteur argien, le *Doryphore* ou le porte-lance. Le jeune Pan, nu, imberbe, avec de petites cornes sur le front, qui figure sur notre planche XXII, est, à son tour, une réplique en bronze du Doryphore, avec des modifications de détail comme les artistes anciens aimaient à en apporter dans leurs copies des chefs-d'œuvre. Le rapprochement de nos deux planches pourra donner quelque idée des différences plastiques qui caractérisaient les statues originales du Diadumène et du Doryphore, faire sentir aussi, à travers ces nuances individuelles, ce qu'elles ont de commun et ce qui révèle le génie novateur de Polyclète. On se rappelle que si le Diadumène était un athlète sur le point de sortir de l'adolescence, *Diadumenum molliter juvenem*, dit Pline, le Doryphore était, au contraire, moins âgé de cinq ou six ans, un jeune homme au moment où il vient d'atteindre le plein développement de ses forces musculaires : *Doryphorum viriliter puerum*. Polyclète avait voulu faire du Doryphore, dont les principales répliques sont, avons-nous dit, à Naples, au Vatican et à Florence, le *canon* de la sculpture [3], et il réussit si bien que sa statue servit de criterium aux sculpteurs grecs pendant des générations, pour la *symétrie*, la pondération et l'harmonie parfaite du maintien, les élégantes proportions des membres, un peu épaissis pourtant, de l'athlète ou du guerrier grec qui a passé son enfance dans les exercices fortifiants du gymnase. « Polyclète, dit M. Eug. Guillaume, avait déterminé, avec plus de précision que ses devanciers, toutes les conditions d'équilibre de la figure humaine et il y avait introduit à un plus haut degré, avec le rythme, le mouvement et la variété [4]. » On pense communément que le Doryphore était une statue de bronze, comme le plus grand nombre des œuvres des écoles doriennes. Lysippe se vantait d'avoir appris la sculpture rien qu'en étudiant le porte-lance :

1. Chabouillet, *Catalogue*, n° 3007; cf. Clarac, *Mus. de sculpt.* pl. 726 g, n° 1681 ᵇ.
2. Voyez plus haut, p. 41 et pl. XIII.
3. Idem et doryphorum viriliter puerum et quem canona artifices vocant liniamenta artis ex eo patentes, veluti a lege quadam, solusque hominum artem ipsam fecisse artis opere judicatur. Plin. *Nat. hist.* XXXIV, 55.
4. Dans Rayet, *Monuments de l'art antique*, livr. III, n° 1. Notice par M. Eugène Guillaume.

— 68 —

c'est ce qui lui donna sans doute l'idée de créer un nouveau canon qui eut, dans le monde ancien, une fortune non moins retentissante que celui de Polyclète.

Karl Friederichs, qui a, le premier, reconnu le Doryphore dans la statue de marbre du Musée de Naples, a aussi signalé notre bronze comme une bonne réplique de l'œuvre du grand sculpteur de la fin du ve siècle [1]. En 1878, M. Ad. Furtwaengler [2], a rapproché fort habilement cette figurine du bas-relief d'une stèle trouvée à Argos même, qui représente un éphèbe nu, debout à côté de son cheval, tenant de la main gauche une lance appuyée sur son épaule. Cet éphèbe et la statuette du Cabinet des Médailles ont exactement la même pose : l'un et l'autre, copies du Doryphore, paraissent remonter au milieu du ive siècle, c'est-à-dire à une époque où le chef-d'œuvre du maître était encore le canon dans les écoles de sculpture. L'éphèbe comme le jeune satyre reposent sur la jambe droite, la gauche légèrement pliée, suivant une attitude créée dans la statuaire par Polyclète [3]. Il y a bien quelques différences de détail : la tête de l'éphèbe un peu moins penchée que celle de Pan ; celui-ci tenant une syrinx et le pedum, ayant le front muni de petites cornes, celui-là saisissant de la main gauche la bride de son cheval en même temps que sa lance. D'autres représentations figurées de l'antiquité, des Mercures, des Apollons, sont aussi des copies du Doryphore avec les variétés d'attributs qui permettent de les individualiser, les différences de style qui caractérisent chaque siècle, les altérations graduelles de répliques issues les unes des autres et de plus en plus éloignées du prototype initial.

En considérant la statue du Musée de Naples comme la copie du Doryphore la plus rapprochée de l'original, nous signalerons les particularités suivantes dans notre statuette : la transformation de l'athlète porte-lance en jeune Pan caractérisé par les petites cornes qui émergent au milieu des cheveux ; l'absence de tronc d'arbre derrière la jambe droite ; le pedum qui remplaçait certainement la lance dans la main et sur l'épaule gauche ; la syrinx dans la main droite, qu'on distingue encore, bien que mutilée. Ici enfin, les cheveux relevés autour du front ne sont pas détaillés en petites mèches retombantes comme dans la statue de Naples. Les yeux avaient originairement une incrustation d'argent qui a disparu ; l'orbite n'est plus marqué que par une cavité d'un fâcheux effet. Le jeune Olympos, l'élève de Marsyas, est souvent représenté sur les monuments grecs et romains avec la physionomie et les attributs de notre statuette dont le nom réel, d'ailleurs, est peut-être celui-là.

Ce bronze, couvert d'une belle patine brune, est d'une conservation remarquable ; il a fait autrefois partie du cabinet de l'intendant Foucault. A la mort de cet amateur célèbre, en 1719, il devint la propriété de Mahudel, puis il entra, en 1727, dans la collection royale.

---

1. H. Heydemann. *Pariser Antiken*, n° 69.
2. A. Furtwaengler, dans les *Mittheilungen des deutschen archaeologischen Institutes in Athen*. Dritter Jahrgang, Athènes, 1878, p. 287 à 298 et pl. XII et XIII.
3. Proprium ejus est ut uno crure insisterent signa excogitasse. Plin. *Nat. hist.* XXXIV, 56.

Cabinet des Antiques.   Pl. XXIII

CAMÉES DE LA RENAISSANCE

A. Lévy Éditeur

XXIII.

CAMÉES DE LA RENAISSANCE

I. — LE PAPE PAUL III (1550-1555)[1]

N a attribué autrefois ce camée à Jules III, qui fut pape de 1534 à 1550 : c'était une erreur que rendait facile à réparer le rapprochement du portrait que nous avons sous les yeux avec les médailles de Paul III. La chape dont le pape est revêtu est fixée par une agrafe ornée d'un camée serti dans un cadre muni de quatre cabochons formant la croix. C'est ainsi que, jusque sur le vêtement pontifical officiel, se trahit la passion de la plupart des papes du XVIe siècle pour les gemmes antiques ou modernes, passion dont un descendant des Farnèse, comme Paul III, ne pouvait manquer d'hériter.

Agate-onyx à deux couches. Haut. 30 mill., larg. 26 mill. Monture en or émaillé du XVIe siècle.

II. — CAMILLO GONZAGA, COMTE DE NOVELLARA, ET BARBARA BORROMEO

CES deux bustes ont jusqu'ici passé pour Alphonse II, duc de Ferrare, et Lucrèce de Médicis[2]. Cependant les médailles de Camillo Gonzaga, comte de Novellara, et de sa femme Barbara Borromeo, ne permettent pas d'hésiter : ce sont bien ces deux personnages dont nous avons les traits sous les yeux[3]. Camillo Gonzaga, comte de Novellara, né le 27 mars 1521 et mort le 24 avril 1595, fut un des fidèles compagnons d'armes de Charles Quint; il fit la guerre en Italie, en Flandre et en Allemagne. Sur la fin de sa carrière, il cultiva particulièrement les beaux-arts et fit exécuter de grands travaux d'embellissement à Novellara. Sa femme, Barbara Borromeo, née vers 1538, l'épousa en 1555 et mourut en 1572. Outre ce camée, le Cabinet des Médailles en possède cinq autres qui représentent les bustes conjugués de ces personnages[4]; un autre donne seulement le portrait du comte de Novellara[5]; quelques-uns enfin, que nous allons signaler, portent celui de sa femme seule.

Agate à deux couches. Haut. 35 mill., larg. 30 mill.

III. — BARBARA BORROMEO[6]

IL faut reconnaître dans ce beau portrait la femme de Camillo Gonzaga, comte de Novellara, celle-là même qui figure à côté de son mari sur le camée que nous venons de décrire : la comparaison

---

1. Chabouillet, *Catalogue*, n° 368.
2. *Catalogue*, n° 391.
3. Voyez par exemple les médailles décrites par A. Armand, *Les médailles italiennes des XVe et XVIe siècles*, t. II, p. 202.
4. Chabouillet, *Catalogue*, n°s 388, 389, 390, 392 et un autre donné par J. Rousseau, qui ne figure pas au catalogue.
5. *Catalogue*, n° 393.
6. *Catalogue*, n° 387.

avec les médailles rend cette attribution indubitable, bien qu'il paraisse exister une certaine discordance entre les physionomies féminines des camées. Barbara Borromeo vécut, avons-nous dit, de 1538 environ à 1572. C'est elle aussi qui figure sur deux autres camées de la collection nationale où l'on a cru reconnaître Lucrèce de Médicis, duchesse de Ferrare [1].

Agate-onyx à deux couches. Haut. 34 mill., larg. 21 mill. Remarquable monture de la Renaissance, formée d'une guirlande de fleurs en or émaillé.

IV. — PORTRAIT D'UNE INCONNUE [2]

Voici un portrait italien du milieu du xvie siècle dont on n'a pu, jusqu'ici, fixer l'attribution iconographique. Cependant les traits de cette femme déjà âgée sont bien individualisés et n'ont rien de banal. C'est même la physionomie expressive de la tête qui donne un intérêt artistique à cette gemme remarquable : nous n'oserions proposer de reconnaître ici encore Barbara Borromeo qui mourut à peine âgée de 35 ans, mais il s'agit assurément d'une de ses contemporaines [3].

Agate à trois couches. Haut. 35 mill.; larg. 22 mill. Elégante monture en or émaillé du xvie siècle.

V. — ELISABETH, REINE D'ANGLETERRE (1558-1603).

Buste d'Elisabeth, de profil à gauche [4]. Ce portrait, qui a longtemps porté le nom de Catherine de Médicis, est bien positivement celui de la célèbre fille de Henri VIII. L'artiste qui a sculpté ce profil d'une rare finesse, ces traits spirituels de la femme la plus coquette et la plus vaniteuse de son temps, est le même, probablement, que celui à qui nous devons deux autres portraits d'Elisabeth, sur des camées d'un style identique [5]. En outre, il est hors de doute, comme le rapprochement avec les camées français contemporains suffit à l'établir, qu'il s'agit d'un des graveurs en pierres fines que Charles IX et Henri IV avaient attirés à leur cour. Mais à qui l'attribuer? à Olivier Codoré, à Julien de Fontenay, à Guillaume Dupré ou à quelque émule de ces maîtres de l'Ecole française? Des documents d'archives nous donneront peut-être un jour le nom du graveur qu'attira de l'autre côté du détroit la fastueuse reine qui avait entrepris de faire participer son pays au grand mouvement artistique du xvie siècle. L'histoire de la glyptique française est encore à écrire ; en attendant, nous sommes contraints d'observer, pour la paternité artistique des trois camées d'Elisabeth que possède le Cabinet des Médailles, la prudente réserve qui nous a déjà été imposée pour les portraits de Henri IV [6].

Sardonyx à trois couches, avec une haute corniche. Haut. 30 mill.; larg. 24 mill. Monture de la fin du xvie siècle, en or émaillé sur fond blanc, et rehaussée de huit rubis.

1. Chabouillet, *Catalogue*, n°s 394 et 400.
2. *Catalogue*, n° 618.
3. Voyez les portraits d'Isabelle Rammi et d'Hippolyte Gonzaga, dans Armand, *op. cit.*, t. I, pp. 195 et 163.
4. *Catalogue*, n° 372.
5. *Catalogue*, n°s 371 et 373.
6. Voyez plus haut, p. 49-50.

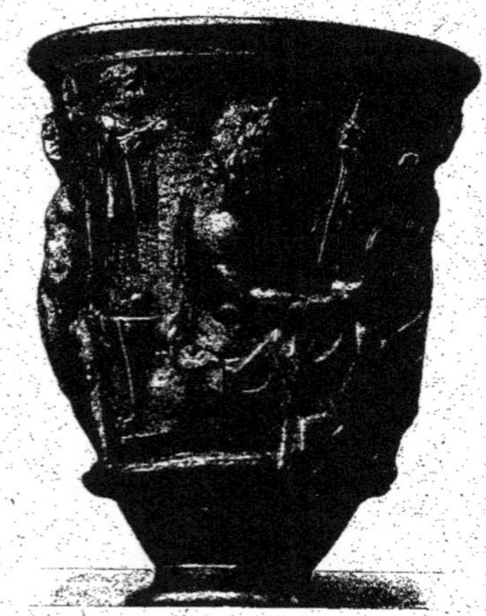

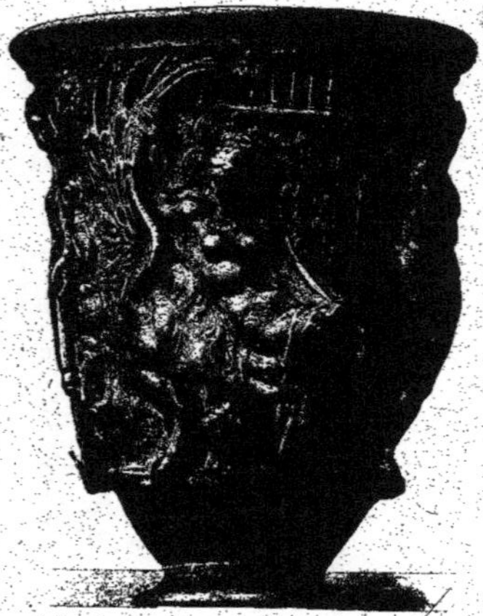

Pl. XXIV

LES DIVINITÉS DES JEUX ISTHMIQUES
COTYLE DU TRÉSOR DE BERNAY

XXIV.

LES DIVINITÉS DES JEUX ISTHMIQUES

COTYLÉ DU TRÉSOR DE BERNAY

Haut., 125 mill.; diam., 120 millim.

N des plus beaux vases du trésor de Bernay est sans contredit le gobelet, en forme de *cotylé* sans anses, que reproduit sur ses deux faces notre pl. 24 [1]. Il se compose d'une cuvette d'argent emboîtée dans une doublure de même métal ornée de sujets au repoussé. « Ici, dit Raoul Rochette, la majesté des dieux suprêmes, rendue sensible dans le groupe des deux divinités ; la grâce et l'élégance dans la figure de la nymphe ; la puissance et la force athlétiques dans celle du vainqueur isthmique, égalent, s'ils ne surpassent, tout ce que l'on peut imaginer en fait de grandeur, de noblesse et de vérité de style. Ici, ce qui frappe surtout, c'est cette grandeur même empreinte sur de si petits objets ; c'est cette perfection de goût apportée à l'exécution d'un vase d'un usage vulgaire en apparence, bien que consacré plus tard au culte divin ; c'est, en un mot, cette puissance de style qui fait apparaître presque des colosses sur un simple vase à boire [2]. » L'artiste qui a modelé le Pégase buvant à la source, le cou tendu en avant, et la nymphe qui le regarde en souriant, est un maître d'une étonnante hardiesse, digne émule de Mys ou d'Acragas, dont Pline signale les œuvres avec enthousiasme [3].

Mais si le côté artistique de cette scène frappe tout d'abord, il n'en est pas de même de l'explication mythologique du sujet sur lequel s'est exercée en vain la sagacité de divers savants. Je crois, pour ma part, qu'il n'y a point à chercher dans ce tableau un épisode quelconque de la vie des dieux ou des héros. L'artiste s'est simplement donné pour tâche de grouper habilement sur la paroi de son vase les divinités corinthiennes qui présidaient aux Jeux Isthmiques.

A gauche, nous rencontrons d'abord un athlète debout, nu, aux membres vigoureux : c'est sans doute l'agonothète ou Isthmus lui-même, le héros éponyme des jeux, plus d'une fois représenté sur les monnaies de Corinthe. L'objet qu'il tenait dans sa main droite, la *mappa* peut-être, a disparu, mais de la gauche il saisit une longue palme et il a la tête ceinte de la couronne de pin, symbole de la victoire. Devant lui, un terme d'Hermès, le dieu des jeux publics et des exercices du gymnase ; aux pieds du cippe, la table des jeux sur laquelle est posée une couronne d'ache ornée de bandelettes.

---

1. Chabouillet, *Catalogue*, n° 2806.
2. R. Rochette, *Notice sur quelques vases antiques d'argent*, p. 16.
3. Voyez plus haut, p. 45.

L'athlète et l'Herméracle sont tournés du côté d'un groupe de deux personnages que les uns ont appelés Jupiter et Junon, d'autres Neptune et Amphitrite. Sans doute, le toreuticien, qui s'est inspiré de quelque peinture ou de quelque bas-relief sculptural, a négligé, à cause de l'espace exigu et irrégulier dont il disposait, de donner à ces divinités les attributs qui les caractérisent généralement. Nous ne saurions, toutefois, guère hésiter à reconnaître les deux principales divinités en l'honneur desquelles on célébrait les Jeux Isthmiques, Neptune et Amphitrite. Neptune était la grande divinité topique de Corinthe, et il paraît souvent sur les monnaies de cette ville. D'ailleurs, en ce qui concerne la figure que nous avons sous les yeux, ses longs cheveux hérissés et le caractère de sa physionomie sont plutôt ceux du dieu de la mer que ceux du roi de l'Olympe. Si la hampe qu'il tient à la main ne se termine pas par un trident, c'est que la place manquait à l'artiste pour l'indiquer. Un remarquable camée de la collection impériale de Vienne [1] représente Neptune présidant les Jeux Isthmiques, au milieu des autres divinités corinthiennes Ino-Leucothée, Palémon enfant, Thalassa, Glaucos tenant Mélicerte, Eros sur un autel. Le dieu de la mer tient d'une main la *mappa*, tandis que de l'autre il s'appuie sur son trident dont l'artiste a négligé aussi de marquer le triple dard.

La déesse voilée debout devant Neptune ne saurait être qu'Amphitrite, sa compagne obligée, à moins qu'on ne préfère y reconnaître Ino-Leucothée, qui avait trois statues à Corinthe, une, entre autres, dans le temple consacré à Neptune sur l'isthme même. Elle tient un long sceptre et paraît s'avancer comme si elle venait de quitter son trône.

Le groupe qui suit achève de localiser la scène : dans le lointain, le rocher de l'Acrocorinthe surmonté d'un temple à quatre colonnes : c'est le fameux sanctuaire de Vénus armée tel qu'on le voit figuré sur des monnaies corinthiennes. Au premier plan, un groupe d'une vigueur d'exécution que nous ne saurions nous lasser d'admirer : c'est Pégase qui, sortant d'une caverne, vient se désaltérer dans la fontaine de Peirène. La nymphe est assise à demi nue au dessus de la source; d'une main elle tient une plante marine tandis que de l'autre elle caresse l'aile du cheval divin qu'elle prend plaisir à contempler. Nous ne rappellerons ici ni les monnaies de Corinthe qui ont pour type la nymphe Peirène et Pégase buvant à ses pieds, ni les monuments figurés, de toute nature, qui ont interprété ce poétique sujet. Remarquons seulement que, sur le fameux bas-relief du palais Spada publié notamment par Braun [2], Pégase s'abreuvant a une attitude identique à celle que nous lui voyons sur notre vase; l'analogie est telle, jusque dans la pose du pied qui piaffe dans l'eau, qu'on ne saurait méconnaître dans les deux monuments une inspiration commune.

Au dessous de la zone des figures, on lit l'inscription qui constate que le vase fut offert en ex-voto au Mercure de Canetonum par Quintus Domitius Tutus, le plus généreux des fidèles du dieu gaulois :

MERCVRIO · Q · DOMITIVS · TVTVS · V · S · L · M

Dans cette inscription tracée au pointillé, par une main inhabile, le signe de séparation des mots a la forme d'un petit crochet.

---

1. Muller et Wieseler, *Alte Denkmäler*, t. I, pl. 75 4.
2. Braun, *Zwölf Basreliefs griech. Erfindung*, pl. I ; cf. Roscher, *Lexicon*, t. 1, p. 702, v° Bellérophon.

HÉRAKLÈS COMBATTANT
Statuette en bronze de la collection Oppermann

A. Lévy, Éditeur

XXV.

HÉRACLÈS COMBATTANT

STATUETTE DE BRONZE DE LA COLLECTION OPPERMANN

Haut., 135 mill.

AUSANIAS, énumérant les ex-votos des divers peuples de la Grèce qu'il avait remarqués dans le temple de Zeus à Olympie, s'exprime comme il suit au sujet de l'offrande des habitants de l'île de Thasos : « Originaires de Tyr et du reste de la Phénicie, les Thasiens qui avaient émigré en Europe sous la conduite de Thasos, fils d'Agénor, dédièrent, dans le temple de Zeus à Olympie, une statue d'Héraclès en bronze sur une base de même métal. Elle a dix coudées de haut; le dieu tient dans la main droite sa massue, dans la gauche son arc. A Thasos, j'ai appris que c'était l'Héraclès de Tyr, que les Thasiens vénèrent de toute antiquité; mais, depuis qu'ils sont venus se mêler aux Grecs, ils rendent aussi un culte à Héraclès, fils d'Amphitryon. Ces mots sont inscrits sur l'ex-voto des Thasiens à Olympie :

Onatas, fils de Micon, est l'auteur de cette statue.
Égine a eu l'honneur de lui donner le jour.

« Cet Onatas, bien qu'il ait donné le genre éginétique à ses statues, a cependant dépassé tous les artistes qui ont illustré l'école attique depuis Dædale [1]. »

De ce texte du célèbre voyageur grec, il résulte trois points fondamentaux qui doivent guider dans la recherche des répliques de l'œuvre d'Onatas parmi les nombreux Héraclès de marbre ou de bronze de nos musées : 1. Cet Héraclès tient dans la main droite une massue, dans la gauche un arc; on ne dit point s'il est au repos ou combattant. 2. L'œuvre d'Onatas reproduisait le type de l'Héraclès tyrien. 3. Onatas, qui vivait vers le milieu du ve siècle avant notre ère, était de l'école d'Égine et il avait donné à sa statue de bronze les caractères de l'école éginétique de son temps. Tels sont les points qui forment la base des réflexions que nous suggère l'étude de l'Héraclès Oppermann, ce chef-d'œuvre de l'art grec du milieu du ve siècle, dont tant de savants se sont déjà occupés [2].

Héraclès, la barbe courte et légèrement en pointe, est représenté avec une chevelure épaisse et crépue, comme sur les médailles du ve siècle. Penché en avant, le pied gauche sur une petite émi-

---

1. Pausanias, liv. V, ch. XXV, 12.
2. Fr. Lenormant, *Les Antiques à l'exposition rétrospective des Champs-Elysées* (Gazette des Beaux-Arts, 1er février, 1866); Kekulé, *Bullettino dell' Instit. di corresp. archeol. di Roma*, 1867, p. 65; Friedrichs, *Berlins antike Bildwerke*, t. II, *Kleinere Kunst und Industrie in Alterthum*, p. 412; O. Rayet, *Mon. de l'art antique*, 1er fasc. pl. VIII ; H. Heydemann, *Pariser Antiken*, p. 71 (1877).

nence, la jambe droite arc-boutée en arrière, il fait usage de toutes ses forces, levant le bras droit pour asséner un vigoureux coup de massue sur son ennemi ; de la main gauche il porte en avant son arc pour se parer comme avec un véritable bouclier. Ainsi que l'a fait observer Karl Friedericks [1], « le type d'Héraclès représenté dans une attitude vivante et mouvementée, brandissant sa massue dans la main droite et tenant l'arc de sa main gauche tendue en avant, est bien la représentation la plus commune dans les Musées. Elle se rencontre dans tous les styles étrusque, grec, romain, et aussi bien dans la plus complète barbarie que dans l'exécution artistique la plus achevée. Si l'on classe chronologiquement toutes ces représentations, on se heurte, comme étant relativement le plus ancien exemplaire, au petit bronze de style grec archaïque qui se trouve dans la collection Oppermann. Ce bronze est, en dehors de son caractère archaïque, le plus beau connu. Héraclès est tout vie et tout action ; il a ce mouvement violent de marche en avant qui est spécial à l'art grec archaïque : c'est une œuvre très caractéristique pour définir la manière employée par l'ancien style dans l'interprétation de la vie et de l'expression. Il tient, dans un excellent mouvement, à bras tendu, son arc à moitié brisé, la massue dans la main droite : ce motif, l'arc dans la main gauche tendue, n'est pas bien compris et aussi ne peut-il se rencontrer que dans l'art archaïque. On ne saisit pas, en effet, comment Héraclès peut se servir de son arc dans cette attitude anormale. Mais le caractère de l'ancien style est précisément de donner plutôt trop que pas assez d'attributs à ses figures ; et c'est en vertu de ce principe qu'Héraclès tient à la fois son arc et sa massue. »

L'Héraclès Oppermann a donc bien les attributs signalés par Pausanias pour la statue d'Onatas. Mais la seule constatation de ces attributs ne suffit pas pour justifier l'identification de notre bronze avec l'œuvre du grand sculpteur d'Égine [2]. Pausanias dit, en outre, que la statue d'Onatas reproduit le type de l'Héraclès tyrien. Friedericks croit retrouver ce type sur des monnaies qu'il attribue à Tyr, et la comparaison du type monétaire avec le bronze Oppermann lui suffit pour admettre que ce dernier reproduit l'œuvre de l'artiste Éginète [3]. Or, il importe de remarquer d'abord que les monnaies qu'on invoque, attribuées autrefois, il est vrai, à Tyr, quand les études phéniciennes étaient peu avancées, sont toutes des monnaies des rois de Citium dans l'île de Cypre : leur autorité, dans le cas présent, se trouve, de ce fait, un peu diminuée. Cependant, en reconnaissant même, ce qui est vrai, que ces monnaies cypriotes reproduisent le type de l'Héraclès phénicien, Friedericks, qui s'en est rapporté aux gravures parfois défectueuses de l'ouvrage du duc de Luynes, n'a pas remarqué un point essentiel : c'est que, sur ces monnaies, sans exception, l'Héraclès phénicien porte à la fois sur la tête et sur le bras gauche la peau de lion ; il en est dépourvu dans le bronze Oppermann, qui, ainsi, ne traduit donc pas exactement le type phénicien. Ajoutons enfin que, sur les monnaies, l'Héraclès phénicien, bien que brandissant sa massue au dessus de sa tête, est loin d'avoir cette expression de lutte éner-

---

1. Karl Friedericks, *Kleinere Kunst und Industrie*, p. 442-445.
2. E. Braun a déjà émis cette opinion dans les *Annali dell' Instit. arch. di Roma*, 1836, p. 57.
3. K. Friedericks, *Kleinere Kunst und Industrie*, p. 442-445. O. Rayet a repris la thèse et le raisonnement du savant allemand, dans la notice qu'il a consacrée à notre bronze dans ses *Monuments de l'art antique*, 1er fasc.

gique que lui donne notre statuette. Il est debout, paraissant seulement marcher résolument, dans une attitude plus tranquille qui concorde assez bien avec le texte de Pausanias, car il semble que le judicieux touriste n'aurait pas manqué de signaler le mouvement violent, la pose de combat de l'Héraclès qu'il décrit, tandis qu'au contraire il se borne à indiquer ses attributs. Le rapprochement qu'on a voulu établir tendrait donc plutôt à démontrer que, si Onatas a exactement copié le type de Melkarth tel qu'il figure sur les médailles, la figurine de la collection Oppermann n'est pas une réduction pure et simple du bronze d'Onatas.

En troisième lieu, notre statuette a-t-elle les traits essentiels des sculptures éginétiques, car, d'après Pausanias, Onatas avait donné à la statue que les Thasiens avaient placée dans l'enceinte de l'Altis à Olympie, tous les caractères de l'école d'Égine, et son œuvre se distinguait par là du style attique. Or, nous connaissons parfaitement ces caractères de l'école éginétique du ve siècle, par les sculptures du fronton du temple d'Égine, sculptures dont Onatas lui-même est peut-être l'auteur. La comparaison du bronze Oppermann avec les marbres de Munich suffit pour démontrer qu'il n'y a, entre l'un et les autres, aucune parenté de style. Rayet lui-même l'a reconnu, après Friedericks qui proclame que l'Héraclès Oppermann est bien supérieur aux statues du fronton d'Égine. La différence est surtout éclatante lorsqu'on rapproche de notre bronze l'Héraclès agenouillé qui tire de l'arc, une des plus remarquables de ces statues de marbre, dont la pose est celle du type ordinaire des beaux tétradrachmes de Thasos. « Ce qui manque tout à fait aux frontons d'Égine, dit Rayet, et ce qui se trouve à un haut degré dans notre bronze, c'est l'expression de la vie. Il y a, dans les marbres d'Égine, un étrange contraste entre la violence des attitudes et leur immobilité. L'artiste qui a su rendre, avec une science qui n'a point été dépassée, l'ossature intérieure et la saillie des muscles, n'a point su nous faire comprendre que ces muscles étaient en mouvement, que ces bras et ces jambes étaient tendus par une volonté humaine, que sous cette enveloppe de chair il y avait une âme. Ici, au contraire, la vie est admirablement exprimée ; on sent que l'action dans une des phases de laquelle le personnage est surpris a eu un commencement et aura une suite ; le regard fixe de ses yeux exprime l'attention que nécessite la lutte ; et ses membres, pour être actuellement raidis, n'en conservent pas moins la mobilité et la souplesse. »

Ces différences si nettes, si caractérisées, nous paraissent un obstacle à ce qu'on puisse voir, sans faire une hypothèse bien hardie, la reproduction de l'Héraclès d'Onatas dans la statuette Oppermann. D'ailleurs, Fr. Lenormant rattachait cette dernière à l'école attique, lui trouvant une grande analogie avec les métopes de la façade orientale du Théseion. « Nous ne croyons pas, quant à nous, disait-il dès 1866, que le bronze de M. Oppermann puisse être attribué aux Éginètes. Il a leur vigueur et leur vérité dans le mouvement, mais la tête ne rappelle aucunement leur style, et le modelé du corps n'est pas non plus conçu dans le même principe. L'école d'art à laquelle nous rattacherions plutôt cet Hercule serait celle des vieux maîtres athéniens contemporains de Cimon, fils de Miltiade, des Critios et des Nésiotès, sous la discipline directe desquels se forma Phidias. L'œuvre capitale de cette école dans les monuments encore subsistants est la frise du temple de Thésée, particulièrement la composition de la façade orientale représentant la lutte du héros athénien contre les Pallantides, bien supérieure, à notre avis, au combat des Centaures et des Lapithes qui décore la façade occidentale. Nul, croyons-nous, ne pourra méconnaître, après cette comparaison, l'identité d'école, malgré la différence qui doit nécessairement se remarquer entre une statuette de petites dimensions et une œuvre monumentale. De l'un et de l'autre côté, les principes suivis dans l'imitation de la nature et la recherche de l'idéal sont les mêmes ; les qualités et les imperfections se retrouvent identiques. C'est également le même style et la même manière que l'on observe dans une partie des métopes du Parthénon, dans celles particulièrement qui retracent des épisodes du combat des Centaures. On sait que l'allure générale et surtout l'exécution de ces métopes présente, lorsqu'on les compare à la frise et aux frontons, des caractères bien marqués d'archaïsme. Il est donc évident que Phidias, qui devait employer un très grand nombre de mains à la fois pour parvenir à l'exécution rapide des immenses travaux qu'il inspirait de son génie et qu'il dirigeait d'après le plan conçu par sa puissante pensée, avait confié une partie de la décoration du Parthénon aux survivants de l'école qui l'avait précédé... Les sculpteurs de la première école attique, nous le savons par ce qui nous reste de leurs travaux, avaient, plus encore que les Éginètes, cherché avant tout la vie, la vérité, l'animation. Ils avaient négligé la grâce, la beauté sereine, l'idéal calme et supérieur à la nature. C'est là ce que Phidias devait apporter à son tour dans l'art grec [1]. »

M. Heydemann s'est tout récemment rattaché à la même théorie [2] et rapprochant l'attitude générale de la statuette avec celle du groupe des Tyrannicides, frappé surtout de l'identité de style entre la tête de notre Héraclès et celle d'Harmodius, il croit trouver là un argument irréfutable pour rattacher le bronze Oppermann à l'école attique.

Je dois avouer que j'ai en vain cherché, de mon côté, la confirmation nette et convaincante de cette thèse par la comparaison de notre statuette avec les nouvelles statues de marbre ou de bronze d'ancien style attique que les fouilles récentes de l'Acropole d'Athènes ont mises au jour. La belle tête barbue de style archaïque en bronze trouvée dans ces fouilles est, il est vrai, d'une époque plus ancienne d'au moins un demi-siècle que notre statuette, mais il devrait y avoir entre l'une et l'autre certains rapports techniques que je n'y remarque point [3]. L'œil, la barbe et les cheveux ne sont pas traités de la même manière, l'expression froide et sans modelé de celle-là contraste avec la physionomie animée de celle-ci.

Certaines considérations me font craindre qu'on ne soit un jour autorisé à rapprocher l'Héraclès Oppermann de monuments venant de pays tout autres qu'Égine ou l'Attique. Si nous connaissons par un certain nombre d'importantes sculptures le style des écoles qui ont fleuri dans ces deux centres au ve siècle, nous sommes restés jusqu'ici bien ignorants de ce que produisaient les artistes des autres contrées de la Grèce. Qui peut dire si des fouilles comparables à celles dont l'Acropole d'Athènes est

---

1. Fr. Lenormant, *Gazette des Beaux-Arts*, t. XX (février, 1866), p. 172-174.
2. *Pariser Antiken*, Halle, 1887, p. 71.
3. La meilleure reproduction est dans H. Brunn, *Denkmäler griechischer und römischer Sculpture in historischer Anordnung, unter Leitung von Heinrich Brunn, herausgg. von Friedrich Bruckmann*, in-f°. Munich, 1888, première livr., pl. 2. V. aussi *Gazette archéologique*, 1888, pl. 9.

— 77 —

le théâtre ne nous révéleront pas une école béotienne, par exemple, à laquelle se rattacherait tout aussi bien l'Héraclès Oppermann? Et ceci n'est point une hypothèse sans quelque fondement, étant donnés les résultats des fouilles du temple d'Apollon Ptoos et les types de quelques médailles béotiennes contemporaines de notre Héraclès. Sur des monnaies de Thèbes frappées vers le milieu du ve siècle, nous voyons un Héraclès nu avec une barbe courte, marchant à grands pas, tenant son arc et sa massue. Le même Héraclès est représenté sur d'autres médailles, soit agenouillé et bandant son arc, soit dans l'attitude d'un lutteur, brandissant sa massue de la main gauche et tenant le trépied de la droite[1]. Le temps du grand artiste béotien Myron fut celui de la variété des types et de la pureté artistique dans le monnayage de la Béotie, si monotone en dehors de cette période. Le type béotien d'Héraclès armé de son arc et de sa massue ressemble au Melkarth tyrien des monnaies cypriotes, avec une légère variante dans la pose de la main droite qui brandit la massue. Cet Héraclès thébain est, remarquons-le, dépourvu de la peau de lion, ce qui le rapproche de la statuette Oppermann; dérivé d'ailleurs, lui aussi, d'un prototype phénicien, il a conservé l'exagération musculaire qui caractérise l'art oriental.

Mais ce n'est pas seulement à Citium et à Thèbes que les monnaies nous montrent un Héraclès combattant avec son arc et sa massue : ce sont encore des monnaies lyciennes, des statères de Cyzique, des bronzes d'Érythrée d'Ionie, et Pausanias mentionne la statue d'un Héraclès tyrien dans un temple de cette dernière ville. A Stymphale et dans la numismatique crétoise, on retrouve aussi un Héraclès se rapprochant de la statuette Oppermann d'aussi près, au moins, que le type des monnaies cypriotes auquel on l'a trop exclusivement comparée.

Bref, toutes les hypothèses peuvent, avec quelque semblant de raison, se donner libre carrière : la vérité sur le point qui nous occupe ne sera probablement jamais scientifiquement établie. Une des plus grandes difficultés des études archéologiques, celle peut-être qui occasionne le plus de discussions, de malentendus ou d'erreurs, est l'ignorance dans laquelle nous laissent les marchands de la provenance des monuments qu'ils font entrer dans les collections privées ou publiques. Les objets d'art de l'antiquité ne portent pas malheureusement, comme les monnaies, le nom de l'atelier d'où ils sont sortis : quelles difficultés seraient épargnées, quelles incertitudes dissipées, si nous pouvions connaître la véritable origine et le lieu de trouvaille des épaves antiques que les Orientaux jettent sur le champ de nos études! C'est en 1863 que le commandant Oppermann acheta de MM. Rollin et Feuardent la statuette de bronze qui fait la gloire de sa collection, et que l'on considère comme l'un des plus importants monuments de l'art archaïque. Un Grec l'avait apportée d'Orient; était-ce de l'Asie mineure, des Iles, de l'Attique, de la Béotie, du Péloponnèse, on l'ignore. Et cependant, si la statuette avait été trouvée à Athènes, on pourrait avec une certaine vraisemblance la regarder comme sortie de l'école d'art des Critios et des Nésiotès; si elle vient de Thasos ou d'Olympie, nous aurions un argument topique pour la rattacher à la statue d'Onatas; d'origine béotienne, elle serait une réplique du type d'Héraclès qui

---

1. Percy Gardner, *Types of greek Coins*, pl. III, n°s 45, 46 et 47 et p. 111 ; British Museum. *Catalogue of greek Coins. Central Greece*, pl. XII.

figure sur les monnaies de Thèbes ; venue de Cypre ou de Crète enfin, elle se rattacherait, plus directement encore que l'Héraclés thasien et thébain, au Melkarth phénicien, prototype de tous les Héraclés grecs du Ve siècle.

Un mot encore sur une question non moins embarrassante. Quel était, dans l'image que nous avons sous les yeux, l'adversaire réel ou fictif d'Héraclés. Contre quel géant ou quel monstre le dieu de la force physique est-il contraint, pour vaincre, de faire un aussi vigoureux effort musculaire ? La comparaison de notre figurine avec les peintures des vases ne fournit pas à cette question une réponse catégorique. Nous y voyons, dans une posture presque identique et avec les mêmes armes, Héraclés combattant le géant Alcyonée, le fleuve Achélous et jusqu'aux oiseaux de Stymphale. Au reste, dans les représentations d'ancien style, les exploits d'Héraclés et ceux de Thésée, comme la figure et les attributs des deux héros, ont de telles analogies qu'on les a souvent confondus. Si le bout d'arc brisé que tient l'Héraclés Oppermann pouvait passer pour une corne de taureau, on songerait à Thésée combattant le Minotaure. Mais c'est bien un arc que nous devons reconnaître ici, d'autant plus que, dans les représentations figurées, les monstres comme le taureau crétois, le Minotaure, l'Achélous, ont toujours des cornes obtuses et très courtes, symboles plus caractérisés de la force brutale.

L'HÉRACLÉS OPPERMANN VU DE FACE

Pl. XLVI.

CAMÉES ANTIQUES

A. Lévy Éditeur

XXVI.

CAMÉES ANTIQUES

I. — LA DISPUTE D'ATHÉNA ET DE POSEIDON

E célèbre épisode mythologique de la dispute d'Athéna et de Poseidon pour la possession de l'Attique et le droit de donner son nom à la capitale du royaume de Cécrops fut l'un des thèmes favoris de l'art antique. Il a été exploité dans la statuaire, les bas-reliefs, les peintures de vases, les pierres gravées, les monnaies : Phidias en fit le sujet de la décoration du fronton occidental du Parthénon [1]. On sait que les dieux décernèrent la victoire à Athéna qui, d'un coup de sa lance, avait fait naître l'olivier, tandis que Poseidon avait fait sourdre une source d'eau salée et créé le cheval en frappant le rocher de son trident.

On cite trois camées inspirés de cette légende : l'un est au musée de Naples et a fait partie de la collection de Laurent de Médicis [2] ; le second, publié pour la première fois par L. Stephani, est d'un travail barbare et ne remonte qu'aux derniers temps de l'empire romain : il appartient à un amateur russe [3]. Le troisième enfin, considéré comme le plus important, est celui du Cabinet des Médailles, auquel M. Chabouillet a, naguère, consacré une savante monographie [4].

Les deux champions, debout en face l'un de l'autre, sont séparés par un arbre. Poseidon est nu, la chlamyde sur le dos, le pied gauche posé sur un rocher ; il s'appuie de la main droite sur son trident ; dans la gauche il tient un fruit qu'il présente à Athéna. La déesse paraît casquée ; vêtue d'une robe talaire et d'un ample péplos, elle regarde à terre, indiquant du doigt le sol d'où elle vient de faire surgir l'olivier. Au pied de l'arbre, le serpent Erichthonius et un cep de vigne avec un chevreau. Des sarments de vigne sur lesquels sont perchés deux oiseaux sont mêlés aux branches de l'arbre. A l'exergue enfin, divers animaux : deux chevaux, et deux lions séparés par un taureau vu de face.

Le bord de la gemme est taillé en biseau, et sur la tranche on lit en caractères hébraïques le commencement du 6ᵉ verset du chapitre III de la Genèse :

ותרא האשה כי טוב העץ למאכל וכי תאוה הוא לעינים ונחמד העץ

« Et la femme considéra que le fruit de l'arbre était bon à manger, qu'il était agréable à la vue,

---

[1]. Sur les représentations de la Dispute d'Athéna et de Poseidon, voyez, particulièrement, Beulé, *Monnaies d'Athènes*, p. 393 ; L. Stephani, dans les *Comptes rendus de la commission impériale de Saint-Pétersbourg*, pour 1872 (publiés en 1875), p. 64 et suiv., et J. de Witte, dans les *Monuments grecs de l'association des Etudes grecques*, 1875, n° 4.
[2]. Raspe, *Catalogue de Tassie*, pl. XXVI, n° 1768.
[3]. L. Stephani, *op. cit.*, p. 122.
[4]. *Etude sur quelques camées du Cabinet des Médailles*, dans la *Gazette archéologique*, 1885 et 1886. Cf. *Catalogue des camées*, etc., n° 36. Voy. aussi le *Trésor de numismatique et de glyptique. Nouv. galerie mythologique*, p. 146 et pl. LII, n° 1.

qu'il était appétissant. ». Cette inscription, gravée probablement à l'époque de la Renaissance, nous apprend qu'on eut l'idée de considérer le camée comme représentant Adam et Ève dans le Paradis terrestre, en dépit du costume et des attributs des deux personnages.

L'inscription hébraïque n'est pas d'ailleurs la seule modification qu'on ait fait subir à notre pierre. En l'étudiant attentivement, nous avons reconnu les retouches du lithoglyphe de la Renaissance, quelque merveilleusement habile qu'il se soit montré. Le trident de Poseidon, devenu absurde dans la main du père du genre humain, a disparu; on n'en a laissé qu'un tronçon dans la main droite du dieu, tandis que primitivement la hampe venait s'appuyer sur le sol. Les plis de la chlamyde ont été refaits ; Poseidon tient de la main gauche un objet rond que le graveur moderne a voulu, sans doute, être une pomme pour se conformer au verset biblique, mais qui n'a pas de sens d'après la donnée de la fable antique. Si l'on regarde l'ensemble du bloc sur lequel le dieu de la mer pose le pied gauche, y compris le cep de vigne et le chevreau, on y reconnaîtra le galbe d'une proue de navire qu'on a ainsi ridiculement travestie. Athéna tenait certainement sa lance avec laquelle elle a fait germer l'olivier : l'arme a disparu. Le casque de la déesse a été aussi modifié ou plutôt on a essayé de le faire complètement disparaître, étant donné qu'on voulait représenter la mère de l'humanité dans le Paradis terrestre. L'artiste a transformé le bassin du casque en bandelettes qui retiennent les cheveux, tandis que le cimier est devenu une touffe de cheveux relevés. Mais cette dernière modification, que nous constatons identique sur un autre de nos camées [1], n'a été que très imparfaitement exécutée ; elle nous laisse deviner la forme complète de l'ancien casque qu'il est aisé de reconstituer par la pensée. La métamorphose de l'olivier n'a pas été moins radicale : on en a fait un pommier, dont le feuillage à fines dentelures est caractéristique. La chouette qui devait être perchée sur l'arbre d'Athéna a disparu pour faire place à des branches de vigne et à deux oiseaux. Les animaux de l'exergue qui représentent ceux du Paradis, sont certainement aussi modernes.

En présence d'un monument ainsi défiguré, on s'explique le scepticisme de Koehler qui s'est refusé à en admettre l'authenticité [2]. Cependant le savant allemand a été trop loin et l'on a réfuté son hypercritique par un argument topique, c'est que le camée se trouve mentionné dès 1379 dans l'*Inventaire du mobilier de Charles V*, en ces termes :

« Item, un cadran d'or, où il a ung grant camahieu, ouquel il a ung homme, une femme et ung « arbre ou mylieu, et aux coins dudit cadran, a par embas, ung saphir et ung balay, chascun envi- « ronné de trois perles, et deux perles à l'un des costez, pesant quatre onces cinq estellins. [3] »

Le camée quitta la collection royale à une époque que nous ne connaissons point, et c'est sans doute à la faveur de cet exil, prolongé pendant deux siècles, qu'il subit, au XVIᵉ siècle, les retouches que nous avons signalées et qui excusent le jugement trop sévère de Koehler. Quoi qu'il en soit,

---

1. Chabouillet, *Catalogue*, nᵒ 34.
2. Koehler, *Gesammelte Schriften*, t. III, p. 102.
3. J. Labarte, *Inventaire du mobilier de Charles V*, p. 308. Chabouillet. *Étude sur quelques camées*, dans la *Gazette archéologique*, 1886, p. 177.

en 1705, Oudinet le signalait à l'Académie des Inscriptions comme un des plus beaux camées du roi [1] il ajoute que Louis XIV l'avait depuis vingt ans seulement et qu'auparavant il était conservé dans une des plus anciennes églises de France où l'on croyait y reconnaître Adam et Eve entourés des animaux du Paradis. Nous ne savons de quelle église Oudinet veut parler. Quant à l'attribution pieuse, elle ne nous surprend pas plus que celle du grand camée, par exemple, ou celle du Jupiter du trésor de Chartres transformé en saint Jean et affublé, en conséquence, de versets empruntés à l'évangile de cet apôtre. Seulement le grand camée et le Jupiter de Chartres, plus favorisés que le camée de la Dispute d'Athéna et de Poseidon, ne subirent pas l'action néfaste du burin de ces habiles artistes de la Renaissance qui s'étaient créé la déplorable spécialité de la retouche des gemmes antiques.

Sardonyx à trois couches. Haut. 83 mill.; larg. 65 mill. Fond brun rougeâtre. Monture en or émaillé du XVIIIe siècle.

II. — TAUREAU DIONYSIAQUE [2].

Ce taureau est représenté au repos, baissant la tête et grattant le sol du pied gauche. Son large cou, et la petitesse relative de sa tête et de ses cornes sont les caractères anatomiques des taureaux romains ou campaniens dont il nous est resté de nombreuses figures soit comme statuettes de bronze, soit comme types monétaires. Celui-ci pourrait être comparé aux taureaux cornupètes de quelques monnaies d'Auguste, ou même au taureau bondissant des médailles de Sybaris et de Thurium, qui reproduisent peut-être des œuvres célèbres de la sculpture. Contentons-nous de remarquer qu'il a une attitude moins mouvementée que le taureau dionysiaque d'Hyllus [3] et qu'aucun attribut ne le rattache avec certitude, comme ce dernier, au culte de Bacchus.

Ce sont peut-être les Croisades qui ont enrichi la collection royale de ce magnifique bas-relief en sardonyx dont l'incomparable éclat est bien amorti dans notre photogravure. Il y figurait déjà sous le règne de Charles V, car c'est avec raison, semble-t-il, qu'on en a reconnu le naïf signalement dans l'inventaire du mobilier de ce prince : « Ung aultre camahieu sur champ blanc et a une vache noire dessus [4]. » L'étrangeté de cette description n'étonnera aucun de ceux qui ont eu l'occasion de compulser les inventaires de mobiliers et objets d'art du Moyen-Age, et il n'y aurait pas lieu de se refuser à reconnaître notre taureau dans cette vache noire sur fond blanc. Depuis Charles V, ce beau camée ne paraît pas avoir cessé d'appartenir à la collection du roi.

Sardonyx à trois couches. Haut. 45 mill.; larg. 65 mill. Monture du XVIIIe siècle en or émaillé; fêlures devant la tête du taureau.

1. L'analyse de la dissertation d'Oudinet a été publiée seulement en 1717, dans le tome 1er des *Mémoires* de l'Académie, p. 273 et suiv.
2. Chabouillet, *Catalogue*, n° 83. Publié notamment dans le *Trésor de numismatique, Nouvelle galerie mythologique*, p. 147, et en dernier lieu par M. Chabouillet, dans la *Gazette archéologique* de 1886, p. 178 à 180.
3. Voyez notre planche 33.
4. J. Labarte, *Inventaire du mobilier de Charles V*, n° 3013.

III. — SAPHO

La poétesse de Lesbos, presque entièrement nue, est assise sur un rocher, sa lyre posée à terre. Une pierre gravée de l'ancienne collection Louis Fould représente aussi Sapho assise, mais tenant sa lyre sur ses genoux¹. La tête de Sapho figure sur des monnaies de Mytilène et d'Eresus, les deux villes de Lesbos qui se disputaient l'honneur d'avoir donné le jour à celle qui fut appelée la dixième Muse. Silanion avait fait sa statue en bronze, et Pline parle de son portrait peint par Léon² : nous sommes peut-être en présence de la copie de l'une de ces œuvres célèbres.

Agate à deux couches. Haut. 25 mill. ; larg. 18 mill. — Collection de Luynes.

IV. — THÉTIS EMPORTÉE PAR UN TRITON

La Néréide, à demi nue, est assise sur la croupe du monstre marin ; elle porte au bras gauche le bouclier d'Achille ; ses jambes sont enveloppées dans son péplos ; au dessus du bras étendu sur le cou du Triton, flotte son voile gonflé par le vent. Le fils de Neptune lui prend la taille et la regarde amoureusement en inclinant légèrement la tête, et levant le bras droit, il lui saisit la main dans un mouvement plein d'ampleur et d'harmonie. Devant le Triton, dont le bas du corps se termine en nageoires et en queue de poisson, nage l'Amour ailé, à côté d'un dauphin. L'ensemble de la composition qu'on pourrait comparer à de nombreuses représentations analogues est des plus gracieux, mais les traits des figures sont un peu usés par suite du frottement qu'a subi la pierre³.

Agate à deux couches. Diam. 18 mill. Camée monté en bague. — Collection de Luynes.

---

1. Chabouillet, *Catalogue de la collection Louis Fould*, n° 1059.
2. Plin., *Hist. nat.* XXXV, 39, 35.
3. Comparez notamment les monnaies de Pyrrhus, roi d'Épire ; voyez aussi Visconti, *Mus. Pio Clementino*, t. I, pl. XXXII.
4. Buste de Diane, le front orné d'un croissant. Elle a sur le dos un carquois rempli de flèches et elle porte l'index à ses lèvres, suivant le geste généralement donné aux représentations d'Harpocrate (G. Lafaye, *Les divinités d'Alexandrie*, p. 259). Particularité non moins curieuse, elle est coiffée d'une peau de chèvre comme Junon Sospita ou Caprotina, adorée à Lanuvium, dont l'image forme le type de monnaies de la République romaine (familles Cornuficia, Mettia, Roscia). Notre camée, d'un travail fort médiocre, représente donc une de ces divinités panthées, aux attributs d'emprunt et mélangés, dont la représentation est si fréquente sous l'empire romain. M. de Mély (*Trésor de Chartres*, pl. IX) croit que cette pierre a été enlevée à la sainte Châsse de Chartres le 17 septembre 1793. Sardonyx à trois couches. Haut. 33 mill. ; larg. 11 mill. *Catalogue*, n° 25.

DIANE (Camée)⁴.

APHRODITE MELAENIS
BRONZE DE LA COLLECTION DE LUYNES

XXVII.

APHRODITE MELAENIS

STATUETTE DE BRONZE DE LA COLLECTION DE LUYNES

Haut., 197 mill. sans le socle.

EBOUT, dans une attitude raide et théâtrale, tenant dans sa main droite une grenade et relevant légèrement de la gauche les plis de sa longue robe, Aphrodite est enveloppée d'un ample himation qui fait deux fois le tour du corps, puis retombe en dessinant des plis nombreux; sa haute stéphané est garnie de grandes palmettes (ἀνθέμια). Le style sévère de cette statuette, sa forme plate, l'arrangement de la draperie, sont autant de caractères qui révèlent une œuvre grecque du commencement du v⁵ siècle avant notre ère. On l'a comparée aux deux petites statues de Damia et d'Auxésia qui couronnaient le fronton du temple d'Égine [1]; nous pouvons maintenant la rapprocher aussi des statues découvertes en 1886 dans les fouilles de l'Acropole d'Athènes. Parmi ces débris qui ont jeté une lumière si inattendue sur l'art attique avant l'invasion de Xerxès, plusieurs des statues de marbre offrent, dans leur costume, leur pose et leur style, la plus frappante analogie avec la figurine de bronze de la collection de Luynes : nous signalerons surtout l'Athéna, œuvre d'Anténor, dédiée par Néarchos, qui tient pareillement une pomme et relève du même geste les plis de sa longue robe [2]. Il y a enfin une statuette de bronze d'Athéna [3], recueillie dans ces fouilles, qui présente avec celle-ci, au point de vue de la technique, des rapports tels qu'on ne saurait douter de la contemporanéité des deux monuments.

Le duc de Luynes qui acheta la statuette de sa collection en 1856, à une vente d'antiquités envoyées à Paris par Pérétié, le fameux antiquaire de Beyrouth, a cherché à y reconnaître une image nouvelle et originale de l'Astarté phénicienne. Il a été démontré depuis, par Fr. Lenormant [4], que c'est une figurine de travail purement grec : les rapprochements que nous avons indiqués plus haut viennent corroborer cette induction qui s'appuyait déjà sur d'excellentes raisons : « Nous observons, dit Lenormant, la même attitude, le même geste des deux mains et la pomme également tenue par la droite, dans une statuette de bronze étrusque de la Galerie de Florence, qui offre l'image de *Turan*, la Vénus de l'Étrurie [5]. L'idole archaïque qui accompagne les deux figures dans le célèbre groupe de Saint-

---

1. J. de Witte, dans le *Bulletin archéologique de l'Athenæum français*, 1856, p. 14.
2. Voyez : *Les musées d'Athènes*, phototypies de Rhomaïdès frères, à Athènes, pl. VII; V. Duruy, *Histoire des Grecs*, éd. illustr. t. II, pl. à la p. 376; *Gazette archéologique*, 1888, 1ᵉʳ semestre. V. surtout la restauration de M. Studniczka, dans le *Jahrbuch des K. D. Arch. Instituts*, t. II (1887), p. 141.
3. S. Reinach, dans la *Gazette des Beaux-Arts*, janvier, 1888.
4. Dans un article signé Léon Fivel, *Gazette archéologique*, 1879, t. V, p. 95. V. Duruy, *Hist. des Grecs*, éd. illustr., t. I, p. 290.
5. Gerhard. *Ueber Venusidole*, pl. I, nᵒ 5, dans les *Mémoires* de l'Académie de Berlin pour 1843 ; *Gesammelte Abhandlungen*, pl. XXVIII, nᵒ 5.

Ildefonse¹ et que Gerhard a interprétée comme Vénus-Proserpine², a aussi la pomme dans sa main droite ramenée sur sa poitrine, tandis que la gauche relève le pan de sa tunique. Plus ordinairement c'est une fleur que tiennent les idoles analogues, qui deviennent ainsi complètement semblables aux figures de l'Espérance déterminées par les monnaies romaines³. »

Cependant la statuette de Luynes s'écarte par un côté des représentations ordinaires d'Aphrodite : c'est par sa haute stéphané et les grandes palmettes qui la garnissent. Une pareille couronne est plutôt, dans l'antiquité figurée, l'attribut de Héra que celui d'Aphrodite. D'autre part, aucun auteur ne parle d'une Aphrodite Antheia⁴, tandis que Héra Antheia est bien connue⁵. A Argos, un sanctuaire lui était dédié⁶, et même une monnaie d'Adramytium, en Mysie, a pour type Héra Antheia tenant à la main une grenade comme la statuette de Luynes.

Nous serions donc fort embarrassé pour choisir entre le nom d'Aphrodite et celui de Héra, sans une singularité à laquelle on n'a pas jusqu'ici suffisamment fait attention : c'est l'arrangement caractéristique des cheveux de la déesse. Ces cheveux, dont deux rangées émergent sous le voile, sont calamistrés et étagés comme ceux des Éthiopiens dans l'art classique. A cette particularité, que le dessin de notre planche ne rend que d'une manière imparfaite, nous n'hésitons pas à reconnaître Aphrodite Melaenis (Μέλαινίς), la noire. Bien que peu connue, cette divinité, à laquelle font songer nos Vierges noires, avait pourtant un certain nombre de sanctuaires fameux dès la plus haute antiquité. Un temple lui était dédié à Corinthe, un autre à Thespies, un troisième, non loin de Mantinée en Arcadie⁷, à côté de la fontaine des Meliastes consacrée à Dionysos. Sur une monnaie de Corinthe, nous reconnaissons Aphrodite Melaenis dans la même attitude que notre statuette; malheureusement, la médaille est trop fruste et le type est de proportions trop réduites pour que nous puissions comparer utilement la stéphané et les autres attributs⁸.

Aphrodite Melaenis, qu'il faut se garder de confondre soit avec Demeter Μέλαινα, adorée à Phygalie, soit avec Mélainé, la mère de Delphos, qu'on représentait avec le type nègre très accentué⁹, n'avait d'éthiopien que son teint et l'arrangement des cheveux : ses traits conservaient leur pureté traditionnelle et idéale. La statuette de la collection de Luynes est, d'ailleurs, avec la médaille de Corinthe, la seule représentation que nous connaissions d'Aphrodite Melaenis. La période archaïque de l'art grec à laquelle elle appartient et sa conservation exceptionnelle¹⁰ contribuent, autant que la rareté du type, à en faire un monument d'une haute valeur archéologique.

---

1. Maffei, *Statue*, pl. CXXI; Clarac, *Mus. de sculpt.*, pl. 812°, n° 2040 ; Gerhard, *Venere Proserpina*, pl. v; *Ueber Venusidole*, pl. vi, n° 5 ; *Gesammelte Abhandlungen*, pl. XXXIII, n° 1 ; Welcker, *Acad. Kunstmuseum* (1827), p. 53 et s. *Alte Denkmaler*, t. I, p. 375 et s. ; Hübner, *Ant. Bildwerks in Madrid*, p. 75 et s.
2. Gerhard, *Venere Proserpina*. Fiesole, 1826; *Gesamm. Abhandlungen*, t. I, p. 275 et s.
3. Fr. Lenormant, *Gazette archéologique*, t. V (1879), p. 96.
4. Cependant, à Aphrodisias de Carie, on adorait, d'après une inscription, Aphrodite Ἀνθεφορος (*C. I. Gr.* n° 2821).
5. A. de Longpérier, *Œuvres*, publiées par G. Schlumberger, t. II, p. 222 et suiv. V. plus haut, pl. XIX, 1; cf. duc de Luynes, *Etudes numism. sur le culte d'Hécate*, p. 22 et s.; Fr. Lenormant, *loc. cit.*; Overbeck, *Griech. Kunstmythologie*. Zweite Lieferung : Héra.
6. Pausanias, II, 22, 1.
7. Pausanias, II, 2, 4; VIII, 6, 5 ; IX, 27, 5.
8. F. Imhoof-Blumer et Percy Gardner, *Numismatic Commentary on Pausanias*, pl. FF, n° VII.
9. Panofka, *Delphi und Melaine*, Berlin, 1849, in-4°, p. 6.
10. Le socle lui-même est antique, mais il n'appartenait pas originairement à la statuette : elle y a été fixée par une attache moderne.

MARCUS MODIUS ASIATICUS
MÉDECIN GREC

XXVIII.

MARCUS MODIUS ASIATICUS

MÉDECIN MÉTHODIQUE

BUSTE EN MARBRE DE PAROS

Haut. 51 cent.

ERS le commencement de l'ère chrétienne, un médecin fameux, Asclépiade de Bithynie, imbu de la doctrine de Démocrite et d'Épicure sur la formation des corps, imagina une nouvelle méthode de traitement des maladies, en opposition avec celle des deux écoles qui régnaient alors sans rivales : l'école dogmatique, qui avait fidèlement recueilli les traditions d'Hippocrate et dont Galien se montra le défenseur ardent ; l'école empirique, qui, rompant avec la métaphysique et la philosophie creuse, mettait au dessus de tout l'observation clinique. Le système d'Asclépiade, qu'on appela le *méthodisme*, prétendit naturellement à une efficacité moins faillible et plus immédiate. Mis en corps de doctrine par Thémison de Laodicée, contemporain d'Auguste et disciple d'Asclépiade, développé plus tard sous Néron et Trajan par Thessalus de Tralles et Soranus, le méthodisme enseignait que nos organes sont percés d'une infinité de pores qui, plus ou moins relâchés ou resserrés, mettent le corps dans l'état de santé ou de maladie. Les affections se divisaient d'après ce principe en trois genres : le *strictum*, le *laxum* et le *mixtum*. Suivant l'un des plus célèbres médecins de la secte, Cœlius Aurelianus, dont le traité *De morbis acutis et chronicis* nous est parvenu, il n'y a que deux systèmes opposés de médicaments, qui combattent ou favorisent, suivant les cas, le resserrement et le relâchement.

Si la nouvelle doctrine fit des adhérents et compta des maîtres en renom, Proculus, Eudème, Vectius Valens, Olympius de Milet, Apollonius de Cypre, Denys de Samos, Criton, Moschion, etc., elle rencontra aussi des adversaires passionnés. Galien l'accable de ses sarcasmes et de sa critique souvent justifiée, et Juvénal ne va-t-il pas jusqu'à traiter Thémison d'homicide :

*Quot Themison aegros autumno occiderit uno*².

C'est à peine si, de nos jours, les allopathes traiteraient avec une pareille aigreur les homœopathes. Le portrait, de grandeur naturelle, d'un médecin de l'école méthodique, Marcus Modius Asiaticus, qui

---

1. Chabouillet, *Catalogue*, n° 3304.
2. Juvénal, *Sat.* X, 221.

figure sur notre planche 28, n'indique point un illuminé ou un homme qui aurait médité la perte de ses contemporains par des poisons, des sortilèges et des maléfices. Ses traits, si remarquablement individualisés pour une statue antique, sont ceux d'un homme grave et réfléchi : si ce n'était un grand médecin, car il n'est pas autrement connu, assurément ce ne pouvait être un fou ou un méchant homme. « Ce médecin, dit Caylus, quelque habile qu'il ait été, ne doit qu'à la sculpture la réputation dont il jouira : cet art l'a mieux traité que sa profession, et si Modius a excellé dans la médecine, on peut dire qu'il a fait choix d'un homme savant dans la sculpture [1]. »

C'est, en effet, à un sculpteur du plus grand mérite que nous devons ce monument grec, du premier siècle de notre ère. La finesse des traits, la douce et mélancolique expression des yeux, la personnalité de la physionomie, le rendu des cheveux et de la barbe naissante de cet homme qui n'a pas trente-cinq ans, sont des particularités dignes d'être signalées aux sculpteurs modernes. Trouvé à Smyrne vers 1700, ce buste, en marbre de Paros, fut offert au chancelier de Pontchartrain, ministre de la marine, qui en fit exécuter, par Girardon, un moulage en bronze [2]. A la mort de Pontchartrain, en 1747, le marbre fut acheté par le duc de Valentinois qui le légua au roi par testament en 1751. Sur la poitrine, on lit le distique suivant :

ΙΗΤΗΡ ΜΕΘΟΔΟΥ ΑΣΙΑΤΙΚΕ ΠΡΟΣΘΑΤΑ

ΧΑΙΡΕ

ΠΟΛΛΑ ΜΕΝ ΕΣΘΛΑ ΠΑΘΩΝ

ΦΡΕΣΙ ΠΟΛΛΑ ΔΕ ΛΥΓΡΑ

Asiaticus, médecin méthodique, mon patron, adieu!

Toi, dont le cœur a connu bien des joies!

Toi, qui as aussi supporté bien des amertumes!

Le nom du personnage est sur le piédouche qui fait partie du même bloc de marbre que le buste :

M. ΜΟΔΙΟC ΑCΙΑΤΙΚΟC ΙΑΤΡΟC ΜΕΘΟΔΙΚΟC

Marcus Modius Asiaticus, médecin méthodique.

Visconti [3] a fait, au sujet de ces deux inscriptions d'ingénieuses remarques. Au point de vue paléographique, il observe que le sigma a la forme Σ dans l'inscription métrique et la forme lunaire C dans l'inscription du piédouche. Le second vers du distique est imité de l'Odyssée [4], et ce tour littéraire et pédant nous empêche de prendre au pied de la lettre, comme on l'a fait, les allusions de l'épitaphe aux roses et aux épines dont la vie de Modius Asiaticus aurait été parsemée. Le mot d'adieu, χαῖρε, *vale*, qu'on rencontre constamment dans les inscriptions funéraires, donne beaucoup de poids à l'opinion de Visconti qui pense que le buste était placé sur le tombeau d'Asiaticus et que le monument fut élevé à sa mémoire par quelqu'un de ses clients ou de ses disciples.

---

1. Caylus, *Recueil d'antiquités*, t. VI, p. 139-142 et pl. 42, n°s 2 et 3.
2. Montfaucon (*Antiquité expliquée, Supplément*, t. III, pl. 8) a publié ce bronze en paraissant ignorer l'original en marbre.
3. Visconti, *Iconographie grecque*, t. I, p. 285 et pl. XXIII.
4. Πολλὰ μὲν ἐσθλὰ μεμιγμένα, πολλὰ δὲ λυγρά. *Odyss.*, IV, 230. Il est question des baumes, les uns salutaires, les autres nuisibles, que produit l'Égypte.

PIERRES GRAVÉES DE LA RENAISSANCE

XXIX.

INTAILLES DE LA RENAISSANCE

I. — BACCHANALE

INTAILLE CONNUE SOUS LE NOM DE *CACHET DE MICHEL-ANGE*

UR cette cornaline de dimensions exiguës, mais la plus remarquable peut-être de toutes celles que les artistes italiens ont gravées au XVIe siècle, sont représentés des Satyres et des Ménades qui célèbrent la fête des vendanges. L'un de ces joyeux compagnons de Bacchus presse, à genoux, une outre d'où jaillit un vin généreux qu'il recueille dans une coupe. Autour de lui, deux femmes agenouillées, un jeune homme qui leur offre à boire, un satyre à pieds de bouc qui sonne de la trompe; voici, plus loin, des Bacchantes qui s'avancent, portant sur leurs têtes des corbeilles pleines de raisins. Au second plan, un cheval et deux arbres aux branches desquels des génies bachiques attachent un grand voile. Bref, une quinzaine de personnages se groupent dans ce tableau qui n'a que 15 millimètres de long sur 11 de large. L'artiste a fait un véritable prodige d'habileté technique en rassemblant autant de monde dans un cadre aussi restreint; c'est merveille de contempler à la loupe ce petit chef-d'œuvre de dessin et de gravure, où les détails microscopiques sont si délicatement traités, où tout est proportionné avec tant d'harmonie, de pureté et de souplesse. Le dessin agrandi que nous en donnons est la reproduction en photogravure de celui qui fut exécuté par Bouchardon vers 1750, pour le *Traité des pierres gravées* de Mariette, et dont l'original est conservé au Musée du Louvre.

Cette pierre gravée a fait partie de la collection du sieur Rascas de Bagarris, ce gentilhomme provençal que Henri IV appela, en 1602, à la tête de son Cabinet de médailles et d'antiquités [1]. C'est là que nous la trouvons pour la première fois, sans pouvoir remonter plus haut dans son histoire. Elle était déjà célèbre : en 1611, Bagarris l'appelle « une *Botruologie*, vendange à quinze personnages [3] » ; on la cite partout et les amateurs jaloux vont se répétant que le *céméliarque* du roi possède le chef-d'œuvre de la glyptique. Il ne faut donc point s'étonner qu'à une époque où la critique historique n'était pas née encore, il se soit formé une légende sur l'origine de cette gemme et son antiquité, sur l'artiste qui la grava et les heureux possesseurs dont elle orna successivement l'écrin.

Dans le catalogue de la collection de « curiosités pour la confirmation et l'ornement de l'histoire »,

---

1. Chabouillet, *Catalogue*, n° 2337.
2. Voyez notre *Introduction*, p. VI.
3. Bagarris, *La nécessité de l'usage des médailles dans les monnaies*, p. 9 (in-4°, 1611).

qu'avait rassemblées Bagarris, notre cornaline est ainsi décrite : « L'aprest d'un banquet de bacchanales où ils (satyres et silènes) sont portant divers fruicts aussi bien que divers vases à boire et s'y trouvent des vendanges [1]. » En 1629, Gaffarel cite aussi au nombre des « curiosités inouyes » auxquelles, selon lui, les anciens attribuaient un caractère talismanique, « la pierre précieuse de nostre Bagarris... sur laquelle on voit des Cupidons, des Bacchus, des vignes, des raisins et des pampres [2]. » Quand la veuve de Bagarris, en 1660, se fut décidée à se dépouiller du riche cabinet d'antiquités de son mari, les pierres gravées furent acquises, moyennant 20.000 livres, par un apothicaire d'Aix, Toussaint Lauthier [3]. Le catalogue du cabinet de Lauthier, imprimé en 1663, parle de notre intaille comme d' « une petite vendange garnie d'or, à quinze personnages [4] ».

Jusqu'ici, il n'est point encore question de Michel-Ange ; la légende ne se formera que plus tard, et peut-être y a-t-il lieu de constater, au début, dans l'attribution de la cornaline au grand artiste italien, une véritable supercherie généalogique. Le second fils de Toussaint, le chevalier Lauthier, hérita des pierrres gravées de son père ; devenu maître de l'hôtel de la princesse Henriette d'Angleterre, il emporta à Londres sa collection dont il proposa l'acquisition à Charles II. Ce prince refusa de l'acheter en bloc, mais il employa en vain, paraît-il, tous les subterfuges pour engager Lauthier à lui vendre notre cornaline [5]. Rentré en France, Lauthier céda les pierres gravées à son frère aîné, avocat au conseil, qui les vendit à Louis XIV, en 1680. La petite vendange à quinze personnages entre alors dans le cabinet du roi, sous le nom usurpé de *Cachet de Michel-Ange,* et en voyant les frères Lauthier si désireux de se débarrasser de leur collection, on peut se demander s'ils ne se sont pas avisés, à un moment donné, de forger tout un roman autour de la plus célèbre de leurs gemmes, afin d'en augmenter l'intérêt et, par conséquent, la valeur commerciale [6].

Une artiste du commencement du XVIIIe siècle, Mme Le Hay, née Elisabeth Chéron, ayant entrepris de reproduire les pierres gravées célèbres, commença par le cachet de Michel-Ange dont elle fit un tableau, vanté par un docte jésuite, le P. Tournemine [7]. Ce dernier se fit en même temps l'écho de la légende qu'il amplifia selon le caprice de son imagination. C'était, suivant son dire, une pierre gravée, œuvre de Pyrgotèle, dont Alexandre se servit comme de cachet, « lorsque, vainqueur des Perses et méditant la conquête des Indes, il affectait de prendre le nom et les ornements de Bacchus. » Le P. Tournemine affirmait, en outre, que Raphaël avait copié deux des figures du sujet de cette cornaline dans une de ses fresques qui représente Judith sortant de la tente d'Holopherne [8]. Mariette raille spirituellement le trop ingénieux jésuite d'avoir confondu Raphaël avec Michel-Ange : le groupe de *Judith*

---

1. Tamizey de Larroque, *Pierre-Antoine de Rascas, sieur de Bagarris. Lettres inédites,* p. 112 (Aix, 1887, in-8°).
2. Gaffarel, *Curiositds inouyes sur la sculpture talismanique des Persans,* cité par Tamizey de Larroque, *op. cit.,* p. 19, note 2.
3. Tamizey de Larroque, *op. cit.,* p. 25.
4. *Inventaire du cabinet du sieur Toussaint Lauthier, d'Aix en Provence,* p. 19 (Aix, 1663, in-4° de 32 pages). Bibl. nationale, *Manuscrits,* fonds français, n° 9534.
5. P.-J. Mariette, *Traité des pierres gravées,* t. I, p. 60, note 6.
6. Cf. E. Bonnaffé, dans la *Gazette des Beaux-Arts,* t. I de 1878, p. 428.
7. L'estampe gravée par Bernard Picard parut en 1779. Mariette, *op. cit.,* t. I, p. 312. Chabouillet, *Catalogue,* p. 322.
8. Voyez les *Mémoires de Trévoux* du 1er février 1710, p. 291 ; cf. Mariette, *op. cit.,* p. 313.

remettant la tête d'Holopherne à sa suivante est, en effet, une peinture à fresque de Michel-Ange, sous la voûte de la chapelle Sixtine au Vatican.

Ce détail nous permet de saisir l'origine et le caractère apocryphe de la légende relative à notre cornaline. Un amateur, un curieux des choses de l'art aura remarqué que le groupe des deux vendangeuses, l'une remplissant la corbeille de l'autre, est pareil à la composition de Michel-Ange. Dans la persuasion où l'on était que la pierre gravée était une œuvre de l'antiquité, il fallait donc admettre que Michel-Ange s'en était inspiré, l'avait copiée; de là à supposer que la gemme était le cachet même du célèbre artiste, il n'y avait qu'un pas : il fut vite franchi. « L'on sait par tradition, dit Mariette, que cette cornaline a appartenu au fameux Michel-Ange Buonarotti, et qu'il en faisait son cachet et ses délices; et quoiqu'il n'y ait sur cela rien de bien constant, il y a pourtant lieu de présumer qu'on ne l'a point dit sans fondement... Suivant la même tradition, un orfèvre de Bologne, nommé Augustin Tassi, l'eut après la mort de Michel-Ange et la vendit à la femme d'un intendant de la maison des Médicis. Au commencement du dernier siècle, le sieur de Bagarris, qui a été garde du Cabinet des Antiques de Henri IV, l'acheta des héritiers de cette dame, qui était de Nemours, huit cens écus, somme bien considérable, eu égard au tems [1]. »

Au commencement du XVIIIe siècle, le cachet dit de Michel-Ange fut l'objet, de la part de Baudelot de Dairval, de Mme Le Hay et de Moreau de Mautour, de discussions aussi vives que puériles, qui réussirent à passionner les amateurs et les artistes du temps : on publie libelle sur libelle, on s'accuse d'inexactitude, voire même de plagiat [2]. Le sujet figuré ici était, suivant Baudelot, une représentation de la fête des *Pyanepsies*, consacrée à Apollon pour rappeler le vœu que fit Thésée de rendre à ce dieu des actions de grâces s'il revenait vainqueur du Minotaure.

De pareilles querelles, des interprétations aussi contraires aux règles de la critique, avaient encore contribué à accroître la renommée de la fameuse gemme. C'était une grande faveur que d'obtenir du roi de la contempler. Un célèbre amateur de pierres gravées du XVIIIe siècle, le baron de Stosch, sollicita l'honneur de visiter le Cabinet du roi. Il y fut admis, raconte le président de Brosses [3], avec plusieurs autres personnes, sous la surveillance de Hardion, et il essaya, paraît-il, de soustraire le cachet de Michel-Ange. Voici comment son projet fut déjoué, au dire du président de Brosses, qui nous semble, devons-nous ajouter, avoir inventé une anecdote d'un goût douteux :

« Hardion notre confrère (à l'Académie des Inscriptions) montrait le Cabinet du Roi à Versailles à plusieurs personnes, du nombre desquelles était ce galant homme (Stosch). Tout à coup, certaine pierre, fort connue de vous, sous le nom de cachet de Michel-Ange, se trouve éclipsée. On cherche avec la dernière exactitude : on se fouille jusqu'à se mettre nu, le tout sans succès. Hardion lui dit : Monsieur, je connais toute la compagnie, vous seul excepté; d'ailleurs, je suis en peine de votre

---

1. Mariette, *Traité des pierres gravées*, t. I, p. 60, note 6.
2. Voyez Baudelot de Dairval, *De l'utilité des Voyages*, t. I, p. 387, éd. de Rouen, 1727 ; cf. *Histoire de l'Académie des Inscriptions*, t. I, p. 270 et Ch.-Th. de Murr, *Bibliographie dactyliographique*.
3. *Lettres sur l'Italie*, t. II, p. 27, éd. de l'an VII. Cf. Chabouillet, *Catalogue*, p. 323.

santé, vous paraissez avoir un teint fort jaune qui dénote de la plénitude. Je crois qu'une petite dose d'émétique, prise sans déplacer, vous serait absolument nécessaire. Le remède pris sur le champ fit un effet merveilleux, et guérit ce pauvre homme de la maladie de la pierre qu'il avait avalée. »

A l'exergue de la cornaline, on voit un pêcheur à la ligne dans lequel Mariette reconnaît « une espèce de logogryphe, dont le graveur s'est servi pour marquer son nom ». Il rappelle alors certains exemples de symboles auxquels différents artistes de l'antiquité eurent recours pour signer leurs œuvres, puis il ajoute que le mot grec ἁλιεύς signifiant *pêcheur*, on pourrait croire que la pierre est un ouvrage d'Allion, graveur en pierres fines de l'antiquité, dont on a effectivement quelques œuvres. Le point de départ, c'est-à-dire les idées qu'on avait sur l'antiquité de la gemme, étant faux, on devait continuer à s'égarer jusqu'au bout.

L'artiste de la Renaissance qui a gravé ce chef-d'œuvre s'est inspiré, pour deux des figures de femme, de la fresque de Michel-Ange à la chapelle Sixtine ; le pêcheur à la ligne est bien probablement sa signature et le symbole de son nom. Marion du Mersan¹ paraît être le premier qui ait pensé à Pierre-Marie da *Pescia* qui, d'après Vasari², fut, avec Michelino, son émule dans la gravure en pierres fines à la cour de Léon X, « un fidèle imitateur de l'antique. » M. Chabouillet se rallie à cette opinion en faisant remarquer qu'effectivement la Bacchanale de notre pierre gravée est merveilleusement conçue dans le goût antique³ ; je ne puis que me ranger à l'avis des maîtres que je viens de citer.

II. — LE TRIOMPHE DE SILÈNE.

Des Satyres et des Amours promènent en triomphe le précepteur de Bacchus, dans un état d'ivresse complète ; deux Ménades, l'une presque nue et jouant des cymbales, l'autre portant un thyrse, ouvrent et ferment le cortège qu'accompagne un bouc. Cette pierre gravée était célèbre dès le XVIᵉ siècle. Casaubon, qui la croyait antique, la fit reproduire, pour la première fois, dans son ouvrage *De satyrica Græcorum poesi et Romanorum satira*. A cette époque, elle se trouvait dans la collection de Bagarris qui, en 1611, la publia en tête de son opuscule sur *la nécessité de l'usage des médailles dans les monnaies*. Dans son catalogue de « Curiosités pour la confirmation et l'ornement de l'histoire », elle est mentionnée comme « Un convoy de Bacchus cheu y yvresse qu'ils (Bacchants) portent, accompagnés de Bacchantes⁴ ».

Comme les autres pierres gravées de la collection de Bagarris, celle-ci passa en 1660 dans le cabinet de Lauthier d'Aix, et le chevalier Lauthier, en 1680, la vendit au roi Louis XIV. Elle fut successivement dessinée par Mᵐᵉ Le Hay et par Bouchardon, et en la commentant, Mariette, qui ne

1. *Hist. du Cab. des Médailles*, p. 100, nº 773.
2. Vasari, *Vies des peintres*, etc., éd. franç., t. VIII, p. 156.
3. Chabouillet, *Catalogue*, nº 2338.
4. Tamizey de Larroque, *op. cit.*, p. 112.

doute pas de son antiquité, insiste sur la finesse artistique et l'habileté de la composition ; à cette époque déjà, l'on y remarquait deux cassures [1].

Jaspe sanguin. Haut. 32 mill. ; larg. 25 mill. Monture en or émaillé.

III. — ALEXANDRE FAISANT PLACER L'ILIADE DANS LE TOMBEAU D'ACHILLE [2].

TEL est le titre sous lequel est généralement connu le sujet de la pierre gravée, où l'on voit deux groupes de personnages auprès d'un tombeau ; les uns, ceux qui s'empressent autour du sarcophage, sont sans armes et plusieurs nus et casqués comme des héros grecs ; les autres, qui paraissent seulement accompagner les premiers, sont des guerriers armés de toutes pièces. L'interprétation de cette scène n'est point certaine, mais ce dont on est sûr, c'est que l'auteur de la pierre a copié une composition de Raphaël, gravée par Marc-Antoine [3]. La peinture de Raphaël se trouvait dans la salle *della segnatura* au Vatican [4]. Marc-Antoine Raimondi, le digne émule d'Albert Durer et de Lucas de Leyde, grava de nombreuses estampes d'après Raphaël, son illustre maître. Celle qu'un lithoglyphe inconnu du XVIe siècle a traduite sur notre calcédoine est ainsi décrite par Bartsch : « Alexandre le Grand faisant mettre les livres d'Homère dans un coffre de Darius. Alexandre est debout, à droite, accompagné de six soldats. Un savant qui est au milieu met un volume dans le coffre dont un homme nu, à gauche, tient le couvercle. Sept autres savants occupent le côté gauche de l'estampe. »

On voit tout de suite les modifications secondaires que le graveur en pierres fines a introduites dans sa copie de l'œuvre de Marc-Antoine. Les livres homériques qu'un des personnages tient à la main ne sont pas reproduits sur la gemme. C'est en s'appuyant sur cette différence que Mariette suppose que, tout en s'inspirant du tableau de Raphaël, l'artiste a traité un autre sujet, *Ulysse cherchant Astyanax* [5]. « Après la prise de Troie, dit-il, les Grecs, conduits par Ulysse, ouvrent le tombeau d'Hector, et y trouvent le jeune Astyanax que sa mère y avait caché : c'est le sujet de cette agate, s'il faut en croire quelques antiquaires qui la supposent antique. Il est pourtant vrai que ce n'est qu'une production du XVIe siècle, et, de plus, une copie d'une estampe gravée par Marc-Antoine d'après Raphaël d'Urbin, dans laquelle est Alexandre, qui, pour montrer l'estime qu'il faisait de l'*Iliade*, la fait mettre dans une riche cassette qui s'était trouvée parmi les dépouilles de Darius. »

On a prétendu aussi, jadis, que la composition de Raphaël ne se rapportait ni à la légende d'Ulysse ni à celle d'Alexandre, mais qu'il fallait y reconnaître « la découverte des livres sibyllins dans le tombeau de Numa ». Plus tard enfin, divers critiques ont proposé, pour la pierre gravée aussi bien que

---

1. Mariette, *Traité des pierres gravées*, t. II, pl. XXXVI.
2. Chabouillet, *Catalogue*, etc., n° 2476.
3. Bartsch, *Le peintre graveur*, t. XIV, p. 168, art. *Raimondi*, n° 207. Vte Delaborde, *Marc-Antoine Raimondi, étude historique et critique suivie d'un catalogue des œuvres du maître* (Paris 1888, in-4°).
4. Passavant, *Rafael von Urbino*, t. II, p. 114. E. Münts, *Raphaël, sa vie, son œuvre et son temps* (in-4° 1886),p. 330 et 611.
5. Mariette, *op. cit.*, t. II, pl. XCVI.

pour la peinture de Raphaël, « Alexandre le Grand qui fait placer les œuvres d'Homère dans le tombeau d'Achille [1]. » Rallions-nous à cette opinion puisqu'elle est la dernière exprimée : *nec me quaerentem vana moratur*.

Calcédoine. Haut. 28 mill., larg. 35 mill. Monture en or émaillé.

1. Chabouillet, *Catalogue*, p. 338 ; E. Müntz, *op. cit.*
2. Buste d'un roi nègre couronné de laurier : c'est peut-être un des trois rois mages. Il a la cuirasse et le manteau royal; un carquois est sur son épaule et il tient son arc de la main gauche. Cette tête est gravée sur une agate à deux couches, brun foncé et blanc laiteux. (Diam.. 30 mill.) Nous possédons une douzaine, environ, de camées de la Renaissance qui représentent des nègres ou des négresses. La monture de celui-ci, en or émaillé, enrichie de brillants et de rubis taillés en table, est particulièrement remarquable. Elle avait frappé un praticien de talent, M. Eugène Fontenay, qui, dans son livre posthume sur *Les bijoux anciens et modernes* (p. 408, in-8º, 1887), s'exprime comme il suit à son sujet : « Les cuirs déchiquetés à plat, qui forment l'extérieur de la monture, sont émaillés de blanc et rehaussés de rouge. En haut, une couronne faite de diamants triangulaires à trois facettes ; de chaque côté et en bas, un diamant à table. Cette pièce est probablement de fabrication allemande. » Fontenay considère ce bijou comme étant une de ces *enseignes* ou *affiches* dont les hommes avaient l'habitude d'orner leur chaperon au XVIᵉ siècle. (Chabouillet, *Catalogue*, nº 652.)

ROI NÈGRE (Camée).

Cabinet des Antiques

SATYRE DANSANT
A. Lévy Éditeur

Cabinet des Antiques   Pl. XXX

Satyre dansant

XXX et XXXI.

SATYRE DANSANT

STATUETTE DE BRONZE

Haut., 40 cent.

A statuette dont nos planches 30 et 31 offrent la reproduction sous deux aspects, paraît être entrée à une époque ancienne, probablement dès le dernier siècle, dans le cabinet du Roi; mais ce n'est qu'en 1838 que nous en constatons pour la première fois la mention positive dans cette description sommaire : « Un faune barbu, dansant; il tenait probablement des crotales [1]. » Remarquable par ses dimensions peu communes, cette figurine de bronze l'est aussi par sa conservation exceptionnelle : le bras droit seul a légèrement souffert de l'oxydation; par endroits, la patine s'est écaillée, et une rupture se voit au dessous de l'épaule, vers l'articulation de l'humérus. Heureusement, la brisure ne fait pas complètement le tour du bras dont la pose n'a subi, par suite de cet accident, qu'une dépression négligeable. La patine noirâtre dont la surface métallique est partout recouverte a dû être lustrée, sinon complètement restaurée, à une époque moderne, suivant un usage qu'on a pratiqué dès la Renaissance et qui est loin d'être abandonné aujourd'hui.

La nature semi-bestiale du Satyre est caractérisée par sa queue de cheval, ses oreilles pointues et les deux petites cornes qui font saillie sur son front, au milieu des mèches courtes et rudes de son abondante chevelure. Il n'est pas couvert de la nébride traditionnelle; sa longue barbe, qui rappelle celle des divinités fluviales, a des stries épaisses, parallèles et disgracieuses, qui caractérisent la recherche de l'archaïsme. Les traits du visage, réguliers et graves comme ceux d'un homme arrivé à l'âge mûr, sont comparables à ceux de Silène représenté en père nourricier de Bacchus [2] : ils ont une expression sévère, accentuée encore par la saillie exagérée de l'arcade sourcilière; rien de cet ironique sourire, ni de ce caractère lascif, ni même de cette physionomie contractée et triviale que l'art antique se complaît généralement à attribuer aux personnages du thiase de Bacchus. Celui-ci fixe attentivement du regard un objet qu'il tenait de la main gauche et dont il ne subsiste plus qu'un tronçon; sa main droite, baissée, avait un attribut qui est également mutilé. La jambe droite supporte tout le poids du

---

1. Marion du Mersan, *Hist. du Cab. des Médailles*, Paris, 1838, in-8°, p. 22. C'est peut-être le même Faune que le même auteur décrit trop brièvement : « Une figure de Faune en bronze, » dans sa *Notice du Cabinet des Médailles* (p. 23), publiée en 1819. Voyez aussi Clarac, *Musée de sculpture*, tome IV, p. 355 et pl. 716e, n° 1715d ; Chabouillet, *Catalogue des Camées, pierres gravées, etc., du Cabinet des Médailles*, p. 507, n° 3020. E. Babelon, dans la *Gazette archéologique*, 1886, p. 30. A propos du terme de *Satyre* que nous substituons à celui de *Faune*, voyez *Bulletin de Correspondance hellénique*, t. IX, 1885, p. 361, note 1.
2. V. la statue du Vatican « Silène portant Bacchus enfant », dans Collignon, *Mythologie figurée de la Grèce*, p. 269.

corps un peu incliné de ce côté ; aussi, l'artiste a-t-il eu soin de bien marquer la saillie des muscles du mollet. La jambe gauche, dégagée, n'appuie sur le sol que par la pointe du pied, dont les veines mêmes sont indiquées. La position des jambes en mouvement, et des bras, l'un étendu, l'autre levé, se rapproche de celle des Satyres qui dansent sur la pointe des pieds, la main devant le visage, jeu auquel se livraient particulièrement les suivants de Bacchus et qu'on appelait σκόπευμα. Seulement, remarquez que notre Satyre danse d'un mouvement calme et modéré, et sans s'élever sur la pointe des pieds. Sa tête n'est pas rejetée en arrière, dans cette attitude si fréquente qui valait aux Satyres l'épithète de ῥιψαύχην ; elle n'est pas, non plus, penchée en avant avec ce geste de surprise que Myron a rendu si populaire.

Considérée à un point de vue général, cette statuette paraît devoir occuper une place importante dans l'analyse et la reconstitution des types de Satyres créés par la plastique grecque. Elle nous révèle une composition pleine de charmes, svelte et gracieuse. Les formes anatomiques sont étudiées, proportionnées ; la taille est élancée, le torse bien modelé. Nous sommes incontestablement en présence d'une bonne réplique d'un chef-d'œuvre ; c'est une copie plus ou moins fidèle à son modèle, analogue à celles qu'on exécutait en Italie, au premier siècle de notre ère, et qui servaient à la décoration de la demeure des riches Romains. Ces répliques, — l'exemple que nous avons sous les yeux permet de le constater, — bien qu'exécutées en général par des artistes grecs, à la solde des Romains, subirent l'influence du caractère romain à qui elles empruntèrent une certaine allure vigoureuse et énergique qui va parfois jusqu'à la raideur : c'est en cela qu'elles se distinguent des produits des dernières écoles de la Grèce, c'est-à-dire de l'art hellénistique des IIIe et IIe siècles, dont toute l'originalité est une grâce réaliste, une technique ingénieuse et raffinée.

Rien de plus fréquent que les suivants de Bacchus, dans l'antiquité figurée. On les rencontre partout ; le plus souvent, ils jouent ou ils dansent, tenant dans leurs mains cent objets variés : thyrses, pedums, nébrides, bandelettes, rhytons, cornes à boire, outres faites de peaux de bouc, cratères, amphores, grappes de raisin, instruments de musique tels que la lyre, la double flûte, les crotales, la syrinx, le tympanon, ou bien des Eros bachiques et des animaux spécialement consacrés à Bacchus, comme la panthère et le chevreau. Les artistes grecs se sont, dès le Ve siècle, exercés à l'envi à donner mille attitudes capricieuses à ces êtres qui symbolisaient le rire et le plaisir voluptueux. Malheureusement, les écrivains de l'antiquité ne nous font connaître que quelques-uns des types principaux inventés par les maîtres de la plastique grecque, et encore les descriptions généralement peu précises qu'ils nous ont laissées, permettent à peine de conjecturer à quelle création originelle se rattachent les plus importants parmi les monuments de nos musées. Nous savons, par exemple, que le peintre Protogène avait fait un Satyre ἀναπαυόμενος, dont on croit trouver la reproduction dans deux statues de marbre du Musée du Louvre : deux jeunes Satyres au repos, jouant de la flûte et « reprenant leur haleine[1] ». Antiphilos, l'émule d'Apelle, avait peint aussi un Satyre avec une peau de panthère,

---

1. Clarac, *Mus. de sculpt.*, t. IV, p. 233 et pl. 296, n°s 1670 et 1671 ; Friedrichs, *Bausteine*, p. 377, n°s 650 et 651.

dansant le bras levé, et célèbre sous le nom d'ἀποσκοπεύων, « celui qui regarde au loin. » On croit en avoir le souvenir dans la sculpture et même sur des médailles¹. Praxitèle sculpta de nombreux Satyres auxquels il paraît avoir donné une expression noble et gracieuse². On cite de lui un Pan portant une outre³, un Satyre désigné sous le nom de περιβόητος « le fameux⁴ », et un autre qu'Athénée appelle « le Satyre de la rue des Trépieds⁵ ». On a, probablement, une réplique de celui-ci dans une admirable statue du Vatican qui représente un jeune Satyre au repos, accoudé sur un tronc d'arbre et tenant une petite flûte⁶. A Athènes, suivant Pline⁷, on admirait un Satyre de Lysippe. A Rhodes, il y avait, dans le temple de Bacchus, plusieurs statues de Satyres dues au ciseau de Mys⁸. Le Faune Barberini, au musée de Munich, paraît être la copie de celui que le sculpteur Antipater avait figuré, dormant sur son outre⁹. Citons enfin notre magnifique buste de Satyre, sur une pierre gravée de la collection de Luynes, signé d'Epitynchanus, peut-être un affranchi de Livie¹⁰.

Aucun de ces types, célèbres dans l'antiquité et dont les auteurs sont connus, n'a la moindre parenté artistique avec notre bronze. Il en est autrement d'un type créé par Myron, le Satyre Marsyas, dansant sur la pointe des pieds, qui devint si rapidement populaire dans les ateliers de peinture et de sculpture, et dont on est parvenu à déterminer plusieurs répliques.

Une fable d'Hygin¹¹ raconte que Minerve jouait de la double flûte en présence des dieux assemblés, lorsqu'elle s'aperçut tout à coup que ses auditeurs retenaient à grand'peine leurs éclats de rire. Elle se regarde dans un miroir et voit que, tandis qu'elle souffle dans l'instrument, ses joues tuméfiées lui font un visage horrible à voir. De fureur, elle jette ses flûtes à terre, maudissant quiconque oserait les ramasser. Survient, en dansant, le Satyre Marsyas qui veut recueillir l'instrument. Tel est l'épisode mythologique dont s'inspira Myron dans un groupe sculptural que, d'après Pausanias, on admirait sur l'Acropole d'Athènes. Parmi les répliques de cette œuvre célèbre, on cite, en premier lieu, la statue de marbre connue sous le nom de Satyre du Latran, à qui il manquait les bras et qu'on a restaurée en Satyre dansant avec des crotales aux deux mains. M. Brunn, puis M. Collignon, ont démontré, en s'appuyant sur un type monétaire, la peinture d'une œnochoé et un bas-relief décorant un vase de marbre trouvé à Athènes, qu'on avait mal interprété le mouvement de cette statue et qu'on devait la rétablir en Satyre faisant un geste d'étonnement et de convoitise, en présence de Minerve qui vient de jeter ses flûtes¹².

---

1. Schoell, *Archaeol. Mittheilungen*, pl. v, n° 11; Friedricks, *Bausteine*, n° 658. Overbeck, *Pompei*, II, fig. 300*; Fürtwængler, *Satyr aus Pergamon* p. 14 et suiv.; Pottier et Reinach, dans le *Bull. de corresp. hellén.*, t. IX, 1875, p. 372.
2. Voyez les textes qui concernant ces statues, dans Overbeck, *Die antiken Schriftquellen zur Geschichte der bildenden Künste*, n° 1201, 1203 et suiv.
3. Voyez Kœhler, *Gesammelte Schriften*, publiés par Stephani, t. I, p. 19.
4. M. Collignon, *Manuel d'archéologie grecque*, p. 196.
5. Athénée, XIII, p. 591 B.; Pausanias, I, 20, 1. Cf. Collignon, *Mythologie figurée de la Grèce*, p. 262.
6. Overbeck, *Geschichte der griechischen Plastik*, t. II, p. 41.
7. Plin. *Hist. nat.* XXXIV, 64.
8. Plin. *Hist. nat.* XXXIII, 155.
9. Plin. *Hist. nat.* XXXIII, 156; Müller et Wieseler, *Denkmæler der alten Kunst*, II, pl. 40, n° 470.
10. Voyez plus haut, p. 16 et pl. v.
11. Fab. 165. Voyez *Bull. de corr. hellén.* Janv.-fév. 1888, p. 107.
12. Sur cette question, voyez Gerhard, *Etruskische Spiegel*, pl. LXIX et LXX; *Venere-Proserpina*, p. 10 et 78; *Griech. Mythologie*, t. I, p. 244; Raoul Rochette, *Mém. de numism. et d'antiquité*, p. 133, note 3; Ch. Lenormant et J. de Witte, *Elite des monum. céramogr.*, t. I, p. 240; Beulé, *Monnaies*

— 96 —

Une autre réplique, particulièrement importante, est la statuette de bronze trouvée à Patras, acquise par le British Museum [1]. Seulement, tandis que le Marsyas du Latran est d'une époque assez voisine de Myron, le Satyre de Patras ne peut être placé avant le III⁰ siècle, et il trahit, de la part de l'artiste, un souci du détail qui procède de la manière de Lysippe. C'est une copie déjà interprétée de l'œuvre de Myron, dont on a corrigé l'archaïsme et qu'on a voulu moderniser, pour ainsi parler, en en retouchant les parties secondaires.

Après ces répliques, qui sont encore des copies à peu près conformes au modèle, il faut citer les types principaux inspirés du chef-d'œuvre de Myron, mais dans lesquels l'artiste s'est livré, pour les parties accessoires, aux caprices de son imagination, introduisant des attributs nouveaux ou de tels changements dans le mouvement de la tête, des bras et des jambes, qu'on a peine, parfois, à reconnaître le modèle initial : c'est dans cette catégorie d'œuvres secondaires que doit prendre place le Satyre de bronze du Cabinet des Médailles.

En tête des monuments de ce genre, prend place le bas-relief trouvé récemment à Mantinée et qui représente Marsyas jouant de la double flûte en présence d'Apollon [2] ; la parenté étroite de ce type avec ceux de la monnaie et du bas-relief d'Athènes, ceux du Latran et de Patras, est évidente, malgré la contorsion du buste et des épaules, malgré les flûtes que le Satyre porte à ses lèvres dans un mouvement convulsif et désespéré. La seconde œuvre de sculpture que nous puissions citer a l'avantage d'être datée ; il s'agit de la frise du monument choragique élevé à Athènes en l'honneur de Lysicrate, en 335 avant notre ère [3]. On y distingue la figure d'un jeune Satyre, la nébride sur le bras gauche, le bras droit levé et tenant le pedum court appelé λαγωβόλον ; son maintien, le galbe de son corps, la position de ses jambes écartées le rattachent directement à la création de Myron, tandis que son visage imberbe, sa physionomie noble et souriante paraissent empruntés au Satyre au repos de Praxitèle.

Le Satyre du monument de Lysicrate forme une transition toute naturelle entre le Marsyas de Patras et le type de l'école de Pergame qui, elle aussi, avait, au III⁰ siècle, suivant le procédé de libre interprétation, inventé son Satyre, d'après celui de Myron : on en connaît deux variétés. La première est une statuette de bronze du Musée de Berlin, trouvée en 1877, dans les fouilles de Pergame [4]. C'est un jeune Satyre, imberbe, qui élève le bras droit au dessus de sa tête et tient, dans la main gauche baissée, une syrinx ; l'objet qu'il avait dans la main droite, et qui a disparu, était probablement le pedum court. Sa nébride est sur son bras ; il est dressé sur la pointe des pieds et paraît cambré en arrière comme pour se défendre contre un serpent, un chien ou plutôt une panthère avec laquelle il

---

d'Athènes, p. 392 ; Brunn, *Il Marsia di Mirone*, dans le *Bull. dell'Instit. di corr. arch. di Roma*, 1853, p. 144 ; *Annali*, etc., 1858, p. 374-383 ; *Monumenti*, etc., t. VI, pl. XXVIII; Benndorf et Schoene, *Die antik. Bildwerke des Lateranischen Museums*, 1867, n⁰ 225 ; Hirschfeld, *Athena und Marsyas* (Winckelmannsfest), Berlin, 1872 ; L. von Sybel, *Athena und Marsyas*, Marburg, 1879 ; Heydmann, dans l'*Archaeol. Zeitung*, 1873, p. 96 ; Kékulé dans l'*Archaeol. Zeitung*, 1874, pl. 8 ; M. Collignon, dans les *Monuments de l'art antique* (V⁰ livr.) publiés sous la direction de O. Rayet ; G. Fougères, dans le *Bull. de corr. hell.* Janv.-fév. 1888, p. 105 et suiv.

1. *Gazette archéologique*, 1879, p. 241. Cf. von Pulsky, dans l'*Archaeolog. Zeitung*, 1879, p. 91 et pl. 8 et 9. V. aussi la statuette de la collection Barocco, *Gazette archéologique*, 1879, p. 248.
2. G. Fougères, *Bull. de corr. hell.*, janv.-févr. 1888, p. 109 et pl. 1.
3. Stuart und Revett, *Alterthümer von Athen*, t. I, p. 139.
4. Furtwængler, *Der Satyr aus Pergamon* (Winckelmannsfest), Berlin, 1880.

jouait. Les modifications apportées au type myronien sont dans le mouvement des bras, les traits du visage dont l'expression a une frappante analogie avec ceux du Tireur d'épine de l'ancienne collection Castellani, aujourd'hui au British Museum [1].

L'autre variété de Satyre, qui se rattache à l'école de Pergame, est représentée par une statuette de terre cuite, trouvée dans la nécropole de Myrina, qui figure un Satyre dansant et portant Dionysos enfant [2]. Il se dresse sur la pointe des pieds comme le Satyre du musée de Berlin dont il a le galbé et la physionomie; mais il s'en éloigne par une particularité caractéristique : l'enfant assis sur son épaule le rattache, pour ce détail, au groupe de Praxitèle trouvé à Olympie, Hermès portant Dionysos, qui a dû servir de prototype aux nombreuses figures de Satyres, de Centaures ou d'autres personnages représentés avec des enfants sur le bras ou sur l'épaule. Nous saisissons par là les procédés de l'art hellénistique qui n'invente rien, mais imagine des variantes aux œuvres célèbres des âges antérieurs, empruntant les éléments de ces variantes un peu partout, suivant son caprice, en donnant, comme c'est ici le cas, à un type créé par Myron, des attributs d'une œuvre de Praxitèle.

Comme se rattachant encore au Satyre de Myron librement interprété, nous signalerons le Satyre en marbre du musée de Madrid, qui porte un chevreau sur son épaule, tient le pedum dans la main droite et lève la tête en marchant, de même que le Satyre de Pergame et celui du Cabinet des Médailles [3]. Enfin, le célèbre Satyre en bronze du musée de Naples, trouvé en 1831, à Pompéi, dans la maison appelée depuis *casa del Fauno*, et qui a, comme celui du Cabinet des Médailles, une longue barbe et de petites cornes; il lève la tête et les bras et danse sur la pointe des pieds, dans un mouvement gracieux et dégagé.

Nous pourrions énumérer beaucoup d'autres exemples moins illustres qui tendraient à démontrer jusque dans quelles limites le Marsyas de Myron a servi de modèle à des compositions postérieures, et à établir même que l'attitude et le geste créés par le sculpteur du ve siècle furent imposés à des personnages qui n'ont rien de commun avec des Satyres. Notre but étant ici seulement de démontrer par quelles dégradations et transformations successives le Satyre du Cabinet des Médailles procède du Marsyas de Myron, nous nous sommes borné à énumérer quelques autres Satyres qui ont avec lui des liens de parenté artistique et qui, par des voies parallèles, dérivent du même type classique et initial. Que l'on place le Satyre du Cabinet des Médailles à son rang, au milieu de toutes ces répliques, et l'on sera frappé de l'air de famille qu'il a avec elles.

Mais, par la manière dont l'artiste de notre bronze a traité la barbe, on peut dire que son œuvre copie le type primordial de Myron plus fidèlement que toutes les autres répliques. Dans le Satyre de Naples, comme dans ceux du Latran et de Patras, le sculpteur s'est efforcé, dans le rendu des cheveux et de la barbe, de donner aux détails de la souplesse et du modelé, et de satisfaire ainsi au goût du

---

1. *Archæologische Zeitung*, 1879, pl. 2 et 3. Voyez aussi une autre figure dans l'*Ephemeris archéologique* d'Athènes, 1885, pl. 6.
2. E. Pottier et S. Reinach, dans le *Bulletin de correspondance hellénique*, t. IX, 1885, p. 359 à 374.
3. Clarac, *Mus. de sculpt.*, pl. 726 e, n° 1671 a.

— 98 —

jour. Tout autrement étaient traités les cheveux et la barbe dans l'œuvre classique. En effet, Pline[1] reproche à Myron d'avoir sculpté les cheveux et la barbe avec une rigidité aussi grande que les artistes plus anciens que lui : *capillum et pubem non emendatius fecisse quam rudis antiquitas instituisset*. Ainsi donc, Myron était resté dans le style archaïque pour les cheveux et la barbe. Son Marsyas avait une barbe pareille, par exemple, à celle d'un des Centaures d'Olympie qui étreint une femme dans ses bras[2], ou à celle du Satyre accroupi, au revers des tétradrachmes de Naxos, en Sicile. C'est ce qui a fait dire à M. Murray[3] que le Marsyas de Myron avait sans doute « une barbe pointue, sculptée en masse solide, avec les poils indiqués seulement par de longs traits parallèles, légèrement traités ». C'est le caractère même de la barbe d'un Marsyas publié par Kœhler[4], et ne dirait-on pas que M. Murray, quand il écrivait ces lignes, avait sous les yeux le Satyre du Cabinet des Médailles?

Après les analogies, voyons les différences. Le bronze du Cabinet des Médailles s'éloigne surtout du Marsyas de Myron, son prototype, en ce que celui-ci ne portait aucun attribut, tandis que notre statuette avait, au contraire, dans ses mains, deux objets de nature différente. Pour la main droite, celle qui est baissée, elle tenait un objet, mutilé seulement par l'une de ses extrémités, et dont la nature ne nous paraît pas douteuse : c'est l'extrémité d'une corne à boire ; les doigts ont encore la pose qu'il faut leur donner pour saisir un objet de forme conique et qui monte en s'élargissant de la pointe au sommet. On connaît de nombreux exemples de Faunes, de Satyres ou de Silènes qui tiennent le céras. Une statuette de bronze de la collection Fortnum représente un Faune barbu, couvert de la nébride et tenant, dans la main droite baissée, une corne à boire, tandis qu'il porte une massue de la gauche[5]. Une autre statuette de bronze, conservée au musée de Vienne, représente un Faune barbu, couvert de la nébride, ayant, dans la main droite baissée, une corne à boire, et dans la gauche, une corne d'abondance[6]. La position de la corne à boire dans la main de ces deux statuettes de bronze n'est pas tout à fait la même que celle que devait avoir le même vase dans la main du Satyre du Cabinet des Médailles : celui-ci tenait le céras comme nous le voyons porté par un jeune Satyre imberbe du musée de Naples[7], ainsi que par un Satyre d'une peinture de Pompéi[8].

L'attribut que le Satyre du Cabinet des Médailles tenait dans la main gauche et qu'il paraît fixer attentivement, ne pouvait être de même forme que celui qu'il avait à la main droite. En effet, l'objet n'est mutilé que dans l'une de ses extrémités, celle qui est tournée du côté de la tête du Satyre ; l'autre bout, qui dépasse la main de quelques millimètres, est absolument intact et il affecte la forme d'un pied de bouc ou de chevreau. On remarque même, sur la tranche de ce tronçon, la rainure qui partage en

---

1. Plin. *Hist. nat.* XXXIV, 57.
2. *Ausgrabungen aus Olympia*, II, pl. XIV.
3. *Gazette archéologique*, t. V, 1879, p. 245.
4. *Gesammelte Schriften* de Kœhler, publiés par L. Stephani ; mémoire intitulé *Antiken von Paramithia in Epirus*, pl. 1.
5. *Annali dell'Instit. archeol. di Roma*, 1866, t. XXXVIII, p. 224 ; Tav. d'agg. N ; Cf. Roscher, *Lexicon*, art. *Faunus* ; Baumeister, *Denkmäler*, art. *Faunus*.
6. Voyez von Sacken, *Die antiken bronzen des K. K. Münzen und Antiken Cabinettes zu Wien*, I, taf. 50, 3. Cf. Roscher, *Lexicon*, art. *Faunus*.
7. Clarac, *Mus. de sculpt.*, pl. 694[a], n. 1693[b].
8. F. Lenormant et Robiou, *Chefs-d'œuvre de l'art antique*, 2ᵉ série, t. I, pl. 85.

deux sections égales le sabot des animaux de l'espèce des ruminants. Ceci bien constaté, il n'y a plus qu'un petit nombre d'hypothèses possibles en ce qui concerne l'attribut de cette main de notre Satyre : ce ne pouvait être qu'une outre faite avec une peau de bouc, une nébride ou un quartier de venaison comme un cuissot de cerf, de bouc ou de chevreuil.

L'hypothèse d'une outre de peau de bouc (ἀσκός) est fort possible. Nous savons qu'en fabriquant une outre de cette nature, on réservait la peau d'une patte de l'animal pour servir d'ouverture ; on coupait les autres et on en fermait la place par une couture. On remplissait et on vidait l'outre par la patte conservée, et de là vient qu'on dit souvent le *pied de l'outre* pour désigner son goulot [1]. Des monuments représentent des Satyres qui soufflent dans la patte de l'outre pour la gonfler [2], et rien de plus répandu que les figures de Silènes ou de Satyres portant une outre de peau de bouc pleine de vin. Parmi celles qui peuvent avoir, comme attitude générale, une certaine analogie avec la statuette qui fait l'objet de cette notice, nous citerons un Satyre barbu, en marbre, trouvé à Rome dans la villa de Q. Voconius Pollion [3], puis deux jeunes Satyres en marbre, du Musée de Naples, dont nous avons déjà parlé et qui, tenant une corne à boire dans la main droite, soutiennent de la main gauche une outre sur leur épaule [4]. Il y avait à Rome une célèbre statue de Marsyas avec une outre sur l'épaule, peut-être inspirée de la statue de Pan portant une outre, œuvre de Praxitèle. Cette statue de Marsyas était sur le Forum dès le VIIᵉ siècle de Rome ; on la voit reproduite sur des deniers frappés par L. Marcius Censorinus, vers l'an 670 (84 av. J.-C.) [5]. Marsyas, assimilé à Liber, fut le symbole de la liberté et c'est à ce titre qu'on avait érigé sa statue sur le Forum ; c'est pour la même raison que cette statue eut de nombreuses répliques, à l'époque impériale, dans les villes auxquelles on concédait les libertés et le droit de colonie latine : les monnaies frappées dans ces colonies ont souvent pour type cette statue de Marsyas, devenue extrêmement populaire [6]. Il ne nous semble pas, toutefois, que le Satyre du Cabinet des Médailles ait, avec le Marsyas du Forum, autre chose de commun que de lointains rapports de famille. Notre Satyre ne paraît point dans le mouvement d'un homme qui porte un fardeau sur son épaule. De plus, si l'on tient compte des procédés techniques, on reconnaîtra que, dans le cas où le Satyre eût porté une outre ou tout autre objet sur l'épaule, cet attribut, fondu avec la statuette, eût fait corps avec elle. Disparu, il en resterait des traces sur l'épaule ; or, il n'y a pas la moindre marque d'arrachement ou de brisure.

On doit donc admettre que notre Satyre tenait l'outre en suspension devant lui, geste donné à un certain nombre de figures antiques [7], notamment sur une peinture de vase où un Satyre barbu tient, de la main droite, une corne à boire, et, de la gauche, une outre gonflée qui pend presque jusque sur le

---

1. Voyez Pollux, *Onom.* II, 4, 196 ; Cf. Kœhler, *Kleine Abhandlungen zur Gemmenkunde*, Theil II, p. 15.
2. Kœhler, *Kleine Abhandlungen*, Theil II, p. 1 et suiv.
3. *Bulletino della commissione municipale di Roma*, 1884, p. 217, pl. XVII-XIX, n° 15.
4. Clarac, *Mus. de sculpt.*, pl. 694 ᴬ, nᵒˢ 1693 ᴮ et 1693 ᴮ.
5. E. Babelon, *Descript. histor. et chronol. des monnaies de la répub. romaine*, t. II, p. 195.
6. Voyez H. Jordan, *Marsyas auf dem Forum in Rom.* (Winckelmannsfest), In-4°, Berlin, 1884.
7. Gerhard, *Auserl. griechische Vasenbilder*, t. I, pl. LXXVII ; t. IV, pl. CCLXXII, n° 3 ; pl. CCCXVII, n° 1 ; Lenormant, *Catal. de la collection Dutuit*, pl. 19 ; A. de Laborde, *Vases Lamberg*, t. I, pl. XXIV.

sol ¹. Telle est l'hypothèse qui nous plaît davantage et si, parmi les nombreux Satyres que nous avons énumérés au cours de cette notice, il ne s'en trouve, à première vue, aucun qui porte d'une main le céras et de l'autre l'ἀσκός, cela tient, nous n'en doutons pas, à ce qu'on a complété ces attributs mutilés d'une manière arbitraire : on s'est trop hâté de restaurer tous ces Satyres, en leur mettant entre les mains le pedum, la flûte, les crotales. Si notre Satyre avait été un joueur de crotales, comme on l'a dit, on apercevrait, autour du poignet et sur les mains, les traces des courroies qui fixaient les coquilles dans la paume de la main ; et, dans l'hypothèse de crotales à manches, munies à une de leurs extrémités de deux palettes frappant l'une contre l'autre, les tronçons restés dans chacune des mains seraient semblables ; les deux mains eussent tenu, de la même façon, deux objets identiques ; le regard du Satyre n'eût pas été dirigé du côté de l'une des deux crotales avec cette attention prolongée et soutenue qu'on lui remarque.

D'ailleurs, bon nombre des statues de nos musées, dont on a fait des athlètes ou des Satyres tenant des crotales, le pedum, la grappe de raisin ou d'autres attributs, ont pu tout aussi bien reproduire le type des Satyres de Pergame, de Naples, de Myrina, du Cabinet des Médailles ² ; ce dernier, dans tous les cas, en raison de sa valeur artistique et de la précision relative avec laquelle on peut rétablir les attributs de ses mains, doit être considéré comme un des éléments importants du problème si délicat de la restauration des statues qui se rattachent plus ou moins directement au Marsyas de Myron.

1. A. de Laborde, *Vases Lamberg*, t. II, pl. xxx, n° 16.
2. Conze, *Ristauro d'una statuetta di Satiro*, dans les *Annali dell'Instit. arch. di Roma*, 1861, t. XXXIII. p. 331-333 et pl. N ; Braun, dans les *Annali dell'Instit. arch. di Roma*, 1843, t. XV, p. 266-276 ; *Monumenti*. t. III, pl. LIX. E. Brizio, dans les *Annali dell'Instit. arch. di Roma*, 1874, t. XLVI, p. 51-63 et pl. L. *Annali dell'Instit. archeol. di Roma*, 1879, t. LI, pl. s, T.
3. Tête de Méduse. Voyez ci-après, pp. 101 et 102.

TÊTE DE MÉDUSE EN BRONZE ³.

TÊTE DE MÉDUSE
MARTEAU DE PORTE DE LA COLLECTION DE LUYNES

XXXII.

TÊTE DE MÉDUSE

MARTEAU DE PORTE DE LA COLLECTION DE LUYNES.

Haut., 160 mill.; larg., 112 mill.

PRÈS Panofka, le duc de Luynes et Levezow[1], un érudit hollandais, M. Janus Six[2], a consacré, naguère, une étude spéciale au type des Gorgones. Des trois sœurs, Sthéno, Euryale et Méduse, la dernière, la seule qui fut mortelle, à qui Persée coupa la tête, est celle dont la légende fut véritablement populaire : c'est son image que les antiquaires désignent indifféremment sous le nom de masque de Gorgone ou de tête de Méduse, et qu'on voit partout reproduite dans l'art antique, soit comme talisman, soit simplement comme ornement décoratif. Sur les monuments archaïques, ce monstre dont le seul aspect pétrifie, dont les cheveux hérissés sont entremêlés de vipères, a toujours des traits hideux et grimaçants; il tire une langue démesurée, sa large bouche est armée de défenses de sanglier. Peu à peu, cet emblème de la laideur et de l'effroi se modifie avec les progrès de l'art; il s'humanise graduellement et revêt une physionomie moins hideuse dans les œuvres plus éloignées du type originairement inspiré par l'orbite grimaçant de la pleine lune. La tête de Méduse finit même, à l'époque hellénistique et sous les Romains qui l'ont multipliée à profusion, par présenter les traits d'une jeune fille d'une beauté idéale, tantôt mourante, tantôt profondément attristée à la pensée que les mèches de sa belle chevelure se transforment en serpents. Elle devient le type de la beauté funèbre[3].

C'est en observant ces modifications successives, dues à la fois aux progrès de la plastique et aux variations des idées symboliques attachées au mythe gorgonien, que M. Janus Six est parvenu à fixer les bases d'un classement chronologique et d'un groupement par familles, des multiples représentations du type de la Méduse. Parmi les huit classes dont les caractères sont déterminés avec une rigoureuse précision scientifique, la septième est celle où nous devons ranger la tête de Méduse du marteau de porte que reproduit notre planche 32. C'est dans la même catégorie que prennent place la figurine de bronze que nous donnons ci-dessus en cul de lampe, de même que la pierre gravée, signée de Pamphile, qui figure sur notre planche 33.

1. Panofka, *Musée Blacas*, p. 31-36; Duc de Luynes, *Études numismatiques sur quelques types relatifs au culte d'Hécate*, chap. II, p. 37 et suiv.; K. Levezow, *Ueber die Entwickelung des Gorgonen Ideals*, dans le t. XVI des *Abhandlungen der Berliner Academie*, 1852.
2. Janus Six, *De Gorgone. Specimen literarium inaugurale*, in-4°, Amsterdam, 1885.
3. Voyez Héron de Villefosse, dans la *Gazette archéologique* de 1887, p. 263, et Podschivalow, dans la *Gazette archéologique* de 1888, p. 79.

D'ailleurs, les représentations de la tête de Méduse qui rentrent dans cette septième classe sont innombrables; les plus anciennes forment le type de monnaies de bronze de Séleucus Ier Nicator (306-280 avant J.-C.). Une des plus remarquables est le masque en marbre de la glyptothèque de Munich, connu sous le nom de Méduse Rondanini [1]. Ce qui caractérise les Méduses de cette série, c'est une bouche régulière, quelquefois encore à demi entr'ouverte, des traits peu mouvementés ou même absolument calmes, de petites ailes aux tempes, entre lesquelles émergent les têtes de serpents; sous le cou enfin, un nœud formé par les replis des reptiles.

On retrouve la plupart de ces caractères dans la remarquable tête de Méduse, découverte à Capoue, que le duc de Luynes a fait entrer au Cabinet des Médailles. La figure de cette applique de bronze forme une saillie en relief de huit centimètres; le visage a un caractère noble et tranquille, le nez a le profil grec, la bouche est fermée. Sur l'orbite des yeux, on constate encore des restes d'incrustation en pâte de verre bleuâtre; les cheveux flottent sur la nuque en mèches ondulées; les queues des serpents sont nouées sous le cou, et dans leurs replis s'engage l'anneau mobile qu'on agitait pour frapper la porte [2]. Les têtes des serpents qui émergent au dessus du front sont munies de crêtes, comme les dragons du char de Triptolème ou ceux qu'étouffe Hercule au berceau [3]. Ces traits nobles et fiers de la Méduse rappellent le style des têtes d'Alexandre idéalisé, tel qu'on le représentait après sa mort. Il n'est pas jusqu'au profil légèrement de trois quarts, qu'on ne retrouve dans nombre d'œuvres du IIIe ou IIe siècle avant notre ère.

Le musée de Naples possède un marteau de porte en bronze, conçu d'après les mêmes données que celui de la collection de Luynes. La seule différence, c'est que la tête de Méduse est remplacée par un mufle de lion; l'anneau mobile est passé dans la gueule de l'animal [4].

La belle tête de bronze que nous donnons en cul de lampe à la page 100, a été acquise par le Cabinet des Médailles en 1837 [5]. La bouche entr'ouverte, le front contracté, les sourcils en forte saillie, expriment la terreur dans sa force idéale, sans exagération ni trivialité. Les queues de deux serpents sont nouées sous le cou; quatre têtes de ces reptiles émergent au sommet de la tête et leurs replis se mêlent à une longue et épaisse chevelure hérissée. Du front, les cheveux partent de tous côtés, rayonnants comme ceux de la Pythie delphique sur des tétradrachmes de Syracuse [6]. L'occiput est remplacé par une grande ouverture rectangulaire, dans laquelle devait s'engager le manche ou la goupille d'un ustensile quelconque; ce manche était, en outre, fixé par des clous qui pénétraient à travers le bronze et dont la place est marquée au dessus du front et au sommet de la tête. Belle patine verdâtre; hauteur, 7 centimètres.

---

1. A. von Lutzow, *Munchener Antiken*, p. 43 et pl. 35. Cette Méduse mesure 39 centimètres de hauteur.
2. Cet anneau a extérieurement 97 millimètres de diamètre.
3. E. de Chanot, dans la *Gazette archéologique*, t. I, 1875, p. 69.
4. Ceci, *Piccoli bronzi del real Museo Borbonico*, pl. IX, n° 2.
5. Chabouillet, *Catalogue*, n° 2972.
6. A. de Longpérier, *Œuvres* publiées par G. Schlumberger, t. III, p. 409 et suiv.

Cabinet des Antiques   Pl. XXXIII

INTAILLES ANTIQUES

XXXIII.

PIERRES GRAVÉES ANTIQUES

I. — TÊTE DE MÉDUSE

E Cabinet des Médailles possède deux pierres gravées signées de l'artiste grec Pamphile : l'une est le célèbre *Achille citharède* auquel nous consacrons plus loin une notice ; l'autre est la tête de Méduse reproduite sur notre planche 33. Cette belle améthyste, inédite, a été léguée à la collection nationale en 1881, par M. Pierre Galle. La Méduse a les yeux baissés, la bouche légèrement entr'ouverte et presque souriante. Des ailerons ornent ses tempes, et les enroulements des serpents forment un nœud élégant au dessus du front, parmi les ondulations de la chevelure. La signature ΠΑΜΦΙΛΟΥ se lit, en deux lignes, sous le menton.

Nous connaissons, par les témoignages littéraires, deux artistes du nom de Pamphile. L'un, qui florissait au commencement du IVe siècle, fut un peintre d'un grand renom, disciple d'Eupompos et maître d'Apelles [1]; l'autre, appelé *Pamphylus* ou *Paphylus*, fut un sculpteur élève de Praxitèle : il est signalé par Pline comme l'auteur d'un *Jupiter hospitalis* qui jouit d'une certaine renommée [2]. Il se peut que notre améthyste reproduise quelque œuvre fameuse de l'un de ces deux maîtres : un graveur aura traduit, dans le cadre restreint d'une gemme, un type de sculpture ou une composition picturale célèbre de son temps, sans omettre la signature même de l'original. Cette conjecture, déjà formulée pour l'Achille citharède, s'appuie sur des exemples analogues en sculpture [3]. Quoi qu'il en soit, si l'on préfère admettre l'existence d'un graveur en pierres fines du nom de Pamphile, cet artiste est inconnu des auteurs grecs ou latins. Le profil si purement grec de la tête de Méduse autoriserait à en placer la gravure au IIIe siècle avant notre ère.

Le nom de Pamphile a été gravé sur un certain nombre d'intailles de travail moderne [4].

Améthyste. Haut., 23 mill.; larg., 17 mill. Cassure sur la nuque.

II. — TAUREAU DIONYSIAQUE [5].

CE taureau, paré pour le sacrifice, a les flancs entourés d'une guirlande de lierre; il bondit, la tête baissée, agitant sa queue, grattant furieusement la terre et foulant aux pieds le thyrse dionysiaque. Au dessus, on lit en lettre très fines, la signature de l'artiste graveur : ΥΛΛΟΥ.

---

1. H. Brunn, *Geschichte der griech. Kunstler*, t. II, p. 132 et suiv.
2. Plin. *Hist. nat.* XXXVI, 34.
3. Voyez un exemple pour Praxitèle, cité par M. S. Reinach, dans la *Gazette archéologique*, 1887, p. 259.
4. H. Brunn, *Geschichte der griech. Kunstler*, t. II, p. 522.
5. Chabouillet, *Catalogue*, n° 1637 et p. 624.

L'antiquité grecque a souvent représenté Dionysos lui-même sous la figure d'un taureau [1]. Il y avait à Cyzique une statue célèbre de Dionysos-taureau [2]; on en a trouvé aussi diverses représentations à Athènes [3] et sur des monnaies de la Grande Grèce. Il est donc permis de conjecturer que le taureau d'Hyllus est Dionysos lui-même [4]; c'est sans doute, en même temps, la reproduction d'une œuvre sculpturale de marbre ou de bronze. Une autre pierre du Cabinet des Médailles (n° 1959) offre l'image d'un taureau dans un mouvement presque pareil; comparez aussi le taureau du camée de notre planche 26.

On ne sait rien de l'histoire du graveur Hyllus qui paraît avoir vécu dans le siècle qui suivit la mort d'Alexandre. H. Brunn cite un certain nombre d'intailles, les unes antiques, les autres modernes, sur lesquelles son nom se trouve gravé [5]. En ce qui concerne celle-ci, l'authenticité de la signature n'a jamais été mise en suspicion; en 1724, elle était déjà dans le Cabinet du Roi [6].

Agate calcédoine mamelonnée. Haut. 22 mill., larg. 44 mill.

III. — JULIE, FILLE DE TITUS [7].

Au nombre des monuments du trésor de l'abbaye de Saint-Denis qui furent aliénés le 30 septembre 1791, se trouvait le magnifique joyau reproduit au centre de la planche 33. Le procès-verbal de transfert, conservé au Cabinet des Médailles, le mentionne en ces termes : « Une aigue-marine gravée en creux, représentant la tête de Julia, fille de Titus, avec le nom du graveur grec Evodus. » Cette gemme, aigue-marine bleue orientale ou cristal de roche [8], formait le couronnement d'un reliquaire qui, d'après la tradition de Saint-Denis, remontait jusqu'à Charlemagne. Ce meuble précieux est signalé par Félibien : « Reliquaire appelé dans les anciens inventaires du Trésor, *Escrain* ou *Oratoire de Charlemagne*. Ce reliquaire n'est qu'or, perles et pierreries. Sur le haut, est représentée une princesse que quelques-uns estiment estre ou Cléopâtre ou Julie, fille de l'empereur Tite [9]. »

La pierre gravée et sa monture en or, rehaussée de perles et de saphirs, qui ornent aujourd'hui nos vitrines, sont les seules parties de l'Oratoire de Charlemagne qui n'aient pas été jetées au creuset. La gemme est une œuvre de l'époque de Domitien; la monture est un travail du Moyen-Age.

Les nombreuses représentations que l'on possède de Julie, fille de Titus, sont généralement citées comme types de la coiffure singulière adoptée par les matrones romaines de l'époque des Flaviens. Le

---

1. Plutarch. *De Is. et Os.* 35.
2. Athen. XI, p. 476; Eustat. ad *Il. Hom.*, t. II, p. 883 de l'éd. Froben.
3. Fr. Lenormant, *Monogr. de la voie sacrée Eleusinienne*, t. I, p. 66 et suiv.
4. Fr. Lenormant, art. *Bacchus* dans le *Dict. des Antiquités gr. et rom.* de Saglio, t. I, p. 619.
5. Brunn, *Geschichte der griech. Künstler*, t. II, p. 507 et suiv.
6. Stosch, *Pierres gravées sur lesquelles les graveurs ont mis leurs noms*, Amsterdam, 1724, in-f°, p. 57.
7. Chabouillet, *Catalogue*, n° 2089.
8. Vieseler et Müller, *Denkmaler*, p. 93, n° 381 et pl. LXIX; Kœhler (*Gesamm. Schriften*, t. III, p. 212) dit que, d'après la densité de cette gemme, il tient pour certain que ce n'est pas une aigue-marine, mais du cristal de roche.
9. Félibien, *Hist. de l'abbaye de St.-Denys*, p. 542. L'inventaire de Saint-Denis, de l'an 1634, encore manuscrit, signale ainsi notre aigue-marine : « Sur le milieu de la creste de la bande d'en hault, un fermillet d'or attaché debout, garny au milieu d'une grande aigue-marine à teste de femme à la mode antique, prisée quarante escus par ledict recollement; que lesdicts experts ont dit estre aigue-marine en forme d'antique, qu'ils ont prisée mil livres... » — *Arch. nation.* Reg. LL. 1327, f° 20, v°. Cf. Jules Labarte, *Hist. des arts industriels*, 2° éd. t. I, p. 246. Voyez aussi Ph. de Stosch, *Pierres gravées sur lesquelles les graveurs ont mis leurs noms*, p. 45; *Trésor de numismatique et de glyptique. Iconographie romaine*, p. 41 et pl. XXII, n° 12; Viollet le Duc, *Dictionn. du mobilier*, t. II, p. 172 à 175.

front est surchargé de rangées de boucles et de frisures retenues par un riche diadème. Ce lourd échafaudage en forme de croissant (*orbis*) est amèrement critiqué par les moralistes dont les invectives nous mettent dans la confidence du long et savant travail que le fer et la main des coiffeuses (*ornatrices*) devaient exécuter pour leurs élégantes et parfois cruelles maîtresses[1]. Qui ne connaît ces vers de Martial :

> *Unus de toto peccaverat orbe comarum*
> *Annulus, incerta non bene fixus acu.*
> *Hoc facinus Lalage speculo, quo viderat, ulta est,*
> *Et cecidit sectis icta Plecusa comis.*
> *Desine jam, Lalage, tristes ornare capillos,*
> *Tangat et insanum nulla puella caput.*

L'artiste grec qui grava notre gemme a placé son nom en lettres ténues derrière la tête de Julie : ΕΥΟΔΟC ΕΠΟΙΕΙ. Son œuvre paraît avoir joui d'une grande réputation dans l'antiquité même, si l'on en juge par les nombreuses répliques qu'on en a exécutées. Le Cabinet des Médailles possède, à lui seul, trois autres intailles antiques qui reproduisent, mais sans la signature, l'œuvre d'Evodus[2]. Le nom de cet artiste est gravé aussi sur quelques pierres modernes[3].

Le cadre d'or dans lequel est sertie l'aigue-marine paraît, par son style, le mode d'attache des perles et la sertissure des cabochons, remonter au moins au xie siècle, sinon à l'époque mérovingienne ou carlovingienne; il se termine, en bas, par deux branches parallèles qui s'engageaient chacune dans une douille pratiquée au sommet du reliquaire. Dans la couronne de perles fines et de saphirs qui rayonne comme une *gloire* autour du cadre, il faut remarquer le saphir du haut sur lequel on a gravé, d'un côté, un dauphin, et de l'autre côté, le monogramme.

Maladroitement disposé de côté, ce monogramme grec nous fournit la preuve évidente que les saphirs de la monture sont d'origine byzantine, et nous saisissons sur le fait un des procédés de l'orfèvre du Moyen-Age qui enlève à d'autres monuments leur parure pour l'approprier à ses œuvres personnelles. Ici, l'adaptation concorde à merveille avec le nom chrétien qu'on voulait donner à la belle tête de femme gravée par Evodus; en effet, le monogramme où l'on reconnaît, comme incontestables, la croix et les lettres Α Μ Θ Χ, peut se décomposer en ΑΓΙΑ ΜΗΤΗΡ ΘΕΟΥ ΧΡΙCΤΟΥ, ou quelque formule de ce genre, pareille à celles qui sont ordinaires sur les bulles et les sceaux byzantins. A l'imitation d'un bon nombre de camées antiques, notre gemme reçut donc une attribution chrétienne : le portrait de Julie, fille de Titus, passa pour celui de la Vierge Marie. Ainsi s'explique la présence de ce joyau au sommet du reliquaire appelé l'Oratoire de Charlemagne.

Nous reproduisons ci-dessous, d'après Félibien, l'image complète du reliquaire qui ne pesait pas moins de dix-neuf marcs d'or et dont il ne reste plus, comme nous l'avons dit, que la pièce du sommet,

---

1. Juvénal, VI, 490 et 502; Martial, II, 66.
2. Chabouillet, n° 2090; une autre qui porte le n° 2090 *bis*, ne figure pas dans le catalogue; la troisième enfin est dans la collection de Luynes.
3. H. Brunn, *Geschichte der griech. Künstler*, t. II, p. 499. Chabouillet. *Étude sur quelques camées*, p. 31 (extrait de la *Gazette archéologique*, (1885-1886).

C'était un coffret garni de glaces qui permettaient de voir les reliques; au dessus de la *capsa*, s'étageaient des arcatures à jour, avec des perles et pierreries en cabochons enchâssées sur la face dans le même style que le couronnement; enfin, tout en haut, était fixée la *Julia Titi* : « Autour de cette aigue-marine, dit Viollet le Duc, neuf beaux saphirs sont sertis dans des bâtes d'or. Ces bâtes sont soudées au cercle qui entoure la tête au moyen de petites boules d'or; les sept saphirs supérieurs sont terminés par de grosses perles d'un bel orient, enfilées dans des broches d'or et reposant sur des culots. La rivure des broches de ces perles est faite à l'aide d'une petite rosace. Aux deux bâtes des saphirs inférieurs sont soudées deux tiges qui entraient dans deux douilles. Cette ornementation, par sa simplicité même, ne manque pas de style, elle est d'ailleurs exécutée avec soin; les bâtes sont bien faites, sertissent les pierres et sont délicatement soudées [1]. »

L'Oratoire de Charlemagne, s'il n'eût été détruit en 1793, serait un des plus importants monuments de l'orfèvrerie mérovingienne ou carlovingienne qu'on puisse admirer dans nos musées. Il serait digne d'être mis en parallèle avec les couronnes d'or du roi visigoth Recceswinthe, qui offrent avec lui, au point de vue technique, de frappantes analogies, et sont le principal ornement du Musée de Cluny.

[1]. Viollet le Duc, *Diction. du mobilier*, t. II, p. 172 à 175.

L'ANCIEN ORATOIRE DIT DE CHARLEMAGNE, A SAINT-DENIS.

ANTÉFIXE DE TERRE-CUITE.

A Lévy Éditeur

XXXIV.

ANTÉFIXE DE TERRE CUITE

Haut. 225 millim.

NE tradition que Pline le Naturaliste nous a transmise¹ attribue à un potier de Sicyone, Butades, l'invention des acrotères et des antéfixes en terre cuite qui, dans les édifices de l'antiquité, s'alignent sur le bord du toit, de façon à masquer l'extrémité des tuiles et à fournir un élément décoratif au couronnement de la façade. Que cette tradition soit authentique ou légendaire, l'usage de ces ouvrages de briques, qu'on appelait καλυπτῆρες ἀνθεμωτοί, *imbrices frontati, ectypae, antefixa*, fut universel de très bonne heure dans les pays grecs, et il naquit de la nécessité de dissimuler la toiture qui n'était, par elle-même, ni riche ni élégante. On en trouve partout des spécimens variés : à Athènes et à Égine comme en Étrurie, en Sicile et dans la Grande Grèce. Tantôt ce sont des têtes de divinités, parfois encadrées dans une sorte de large nimbe en éventail ; tantôt des têtes de Gorgone, des mufles de lion, des masques satyriques, des fleurons, des palmettes, qui donnaient au bord du toit une gracieuse dentelure architecturale. Les explorateurs recueillent ces fragiles monuments, plus ou moins mutilés, parmi les débris des édifices ou des tombeaux ; ceux que le hasard a complètement protégés sont munis, à leur partie postérieure, d'une languette à rebord, destinée à s'emboîter dans la dernière rangée des tuiles.

L'antéfixe qui fait l'objet de cette notice a été rapportée par Charles Lenormant d'un voyage qu'il fit à Athènes en 1845. Il n'y a donc aucun doute sur sa provenance ; on ne saurait guère hésiter non plus sur l'époque à laquelle elle remonte. Le style de la tête a conservé des caractères d'archaïsme qui donnent au visage un air de ressemblance avec la physionomie d'Athéna sur les monnaies du ve siècle. Dans ce simple produit industriel d'une briqueterie athénienne, on retrouve les traits énergiques, l'expression sobre et sévère des grandes statues de marbre qui représentent à nos yeux l'art attique immédiatement antérieur aux guerres médiques. Qu'on la compare, par exemple, à la tête d'athlète de la collection Rampin² ainsi qu'à plusieurs des statues trouvées en 1886, dans les fouilles de l'Acropole, et en tenant compte des différences occasionnées nécessairement par la nature diverse des procédés techniques, puisque nous rapprochons des sculptures en marbre d'un objet moulé et qui a subi l'action du feu, on reconnaîtra aisément la même manière de traiter les différentes parties de la tête, les cheveux, les

1. *Hist. nat.*, XXXV, 12, 152. Voyez sur les antéfixes, O. Rayet et M. Collignon, *Hist. de la céramique grecque*, chap. XXII
2. O. Rayet, *Monuments de l'art antique*.

yeux, la bouche, le même sourire *éginétique*, une pareille absence de caractère individuel dans le jeu de la physionomie.

Il n'est peut-être pas trop téméraire de penser que cette antéfixe faisait partie de la décoration extérieure du premier temple d'Athéna, incendié par les Perses en 480. Les fouilles qui se poursuivent depuis quelques années avec tant de succès sur l'Acropole, et qui nous ont livré tout un peuple de statues, confirmeront peut-être cette hypothèse en mettant au jour des antéfixes sorties du même moule. Toujours est-il que, dès avant Ch. Lenormant, Ph. Lebas avait déjà recueilli à Athènes des antéfixes archaïques, des mêmes dimensions que celle qui nous occupe. Celle qu'il a fait représenter dans son grand recueil archéologique et épigraphique [1] affecte la forme d'une élégante palmette. Une autre antéfixe, trouvée aussi à l'Acropole d'Athènes par Ludwig Ross en 1855 [2], reproduit la tête de Gorgone franchement hideuse des monnaies du commencement du ve siècle, et son style archaïque la classe à côté de la terre cuite du Cabinet des Médailles dont elle a les dimensions exactes.

Ce qui rend ces rapprochements plus caractéristiques encore, c'est que ces trois spécimens d'antéfixes du premier temple d'Athéna sont coloriés de la même manière et des mêmes teintes rouge et brun foncé. La tête d'Aphrodite ou de Héra figurée ici a les lèvres coloriées en rouge vermillon ; les cheveux, partagés sur le milieu du front en deux longues tresses ondulées qui retombent sur les épaules, sont d'un brun rougeâtre, de même que les sourcils, les cils et la prunelle des yeux ; la base est décorée d'une grecque formée de méandres rouges et bruns. Remarquons enfin le collier en torsade passé autour du cou et le large diadème peint en rouge et orné de rosaces épanouies, séparées les unes des autres par un fruit.

Comme celles qu'on a exécutées sur l'emplacement de la plupart des temples grecs, les fouilles d'Olympie ont mis au jour une collection considérable d'antéfixes en terre cuite, provenant du Trésor de Géla, et également rehaussées de couleurs vives et crues [3]. Il serait hors de propos de rentrer à ce sujet dans la question, jadis si controversée, de la polychromie extérieure des temples et des autres édifices chez les Grecs ; quoi qu'il en soit, de toutes les parties extérieures d'un temple, les antéfixes, les chéneaux et les acrotères en terre cuite sont celles sur lesquelles il ne saurait plus y avoir doute. Généralement de dimensions assez médiocres, eu égard à la masse de l'édifice (l'antéfixe du Cabinet des Médailles a 225 millimètres de hauteur), et placées à la partie la plus élevée, par conséquent la plus éloignée de la vue, les antéfixes avaient besoin d'être soulignées par des couleurs très tranchées pour que les détails des figures qu'elles représentent pussent être remarqués du visiteur.

---

1. Le Bas et Waddington, *Voyage archéologique en Grèce et en Asie Mineure*, pl. II, 1.
2. Ludwig Ross, *Archæologische Aufsätze*, Erste Sammlung, pl. VIII.
3. V. la dissertation de MM. DÖRPFELD, F. GRAEBER, R. BORRMANN et K. SIEBOLD : *Ueber die Verwendung von Terrakotten am Geison und Dache griechischer Bauwerke*, 41e Programm zum Winckelmannsfeste, Berlin, 1881 ; Rayet et Collignon, *op. cit.*, p. 380.

Imp. Lemercier et Cie. C. Kaeser sc.

LE TRÔNE DE DACOBERT

A. Lévy, Éditeur

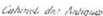

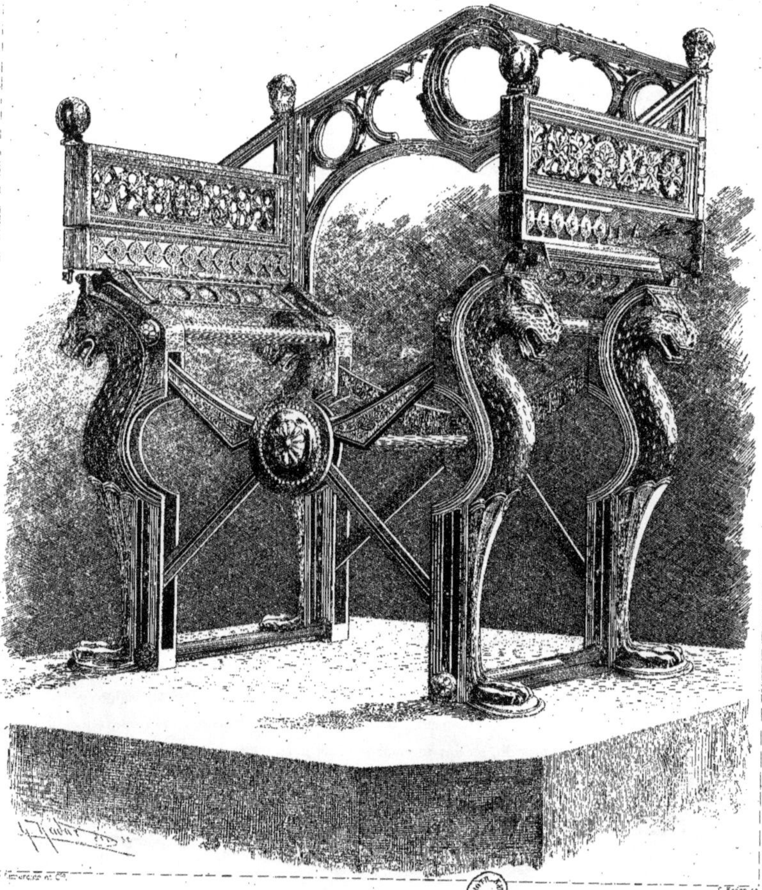

XXXV.

LE TRONE DE DAGOBERT

CHAISE CURULE ROMAINE EN BRONZE DORÉ.

I les précurseurs de l'archéologie, les Félibien, les Montfaucon, les Caylus, ont souvent manqué de critique, et apporté dans leurs travaux une inexpérience qu'excuse l'insuffisance de leurs moyens d'étude, il leur est arrivé parfois aussi d'émettre sur certains monuments des opinions saines et judicieuses dont les archéologues plus récents ont eu le tort de s'écarter. Nous en avons un exemple frappant dans ce qui a été écrit, depuis deux siècles, sur le siège romain, en bronze doré, vulgairement connu sous le nom de Trône ou Fauteuil du roi Dagobert. En 1706, l'historien de l'abbaye de Saint-Denis, dom Félibien, le décrivait en ces termes : « Une chaise de cuivre doré, qu'on croit avoir servi de trosne à quelqu'un des Rois de la première race et peut-estre à Dagobert même, comme l'a cru l'abbé Suger qui la fit redorer de son temps [1]. » Un peu plus tard, en 1729, Montfaucon lui consacre cette courte et judicieuse notice : « Le thrône qu'on appelle de Dagobert, se voit au Trésor de Saint-Denis. Il y a longtemps qu'on ne s'en est servi. Le siège approche assez pour la forme des chaises curules des anciens Romains. Les quatre appuis se terminent en haut en têtes de monstres. Un des grands sceaux de Louis le Gros le représente assis sur un thrône qui a des têtes de monstres semblables à celles-ci. Un autre thrône de Louis le Gros et un de son fils Louis le Jeune, ont des têtes de lions. Les thrônes des consuls dans les diptyques de Bourges, de Liège, et dans un autre qui représente Stilicon, ont aussi des têtes de lion, qui tiennent de leur gueule un cercle [2]. » En 1839, dans les *Monuments français inédits* de Willemin, nous lisons : « La tradition voulait que ce trône eût été fabriqué vers le commencement du VIIe siècle par saint Éloi, pour Dagobert Ier. Quoi qu'il en soit de cette tradition, probablement fondée sur le souvenir des deux trônes d'or, enrichis de pierreries, que saint Éloi exécuta pour Clotaire II, il est certain que l'opinion que ce siège avait appartenu à Dagobert était pleinement établie au XIIe siècle, puisque l'abbé Suger, dans le livre *De son administration*, qu'on suppose dicté par lui-même, le mentionne positivement, en rappelant qu'il avait fait réparer ce siège, que les injures du temps avaient fortement endommagé. On est généralement d'accord que la partie inférieure de ce trône, celle qui constitue le siège proprement dit, est fort ancienne et pourrait bien être une chaise curule antique... Quant à la galerie à jour qui forme le dossier et les bras du siège, on la regarde comme plus

---
1. Félibien, *Hist. de l'abbaye de Saint-Denis*, p. 545.
2. Montfaucon. *Les monuments de la monarchie française* t. I, p. xxxvij.

28

moderne. Il n'y aurait point d'inconvénient à supposer que ce fut dans l'adjonction de cette partie au siège antique que consista principalement la restauration ordonnée par Suger, et au moyen de laquelle ce siège, disposé auparavant en pliant, devint fixe et solide comme un fauteuil [1]. »

Ces réflexions, inspirées par la saine critique et où la part de la vérité archéologique et celle de la conjecture sont sagement déterminées, n'ont pas été admises par Charles Lenormant qui a consacré au monument dont il s'agit une étude développée [2] dans laquelle il entreprend de prouver entre autres points : 1° Que la tradition de Saint-Denis était fidèle, et que le siège en question est précisément un de ceux que saint Eloi a exécutés pour Clotaire II. 2° Qu'en effet, la partie inférieure du monument remonte seule jusqu'aux temps mérovingiens, sans pour cela que ce siège ait été celui d'un magistrat romain. Pour nous, ces deux propositions sont inadmissibles. Voici d'abord le passage de la vie de saint Eloi par son disciple saint Ouen, où il est parlé des sièges fabriqués pour Clotaire II :

Le roi Clotaire voulait se faire fabriquer un siège élégant en or et en pierres précieuses; mais il n'y avait personne dans son palais capable d'exécuter cette œuvre telle qu'il l'avait conçue. Le trésorier du roi, qui connaissait l'habileté d'Eloi, lui demanda s'il pourrait se charger d'un travail aussi difficile; puis, certain qu'Eloi en viendrait facilement à bout, il annonça au roi qu'il avait trouvé un artiste qui se mettrait à l'œuvre sans retard. Alors, le roi charmé remit à son trésorier une énorme somme d'or que celui-ci s'empressa de livrer à Eloi. Ce dernier mena rapidement son travail. Quand il fut achevé, il se trouva qu'il avait pu fabriquer deux fauteuils avec la matière qu'il avait reçue pour en faire un seul, si bien qu'il paraissait incroyable qu'il eût pu exécuter tout cela avec le poids d'or qu'on lui avait livré. C'est sans la moindre fraude, et sans qu'il s'en manquât du poids d'une silique, qu'Eloi avait exécuté son œuvre, et il n'avait pas fait comme bien d'autres qui dissimulent leur fraude en accusant le déchet occasionné par l'usure de la lime ou celui qu'aurait pu produire la fusion du métal ; faisant tout consciencieusement, il fut assez heureux pour mériter une double récompense. L'ouvrage achevé, il se hâte de le porter au palais et de livrer au roi le siège commandé, gardant par devers lui celui qu'il avait exécuté par dessus le marché. Le roi commence à admirer et à exalter l'élégance du travail et il ordonne qu'on donne tout de suite à l'orfèvre une récompense digne de son talent. Alors Eloi, découvrant tout à coup l'autre siège : « Pour ne pas perdre l'or qui me restait, dit-il, je l'ai employé à cet autre objet. » Clotaire stupéfait et de plus en plus émerveillé, questionne l'orfèvre pour savoir comment il a pu tout exécuter avec le même poids d'or. Et après qu'Eloi lui a expliqué son travail, le roi s'écria dans l'admiration : « Voilà l'homme dans lequel je puis me confier pour les plus grandes choses ! ... » [3]

On a cru généralement, avant Ch. Lenormant, que de ce texte il résultait qu'Eloi, ayant reçu de l'or pour faire un siège, en avait fabriqué deux semblables avec le métal qu'on lui avait livré pour un seul. D'après Ch. Lenormant, cette interprétation est erronée. « Le poids de l'objet à fabriquer était fixé d'avance; on avait pesé l'or avec le soin convenable, *rex tradidit copiosam auri impensam*, et le premier soin que dut prendre le prince quand on lui apporta l'ouvrage qu'il avait commandé fut de

---

1. Villemin (W. X.). *Monuments français inédits pour servir à l'histoire des arts*, t. I, p. 5 (notice de A. Pottier).
2. *Notice sur le fauteuil de Dagobert*. Extrait des *Mélanges d'archéologie, d'histoire et de littérature* des PP. Cahier et A. Martin.
3. Volebat enim idem rex (Clotarius) sellam urbane auro gemmisque fabricare; sed non inveniebatur in ejus palatio, qui hujusmodi opus sicut mente conceperat, posset opere perficere. Cum sciret ergo præfatus regis thesaurarius Eligii industriam, cœpit eum explorare, si quominus opus optatum possit perficere : et cum facile id apud eum fieri intellexisset, ingressus ad principem indicavit ei, invenisse se artificem industrium, qui dispositum sine cunctantine aggrederetur ejus operis artificium. Tunc rex mente gratissima tradidit ei copiosam auri impensam : sed et ipse nihilominus tradidit Eligio. At ille acceptum opus cum celeritate inchoavit, atque cum diligentia celeriter consummavit. Denique quod ad unius opificii acceperat usum, ita ex eo duo composuit, ut incredibile foret omnia ab eodem pondere fieri potuisse. Nam absque ulla fraude, vel unius etiam siliquae imminutione, commissum sibi patravit opus, non caeterorum fraudulentiam sectans, non mordacis limae fragmina culpans, non foci cdacem flammam incusans, sed omnia fideliter complens, gemmam feliciter meruit felix remunerationem. Opus ergo perfectum defert protinus ad palatum, traditae regi opus donaverat sellam, altera penes se, quam gratuito fecerat, reservata. Cœpit tunc princeps mirari simul et offerre tantam operis elegantiam, jussitque illico fabro tribuere mercedem laboris dignam. Tum Eligius altera ex occulto in medio prolata : Quod superfuit, inquit, ex auro ne negligens perderem, huic operi aptavi. Confectim stupefactus Clotarius, et majori admiratione detentus, sciscitabatur opificem, si cuncta ex eodem penso facere potuisset ; et cum consequenter, juxta id quod fuerat sciscitatus, responsum accepisset, ingenium ejus sublimi favore attollens : ex hoc jam, inquit, etiam in maximis credi poteris. Audoen. *Vita S. Eligii*, ap. Dachery, *Spicil.* édit. in-f°, t. II, p. 79 ; Ch. Lenormant, *op. cit.* p. 6.

vérifier si le siège avait le poids convenu et de faire *toucher* l'or dont il était composé...; en pareil cas, les artistes d'alors, profitant de l'ignorance commune, s'efforçaient par de vains prétextes de cacher la fraude qu'ils ne manquaient pas de commettre : ils rendaient, il est vrai, moins de métal qu'on ne leur en avait livré, mais c'était la faute, ou de la lime qui avait fait disparaître en poussière une portion de l'or, ou du creuset qui en avait dévoré une autre partie...... Eloi livre son travail, comme on dit, bon poids, bonne mesure, et après qu'il a reçu les compliments dont il était digne, il produit un autre siège, probablement de la même dimension que le premier, probablement aussi exécuté sur le même modèle, et offrant le même aspect à cause de la *dorure* dont il était couvert. Le roi et l'assistance se mettent à crier au prodige, mais l'habile et honnête artiste ne juge pas à propos de garder pour soi son secret : il explique au roi qu'il n'a pu donner au métal consacré au trône d'or massif la solidité nécessaire sans y introduire l'alliage dans une juste proportion ; l'addition de cet alliage n'a pas été assez considérable pour qu'en éprouvant l'or au moyen de la pierre de touche on se soit aperçu de la présence d'un élément étranger.... C'est ainsi que saint Eloi avait pu retirer de la masse totale de l'or une certaine quantité de ce métal précieux, sans rien diminuer du poids attribué d'avance à l'objet exécuté, et sans s'exposer à ce qu'on s'aperçût de l'absence d'une partie de l'or. Il avait employé ce résidu à la *dorure* d'une *copie en bronze* du même objet [1]. » D'après Lenormant, le plus précieux des trônes fabriqués par saint Eloi, celui qui était en or enrichi de pierreries, a disparu. « La copie qui, à une époque sans doute très rapprochée de son origine, fut déposée dans le monastère fondé par le fils de Clotaire II, s'est conservée à cause du peu de valeur du métal dont elle se compose. Si c'est Dagobert Ier qui l'a donné à l'abbaye de Saint-Denis, il n'est pas étonnant que le nom de ce prince y soit resté attaché. »

Malheureusement pour cette thèse ingénieuse, le siège conservé au Cabinet des Médailles est de travail romain et son style indique manifestement qu'il n'a pu être fabriqué à l'époque mérovingienne. C'est ce que pensaient déjà les anciens antiquaires. En vain Lenormant essaye-t-il de prévenir cette objection en disant que l'orfèvre mérovingien a copié un siège romain ; son hypothèse d'un surmoulé mérovingien est purement gratuite, et la comparaison du pliant que nous avons sous les yeux avec les monuments de bronze de l'époque barbare, armes, bijoux, ustensiles de toute nature, permet d'affirmer que les artistes mérovingiens les plus habiles étaient incapables d'exécuter une œuvre pareille. Par contre, de nombreux monuments romains, les diptyques consulaires entre autres, nous montrent les consuls assis sur des chaises curules identiques à celle qui échoua à l'abbaye de Saint-Denis. Pour être fort ancienne, la légende qui a attaché les noms de saint Eloi et de Dagobert à notre fauteuil n'en est pas moins apocryphe.

Au XIIe siècle, la chaise curule dorée passait pour avoir appartenu au roi Dagobert, et Suger se glorifie d'avoir restauré et embelli cette relique vénérable entre toutes : « Nous nous sommes occupé

---

[1]. Lenormant, *op. cit.*, p. 8 du tirage à part. Cf. Jules Labarte, *Hist. des arts industriels*, t. I. pp. 178, 225, 245, 249. Viollet le Duc, *Dictionn. du mobilier*, t. I, p. 109.

aussi, dit-il, du siège du glorieux roi Dagobert. Ce siège sur lequel, suivant une antique tradition, s'asseyaient les rois de France, à leur avènement au trône, afin de recevoir, pour la première fois, l'hommage des grands de leur cour, était disloqué et tombait de vétusté : nous l'avons fait réparer tant à cause du noble usage auquel il servait, qu'à cause de son mérite artistique [1]. »

Dans l'état actuel du monument, ce qui appartient à l'époque romaine se distingue nettement des réparations et des additions qui sont l'œuvre de Suger. La chaise curule était un pliant de métal recouvert d'un coussin et sans bras ni dossier. Suger transforma ce pliant en une chaise inflexible, munie de galeries latérales et d'un large dossier terminé en fronton. Les croisillons en X qui circulaient dans des rainures perpendiculaires, suivant qu'on voulait ouvrir ou fermer le siège, furent rivés et immobilisés au milieu des montants. Ces additions furent naturellement exécutées dans le goût du XIIe siècle : le cercle qui décore le fronton du dossier était rempli par une croix, aujourd'hui disparue, dont on aperçoit encore les amorces ; les deux galeries latérales, découpées à jour, sont ornées l'une d'une rangée de rosaces, l'autre d'une guirlande de feuillage dans le style roman. Les deux têtes barbues qui terminent les bras sont visiblement de la même époque [2].

Un grand nombre de monuments du Moyen-Age, sculptures, miniatures, sceaux et monnaies, représentent les rois de France sur un siège dont les quatre pieds sont des têtes et des griffes de lion ; les supports de ces trônes sont disposés en forme d'X, de sorte qu'on a eu quelque raison de croire que nos rois se sont fait représenter assis sur le trône même de Dagobert. D'autres princes du Moyen-Age, et même des prélats et des seigneurs féodaux, sont pareillement assis sur des trônes à supports léonins, qui rappellent, tout autant que la *cadière* royale, la chaise curule des consuls romains.

Le 30 septembre 1791, le trône de Dagobert fut enlevé de Saint-Denis et transporté au Cabinet des Médailles. Au mois d'août 1804, quand Napoléon, au camp de Boulogne, voulut organiser une grande cérémonie pour la première distribution de croix de la Légion d'honneur, le fauteuil de Dagobert fut choisi pour servir de trône à l'empereur. On en fit hâtivement réparer les membres disloqués, par un maladroit forgeron dont l'ouvrage n'est que trop apparent, et le siège fut emmené au camp, avec tout l'attirail de la pompe impériale. Nous possédons une médaille frappée en cette même année pour rappeler cette imposante cérémonie : on voit, au revers, Napoléon élevé sur une estrade, siégeant sur le trône de Dagobert et distribuant les premières croix d'honneur. O fortune des choses ! de *sella curulis* qu'il était à l'origine, le fauteuil de nos anciens rois devenait ainsi, pour la circonstance, une *sella castrensis* comme celles que les empereurs romains faisaient transporter dans leurs expéditions et du haut desquelles ils haranguaient les légions ou recevaient en cérémonie les ambassadeurs des barbares [3].

---

1. « Nec minus nobilem gloriosi regis Dagoberti cathedram in quâ, ut perhibere solet antiquitas, reges Francorum, suscepto regni imperio, ad suscipienda optimatum suorum hominia primum sedere consueverant, tum pro tanti excellentia officii, tum etiam pro operis ipsius pretio, antiquatam et disruptam refici fecimus. » Dom Bouquet, *Historiens de France*, t. XII, p. 101 A. Cf. *Œuvres complètes de Suger* publiées par Lecoy de la Marche, p. 204.

2. Ch. Lenormant (*op. cit.*, p. 25) pense à tort que ces têtes remontent à l'époque mérovingienne. Il n'y a pas, non plus, à tenir compte de l'opinion des Bénédictins qui disaient au XVIIIe siècle : « Cette chaise de Dagobert restaurée par les soins de Suger n'est pas vraisemblablement celle qu'on montre aujourd'hui à Saint-Denis. » *Histoire littéraire de la France*, t. XII, p. 598, note.

3. Le fauteuil de Dagobert fut transporté en 1852 au musée des Souverains ; il rentra au Cabinet des Médailles après la dispersion de ce Musée en 1871. Vers 1838, on fit exécuter une copie en bronze doré du trône de Dagobert : c'est cette copie qu'on voit actuellement au trésor de l'église de Saint-Denis. Marion du Mersan, *Hist. du Cabinet des Médailles*, p. 5.

Cabinet des Antiques. Pl. XXXVI

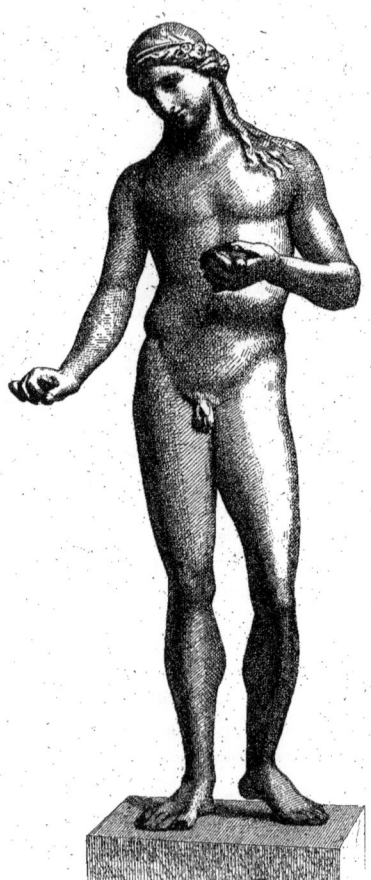

ADONIS
BRONZE DE LA COLLECTION DE JANZÉ
A. Lévy Éditeur

XXXVI.

ADONIS

BRONZE DE LA COLLECTION DE JANZÉ

Haut., 27 cent.

N doit à M. le baron de Witte l'interprétation de cette statuette[1] : elle représente Adonis qui tient, dans sa main gauche, une cassolette à parfums ; dans sa main droite, un grain de myrrhe qu'il va déposer sur les charbons ardents d'un thymiatérion. Pour bien saisir le sens du geste du jeune dieu, il est nécessaire de rappeler quelques traits de sa légende à laquelle nous avons déjà eu l'occasion de faire allusion[2].

La tradition cypriote, que nous devons particulièrement suivre (notre bronze ayant été trouvé sur les ruines du temple d'Aphrodite à Paphos), racontait qu'Adonis était fils de Myrrha, princesse syrienne qui l'eut de son propre père, Cinyras, roi de Cypre. Ce fut, ajoutait la légende, Aphrodite qui, jalouse de la beauté de Myrrha, la rendit amoureuse de son père et la fit s'introduire dans la couche de celui-ci enivré. Cinyras, reconnaissant trop tard son crime involontaire, se tua de désespoir ; quant à Myrrha, les dieux la métamorphosèrent en l'arbrisseau aromatique qui porte son nom et qui, quelques mois après, s'entr'ouvrit pour donner le jour à Adonis. Aphrodite recueillit l'incestueux enfant qui était d'une beauté extraordinaire, et elle en devint plus tard éperdument amoureuse, jusqu'au jour où, chassant le sanglier dans le Liban, Adonis succomba sous la dent du terrible animal suscité par la jalousie des dieux. Cette fable, en nous expliquant les relations étroites du culte d'Adonis avec celui d'Aphrodite, nous traduit, en même temps, le sens symbolique des grains de myrrhe qu'Adonis tient à la main. Ils rappellent sa mère : ce sont les larmes de Myrrha changée en arbre à parfums.

Adonis est fréquemment représenté dans les peintures de vases et sur les miroirs ; des figurines en terre cuite recueillies en Syrie nous le montrent couché et endormi sur un lit ; on jetait solennellement ces figurines dans la mer lors de la célébration des Adonies, ou bien on les plaçait dans les tombeaux comme symboles de résurrection ; enfin, des sarcophages de l'époque romaine reproduisent la chasse au sanglier. Mais les statues de marbre et de bronze qui offrent la figure du fils de Myrrha sont des plus rares, ou plutôt il est rarement possible de les distinguer de celles qui représentent des éphèbes ou des Apollons. La seule qu'on cite avec quelque certitude est une statue de marbre du Vatican dont

---

1. J. de Witte, dans la *Gazette archéologique*, 1876, t. II, p. 50 et suiv. La statuette a été raclée violemment et complètement dépouillée de sa patine ; elle est percée d'un trou rond au dessus de la tête, et de deux autres trous sur les omoplates (l'un de ceux-ci actuellement bouché). Ces trous servaient à fixer sur la tête un appendice qui a disparu.
2. Voyez plus haut, p. 33.

la pose a une ressemblance générale avec le bronze de Janzé ; malheureusement les bras sont modernes, et peut-être notre statuette pourrait-elle servir de base à une restauration scientifique [1]. Ici, la couronne de baies de myrte incrustées d'argent qui retient les longs cheveux du dieu caractérise le jeune amant d'Aphrodite ; sa figure souriante ressemble à la tête d'Adonis sur les monnaies d'Evagoras, roi de Cypre, bien que la statuette soit de l'époque romaine, c'est-à-dire de plusieurs siècles postérieure aux médailles. Le grain de myrrhe que le dieu vient de retirer de la pixide est un symbole non moins probant. Adonis a le même attribut sur le miroir étrusque que nous reproduisons ci-dessous en cul de lampe. Vénus et Adonis sont sur un lit couvert de draperies ; leurs noms étrusques ATVNIM *(Atunis)* et NARVT *(Turan)* sont gravés devant leurs visages, de sorte que l'explication de la scène ne saurait être douteuse. Adonis, nu jusqu'à la ceinture, a sur le front une couronne de myrte, et il tient dans la main gauche un grain de myrrhe dont le parfum est représenté par une légère flamme ; Aphrodite, diadémée et vêtue d'un ample péplos, est assise sur les genoux du fils de Myrrha ; dans le champ, on voit la colombe et deux branches de myrte ; une guirlande de lierre forme le cadre de cette scène amoureuse. Ce miroir a été acheté par le Cabinet des Médailles, en 1836, à la vente de la collection Durand [2].

1. *Museo Pio Clementino*, t. II, pl. 31 ; Clarac, *Mus. de sculpt.*, pl. 632, n° 1424. Cf. les n°ˢ 1424 A et 1424 B. Comparez le *Bonus Eventus* publié par K. Friederichs, dans l'*Archäol. Zeitung*, XVIII (1860), n°ˢ 133-134.
3. Diam. 132 mill. ; J. de Witte, *Catalogue de la coll. Durand*, n° 1943 ; E. Gerhard, *Etruskische Spiegel*, pl. CXIV ; Chabouillet, *Catalogue*, n° 3128.

MIROIR ÉTRUSQUE.

BUSTE DIT DE CONSTANTIN
BÂTON CANTORAL DE LA SAINTE CHAPELLE

XXXVII.

BUSTE D'EMPEREUR ROMAIN

BATON CANTORAL DE LA SAINTE-CHAPELLE[1].

Haut. totale, 325 mill.

EL qu'il se présente à nos regards, l'important monument dont nous allons raconter l'histoire se compose de plusieurs parties distinctes, mobiles et superposées les unes aux autres : 1° Un buste d'empereur romain, en sardonyx, haut de 95 millimètres. Un sillon creusé dans l'onyx, autour de la tête, marque la place d'un diadème qui a disparu bien qu'il eût été assujetti par un clou qui pénétrait dans la pierre même, au sommet du crâne. L'empereur est vêtu de la cuirasse et du paludamentum. Sur la cuirasse, l'égide, dont les imbrications sont encore reconnaissables ; mais, au milieu de l'égide, à la place de la tête de Méduse de face, les cheveux en désordre et mêlés de serpents, dont la représentation est constante dans l'antiquité, nous voyons une grande croix latine *(crux immissa)* entourée d'un cercle. — 2° Au buste d'onyx, est adaptée une draperie en vermeil qui, continuant les plis du paludamentum, a pour effet de paraître envelopper et dissimuler la partie inférieure de la cuirasse. Des mains en argent s'élèvent, dans une pose gauche et maladroite, de chaque côté du buste ; la main droite tient une couronne formée d'une double torsade aussi en argent. — 3° Un piédestal composé d'une zone mobile de bourrelets en argent qui simulent des nuages, et adaptée à un socle en vermeil. La partie supérieure de ce socle représente une galerie d'arceaux de style gothique, placée entre deux corniches et formant une sorte de tailloir ou d'entablement architectural ; au dessous, en manière de chapiteau, de grandes feuilles d'acanthe élégamment disposées en corbeille. Elles sont appliquées et fixées par la soudure ; vient ensuite un pommeau, aussi en vermeil, sur lequel sont simulés en relief des arceaux décoratifs entre lesquels on reconnaît les contours, en partie effacés, de fleurs de lys : enfin, une vis fixait le monument au dessus d'une hampe qui a disparu.

Conservé dans le Trésor de la Sainte-Chapelle jusqu'à la Révolution, ce buste impérial est pourvu, dans le dessin qui en a été donné par Morand en 1790[2] et que nous reproduisons plus loin en cul de lampe, d'attributs qui n'existent plus aujourd'hui. La main gauche tenait une grande croix en argent

---

[1]. Chabouillet, *Catalogue*, n° 287. Voyez ci-dessous, p. 122.
[2]. Morand, *Histoire de la Sainte-Chapelle du Palais*, in-4°, 1790, p. 56.

— 116 —

à deux branches transversales : on voit encore au dessous du pouce, et sur le bord inférieur de la draperie, deux trous qui marquent les points d'attache de cette croix. La couronne qui est dans la main droite a aussi été mutilée : le dessin de Morand nous montre une couronne hérissée de pointes de manière à ressembler à la couronne d'épines ; les piquants ont été arrachés, mais non sans laisser des traces à la place qu'ils occupaient. Sur le globe qui forme actuellement la base du buste, on peut encore remarquer, nous l'avons dit, les vestiges à demi effacés de grandes fleurs de lys qui sont bien nettement figurées chez Morand. Il y avait aussi des fleurs de lys dans les alvéoles circulaires, vides aujourd'hui, qui séparent les arceaux gothiques de la monture.

Il n'est que trop facile de dire à quelle époque ces regrettables mutilations ont été commises et même de nommer l'homme qui en est en grande partie responsable. En 1791, quand on eut décrété l'aliénation des objets conservés à la Sainte-Chapelle, le roi Louis XVI obtint de la commission exécutive que le bâton cantoral fût au nombre des objets épargnés et déposés au Cabinet des Médailles [1]. Mais cette vénérable épave à laquelle se rattachaient des souvenirs du Moyen-Age devait être, grâce au zèle révolutionnaire du citoyen Cointreau, dépouillée de tout ce qui, en elle, pouvait rappeler la religion et la royauté ; on la mutila dans le même temps qu'on mutilait, dans un but de basse cupidité autant que par passion politique, la monture du beau camée de Jupiter donné au Trésor de la cathédrale de Chartres par Charles V. Cointreau, commis au Cabinet des Médailles, qui dénonça et fit emprisonner comme suspect, à 77 ans, l'auteur du *Voyage d'Anacharsis*, son chef hiérarchique, est l'homme qui se chargea de faire disparaître les emblèmes religieux et royaux qui décoraient le buste de Constantin : la gravure de Morand est un accablant témoignage pour sa mémoire.

Maintenant que nous connaissons le monument tel qu'il était avant qu'il subit les mutilations révolutionnaires, nous en retrouverons facilement le signalement à travers les siècles du Moyen-Age. Muni d'une hampe d'ébène, il servait d'insigne officiel au Chantre, qui était, avec le Trésorier, le principal dignitaire de la Sainte-Chapelle [2]. Il y a lieu d'ajouter foi à la tradition ancienne qui affirme que le bâton cantoral fut, avec le grand Camée, au nombre des joyaux et des reliques engagés à saint Louis par l'empereur de Constantinople, Baudouin II [3]. L'inventaire du Trésor de la Sainte-Chapelle rédigé au mois de février 1341 (1340, vieux style) ne mentionne pas, il est vrai, le bâton cantoral, ou plutôt si ce monument figure dans ce document très sommaire, parmi les *bustes*, *images* et autres précieux objets du trésor, il y est désigné dans des termes trop vagues et trop peu explicites pour que nous puissions l'identifier [4].

Ce n'est qu'à partir de la fin du XVe siècle, lorsque les descriptions deviennent plus détaillées et

---

1. Voyez plus haut, p. 4.
2. La Chantrerie de la Sainte-Chapelle fut fondée en 1319 par Philippe V ; il est stipulé dans l'acte de fondation que le chantre sera obligé de *tenere chorum*, c'est-à-dire, dit le chanoine Dongois, « de porter la chappe et le baston aux vespres, matines et messes des festes establies pour lors annuelles. » Ms. de Dongois, aux Archives Nationales, t. I, p. 293.
3. Voyez plus haut, p. 2 ; cf. Riant, *Exuviae sacrae Constantinopolitanae*, t. I, p. CLXXX ; cf. *Mémoires de la Société des Antiquaires de France*, t. XXXVI, p. 185.
4. L'inventaire de 1341, encore inédit, je crois, est aux Archives Nationales, sous la cote J. 155, n° 14. Un autre inventaire daté de 1346, et coté J. 155, n° 15, est égaré depuis nombre d'années déjà, et je n'ai pu le consulter.

plus précises, qu'il nous est possible de retrouver le signalement du bâton cantoral. L'inventaire, encore inédit, rédigé en 1480, et conservé au Département des Manuscrits de la Bibliothèque Nationale [1], le décrit en termes assez explicites pour permettre de constater que le monument était, dès cette époque au moins, dans l'état où il se trouvait encore à la veille de la Révolution :

Item, unus camahyeu insculptus sive intailliatus in factione unius grossi hominis tenens in manu ejus dextrâ unam coronam spineam argenti esmailliatam viridi et tennato, et in manu sinistra una dupplex crux argenti deaurati; qui quidem homo vestitur a stomaco in inferiorem partem unâ tunicâ argenti deaurati; et sedet dictus homo supra unam nubem argenti indo esmailliatam; que homo et nubes portantur supra unum grossum interpedem argenti deaurati ad folliagia elevata in factione liliorum, et sub dicto interpede est unus grossus pommellus floribus liliorum esmailliatus, sub quo pomello est una viz galice argenti albi, infra quam ponitur unus bacculus pro eum portando, qui vocatur bacculus cantoris, qui est de re quadam hybenus nuncupata. Et est per partem superiorem argenti deaurati esmailliati per quatuor latera ad esmaillia florum liliorum et in butto superiori est una viz galice in qua ponitur dictus camahyeu per circuitum folliagiorum elevatorum seminatum et in butto dictorum esmailliorum est unus pommellus ad quatuor quadraturas esmailliatus floribus sinuliter liliorum; et sub dicto pomello a dimidio pede magis inferius, est unus parvus circulus ad quatuor esmaillia similiter florum liliorum, et sub eciam dicto circulo a pede cum dimidio magis inferius est unus alius similis circulus, et est dictus bacculus munitus per partem inferiorem de longitudine unius parvi pedis argenti deaurati ubi similiter sunt esmaillia florum liliorum.

En marge : Caveatur ne dictus baculus alibi inventorietur [2].

Il serait superflu de citer des extraits des Inventaires postérieurs; notre but, qui était de démontrer que le buste d'onyx dont nous nous occupons était conservé à la Sainte-Chapelle et qu'il n'a pas subi de mutilations ou de modifications graves depuis la fin du XVe siècle jusqu'à la Révolution, est atteint. Il nous reste à rechercher l'attribution du monument, son origine dans l'antiquité et comment il s'est trouvé transformé en bâton cantoral.

II.

Il importe d'abord d'invoquer le témoignage de Morand qui, chanoine de la Sainte-Chapelle, était mieux placé que tout autre historien pour recueillir la tradition qui concernait le bâton cantoral. Qu'on nous permette donc de citer la description et le commentaire qu'il en donne :

Un buste d'agate-onyx servant d'ornement au bâton cantoral les jours de grandes fêtes. Ce buste a trois pouces neuf lignes de haut sur cinq pouces de circonférence, et représente Valentinien III. On y a adapté une draperie en vermeil, et deux bras d'argent, avec une couronne d'épines de même métal dans la main droite et une croix grecque de vermeil dans la gauche; le tout, sans doute, pour rappeler le souvenir de saint Louis, premier et principal fondateur de cet oratoire de nos rois. La pierre garnie pèse en tout huict marcs et six onces. On a dit pendant longtemps que ce buste représentait Titus; mais outre que son travail annonce des temps postérieurs, et que la croix gravée sur sa poitrine convient bien moins au temps de Titus qu'à ceux du Bas-Empire, où depuis Constantin Ier la croix paraît avoir été l'attribut le plus marqué, surtout

---

1. Ms. latin, 9941, f⁰ 29-30.
2. L'inventaire dressé en 1573 et publié par Douët d'Arcq, *Revue archéologique*, 1848 (t. V), p. 189-190, ne fait que traduire en français, pour ce qui nous concerne, le texte latin de 1480 : 64. Ung camahieu, entaillé en façon d'un gros homme, tenant en sa main dextre une couronne d'espines, d'argent, esmaillée de verd et tanné, et, en la main senestre, une double croix, d'argent doré. Lequel homme est vestu, depuis l'estomac tirant en bas, d'une robbe d'argent doré, et syet sur une nuée d'argent, esmaillée d'ynde (c.-à-d. *de bleu de ciel*); lesquels (c.-à-d. *homme et nuée*), sont portez sur un gros entrepied d'argent doré, à fueillages esleuve (c.-à-d. *en relieg*), en façon de lys, et soubz ledict entrepied, y a ung gros pommeau, esmaillé de fleurs de lys, et soubz ledict pommeau, une viz d'argent blanc, dedans lequel est mis ung baston pour le porter, lequel baston est appellé *le baston du chantre*, qui est d'un bois nommé hebenne, et est, en la partie d'en hault, d'argent doré, esmaillé par les quatre costez à esmaulx de fleurs de lys, et, au bout d'embas, y a une viz en laquelle se mect ledict camahieu, semé par autour de fueillages esloeves, et au bout d'iceulx esmaulx, y a ung pommeau à quatre quarruros aussy esmaillées de fleurs de lys, et soubz ledict pommeau, demy pied plus bas, y a ung petit cercle à quatre esmaulx, aussy de fleurs de lys; et soubz ledict cercle, un pied et demy plus bas, il y a ung aultre semblable cercle, etc... Pour ce IIe XIII l.

depuis Théodose le jeune qui la porta sur son bouclier, et Valentinien III qui, sur une de ses médailles d'or, la tient dans sa main ; tout bien comparé avec les médailles et les gravures, et indépendamment de l'attribut caractéristique de la croix que Valentinien III a de commun avec Théodose et Olybrius, on ne voit point d'empereur qui ait plus de ressemblance dans les traits du visage avec le buste de la Sainte-Chapelle que celui de Valentinien III[1].

Ainsi, au XVIIIe siècle, le buste d'onyx qui figure au sommet du bâton du Chantre, passait pour représenter Valentinien III[2]. A quelle époque remontait cette attribution, nous ne le savons point exactement, mais elle ne saurait être très ancienne, car on n'en trouve pas trace dans les inventaires du Moyen-Age. Elle aura, sans doute, été imaginée par quelque érudit du commencement du XVIIe siècle, alors que l'on commençait à apporter quelque critique dans l'étude des monuments de l'antiquité. On se rappelle que Peiresc, le premier, démontra en 1619, que le grand Camée n'avait rien à voir avec le triomphe de Joseph en Egypte[3]. Si cet érudit célèbre examina avec quelque attention le bâton cantoral conservé dans le même trésor que le grand Camée, il n'eut évidemment pas de peine à y reconnaître l'image d'un empereur romain au lieu de saint Louis.

Quoi qu'il en soit, cette attribution iconographique à Valentinien III ou Placide Valentinien qui mourut poignardé en 455, après un règne de vingt-neuf ans, ne repose, si on lit attentivement le texte de Morand, que sur deux arguments : 1° Valentinien III, sur les médailles, tient une croix dans sa main ; 2° il y a similitude de traits entre le buste d'onyx et l'effigie monétaire. Le premier argument est sans portée puisqu'on rencontre la croix sur des monnaies de Constantin et de tous ses successeurs et que, d'autre part, la croix que tenait notre buste avant la Révolution était certainement une addition du Moyen-Age. Quant au second, la ressemblance est des plus contestables : on ne saurait sérieusement soutenir que le buste a plus de rapports iconographiques avec Valentinien III qu'avec la plupart des successeurs de Constantin qui ont régné aux IVe et Ve siècles. Au surplus, le prince paraît dépasser 35 ans, âge où est mort Valentinien III ; le travail même semble antérieur au milieu du Ve siècle ; il remonte plutôt au IVe, comme il est facile de le constater par la comparaison avec les ivoires, les monnaies et les camées de cette époque. Au temps de Placide Valentinien, le costume impérial est déjà traité dans le style dit byzantin, tandis que le buste nous montre, au contraire, un empereur qui a encore le costume traditionnel du haut empire. Ces raisons n'ont pas échappé à certains critiques ; Charles Lenormant proposa d'abandonner l'attribution du buste à Valentinien III et de l'appeler *Buste de Constantin*. Mais, si l'on compare les traits donnés à Constantin sur les médailles, dans la statue équestre placée à Rome, sous le portique de Saint-Jean de Latran, ainsi que sur le superbe camée de Saint-Pétersbourg qui représente Constantin et Fausta[4], si l'on compare, disons-nous, ces portraits authentiques avec notre buste, on sera forcé de convenir qu'il n'y a pas une analogie bien frappante. L'attribution à Constantin le Grand ne nous paraît avoir été dictée que par une imagination

---

1. Morand, *Histoire de la Sainte-Chapelle du Palais*, p. 56-57.
2. C'était encore l'opinion de Marion du Mersan qui, en 1838, décrit ainsi notre monument : « Buste de Valentinien III, qui passait pour un saint Louis, et qui ornait le bâton du grand chantre de la Sainte-Chapelle. » Marion du Mersan, *Hist. du Cabinet des Médailles*, p. 50, n° 214.
3. Voyez plus haut, p. 5.
4. Visconti et Mongez, *Icon. græc.*, pl. 61.

désireuse de retrouver les traits du premier empereur chrétien et du prince le plus illustre de sa race. En un mot, les traits iconiques du visage, le seul critérium qu'on puisse invoquer, ne sont pas assez nettement caractérisés pour permettre de dire si nous sommes en présence d'un portrait de Constantin, ou de l'un de ses successeurs. On peut seulement affirmer que le travail est du IVe siècle et qu'il reproduit les traits d'un empereur de cette époque.

III.

Il importe à présent de rechercher quel était, dans l'antiquité, l'usage de ce buste en onyx : si c'était un simple bijou de fantaisie ou s'il avait quelque utilité pratique parmi les ustensiles du garde-meuble des empereurs. Nous croyons qu'il est facile de démontrer que c'était l'ornement supérieur d'un sceptre consulaire. On sait que le Sénat envoyait aux consuls, lorsqu'ils entraient en charge, un sceptre ou *scipio* comme emblème de leur autorité. Cet usage, qui se perpétua jusqu'à la chute du monde romain, est rapporté par Vopiscus qui fait dire à l'empereur Aurélien : *Nam te consulem hodie designo scripturus ad senatum ut tibi deputet scipionem, deputet etiam fasces*[1]. Ce texte est tellement précis qu'il serait superflu d'insister sur cette coutume officielle. Il n'est pas besoin non plus de parler des différentes variétés et des formes multiples du sceptre romain à l'époque impériale. Les monnaies, les camées et les autres monuments archéologiques nous montrent des sceptres formés de longs bâtons surmontés d'un globe, d'une fleur liliacée seule ou supportant un globe, d'un globe sur lequel est perché un aigle, d'un globe surmonté de la statue de la déesse Rome ou de l'empereur régnant. Le *scipio* avait une hampe d'ivoire : *scipio eburneus cum aquila*, dit Suétone[2]. Claudien, au IVe siècle, dit encore :

Da nunc et volucrem, sceptro quæ surgit eburno[3].

Nous n'insisterons que sur la comparaison de notre buste d'onyx avec l'ornement supérieur de quelques-uns des sceptres qu'on voit à la main des consuls sur les diptyques des Ve et VIe siècles. Il en est où le *scipio* est surmonté d'un aigle sur un globe, d'un aigle dans une couronne, ou d'un globe émergeant d'une fleur ; mais d'autres, et ceux-ci nous intéressent plus directement, sont surmontés du buste de l'empereur ou des empereurs régnant au moment où le consul est entré en charge. Le diptyque dit *de saint Junien*, au Cabinet des Médailles, nous montre Flavius Félix, consul en 428, qui tient un sceptre surmonté d'un globe sur lequel sont placés les bustes des empereurs régnant alors, Valentinien III et Théodose II[4]. Sur le diptyque dit *de Compiègne*, le consul Flavius Theodorus Philoxenus, de l'an 525, tient un sceptre terminé par un fleuron d'où émerge le buste de l'empereur Justin[5]. Sur son diptyque conservé à Berlin, le consul Fl. Theodorus Valentinianus, de l'an 505, tient

---

1. Vopisc., *Aurel.*, ch. 13, vers la fin.
2. Suet., *Galba*, 1.
3. Claud., *Cons. Prob. et Olybr.*, 205.
4. Chabouillet, *Catalogue des camées*, etc., n° 3262 ; Ch. Lenormant, *Trés. de numism. Bas-reliefs et Ornements*, 2e part., p. 6 et pl. XII.
5. Chabouillet, *op. cit.*, n° 3266 ; Ch. Lenormant, *Trés. de numism. Bas-reliefs et Ornements*, 2e part., p. 26 et pl. LIII.

un sceptre de même forme [1]. Le diptyque dit *de Liège*, du consul Anastasius Paulus Probus Sabinianus Pompeius, de l'an 517, nous montre un sceptre conçu d'après les mêmes principes, mais plus compliqué : il est formé d'un bâton surmonté d'une sorte de chapiteau qui supporte un globe. Sur le globe est posée verticalement une couronne au milieu de laquelle on voit un aigle aux ailes éployées ; enfin, au dessus de la couronne un socle sur lequel sont trois bustes alignés de face ; ce sont les portraits de Pompée, père du consul ; Anastasia, femme de Pompée, et enfin l'empereur Anastase [2]. Le diptyque dit *de Bourges*, du même consul, conservé au Département des Manuscrits de la Bibliothèque Nationale, et qui n'est qu'une variante du précédent, présente pourtant un sceptre moins compliqué : au lieu de trois bustes formant le couronnement, il n'y en a plus qu'un seul, celui de l'empereur Anastase [3].

Chaque consul recevant un sceptre en entrant en fonction, ces insignes de la dignité consulaire étaient naturellement assez nombreux ; la variété des formes qui leur est donnée soit sur les monnaies, soit sur les diptyques, suffirait, au besoin, à le prouver. Aussi celui dont nous venons de nous occuper n'est pas le seul qui soit parvenu jusqu'à nous. Le Cabinet des Médailles même possède un autre buste impérial en onyx, moins grand et moins important, mais qui est connu aussi sous le nom de *Buste de Constantin* [4] : il s'agit certainement, ici encore, d'un débris de sceptre romain. Il existe des monuments du même genre dans les musées ou les collections privées. Nous devons ajouter que ces bustes impériaux qui décoraient les sceptres consulaires n'étaient pas nécessairement toujours en onyx. Il y en avait probablement en pierres plus ou moins rares, et même en or ou en argent. Le petit buste en or, repoussé, creux à l'intérieur, qu'on a trouvé à la Condamine, près Monaco, en 1879, a bien pu servir d'ornement à un sceptre [5].

Quoi qu'il en soit, je ne pense pas qu'on ait raison de soutenir, comme on l'a fort ingénieusement supposé, que les bustes d'onyx aient été recouverts complètement d'une mince feuille d'or. On n'a pu recouvrir de ce métal qu'une figurine de terre cuite, de bronze, de calcaire ou de marbre, mais non une image en pierre fine : on devait, au contraire, tenir à montrer dans tout son éclat la pierre précieuse dont la ciselure avait coûté tant de temps et d'efforts, et qui certainement paraissait plus riche et était plus appréciée que l'or lui-même.

Un grand nombre de ces sceptres romains échouèrent dans le trésor des palais et des églises de Constantinople ; on s'en servait aux jours de cérémonies publiques et on les portait en grande pompe

---

1. Westwood, *Fictile ivory Casts in the South Kensington Museum*, p. 17.
2. Westwood, *Description of the ivories & mediaeval in the South Kensington Museum* (Londres, 1872, in-8°), n° 368, pl. à la p. 131.
3. *Trésor de numism. Bas-reliefs et Ornements*, p. 12 et pl. XVII.
4. Chabouillet, *Catalogue*, n° 288. Ce buste qui a beaucoup souffert, a été restauré, peut-être à l'époque de la Renaissance, en argent doré. Nous ne savons pas quel a été son sort pendant tout le Moyen-Age ; au XVIII° siècle, il faisait partie de la collection des Jésuites de Tournon. A la fin du siècle dernier, il entra dans la collection du chanoine Gasparoli, puis dans celle du neveu de ce dernier, Antoine Herry, dont hérita Hélène Herry. La vente de la collection Herry eut lieu à Anvers, le 18 septembre 1848 et le buste dit *de Constantin* qui y figurait fut acheté pour le Cabinet des Médailles. (Voyez J. de Witte, dans la *Revue archéologique*, 1849, p. 503.) Ce monument a été publié par *Panelius* dans un livre fort rare imprimé en 1731, à Avignon, sous ce titre : *Nummi veteres collegii Turnonensis Societatis Jesu* ; il est placé au frontispice avec l'indication suivante : *Constantinus Magnus ex achate orientali antiquo, pondo 7 unciarum, in musaeo collegii Turnonensis Societatis Jesu*. A la p. 208, on lit la description suivante : *Thorax Constantini magni, ex achate orientali, pondo 7 unciarum*.
5. *Revue archéologique*, 1880, nouv. série, t. XXXIX, p. 60. Héron de Villefosse, dans les *Mémoires de la Société des Antiquaires*, 4° série, t. X (1879), p. 208, note. Ce buste en or a 0m 042 de hauteur.

dans les processions et les fêtes de la cour. Constantin Porphyrogénète dit qu'il y avait trois de ces sceptres (σκηπτρα γ') dans l'église de Saint-Etienne Daphnes, et douze (σκηπτρα ιβ') dans une autre église de la capitale[1]. Il nous est facile maintenant de comprendre comment ces sceptres sont venus enrichir les trésors des églises de l'Occident, et il nous suffira de rappeler ici le récit qu'a fait M. Riant des pillages successifs que les croisés de 1204 ont fait subir aux palais et aux églises de Constantinople. Engagé probablement par l'empereur Baudouin II à saint Louis, avec le grand Camée, en 1247, le monument qui nous occupe ne devint un bâton cantoral qu'à cause de son ancienne destination de sceptre romain. Il ne fit que changer de mains et il fut désormais le sceptre d'un des principaux dignitaires de la Sainte-Chapelle du palais royal.

La description des bâtons cantoraux des divers trésors de nos églises, au Moyen-Age, suffit à elle seule à établir leur ancienne destination de sceptres romains. Dans les trésors des cathédrales d'Auxerre et de Chartres, le bâton cantoral est surmonté d'un aigle[2]; à Saint-Denis, le bâton du chantre s'appelait « sceptre de Dagobert » et il représentait un buste d'homme posé sur un aigle. Dans l'inventaire du trésor de Notre-Dame de Paris, rédigé en 1343, il est fait mention d'un bâton de chantre orné d'un *camahieu* en son sommet[3]. Dans une procession solennelle ordonnée à Paris par le roi Henri II, en 1549, dans le but d'extirper l'hérésie, on voyait le chantre de la Sainte-Chapelle et le chantre de Notre-Dame, marchant côte à côte et portant chacun leur bâton cantoral[4]. Les choses se passaient encore comme au temps où Constantin Porphyrogénète écrivait son livre des *Cérémonies*.

Cependant il s'était produit, dans l'intervalle, des circonstances graves dans l'histoire du bâton cantoral de la Sainte-Chapelle. Ce vénérable insigne avait, comme ceux des autres églises, subi des avaries; il s'était trouvé détérioré par un usage constant de dix siècles; il fallut un jour remplacer le manche d'ébène vermoulu. On profita de la circonstance pour l'affubler d'attributs, en rapport non avec son origine illustre qu'on avait complètement oubliée, mais avec le rôle pieux qu'on lui faisait remplir. Ce fut alors, probablement vers la fin du XVe siècle, lorsque l'on crut que le buste représentait saint Louis, qu'on substitua une croix en creux à la tête de Méduse qui figurait en relief au milieu de l'égide, et qu'on ajouta une draperie et des bras en vermeil et en argent au buste d'onyx.

L'inventaire de 1480 constate que cette monture existait déjà à cette date; la comparaison avec les châsses et les reliquaires exécutés au XVe siècle permet d'affirmer que c'est effectivement à cette époque qu'on fabriqua cette draperie en vermeil, ces mains en argent, cette croix à double traverse, cette monture en forme de chapiteau. Grâce à ce baptême chrétien, ce beau sceptre romain a franchi les siècles jusqu'à nous : un jour pourtant, nous l'avons dit en commençant, le sauf-conduit qui l'avait si longtemps

---

1. Constant. Porphyrog., *De Cerim.*, pars II, ch. 40, t. I, p. 640-641, de l'édition de Bonn.; cf. Comte Riant, dans les *Mémoires de la Société des Antiquaires de France*, t. XXXVI, p. 100.
2. Max. Quantin, *Inventaire du trésor de la cathédrale d'Auxerre en 1551* (Auxerre, impr. Rouillé, 1887); cf. l'inventaire de 1567, publié par L. Courajod, dans la *Revue archéol.*, nouv. série, t. XIX, p. 335. F. de Mély, *Le trésor de Chartres*, p. 60.
3. G. Fagnier, dans la *Revue archéol.*, nouv. série, t. XXVII, p. 254; t. XXVIII, p. 84.
4. Manuscrit du chanoine Dongois, aux Archives Nationales, t. I, p. 412.

préservé lui fut fatal et faillit causer sa ruine. C'est surtout des camées et des joyaux antiques qui, n'ayant jamais été perdus, n'ont cessé de circuler de main en main, que l'on peut dire : *habent sua fata!*

1. Nous reproduisons ici l'image du bâton cantoral de la Sainte-Chapelle, d'après la gravure qui figure dans l'ouvrage du chanoine Morand, publié en 1790.

LE BATON CANTORAL DE LA SAINTE-CHAPELLE

CANTHARE DES MASQUES
TRÉSOR DE BERNAY

XXXVIII.

CANTHARE DES MASQUES

(TRÉSOR DE BERNAY)

Haut., 14 cent., sans les anses.

ANS le trésor du temple de Mercure *Canetonensis*, à côté du canthare des Centaures que nous avons décrit plus haut [1], on remarque une paire d'autres vases d'argent, exécutés d'après la même technique, c'est-à-dire formés d'une double cuvette avec des figures au repoussé [2]. C'est l'une de ces deux coupes, celle qui a le moins souffert des injures des siècles, que notre planche 38 reproduit sur ses deux faces. Si la forme en est plus svelte, plus gracieuse que celle du canthare des Centaures, les détails de la ciselure, les sujets de second plan y sont moins achevés. Dans les deux cas, c'est la même école, peut-être la même main ; l'artiste copie des œuvres grecques excellentes et il a recours à des procédés identiques : seulement les modèles diffèrent par le galbe général, la composition et le mérite artistique.

Sur la première face, un figuier, au feuillage rare et dont le tronc émerge du sol sous l'une des anses du canthare, étend ses bras longs et tortueux au dessus de symboles, figures et ustensiles qui sont les attributs ordinaires de Bacchus et de son trop joyeux cortège. Voici d'abord, à gauche, sur un cippe carré, un masque de Pan, avec son affreux rictus, ses cornes de bouc, ses cheveux et sa barbe en désordre : il a le rire stupide de l'ivresse. A terre, des cymbales, un pedum auquel est nouée une petite besace de berger, et au second plan, une amphore ornée d'élégantes cannelures et pleine d'instruments bachiques : pedum, canthare, patère à libations. Au centre, la ciste mystique, d'où s'échappe un serpent ; elle est surmontée d'un grand masque avec des guirlandes de lierre et des bandelettes fixées à un thyrse. Plus loin, un hermès ithyphallique, la tête couverte du *cucullus*; dans les plis de sa *penula* immodestement relevée, il tient une corbeille de fruits. Derrière lui, posé sur un cippe, le masque d'un satyre cornu, aux pommettes saillantes, aux cheveux relevés en houppe sur le front ; à terre, une syrinx ; plus loin, un cippe surmonté d'un pedum avec une nébride et une corne à boire.

Sur la face opposée, un arbre qui n'est plus un figuier, mais un chêne noueux, serpente autour de la scène dont la disposition est symétrique à la précédente. Trois grands masques et un terme ithyphallique en sont aussi le principal ornement. Le mascaron du milieu, accroché au dessus d'un canthare et couronné de pampre et de lierre, paraît être la figure de Pappos, « celui de tous les Silènes, dit

---

1. Voyez ci-dessus, p. 43 et pl. XIV.
2. Chabouillet, *Catalogue*, n°ˢ 2809 et 2810. Nous reproduisons ici le n° 2810.

Pollux, qui ressemble le plus à une bête fauve : » avec sa barbe hirsute, sa bouche niaisement entr'ouverte, son nez camard, ses sourcils violemment relevés, son front simiesque, il est le type de l'abrutissement et du grotesque. A sa droite, l'hermès priapique, voilé, détourne la tête en souriant et en faisant de la main un geste provocateur. Un thyrse auquel sont noués de longs rubans, une lyre, deux outres gonflées de vin, et plus loin un cippe sur lequel sont posées une amphore et une torche, complètent ce muet décor qui n'attend plus que les acteurs de la bacchanale. Remarquons la gerbe alternante de feuilles d'acanthe et d'iris qui compose la zone inférieure, les anses formées d'un sarment de vigne replié sur lui-même, et dont les bras sont rapprochés par des palmettes et des graines bilobées : la disposition de la photogravure ne nous permet pas, malheureusement, d'en apprécier toute l'élégance.

Les vases et coupes à boire, symboles nécessaires du culte de Bacchus, sont tout naturellement ornés de masques satyriques qui, dans la superstition populaire, écartaient le mauvais œil et préservaient des sorts, en même temps que leurs figures lascives excitaient aux libres propos et aux amusements orgiastiques[1]. Au surplus, les figures bachiques sont, comme les têtes de Méduse, un des éléments décoratifs les plus simples et les plus faciles à employer : partout on les rencontre, aussi bien sur les derniers ustensiles de cuisine que dans les tombeaux et dans l'architecture des temples et des palais. Le canthare que nous venons de décrire ne porte pas d'inscription votive.

Le *poculum* à larges flancs couverts de huit rangées d'alvéoles circulaires, qui figure ci-dessous en cul de lampe, a été consacré au Mercure de Canetonum par Maximin, fils de Carantinus[2]. C'est ce que nous apprend l'inscription barbare et irrégulièrement gravée au pointillé, qui fait le tour du col :

MERCVRIO SACRVM MAXVMINVS CARANTINI FLOSI

Le mot FLOSI pour FILIVS révèle l'ignorance du Gaulois qui a tracé les lettres à la pointe sèche et d'une main inexpérimentée. Le nom *Maxuminus* a été plus particulièrement porté vers le milieu du IIIe siècle, au temps des empereurs Maximin et Maxime. *Carantinus* est un nom gaulois ; on en retrouve les éléments dans les noms de lieux comme *Charente*, *Charenton*, *Carentan*, et les noms propres *Carentus*, *Carentius*, *Carantillus* et *Caranto* qu'on a relevés dans des inscriptions gallo-romaines[3].

1. Voyez de pareils mascarons sur un vase d'argent de Panticapée, et sur un autre trouvé en Champagne : *Antiquités du Bosphore cimmérien*, Atlas, pl. 37. A. de Longpérier, *Œuvres*, publiées par G. Schlumberger, t. III, p. 419.
2. Chabouillet, *Catalogue*, n° 2814. Haut. 11 cent.; diamètre de l'orifice, 8 cent.
3. Creuly, *Liste des noms supposés gaulois, tirés des inscriptions*, dans la *Revue celtique*, t. III (1877).

POCULUM DU TRÉSOR DE BERNAY

BUSTE DE MERCURE EN BRONZE
PESON DE BALANCE ROMAINE ORNÉ DE CLOCHETTES.

A. Lévy Éditeur

XXXIX.

BUSTE DE MERCURE EN BRONZE

PESON DE BALANCE ROMAINE, ORNÉ DE CLOCHETTES

Haut., 34 cent., avec les clochettes.

Le Cabinet des Médailles a acquis ce monument gallo-romain du célèbre collectionneur Edmond Durand [1] et l'on prétend qu'il a été trouvé à Orange. « Il consiste, dit M. Mowat, en un groupe de quatre divinités réunies d'une façon tout à fait originale. C'est tout d'abord un buste de Mercure, coiffé du pétase à ailerons rejeté un peu en arrière de manière à laisser à découvert sur le front la chevelure bouclée du dieu. Les traits de la physionomie sont beaux et d'un dessin correct; une légère dépression traverse le front. Le cou est épais, peut-être trop; la poitrine large, massive, sans modelé. Telle est la figure principale à laquelle sont subordonnées les autres parties de la composition. Le contour inférieur de ce buste se perd dans l'encadrement formé par deux cornes d'abondance se croisant en sautoir et masquées par deux longues feuilles d'acanthe, qui leur servent d'enveloppe jusqu'à la hauteur des épaules de Mercure. Leur ouverture laisse échapper une grappe de raisins et d'autres fruits. De cet amas de fruits, auquel une large rosace à six pétales est appliquée par derrière, émerge, de chaque côté, un petit buste de divinité féminine : au dessus de l'épaule droite de Mercure, Minerve casquée; au dessus de l'épaule gauche, Junon voilée. Sur l'entrecroisement des cornes, c'est-à-dire au bas de la poitrine de Mercure, est appliqué un autre petit buste, celui de Jupiter, à barbe et à chevelure abondantes, l'épaule gauche couverte par l'extrémité d'une draperie qui retombe en avant. Sous l'entrecroisement, et par conséquent derrière le buste de Jupiter, est fixé un gros bouton globuleux se terminant par un appendice percé d'un trou dans lequel passe une chaînette retenant un *tintinnabulum* à quatre pans. Six autres clochettes de forme ovoïde, suspendues au moyen de chaînettes, sont symétriquement étagées : une au bas de chaque corne, une autre vers son milieu, une troisième plus haut, derrière l'extrémité de la feuille d'acanthe; en tout, sept clochettes. Elles étaient, dans le principe, pourvues de battants aujourd'hui absents; cela est prouvé par les restes d'un anneau d'attache encore visibles au fond de chacune d'elles. Les bustes de Jupiter, de Junon et de Minerve, comparés à celui de Mercure, ont à peine le quart de sa hauteur. Par derrière, le buste principal est échancré suivant une courbe qui remonte jusqu'aux omoplates; il est creux, ainsi que la tête; on n'y aperçoit aucune soudure, ni aucun indice du mode d'attache avec l'objet qui lui servait de support [2]. »

---

1. Chabouillet, *Catalogue*, nº 2991.
2. R. Mowat, dans la *Gazette archéologique*, 1884. Cf. l'abbé L. Morillot. *Étude sur l'emploi des clochettes chez les anciens*, Dijon, 1888, p. 52.

A cette description si nette et si précise, il convient d'ajouter pourtant un point essentiel. C'est que, entre les deux ailerons du pétase de Mercure, il existe une cassure qui provient d'un arrachement du métal : là se trouvait un anneau de suspension. Il suffit, pour s'en convaincre, de comparer le monument à un autre Mercure conservé au Musée de Saint-Germain [1]. C'est, de même, un buste entre deux cornes d'abondance dont la pointe est dissimulée derrière des feuilles d'acanthe; les sonnettes ont disparu, mais les trous pour les accrocher subsistent encore; enfin, point essentiel, l'anneau de suspension qui se trouve entre les ailerons du pétase est parfaitement conservé. Il y a aussi, au Musée de Berlin, un autre buste de Mercure, dont la poitrine est ornée de cornes d'abondance et de feuilles d'acanthe; entre les ailerons du pétase, est un anneau de suspension en bec de cygne recourbé, et à la partie inférieure, il y a deux autres anneaux qui devaient servir à suspendre des clochettes [2].

Après cette comparaison entre monuments similaires, l'usage auquel ont pu servir notre buste et ses congénères paraît plus facile à déterminer. L'anneau du pétase indique qu'il s'agit d'un instrument mobile. De là à y reconnaître un peson de romaine, qui, suspendu à une chaînette, circulait le long du fléau gradué de la balance, il n'y a qu'un pas. Les nombreux pesons de balances romaines conservés dans les musées sont, la plupart du temps, des bustes du même genre que celui que nous avons sous les yeux, et, comme lui, munis d'un anneau au sommet de la tête. Les exemples en sont si multipliés qu'il serait superflu d'en énumérer ici. Le Cabinet des Médailles en possède, pour son propre compte, qui sont plus ou moins ornés et représentent diverses divinités, Cybèle, Jupiter, Minerve, Mercure, Sérapis, Silène. Il est presque toujours facile de distinguer ces pesons des autres bustes qui ont servi de figures d'applique en haut relief sur des vases, des meubles, des ustensiles. Parfois même, le creux du revers est encore rempli du bloc de plomb qu'on y a coulé pour les rendre plus lourds, en régulariser le poids, les approprier, en un mot, à l'office de peson auquel on les destinait.

Cependant un examen attentif de ces nombreux monuments romains ou gallo-romains pourrait, de prime abord, faire douter que notre buste de Mercure ait, avec eux, d'autre rapport qu'une grande ressemblance de forme : en effet, les véritables pesons de balance ne sont pas ornés de *tintinnabula*. On ne s'explique pas qu'on puisse peser avec un instrument muni de clochettes; l'agitation de ces clochettes serait un sérieux obstacle à l'établissement d'un équilibre parfait. Cette objection cesse d'avoir sa valeur si l'on considère ce peson, non pas comme ayant pratiquement été mis en usage, mais comme un ex-voto dédié à Mercure. Et, en effet, les trois pesons ornés de sonnettes, dont nous avons parlé plus haut, sont dans un état de conservation parfaite, tandis que les autres, non munis de *tintinnabula*, sont visiblement usés par le frottement et une incessante manipulation.

La présence des clochettes ne fait, ce me semble, que confirmer notre hypothèse, aussi bien que les trois divinités capitolines qui entourent le buste de Mercure. Nous n'avons point à rappeler

---

1. Publié par M. R. de Lasteyrie en appendice à la dissertation de M. Mowat.
2. K. Friedrichs, *Kleinere Kunst und Industrie*, p. 390, n° 1833 ; cf. Beger. *Thesaurus Brandenburgicus*, t. III, p. 234.

l'usage que l'on faisait des clochettes dans les temples romains, le son de l'airain passant pour avoir une vertu prophylactique. Dans les cérémonies de certains cultes, particulièrement dans les mystères de Bacchus, les prêtres ont des tuniques ou des coiffures munies de petites sonnettes qui s'agitent et retentissent au moindre mouvement; c'est avec des *tintinnabula* qu'on annonce l'arrivée du flamine de Jupiter ainsi que les phases solennelles d'une cérémonie religieuse. Sur les monuments où sont figurées des fêtes bachiques, on voit presque constamment des clochettes suspendues aux arbres : le vent les agite avec tous les *oscilla* et les bandelettes multicolores aussi accrochées aux branches [1]. Un rôle analogue était peut-être assigné à notre Mercure à sonnettes. D'ailleurs, les monuments votifs ornés de clochettes prophylactiques ne sont pas rares dans les musées. Tout le monde connaît notamment ces nombreux symboles phalliques et priapiques, garnis de clochettes ou de grelots, dont le caractère votif est évident.

On peut donc croire, sans aller jusqu'à soutenir que le nombre de sept clochettes a été choisi pour correspondre à chacune des divinités des sept jours de la semaine, que notre peson de balance romaine a un caractère votif et religieux. Ce monument, de style gallo-romain, d'une conservation exceptionnelle et couvert d'une belle patine vert foncé, a dû être déposé dans un temple du dieu du commerce par un de ces marchands dont les corporations étaient déjà si florissantes dans les villes de la vallée du Rhône dès le commencement de l'empire romain. Mercure étant le dieu principal des Gaulois, il n'est pas surprenant que, dans un ex-voto gallo-romain, les divinités du Capitole, Jupiter, Minerve et Junon, ne figurent pour ainsi dire que dans son cortège et sa dépendance.

Le buste de Cybèle que nous donnons ci-dessous en cul-de-lampe est, lui aussi, un monument gallo-romain, mais rien n'indique que cette gracieuse figurine soit un ex-voto, comme le Mercure avec lequel elle a certaines analogies de forme : c'est plutôt une de ces statuettes qui décoraient le *lararium* d'une riche villa. Caylus qui, en la publiant pour la première fois, a su en apprécier le haut mérite artistique, nous informe des circonstances de la découverte : « Ce monument de bronze, dit-il, est des plus complets pour la conservation, et des plus parfaits pour la beauté du travail; il est encore admirable par l'égalité du vernis antique dont il est généralement recouvert. Il y a sept ou huit ans (Caylus parle en 1762) qu'on en fit la découverte à Tours, village situé à quatre lieues d'Abbeville et à deux d'Oisemont, et qui appartient à M. le marquis de Ghistelles. En aplanissant une route dans un bois, on trouva des décombres, dans lesquels ce buste était renfermé : le piédestal fut trouvé quelques moments après; le travail et la conservation de cette partie présentent un mérite égal à celui du buste, et je puis assurer, sans aucun scrupule, qu'ils ont été de tous les tems fabriqués l'un pour l'autre [2]. »

Cybèle, la mère des dieux, avait en Gaule de nombreux adorateurs : nous n'en voulons pour

---

1. Voyez notamment un vase d'argent du Musée de Naples, dans Lenormant et Robiou, *Chefs-d'œuvre de l'art antique*, t. I, pl. 80. Il y avait des clochettes dans les marchés publics pour en annoncer l'ouverture ou la fermeture, et un denier de la République romaine frappé par le monétaire C. Minucius Augurinus porte pour type une colonne au sommet de laquelle sont suspendues les sonnettes qui annonçaient l'ouverture du marché au blé. (E. Babelon, *Monn. de la républ. romaine*, t. II, p. 229.)
2. Caylus, *Recueil d'antiquités*, t. V, p. 312; cf. Chabouillet, *Catalogue*, n° 2918.

preuve qu'une cymbale de bronze trouvée à Grozon (Jura), et conservée au Cabinet des Médailles : elle porte, gravée au pointillé, une inscription votive : *Matri Deum Camellius Tutor, ex-voto*[1]. La couronne murale flanquée de six tours et percée de portes, les cornes d'abondance remplies de raisins, d'épis et de pommes de pin, sont des attributs donnés à l'époque romaine aussi bien aux Fortunes et aux *Tutelæ* particulières des villes, qu'à Cybèle même[2]. Toutefois, la cymbale derrière laquelle viennent se rejoindre les cornes d'abondance, et qui ressemble à la cymbale votive à laquelle nous venons de faire allusion, paraît justifier le nom de Cybèle sous lequel notre buste est connu depuis sa découverte.

La hauteur totale de la statuette, y compris le socle de bronze, est de 19 centimètres, mais, quoi qu'en dise Caylus, il se pourrait que ce socle appartînt à un autre monument : la cavité du revers paraît indiquer, ici, un autre mode de support et la patine du socle n'a pas tout à fait la même nuance que celle du buste.

1. R. Mowat, *Notice épigraphique de diverses antiquités gallo-romaines*, p. 93 (Paris, 1887, in-8º).
2. Voyez C. Jullian, *Inscriptions romaines de Bordeaux*, t. I, p. 61 et suiv.

BUSTE DE CYBÈLE (bronze).

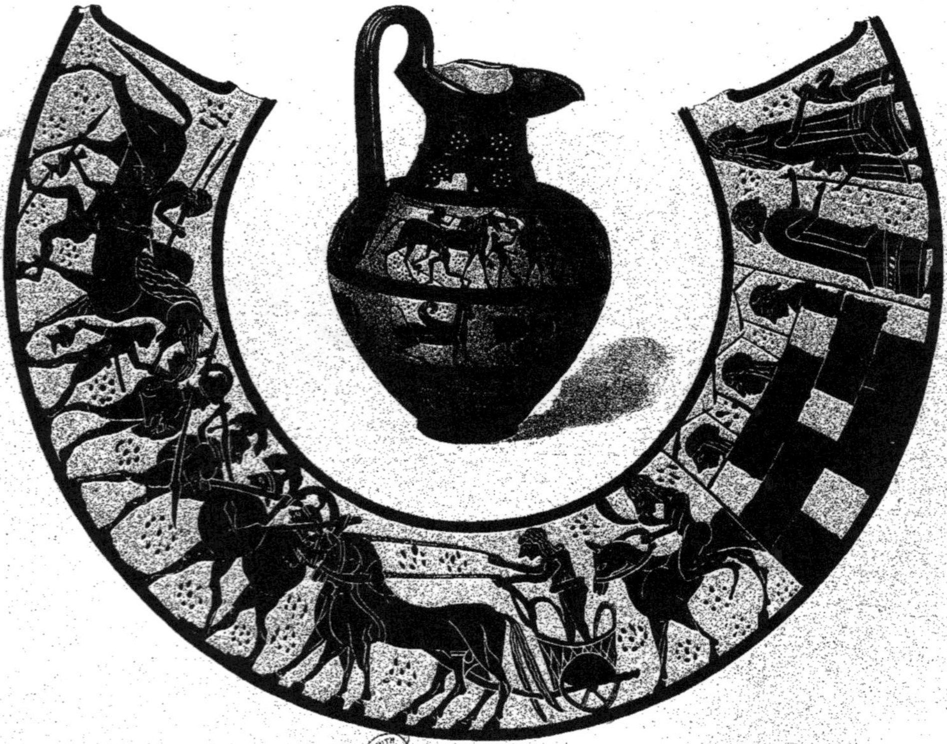

Imp. Lemercier & Cie Paris

Kader del. Thurwanger lit.

OENOCHOÉ DE STYLE CORINTHIEN (Collection Oppermann)

A. LÉVY Éditeur

XL.

ŒNOCHOÉ DE STYLE CORINTHIEN

COLLECTION OPPERMANN

Haut., 265 millim.

UJOURD'HUI, dans l'étude des vases peints, la mode (car il y a des modes en archéologie), n'est plus à l'interprétation des scènes figurées et à leur explication mythologique. Classer chronologiquement les produits de la céramique grecque, les distribuer par régions géographiques, par styles et par fabriques, relever les noms d'artistes qu'on y rencontre assez souvent : tels sont les problèmes auxquels s'attachent de préférence les savants de la nouvelle école. Les récents ouvrages de MM. Dumont et Pottier [1], Rayet et Collignon [2], pour ne citer que des travaux français, sont des modèles dans ce genre de recherches [3]; aussi ne pouvions-nous trouver de meilleurs guides pour classer et définir l'œnochoé corinthienne, demeurée jusqu'ici inédite, qui figure sur notre planche 40.

Les caractères et l'histoire de la poterie dite corinthienne sont aujourd'hui déterminés et analysés avec une précision qui ne permet pas d'en méconnaître les produits. La surface des vases de ce style est distribuée par zones superposées qui comportent, chacune, des séries de figures de petites dimensions; jamais un tableau d'ensemble à grands personnages n'occupe tout le champ. A l'origine, dans les produits de la première époque, ce sont des zones de fleurons et de palmettes, de style oriental, des animaux réels ou fantastiques qui ressortent en rouge brun sur un fond terreux. Puis apparaissent, vers le VIIe siècle, les figures humaines accompagnées d'inscriptions rédigées dans l'alphabet spécial de Corinthe. Sur les vases qui constituent la troisième époque, les scènes de chaque registre deviennent plus compliquées, les personnages se multiplient, le dessin s'achemine vers la correction et l'élégance, le caractère oriental de l'ornementation tend à disparaître, le galbe lui-même est moins lourd, mieux proportionné. Tout le monde a remarqué dans la collection Campana, au musée du Louvre, la plus belle galerie de vases corinthiens qui ait jamais été formée : on cite comme le chef-d'œuvre du genre le fameux cratère, dit à colonnettes, sur lequel se trouve représenté le banquet d'Héraclès chez Eurytios : il paraît dater du VIe siècle [4].

---

1. *Les céramiques de la Grèce propre*, Paris, Didot, in-4°.
2. *Histoire de la céramique grecque*, Paris, Decaux, gr. in-8°.
3. Voyez aussi J. de Witte, *Description des collections d'antiquités conservées à l'hôtel Lambert*. Introd. p. XXXVII et suiv.
4. A. de Longpérier, *Musée Napoléon III*, pl. XXII, XXXIV et XXXVI.

Il est singulier que pas un de ces vases, aux couleurs tranchées, rouge-brun, noir, blanc, violet, n'ait été trouvé à Corinthe même ou dans les colonies corinthiennes de la mer Ionienne. Tous proviennent de l'Italie et particulièrement des fouilles de Cervetri (Caeré). Ainsi se trouve indirectement confirmée l'histoire du Corinthien Démarate qui, vers 655 avant notre ère, s'enfuit en Étrurie où il fonda Tarquinies : cette émigration, reléguée à tort par quelques-uns dans le domaine de la fable, fut le point de départ des relations commerciales qui, durant plusieurs siècles, ont peuplé les nécropoles étrusques des produits céramiques de Corinthe et de Corcyre.

Mais ces vases de style corinthien déterrés à Caeré ou à Vulci, sont-ils tous de fabrique grecque et ont-ils tous été importés par le commerce? Dans le nombre, ne s'en trouve-t-il point qui aient été fabriqués en Étrurie même, dans des ateliers indigènes, par des artistes qui auraient pris à tâche, tantôt de copier servilement, tantôt seulement d'imiter les produits de la métropole? Les recherches récemment poursuivies par divers savants dans cet ordre d'idées ont fourni une réponse positive à cette question. Il n'y a plus de doute aujourd'hui : un très grand nombre de vases de style corinthien trouvés en Étrurie ont été modelés sur place, à l'imitation de modèles grecs que les céramistes avaient sous les yeux [1]. C'est dès le vi^e siècle, semble-t-il, que l'on commence à fabriquer des vases corinthiens en Étrurie ; cette industrie se prolonge jusque vers la fin du ive siècle, et pendant cette longue période, on copie aussi bien des vases grecs de style archaïque que les vases à la mode qu'apportait le commerce de chaque jour. MM. Dumont et Pottier multiplient les exemples qui témoignent des efforts à demi impuissants faits par les Étrusques pour imiter les céramographes de la Grèce. Ils montrent, dans les produits de cet art d'imitation, le prolongement abâtardi de l'industrie corinthienne. MM. Rayet et Collignon caractérisent non moins nettement le travail semi-barbare des potiers italiotes : « Amphores et œnochoés sont divisées en très nombreux registres, sur lesquels se répètent avec une désespérante monotonie les défilés d'animaux. Les couleurs sont assourdies et maussades, les fonds tirent sur le gris verdâtre, les figures sont d'un brun enfumé plutôt que noires, les engobes ont des tons sombres et ternes ; le dessin des animaux, fait par routine et d'une main ennuyée, est un à peu près lourd et mou. On trouve ces vases un peu partout sur la côte d'Étrurie et jusque sur celle de la Campanie. Il serait bien difficile de dire quand la fabrication en a pris fin [2]. »

C'est dans cette catégorie de vases d'imitation que rentre l'œnochoé Oppermann qui provient sûrement de l'Étrurie, bien que nous ne puissions, sur ce point, invoquer aucun témoignage : cette embouchure trilobée, cette panse lourde et basse se rencontrent identiques dans une série particulièrement nombreuse d'œnochoés trouvées à Vulci. Ici, les figures se détachent en brun-rougeâtre sur un fond jaune argileux ; elles sont de petites dimensions et disposées par zones, suivant la règle. Sur la bande inférieure, ce sont des fleurons à trois pétales dans lesquels on doit reconnaître la fleur de lotus grossièrement défigurée. La zone médiane est occupée par une file d'animaux réels et fantastiques.

---

1. Dumont et Pottier, *op. cit.*, p. 262, 267 et suiv. ; Rayet et Collignon, *op. cit.*, p. 67 et 78.
2. Rayet et Collignon, *op. cit.*, p. 78.

A partir de l'anse, nous reconnaissons une antilope paissant, un sphinx, un bélier, tous allant de gauche à droite. Puis, tournés de droite à gauche, un lion suivi d'une antilope; enfin, deux sphinx affrontés et posant la patte sur un vase d'où émerge une gerbe de fleurs. Le champ est parsemé d'étoiles ou de marguerites.

La zone supérieure paraît représenter une scène qui se rattache à la ruine de Troie et qui est inspirée sinon de l'Iliade, du moins de quelque poème postérieur greffé sur Homère, analogue à celui qu'on désigne sous le nom d'Ἰλίου πέρσις [1]. Le tableau devait être simple et d'explication facile sur le vase original; mais, dans la copie étrusque que nous avons sous les yeux, il est devenu méconnaissable et les personnages sont traités avec une barbarie étrange. Une forteresse au sommet de laquelle on voit, dans des espèces de lucarnes, trois têtes de femme; un grossier damier indique les moellons des remparts. De la place, sort un héros nu, à cheval, portant une sorte de trompe ou de corne à sa bouche; il suit un autre guerrier monté sur un char à deux chevaux qui s'avancent au pas. Devant le char, un combat entre quatre hoplites affrontés deux à deux; leurs armes sont identiques : casque à haute *crista*, bouclier rond, javelot, cnémides. Plus loin, marchant à la rencontre du char, un grand cheval qui, au premier abord, paraît monté par deux éphèbes; l'un des cavaliers, projeté en avant de la tête du cheval, est sur le point d'être désarçonné par un hoplite qui le saisit par les cheveux et lui a déjà enlevé son casque. Un autre guerrier, la tête nue, posant la main sur la croupe du cheval, se baisse comme pour ramasser son casque et sa lance. On se rend aisément compte, ici, de l'ignorance du céramographe étrusque; sur l'original, il y avait évidemment deux chevaux, puisqu'il y a deux cavaliers. Il a confondu gauchement les deux chevaux en un seul qui se trouve démesurément allongé. De l'autre côté de la forteresse, nous assistons à une scène d'émigration : deux femmes, tenant chacune un enfant par la main, s'éloignent de la ville qui va, sans doute, être la proie des flammes et le théâtre du carnage.

C'est en vain que nous avons cherché à donner des noms aux acteurs de ce combat anonyme qui se passe sans doute sous les murs de Troie. Est-ce Achille et Hector, Achille et Memnon, Énée et Ajax? Sur le célèbre vase François du musée étrusque de Florence, on voit Hector et Politès qui sortent d'Ilion et s'élancent au secours de Troïlos et de Polyxène venus pour puiser de l'eau à la fontaine derrière laquelle Achille s'était embusqué. Achille y figure suivi de Pallas, d'Hermès et de Thétis qui se précipitent à la poursuite des jeunes imprudents. D'autres peintures nous font assister à la mort de Troïlos à cheval, qu'Achille saisit par les cheveux. Y aurait-il témérité à reconnaître sur l'œnochoé Oppermann, quelque lointaine altération d'une scène représentant la mort de Troïlos, le combat livré pour essayer de le sauver, Hector et Politès s'élançant à son secours, et du haut des murs, les femmes troyennes, peut-être aussi le vieux Priam, assistant au massacre ? Plus loin, ce serait, par exemple, Andromaque et son fils Astyanax, ou Cassandre et Hélénus, ou encore Hécube et sa

---

1. Voyez Heydemann, *Iliupersis*, Berlin, 1886.

fille Polyxène ? Mais comment parvenir à justifier des noms donnés à des personnages dont les attributs individuels sont aussi peu caractérisés !

Je ne connais qu'un seul vase étrusque dont le style et même le sujet, par certains côtés, se rapprochent de celui-ci : il a été publié par Inghirami en 1835 [1]. Au registre central figure un combat de héros grecs avec les Amazones ; à la fois au registre supérieur et au registre inférieur, il y a une forteresse représentée, comme sur l'œnochoé Oppermann, par une sorte de damier. Au dessus des remparts, s'alignent des têtes de femmes qui paraissent les sentinelles des Amazones. La similitude de la technique et l'analogie des particularités que nous venons de signaler ne permettent pas de douter que les deux vases soient contemporains et sortis du même atelier.

Quant à l'époque de la fabrication, il est difficile d'être absolu sur ce point : elle ne saurait être très reculée, et en la fixant au IVe siècle avant notre ère, on ne risque pas, ce semble, de se tromper beaucoup. Tout, ici, respire la décadence ; la cuisson elle-même a été mal soignée et inhabilement exécutée, car la panse a reçu un coup de feu trop vif qui a roussi l'un des côtés. Au reste, il convient d'ajouter que plusieurs des figures ont été ravivées à une époque moderne par une couche de peinture ; j'ai remarqué des traces analogues de fâcheuse restauration sur un certain nombre des vases peints de la collection Oppermann. Le vase grec original que le potier étrusque a voulu imiter était de style primitif. Les sphinx affrontés y retraçaient encore un des motifs préférés de l'ornementation orientale telle qu'on l'observe sur les coupes de métal assyro-phéniciennes et cypriotes. Que dis-je ? cette scène qui se déroule à la porte d'une forteresse n'a-t-elle pas, dans l'idée première qui en a inspiré la composition, quelque chose qui rappelle, par exemple, la *Journée de chasse*, ce tableau si curieux qui décore la patère phénicienne trouvée à Palestrina et dont M. Clermont-Ganneau a si ingénieusement dévoilé l'énigme [2].

1. Inghirami, *Pitture di vasi fittili*, pl. CCCIV.
2. Clermont-Ganneau, *L'imagerie phénicienne et la mythologie iconologique chez les Grecs*, in-8°, 1880.
3. Plaque de cou, en or, de la collection de Luynes. Ce remarquable bijou phénicien a été trouvé dans l'île de Milo (Mélos) ; il est formé d'un corymbe épanoui, à douze pétales, orné au centre d'un saphir. Sur les pétales, sont posées symétriquement deux têtes de taureau, deux mouches et deux têtes humaines, imberbes, de style égyptisant, coiffées du klaft. Le bord des pétales et les têtes de taureau sont ornées d'un granulé très fin. Cette pièce est munie, par derrière, d'une agrafe. Diam. 40 millim. E. Fontenay, *Les bijoux anciens et modernes*, p. 151.

BIJOU PHÉNICIEN [3].

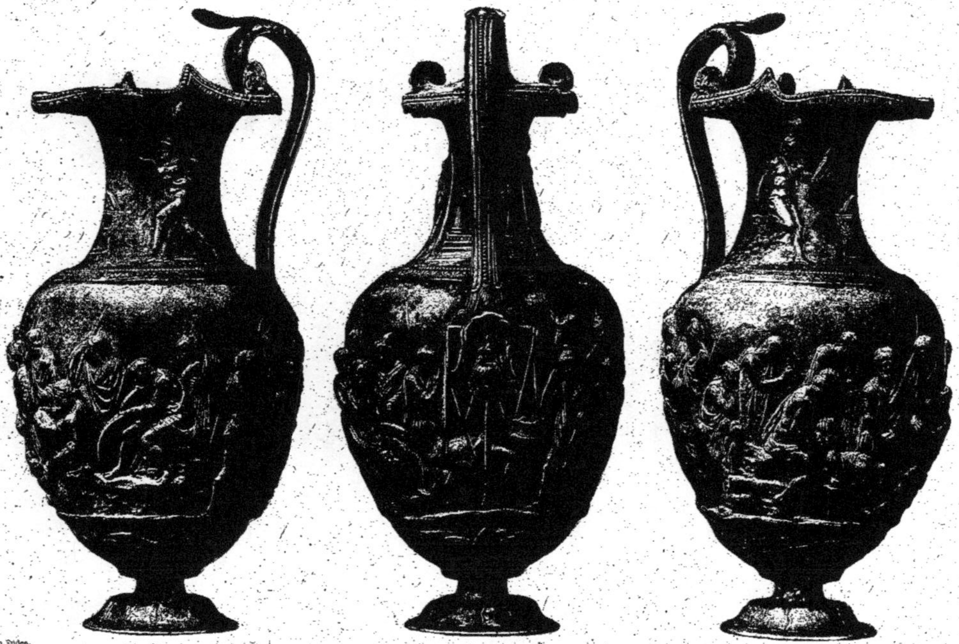

Imp. Eudes. Héliog. Dujardin.

LA MORT DE PATROCLE ET LA RANÇON D'HECTOR
ŒNOCHOÉ DU TRÉSOR DE BERNAY

A. Lévy Éditeur.

XLI.

LA MORT DE PATROCLE
ET LA RANÇON D'HECTOR

ŒNOCHOÉ DU TRÉSOR DE BERNAY

Haut. 25 cent. (sans l'anse).

ATHÉNÉE nous apprend qu'un habile toreuticien du siècle d'Alexandre, Mys, avait ciselé sur un scyphos d'argent des épisodes de la guerre de Troie, d'après une peinture de Parrhasius[1]. Que la paire de vases homériques reproduits sur nos planches XVII et XLI soient ou non des copies de l'œuvre de Mys, il n'en est pas moins positif qu'ils ont été exécutés d'après des modèles grecs remarquables par le style et l'harmonie générale de la composition. Si la pesanteur du dessin accuse l'époque romaine, le groupement bien combiné de tous les personnages, la noblesse et la distinction de leurs mouvements révèlent des originaux dignes d'asseoir la réputation de ciseleurs tels que Mys, Acragas, Zopyre ou Mentor.

C'est à Raoul Rochette que revient l'honneur d'avoir donné des noms aux principaux acteurs du double drame figuré sur l'œnochoé de la planche XLI[2]. Vingt-deux personnages distribués à peu près par moitié sur chacun des hémisphères, représentent, d'une part, la mort de Patrocle, et de l'autre le rachat du cadavre d'Hector. Le corps de Patrocle, enveloppé d'un linceul, est étendu à terre. Le héros mort est imberbe; autour de lui s'empressent les chefs grecs consternés, la tête inclinée. Achille, assis, soutient sa tête de la main gauche et s'abandonne tout entier à sa douleur. Derrière le fils de Pélée, on reconnaît Antiloque appuyé des deux mains sur sa lance : c'est lui qui annonça le premier à Achille la mort de Patrocle. Viennent ensuite Ulysse, coiffé du *pilos* qui le caractérise toujours, le pied sur un rocher; il cache dans ses mains son visage baigné de larmes. De l'autre côté du cadavre ce sont encore des guerriers, jeunes et vieux, assis ou debout, qui, par la variété de leur attitude, expriment tous la douleur que leur cause la perte irréparable de leur chef aimé. Nestor est debout, les deux mains abaissées et croisées devant lui; un autre vieillard, Phœnix sans doute, est assis, tenant en signe d'abattement son genou droit dans ses mains enlacées; puis, aux extrémités de la composition, deux hérauts appuyés sur leurs bâtons.

La scène du rachat du corps d'Hector, λύτρα Ἕκτορος, est empreinte d'un même sentiment de tristesse.

1. Athénée, XI, 19.
2. R. Rochette, *Monuments inédits. Odysséide*, p. 275 à 280 et pl. LII; Cf. Chabouillet, *Catalogue*, n° 2804; Baumeister, *Denkmäler des klassischen Alterthums*, p. 740.

Autour du corps d'Hector, Grecs et Troyens sont rassemblés; le cadavre, dépouillé de tout vêtement, est placé sur l'un des plateaux d'une grande balance ornée d'un masque tragique; le cratère qui lui fait équilibre nous rappelle les payements en chaudrons (λέβητες) dont il est souvent parlé dans Homère. Les témoins de cette scène lugubre sont Achille qui y préside du haut d'une estrade, accoudé sur son large bouclier thessalien; derrière lui, son vieux gouverneur Phœnix, qui montre du doigt le cadavre et paraît donner un conseil; Ulysse détournant la tête; Diomède appuyé sur sa lance; Antiloque est là aussi, figuré dans tout l'éclat de sa beauté juvénile : les héros grecs délibèrent sur le prix de la rançon. Le groupe des Troyens est composé de cinq héros, parmi lesquels on distingue le vieux Priam, enveloppé de son manteau asiatique, coiffé de la mitre phrygienne, levant la main d'un geste désespéré, et symbolisant le deuil de sa patrie.

Il paraît évident que le double tableau que nous venons d'expliquer n'a pas été directement inspiré par l'Iliade, car la plupart des détails diffèrent du récit du poëme homérique. Il faut croire que l'artiste s'en est plutôt rapporté à quelque commentateur tel, par exemple, que le tragique Lucius Attius qui florissait à Rome cent cinquante ans avant notre ère [1]. Au reste, on a remarqué, et ce n'est pas l'un des procédés les moins curieux de l'art antique, que les mêmes scènes, légèrement modifiées, servaient parfois à exprimer des sujets fort différents : les artistes se copiaient mutuellement sans vergogne et le plagiat n'inspirait point alors autant d'horreur qu'à présent. C'est ainsi que le tableau de *la mort d'Antiloque tué par Memnon*, que décrit Philostrate l'Ancien, comportait un groupement de personnages analogue à la scène d'*Achille pleurant sur le corps de Patrocle*. Six chefs, sans compter Achille, entouraient le cadavre du plus jeune des héros grecs, et les termes de la description de Philostrate permettent d'affirmer que cette scène de deuil avait, dans sa disposition générale, les plus frappants rapports avec celle de l'œnochoé de Bernay [2].

Le col du vase est décoré de deux personnages : Ulysse et Diomède allant à la rencontre l'un de l'autre et séparés par un autel enguirlandé. Ulysse s'élance à grands pas, levant la main droite d'un geste de reproche et d'alarme; Diomède descend de l'autel où il vient de commettre son attentat; sur son bras droit tendu en avant, il porte le Palladium qu'il se garde de toucher de sa main ensanglantée, pour ne pas souiller le simulacre de la déesse. Derrière Ulysse et Diomède, sous l'anse du vase, le temple où les héros viennent d'accomplir leur audacieux coup de main. Pline attribue à un *faber argentarius* du nom de Pythéas un ouvrage en argent ciselé représentant ce même épisode.

Comme l'aiguière de la planche XVII qui représente la Vengeance et la Mort d'Achille, celle-ci porte sur sa panse, au pointillé, une inscription dédicatoire au nom du principal donateur du *sacellum* de Mercure Canetonensis : MERCVRIO·AVGVSTO·Q·DOMITIVS·TVTVS EX VOTO. Sortis des mains du même artiste, ces deux vases homériques se faisaient pendant sur l'*abacus* ou le *cartibulum* de la villa de Domitius Tutus, avant que ce Romain opulent et dévot s'en dépouillât en faveur du dieu favori de nos pères.

[1]. V. Gaston Boissier, *Le poète Attius*, in-8°, 1858.
[2]. A. Bougot, *Philostrate l'Ancien. Une galerie antique de soixante-quatre tableaux*, p. 384.

PL. XLII

Cabinet des Antiques

CAMÉES ANTIQUES

A. Lévy Éditeur.

XLII.

CAMÉES ANTIQUES

ICONOGRAPHIE ROMAINE

I.

APOTHÉOSE DE GERMANICUS [1]

COTÉ du *grand camée* de la Sainte-Chapelle, qui paraît bien, comme nous l'avons vu, célébrer la gloire de Germanicus, vient prendre place, au second rang, un autre camée consacré, lui aussi, à honorer la mémoire du prince infortuné auquel Suétone et Tacite attribuent toutes les vertus civiques et privées. C'est, sans doute, à la piété et à la sourde colère des amis de Germanicus que nous sommes redevables de ces deux chefs-d'œuvre de la glyptique romaine : le premier, sans rival dans l'histoire de la gravure en pierres fines, le second, beaucoup plus modeste de proportions, mais non moins remarquable par l'éclat de la pierre et la perfection du travail. La mode était alors aux camées, et aucun siècle ne nous en fournit un plus grand nombre et de plus beaux. Comme les rois d'Égypte successeurs d'Alexandre, chez lesquels ce goût paraît avoir pris naissance, les Césars furent déifiés après leur mort, et en même temps qu'ils prenaient place sur les autels, des bas-reliefs, des monnaies, des camées surtout célébraient cette consécration solennelle qui les élevait au rang des dieux.

Il n'y avait point de thème obligé pour représenter les apothéoses, et l'imagination des courtisans et des artistes pouvait se donner libre carrière. Tantôt, le personnage qui passe au rang de *divus* est emporté au ciel sur Pégase comme Bellérophon : c'est la donnée dont s'est inspiré l'artiste du grand camée de la Sainte-Chapelle; tantôt, le *divus* est sur un quadrige accompagné de la Victoire, ou bien emporté par le génie de l'Immortalité; tantôt enfin, nouveau Ganymède, il est sur le dos d'un aigle qui s'élève dans l'espace : c'est à cette dernière conception, souvent figurée sur les médailles impériales, que se rapportent le camée de l'apothéose de Germanicus et celui de l'apothéose d'Hadrien conservé dans la bibliothèque de la ville de Nancy. Tout le monde connaît le récit détaillé de la cérémonie de la *consecratio*, que nous a transmis Hérodien [2]. Quand l'image en cire, qui surmontait le bûcher de l'empereur défunt, était sur le point de disparaître sous l'action de la flamme, « on voyait du faîte de cet édifice, dit Hérodien, un aigle s'élancer dans les airs; les Romains s'imaginent qu'en lui plane et

---

1. Visconti et Mongez, *Iconogr. romaine*, pl. XXIV; Ch. Lenormant, *Trésor de numismatique. Iconogr. romaine*, pl. X, n° 15; Chabouillet, *Catalogue*, n° 209; Bernoulli, *Römische Ikonographie*, p. 234 d.
2. Hérodien, IV, 3.

s'élance vers le ciel l'âme de l'empereur. » D'après ce récit, la représentation plastique de l'apothéose la plus conforme à la légende, est celle où la figure du défunt est emportée sur les ailes d'un aigle : c'est celle que reproduisent le plus souvent les monnaies à la légende *consecratio*. Si l'on recherche l'origine de ce type monétaire et sculptural, on se reporte, sans hésitation, aux représentations si communes de l'enlèvement de Ganymède, copies plus ou moins directes du célèbre groupe en bronze, de Léocharès, dont la plus importante réplique est à Venise [1]. Le camée que nous avons sous les yeux est donc inspiré de cette donnée si populaire dans l'art gréco-romain; l'application qu'on en a faite à Germanicus a, seule, commandé des modifications secondaires qu'il est à peine besoin de faire ressortir. La Victoire vient couronner le jeune héros des guerres de Germanie; l'aigle qui le ravit au ciel tient dans ses serres une palme et une couronne; Germanicus porte le bâton augural et la corne d'abondance; sa poitrine est couverte de l'égide.

Ces attributs du César divinisé ont suggéré à M. Bernoulli quelques doutes au sujet de l'attribution iconographique du camée [2]. Si Germanicus, dit-il, a été vengé par les siens et pleuré par le peuple romain tout entier, aucun texte, aucune monnaie ne nous dit qu'on lui ait décerné les honneurs de l'apothéose. L'*égide* et le *lituus* qu'il tient dans ses mains ne sont-ils pas des attributs réservés exclusivement à l'empereur? La ressemblance iconographique sur laquelle on s'est fondé pour fixer l'attribution du camée est-elle un criterium infaillible quand elle s'applique à une figure sculptée sur une matière aussi rebelle et aussi difficile à travailler que l'onyx, à une physionomie dont les traits généraux peuvent convenir à plusieurs personnages à la fois?

Si ces observations sont, au premier abord, de nature à ébranler notre confiance, elles ne résistent pas à un examen approfondi. En effet, iconographiquement, la tête du héros est bien celle de Germanicus : elle ne saurait être ni Auguste, ni Tibère, ni Claude, ni Caligula, ni Trajan, dont nous avons aussi des camées sur onyx. Germanicus étant César a pu, tout aussi bien que l'empereur, porter l'égide et le bâton d'augure; issu de la race du divin Jules, il était d'avance destiné à la déification qu'il fut d'usage, de très bonne heure, d'attribuer à tous les membres de la famille impériale [3]. Germanicus, poursuivi, même par delà la tombe, par la haine jalouse de Tibère, n'a pas été honoré, il est vrai, de la consécration officielle, mais ses parents et ses amis ont rivalisé de zèle pour rendre à sa mémoire les honneurs qui lui étaient doublement dus par sa naissance et ses victoires. L'apothéose de Germanicus fut donc une apothéose privée, telle que les Grecs la pratiquèrent souvent pour les morts qui leur étaient chers, telle que les Romains mêmes la connurent de bonne heure, puisque Cicéron décerna l'apothéose à sa fille Tullia, morte à la fleur de l'âge [4].

Le hasard des événements a voulu que le camée que nous venons de décrire ait subi au Moyen-

---

1. Clarac, *Musées de sculpt.*, pl. 407, n° 702; Otto Jahn, *Archäologische Beiträge*, p. 12; Héron de Villefosse, dans la *Revue archéologique*, n. s. t. XXII (1870-1871), p. 373 et ss.; Overbeck, *Kunstmythologie, Zeus*, p. 515 et ss.
2. Bernoulli, *Römische Ikonographie*, t. II, p. 234.
3. Sur les *divi*, voyez R. Mowat, *La domus divina et les divi*, 1886, in-8°.
4. J. de Witte, dans la *Gazette archéologique*, t. IV (1878), p. 6 et suiv.

— 137 —

Age un sort analogue à celui qui échut au grand camée de la Sainte-Chapelle. Rapporté d'Orient et baptisé chrétien, il fut conservé jusqu'à la fin du XVIIe siècle dans le trésor du monastère de Saint-Evre de Toul. « On montrait autrefois, raconte dom Calmet, dans l'abbaye de Saint-Evre, une agathe précieuse qui servait d'ornement au chef de sainte Aprone, sœur de saint Evre, conservé dans une châsse très bien faite. On tenait par une tradition que le cardinal Humbert, qu'on croyait avoir été religieux de Saint-Evre, l'avait donnée à cette abbaye, au retour de son voyage de Constantinople où il fut envoyé par le pape Léon IX. On ajoutait que cette agathe représentait saint Jean l'Evangéliste, enlevé par un aigle et couronné. Rien de tout cela n'était ni vrai ni fondé. La pierre dont nous parlons est toute profane et n'a aucun rapport avec saint Jean l'Evangéliste. » Le cardinal Humbert auquel il vient d'être fait allusion était un moine de Moyenmoutier; il fut emmené à Rome par l'évêque de Toul qui, en 1049, devint pape sous le nom de Léon IX. Humbert, créé plus tard cardinal du titre des saintes Rufine et Secondine, et très versé dans la langue grecque, fut envoyé à Constantinople en 1057, pour combattre l'hérésie de Michel Cerularius; il mourut à Rome en 1061 [2]. C'est simplement sur le voyage d'Humbert en Orient que repose la tradition qu'a rapportée dom Calmet sans y croire.

Quoi qu'il en soit, à l'époque de dom Calmet, il y avait longtemps qu'on avait reconnu que le personnage représenté n'était nullement un saint Jean, et déjà Montfaucon lui donne le nom de Germanicus [3]. Aussi, les moines ne se soucièrent plus de voir cette image profane décorer la châsse de sainte Aprone et le besoin d'argent leur fit rechercher l'occasion de s'en défaire. « Le roi Louis XIV, raconte encore l'historien de la Lorraine, étant informé que cette antiquité était en l'abbaye de Saint-Evre, la fit demander en 1684 et on la lui envoya. Il donna pour cette agathe à la sacristie sept mille livres; et quelques années après, M. de Puységur, abbé commendataire de Saint-Evre, ayant demandé sa part de cette somme, le roi déclara qu'il en avait fait présent à la sacristie, et que l'abbé n'avait rien à y prétendre [4]. » L'acquisition de ce magnifique camée eut lieu vers la fin de 1684, c'est-à-dire peu de temps après que le Cabinet des médailles eut été établi au palais de Versailles; la mention suivante, extraite des *Comptes des bâtiments du roi*, vient confirmer officiellement le témoignage de dom Calmet et prouver en même temps que les réclamations de l'abbé commendataire étaient mal fondées : « 4 janvier 1685 : Aux prieur et religieux de l'abbaye de Saint-Epvre, pour le prix d'une agathe qu'ils ont mise dans le Cabinet de S. M., laquelle somme sera employée au payement des debtes de leur communauté, suivant l'ordonnance du fond expédiée..... 7000" » [5]. Louis XIV fit entourer son nouveau joyau de la riche monture émaillée dans laquelle il se trouve encore enchâssé [6]. Le camée représentant l'apothéose d'Hadrien, à la bibliothèque de Nancy, a la plus étroite parenté artistique avec celui-ci [7].

---

1. Dom Calmet, *Notice de la Lorraine*, etc., t. II, p. 611 (2e édit. in-8°, 1840, t. II, p. 381); cf. Chabouillet, *Catalogue*, n° 209.
2. Dom Calmet, *Histoire de Lorraine*, t. II, p. 211.
3. Dom Montfaucon, *L'antiquité expliquée*, supplément, t. V, p. 136.
4. Dom Calmet, *Notice de la Lorraine*, t. II, p. 611.
5. Jules Guiffrey, *Comptes des Bâtiments du roi sous le règne de Louis XIV*, t. I, p. 483.
6. Voyez la notice d'Oudinet, dans l'*Histoire de l'Académie des Inscriptions*, t. I, p. 276.
7. Visconti et Mongez, *Iconographie romaine*, pl. XXXVIII, n° 7.

— 138 —

II. — CLAUDE [1].

L'ICONOGRAPHIE de cet empereur justifie la réputation d'imbécillité que lui ont faite ses contemporains. Claude est aisément reconnaissable à ses traits réguliers, mais sans expression, et à cette physionomie de bellâtre qui l'ont fait si durement caractériser par Suétone : *specie canitieque pulchrâ...; risus indecens, ira turpior spumante rictu, umentibus naribus, præterea linguæ titubantia, caputque cum semper tum in quantulocunque actu vel maxime tremulum.* Le Cabinet des médailles possède une statue en marbre et plusieurs camées de Claude, un des Césars dont les traits ont été le plus fréquemment reproduits par la statuaire et la glyptique [2]. Il se pourrait que quelques-uns des monuments en l'honneur de Claude ne fussent pas antérieurs au règne de Vespasien : on sait que ce fut le chef de la dynastie des Flaviens qui restaura et remit en honneur le culte du *divin Claude*, son bienfaiteur, culte que Néron avait voulu proscrire en faisant révoquer son apothéose et abolir sa mémoire.

Sardonyx à deux couches. Haut., 20 mill.; larg., 20 mill. Monture en or émaillé.

III. — NÉRON ET AGRIPPINE [3].

ON a reconnu le buste de Néron enfant et celui d'Agrippine jeune, sa mère, dans les deux personnages laurés que nous voyons ici emportés au ciel sur les ailes éployées d'un aigle. Des monnaies associent également les têtes d'Agrippine et de Néron, mais sans l'aigle qui paraît indiquer que nous sommes en présence d'une apothéose. Cependant nous remarquerons, comme pour Germanicus, que ni Agrippine ni Néron ne figurent au nombre des *divi* jusqu'ici officiellement connus.

Sardonyx à trois couches. Haut., 25 mill.; larg., 20 mill. Monture en or émaillé.

1. Chabouillet, *Catalogue*, n° 222.
2. Bernoulli, *Römische Ikonographie*, t. II, p. 327.
3. Chabouillet, *Catalogue*, n° 237.
4. Buste de Caracalla, avec le paludamentum agrafé sur l'épaule. Améthyste; haut., 40 mill.; larg., 29 mill. Au Moyen-Age, un graveur a ajouté au sujet antique une petite croix que le personnage paraît porter sur l'épaule, et, dans le champ, devant le visage, l'inscription O ΠΕΤΡΟC, disposée en colonne verticale. Ce nom ne laisse aucun doute sur l'attribution fantaisiste de ce portrait de Caracalla : on en fit un saint Pierre, à cause de la frisure de la barbe et des cheveux qui rappellent la tête du prince des Apôtres, telle qu'elle paraît sur les bulles pontificales. Notre améthyste reçut, en conséquence, une destination religieuse : elle décorait la couverture d'un évangéliaire du XI° siècle, que le roi Charles V donna à la Sainte-Chapelle, en 1379. Cet évangéliaire fut transporté, au moment de la Révolution, à la Bibliothèque Nationale, où on le voit encore à présent (*mss. lat.* n° 8851); la couverture est un travail d'orfèvrerie en vermeil orné de pierreries, et l'améthyste était enchâssée sur le recto, aux pieds du Christ en croix. En 1834, elle fut extraite de son alvéole pour être déposée au Cabinet des Médailles, et on lui substitua, sur la couverture de l'évangéliaire, une imitation en verre coloré. Voyez : J. Morand, *Hist. de la Sainte-Chapelle du Palais* (Paris, 1790), p. 56; Ch. Lenormant, *Trésor de numismatique. Iconogr. romaine*, p. 80 et pl. XLIII, n° 7; Chabouillet, *Catalogue des Camées*, etc., n° 2101; L. Delisle, *Inventaire des manuscrits latins de la Bibliothèque Nationale*, n° 8851.

CARACALLA (Intaille) [4].

HÉRA ET HÉBÉ
FIGURES D'APPLIQUE EN BRONZE

XLIII.

HÉRA & HÉBÉ

FIGURES D'APPLIQUE EN BRONZE

Haut., 145 mill.

ES deux statuettes, trouvées probablement en Italie, sont entrées dans le Cabinet du roi dès 1727, après avoir fait partie de la collection d'antiquités de l'intendant Foucault [1]. Celle de gauche a la tête surmontée. d'un haut stéphanos, comme Héra d'Argos; ses traits sont réguliers et graves; ses cheveux, partagés au milieu du front, se développent sur les tempes en bandeaux plats et ondulés; un long voile lui couvre la nuque, descend sur ses épaules, puis, ramassé sur le bras gauche, retombe comme une ample et fine draperie presque jusqu'à la cheville. Par dessus la tunique talaire, un long diploïdion fait deux fois le tour du corps et l'une de ses extrémités est rejetée sur l'épaule gauche, sous le voile. Sur la main gauche, cette femme tient un plateau, δίσκος, chargé de pommes et d'autres fruits; de la main droite baissée, elle porte une œnochoé.

La seconde de nos statuettes a le même haut relief, la même patine brune, les mêmes proportions. C'est la figure d'une jeune fille par rapport à celle que nous venons de décrire, qui est manifestement plus âgée. Dépourvue du stéphanos, elle a les cheveux relevés en chignon sur la nuque et retenus, semble-t-il, dans une sorte de cécryphalos, ou peut-être simplement par un bandeau faisant le tour de la tête. Elle est sans voile; son diploïdion, drapé d'une manière analogue à celui de l'autre statuette, est beaucoup plus court, ainsi qu'il convient à une jeune fille. Elle a de même une tunique talaire tuyautée, et elle porte aussi l'œnochoé de la main droite; sa main gauche soutenait à la hauteur du visage sans doute un plateau de fruits, qui a disparu par suite d'une cassure; les pieds sont restaurés en cire. La jeune fille s'avance à droite et elle détourne la tête, regardant sa compagne comme pour l'inviter à la suivre. Remarquons le mouvement disgracieux du cou et de la tête qui est comme retournée sens devant derrière : il est manifeste que l'artiste a été impuissant à la faire regarder en arrière tout en évitant de lui imposer cette horrible contorsion qu'on ne rencontre que dans certaines figures des vases peints ou bien dans les dessins des enfants et des barbares.

Malgré cet aspect archaïque dans le jeu et les ondulations des draperies, dans le maintien du corps

1. Voyez Caylus, *Recueil d'antiquités*, t. IV, p. 214; *Gazette archéologique*, 1888, p. 304. Dans le *Catalogue* de M. Chabouillet, nos deux figures d'applique portent les n°s 3067 et 3068.

et dans la gaucherie des gestes, une observation attentive permet de reconnaître ici des œuvres d'une basse époque dans lesquelles on a conventionnellement simulé les formes qui caractérisent les temps primitifs. Effectivement, si ces figures d'applique étaient véritablement archaïques, est-ce que les traits du visage auraient cette physionomie particulière qui trahit un art savant, entièrement débarrassé des procédés naïfs du vi° ou du commencement du v° siècle? Les sculpteurs de la basse époque, quand ils copiaient ou imitaient les œuvres archaïques, réussissaient assez bien à traduire les gestes, les draperies, les mouvements du corps; mais ils ont toujours pitoyablement échoué dès qu'il s'est agi pour eux de reproduire l'expression du visage et le jeu de la physionomie. Leur ciseau n'a pu s'affranchir des procédés scientifiques auxquels il était accoutumé, et si les gestes et le costume des personnages peuvent nous laisser hésitants, les traits du visage révèlent chez l'artiste une expérience que n'avaient point encore les sculpteurs de l'époque archaïque. Les yeux, le nez, la bouche, les frisures de la barbe, les boucles des cheveux, le sourire naïf si particulier aux statues du commencement du v° siècle : tout cela est altéré et modernisé dans les œuvres archaïsantes.

Ces particularités frappent dans les deux figures en relief que nous avons sous les yeux; en voulant rendre la naïveté de l'attitude de la femme qui détourne la tête, le sculpteur n'a été que grossièrement maladroit; même on se rend compte qu'il n'a pas bien saisi l'arrangement des cheveux du modèle qu'il a copié. On ne saurait donc hésiter à classer ces deux statuettes dans la catégorie des œuvres archaïsantes, à côté de l'autel des douze dieux, au Musée du Louvre, de la Pallas de Dresde, de l'Artémis de Naples et de tant d'autres sculptures qu'on regardait aussi autrefois comme véritablement archaïques.

Nos deux bronzes me paraissent avoir été détachés d'un bas-relief développé qui représentait un défilé dans le genre de la procession des Panathénées, ou plutôt une procession nuptiale de dieux et de déesses. Cette idée m'a été suggérée par le rapprochement de nos figures d'applique avec les sculptures du fameux sarcophage de la villa Albani qui représente les noces de Pélée et de Thétis. Les fiancés sont assis côte à côte et devant eux s'avancent à la file la série des dieux avec leurs présents : on reconnaît Héphaistos qui apporte un bouclier et une épée, Athéna qui offre un casque, puis quatre autres divinités (les Saisons?) avec des corbeilles de fruits [1]. Une scène analogue se déroule sur un autre monument de style archaïsant qui, lui aussi, a longtemps été regardé comme archaïque : je veux parler du fameux autel rond trouvé à Corinthe, qui a appartenu jadis à lord Guilford († 1827). Ce monument représente les fiançailles d'Héraclès et d'Hébé [2]. Si nous comparons avec soin nos deux figures d'applique avec l'autel de Corinthe et le sarcophage de la villa Albani, nous constaterons entre elles et plusieurs des personnages qui composent les cortèges d'Héraclès et d'Hébé, de Thétis et de

---

1. Zoega, *Bassirilievi*, II, pl. 52; J. de Witte, *Annali dell' Instituto arch. di Roma*, t. IV, p. 126 et s.; Overbeck, *Die Bildwerke zum thebischen und troischen Heldenkreis*, p. 201; atlas, pl. VIII, 8.
2. Panofka dans les *Annali dell' Istitu. arch.* 1830, p. 145; Welcker, *Alte Denkmaeler*, II. 27; *Arch. Zeitung*, 1856, n° 91; Gerhard, *Hyperbor. rœm. Studien*, II, p. 303; Stackelberg, *Graeber*, pl. 12, 3; Overbeck, *Griechische Plastik*, t. I, p. 134; Overbeck, *Kunstmythologie, Hera*, p. 27 et pl. IX, n° 26; Michaelis, *Ancient Marbles in Great Britain*, p. 160; *Journal of Hellenic Studies*, t. IV (1885), pl. 56.

Pélée, une analogie frappante et même une telle parenté d'attitude, d'attributs, de costume et de style, que nous serons enclins à donner à nos bronzes les noms mêmes de deux des figures du bas-relief corinthien : Hébé et Héra.

Hébé, fille de Héra et de Zeus, la personnification de l'adolescence, précède toujours les dieux dans les scènes où elle paraît ; suivant Homère, elle leur verse à boire et partout, sur les vases peints comme dans les bas-reliefs, elle tient une œnochoé à la main. C'est elle que nous reconnaîtrons dans la jeune fille qui détourne la tête pour inviter ses compagnes à la suivre ; elle est la première dans un cortège de dieux et de déesses qui vont offrir leurs présents aux nouveaux époux.

Hébé est suivie de Héra, sa mère, qui s'avance, elle aussi, portant son offrande de fruits et de vin, et que caractérise surtout la gravité de son maintien, son long voile et son haut stéphanos. Après celles-ci venaient, sans doute, d'autres divinités, comme sur l'autel de Corinthe où l'on reconnaît à la file, entre Héra et Hébé, Aphrodite et Peitho qui guident Hébé, puis Alcmène, Hermès, Artémis, Apollon, Athéna [1].

On peut encore comparer à la figure à laquelle nous donnons le nom de Héra, une représentation archaïsante de cette déesse qu'on voit sur la margelle de puits conservée au Musée du Capitole [2] ; signalons aussi un bas-relief du Musée de Bologne représentant Héra et Hébé devant Zeus : Hébé, l'œnochoé à la main, s'apprête à faire une libation au maître de l'Olympe [3]. D'autre part, si le lecteur veut bien se reporter au dessin du camée que nous avons reproduit plus haut, à la page 22, et qui figure un sacrifice à Priape, il y remarquera une jeune Ménade qui offre au dieu rustique d'une main une œnochoé de vin et de l'autre une patère pleine de fruits ; son mouvement est pareil à celui de nos deux bronzes. Voyez enfin la statuette en bronze de la collection Oppermann, que nous donnons ci-dessous en cul de lampe (haut. 115 millim.). C'est un Eros bachique avec ses cheveux ornés d'une bandelette attachée sur le front, son nez épaté, son rire sardonique qui respire l'ébriété ; d'une main il tient l'œnochoé, et de l'autre la *patella* qu'il vient de vider ; il a une ceinture autour des reins et son corps est enveloppé de guirlandes tracées au pointillé. Il prend son essor en courant, les ailes éployées, et rappelle par son attitude une figurine de la collection Lécuyer, ainsi que plusieurs des terres cuites trouvées dans la nécropole de Myrina par MM. Pottier et Reinach [4].

Malgré ces derniers exemples et les analogies que peuvent avoir ces personnages bachiques avec nos deux figures d'applique, ce qui nous empêche de nous arrêter pour l'explication de ces dernières, à un cortège de Ménades, ou à une procession de Thyades, comme en voit parfois autour des simulacres ou des autels de Dionysos, c'est que les personnages du thiase de Dionysos ont généralement une attitude plus mouvementée, des visages plus épanouis que ceux de nos statuettes qui portent, il

---

1. Sur Héra et Hébé, voyez par exemple Lenormant et J. de Witte, *Élite des mon. céramogr.*, passim ; Panofka, *Terracotten der Kœnigl. Mus. zu Berlin*, pl. IX ; Panofka, *Cabinet Pourtalès*, pl. 1 ; R. Kékulé, *Hébé* (in-8º, 1867).
2. Overbeck, *Kunstmythologie, Hera*, atlas, pl. IX, nº 27.
3. R. Kékulé, dans l'*Arch. Zeitung*, 1871, pl. 27.
4. A. Cartaut, *Collection Lécuyer*, pl. J, 3.

est vrai, comme les Thyades et les Éros, des œnochoés de vin, mais sans manifester aucun des caractères de l'ébriété. Nous préférons donc y reconnaître Héra et Hébé dans un cortège analogue à celui qui décore le sarcophage de la villa Albani ou l'autel de Corinthe et qui ne sont eux-mêmes que des copies gréco-romaines de bas-reliefs du ve siècle.

EROS BACHIQUE (Bronze Oppermann).

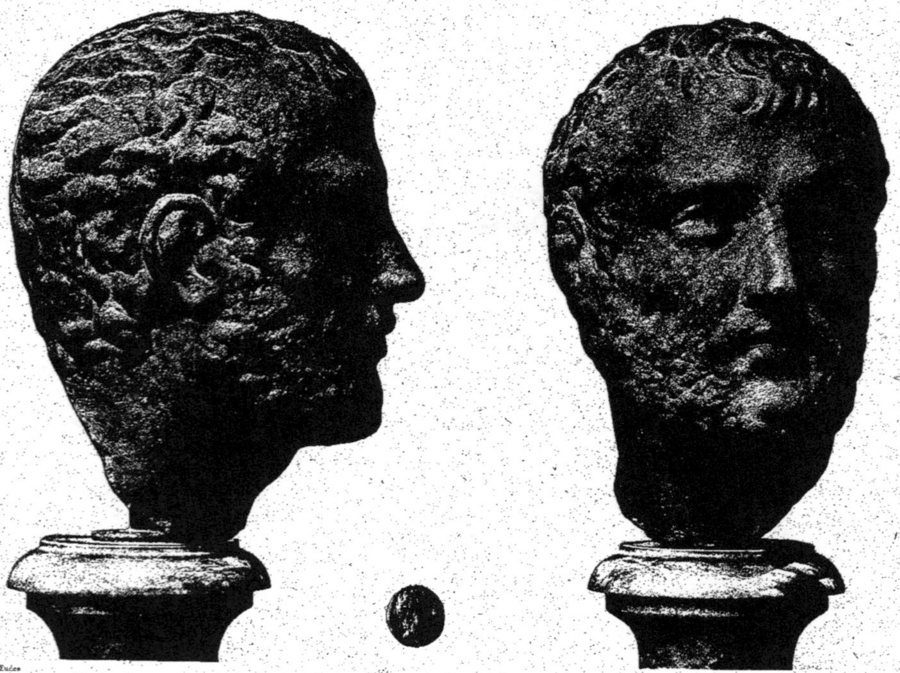

Imp. Eudes Hélio. Dujardin

TÊTE D'HOMME INCONNU
MARBRE GREC
A. Lévy Éditeur

XLIV.

TÊTE D'HOMME INCONNU

MARBRE GREC

Haut. totale : 15 cent.

ARMI les marbres antiques retirés en 1846 des caves de la Bibliothèque nationale, où ils avaient été déposés on ne sait comment ni à quelle époque, se trouvaient la tête colossale de femme ou d'Apollon, que nous avons reproduite sur notre planche xx, et la tête d'homme barbu qui figure sur la planche xliv. Nous savons déjà que les deux Lenormant avaient cru reconnaître dans la première une tête détachée de l'un des frontons du Parthénon, mais que cette opinion est erronée; les mêmes savants ont aussi proposé de donner à la seconde le nom de Titus Quinctius Flamininus, le conquérant de la Macédoine en 196 avant notre ère [1], et cette attribution iconographique a été généralement acceptée [2]. Après avoir disserté sur une pièce d'or qui nous donne bien positivement les traits de Flamininus, F. Lenormant ajoute au sujet de la tête de marbre : « Il est probable que ce petit buste avait fait partie de la magnifique collection recueillie en Orient par Nointel, et dont une partie fut déposée au Louvre après la Révolution, tandis que le reste passa, après la suppression des Académies, à la Bibliothèque, où il resta longtemps ignoré; on y reconnaîtra immédiatement le fragment d'une statue du proconsul, dont il reproduit les traits, tels que la médaille nous les fait connaître. La statue dont cette tête faisait partie, avait évidemment rapport au culte de Flamininus et devait être placée dans le laraire de quelque Grec fidèle aux traditions de reconnaissance de ses ancêtres pour celui qui les avait asservis à Rome. » Tout en se montrant un peu plus réservé, Bernoulli, qui ne connaît le monument que par un dessin fort médiocre de la *Revue numismatique*, assure qu'il existe entre les traits de la statue et ceux de l'effigie monétaire une parenté suffisante pour qu'il y ait lieu de conclure à l'identité des deux personnages.

Flamininus, qui mourut en 170 avant J.-C., à l'âge de 59 ans environ, avait 33 ans quand ses victoires et sa politique lui valurent la reconnaissance irréfléchie des Grecs. Il est probable que plusieurs villes lui élevèrent des statues, car nous voyons Corinthe et Chalcis, par exemple, honorer sa mémoire jusque sous l'empire. Plutarque, qui le compare à Philopœmen, nous informe qu'il avait sa statue à Rome même, non loin du cirque, à côté de l'Apollon de Carthage. Mais ces témoignages littéraires ne sauraient nous autoriser à reconnaître les traits du jeune héros de Cynocéphales dans la

---

1. Fr. Lenormant, dans la *Revue numismatique*, 1852, p. 200 et pl. VII, 3.
2. Bernoulli, *Römische Ikonographie*, t. I, p. 60 à 62 ; Duruy, *Histoire des Romains*, t. II, p. 74 ; Chabouillet, *Catalogue des Camées*, etc., n° 3293.

tête de marbre reproduite en grandeur réelle sur notre planche. Notre seul guide est la comparaison entre ce marbre et le statère que Flamininus fit frapper à son effigie, à l'imitation des rois qu'il venait de détrôner. Or, bien que ce soit ce rapprochement même qui ait servi de base à l'attribution proposée par les Lenormant, nous croyons pouvoir conclure dans un sens tout opposé. Sans nous occuper du nez de la statue, qui a été refait par Seurre, en 1846, sous la direction de Charles Lenormant, nous constaterons qu'il n'y a, entre la tête de marbre et l'effigie monétaire, guère d'autre rapport que celui qu'on pourrait signaler entre deux portraits quelconques d'hommes jeunes portant une barbe courte. Sur la médaille, les traits sont plus expressifs, la tête fièrement relevée, le menton court, proéminent, tout couvert de barbe, le cou droit et régulier; sur la statue, le menton est dégarni et plus arrondi, la protubérance dite *pomme d'Adam* est nettement accusée, les favoris sont plus épais, les tempes plus dégagées, les cheveux plus courts et autrement traités; enfin, il y a une expression générale de douceur absente de l'effigie monétaire. Sans doute, quand il s'agit d'identifier iconographiquement une statue, on est parfois contraint de faire uniquement appel au sentiment et à l'impression de chacun : tel est présentement un peu le cas, et il faut nous appliquer le mot de Tacite : *primi in omnibus præliis oculi vincuntur*. Je n'ignore pas non plus les divergences de style que l'art introduit dans la représentation de la figure humaine, suivant l'artiste, la matière ou la pose. Mais ces circonstances mêmes auraient dû engager les savants dont je combats l'opinion à se montrer plus réservés. Nous pourrions citer tout aussi légitimement, sur des bas-reliefs funéraires attiques, d'autres têtes jeunes, légèrement barbues, qui ont avec l'effigie monétaire autant d'analogie que celle-ci [1]. Tout ce que nous apprennent ces rapprochements entre figures d'hommes inconnus, c'est que notre tête de marbre est de style attique et qu'on peut la rapporter au IIe ou au Ier siècle avant notre ère.

Outre le statère d'or et cette tête de marbre, M. Bernoulli rappelle, comme reproduisant les traits de T. Quinctius Flamininus, une pierre gravée de l'ancienne collection de Fulvio Orsini. Il s'agit d'une tête imberbe accompagnée des lettres ΤΦΘ, que les antiquaires du XVIe siècle interprétaient par ΤΙΤΟΣ ΦΛΑΜΙΝΙΝΟΣ ΘΕΟΣ, le mot θεός rappelant l'apothéose décernée à Flamininus, d'après Plutarque. Dans le catalogue des collections Orsini, cette pierre est ainsi décrite : « 78. Corniola con la testa di naturale di Tito Flaminio, con lettere greche ΤΦΘ, cioè *Titus Flaminius Divus*, ligata in anello, dalli Gabrielli [2]. » Le type imberbe de cette gemme n'a aucun rapport avec celui de la médaille, et si le monument est antique, ce qui est fort douteux, les trois lettres ΤΦΘ y ont certainement été ajoutées par un graveur moderne : bref, il n'y a pas à tenir compte de cette intaille dans la question d'iconographie qui nous occupe [3]. Un seul monument donc nous donne le portrait du héros philhellène, c'est le statère d'or qu'il fit frapper; quant à notre buste en marbre, sa ressemblance avec l'effigie monétaire est, selon nous, absolument controuvée.

---

1. Voyez par exemple, K. Friederichs, dans l'*Arch. Zeitung*, 1863, p. 15 et pl. CLXX, n° 2. Ph. Le Bas, *Voyage archéol. en Grèce et en Asie mineure*, publié par S. Reinach, pl. 50 (Didot, in-8°, 1888).
2. P. de Nolhac, *Les collections d'antiquités de Fulvio Orsini*, dans les *Mélanges de l'Ecole de Rome*, t. IV (1884), p. 157; cf. P. de Nolhac, *La Bibliothèque de Fulvio Orsini*, p. 31, note. Gabrielli est le nom des personnages qui ont cédé la pierre à Fulvio Orsini.
3. Jean Lefebvre (Faber), *In imagines illustrium commentarius* (Anvers, 1606), p. 83 ; H. Brunn, *Geschichte der griech. Künstler*, t. II, p. 460.

Cabinet des Antiques. Pl. XLV.

Imp. Eudes. C. Gerard sc.

CANTHARE DE SARDONIX
DIT COUPE DES PTOLÉMÉES

A. Lévy, Éditeur.

XLV

CANTHARE DE SARDONYX

DIT COUPE DES PTOLÉMÉES

Haut., 12 cent. Diam. de l'orifice, 14 cent.

E public de curieux qui, à certains jours de la semaine, est admis à visiter les galeries du Cabinet des Médailles, et qui prodigue, sur commande, ses marques d'admiration aux camées et aux intailles que le Catalogue lui signale comme les plus précieux, ne se doute guère, en général, du talent, du temps et des efforts matériels qu'ont coûtés des œuvres telles que le grand Camée ou le canthare de sardonyx connu sous le nom usurpé de Coupe de Mithridate ou de Coupe des Ptolémées. A la différence des autres arts, la glyptique n'exige pas seulement une main habile au service de l'effort intellectuel; le lithoglyphe est, de plus, obligé de vaincre la résistance de l'indomptable matière dans laquelle doit s'incarner son œuvre; aujourd'hui, de même que dans l'antiquité, il lui faut user lentement, à la poudre de diamant, comme la goutte de rosée creuse le rocher, cet onyx que ni le fer ni la meule ne peuvent entamer. Consultez à votre choix un graveur en pierres fines d'à présent ou bien Pline le Naturaliste : l'un et l'autre vous diront que, seul, le diamant réduit en poudre et amalgamé avec l'huile ou l'émeri est capable de donner à la molette du touret la propriété d'user l'agate par un frottement incessant qui dure, non pas des jours, mais des mois entiers, — que dis-je, de nombreuses années, — lorsqu'il s'agit de gemmes qui atteignent les dimensions du grand Camée ou de la Coupe des Ptolémées. Aussi pourrait-on s'étonner, à bon droit, qu'il se soit jamais rencontré des artistes assez courageux pour entreprendre des travaux qui renouvelaient pour eux le supplice de Tantale, et ce n'est pas sans raison que la gravure en pierres fines a été jugée le plus difficile des arts, le plus pénible et le plus rebutant, en même temps que le plus onéreux et, peut-être, le moins apprécié du vulgaire. Le plus grand camée des temps modernes, l'*Apothéose de Napoléon*, exécuté, il y a quelque vingt ans, par M. Adolphe David, d'après un dessin d'Ingres, a coûté six ans de travail à son auteur, et il a des dimensions moindres que notre Camée de la Sainte-Chapelle [1]. Celui-ci a certainement exigé au moins dix ans d'efforts, et ce n'est peut-être pas avec une trop excessive complaisance qu'on a

---

1. Chabouillet, *Le camée représentant l'Apothéose de Napoléon Ier*, Paris, Belin, 1879.

évalué à trente années l'espace de temps nécessaire à l'exécution de la Coupe des Ptolémées. L'artiste, digne émule de Pyrgotéle et de Dioscoride, qui a sculpté cet énorme bloc de sardonyx, a pu s'écrier à la fin de sa carrière : *exegi monumentum ære perennius*, et jamais parole ne fut plus légitimement appliquée qu'à cette œuvre plus résistante que le granit ou l'acier et que n'ont cessé d'admirer les générations qui se sont succédé jusqu'à nous.

Les gens du Moyen Age, émerveillés, firent un calice de cette coupe toute pleine des souvenirs des Bacchanales; ils lui adaptèrent un pied d'or rehaussé de pierreries, et les reines de France y buvaient le jour de leur couronnement, après avoir communié. C'est l'inventaire du trésor de Saint-Denis, publié en 1638 par dom Germain Millet, qui nous donne ces piquants détails dans la description que voici :

« Un autre calice avec les deux anses et le pied, tout d'une seule agathe, fort large et profonde, pièce si précieuse et si riche, qu'elle est sans prix et sans estimation. Ce vase, outre la matière dont il est fait, est gravé tout autour, et embelly de plusieurs figures, d'arbres, d'hommes et d'oyseaux, toutes tirées de la mesme agathe, taillées et relevées en bosse, avec un artifice admirable; aussi tient-on par tradition ancienne que l'ouvrier y employa trente ans. Ce vasseau est une des plus rares et riches pièces de ce genre qui soit dans l'univers. Outre cela, il est enrichi de bandes et cercles de fin or et de grand nombre de saphirs, émeraudes, grenats et perles orientales. La platine de ce calice est de porphire verd, tanelée et semée de petits poissons d'or, entaillez au dedans, garnie d'une bordure d'or, enrichie de pierres précieuses. Les reines de France prennent l'ablution en ce calice, après la sainte communion, le jour de leur couronnement. Ce précieux joyau a été donné par le roi Charles IIIe du nom, surnommé le Simple, fils de l'Empereur Louis le Bègue, comme il appert par ces deux petits vers gravés sur le pied :

Hoc vas, Christe, tibi dicavit
Tertius in Francos regmine Karlus [1].

Tristan de Saint-Amant, en 1644, puis Félibien et Montfaucon, au XVIIIe siècle, ont parlé avec enthousiasme de la coupe des Ptolémées, et les archéologues modernes n'ont fait que ratifier leur jugement [2]. « Cet admirable vase, dit Clarac, par la richesse de sa matière et la beauté de son travail, est peut-être la production antique de ce genre la plus merveilleuse qui existe... Qu'on examine la manière dont ce vase a été évidé et dont les anses ont été ménagées adroitement dans la masse; que l'œil pénètre dans les cavités profondes et les dessous des détails, on verra que ces masques, ces vases, ces animaux, ces feuillages sont autant de camées pour la plupart finement gravés, et presque détachés du fond auquel souvent ils ne tiennent que par quelques points, et dont même çà et là les branchages sont entièrement séparés. L'on jugera de la difficulté du travail, du temps qu'il a fallu pour ébaucher ce vase dans le bloc de sardonyx et lui donner l'ensemble de sa forme, pour le terminer, le graver et le polir, dernière et très longue opération, et l'on ne sera pas éloigné de croire que ce chef-d'œuvre ait exercé pendant plusieurs années le talent et la patience du graveur. »

Si la forme générale de cette coupe de sardonyx rappelle d'une manière frappante les canthares des

---

1. G. Millet, *Le trésor sacré ou inventaire des sainctes reliques et autres précieux joyaux qui se voient en l'Eglise et au trésor de Saint-Denys*, p. 110 de l'édit de 1646. (1re éd. en 1638, in-12.)
2. Tristan de Saint-Amant, *Commentaires historiques*, t. II, p. 603 (in-f°, 1644); Félibien, *Histoire de l'abbaye de Saint-Denis*, p. 545; Montfaucon, *Antiquité expliquée*, t. I, 2e part., p. 256; Kochler, *Descript. d'un vase antique de sardonyx*, Petersbourg, 1800; Müller et Vieseler, *Denkmaeler*, t. I, pl. I, n° 626; Creuzer et Guigniaut, *Religions de l'antiquité*, pl. CCXXXVIII, n° 487; Clarac, *Musée de sculpture*, t. II, p. 427 à 421 et pl. CXXV; Chabouillet, *Catalogue*, etc., n° 279.

Centaures en argent du trésor de Bernay [1], l'analogie n'est pas moins caractéristique en ce qui concerne les motifs de décoration sculptés sur le pourtour. Ce sont, de même, des sujets bachiques et nous retrouvons ici tout l'attirail des pompes dionysiaques : tables sacrées, hermès priapiques, rhytons, masques, voiles, guirlandes, torches, boucs et panthères. De part et d'autre, c'est un tableau champêtre encadré de vieux chênes et de pommiers au tronc noueux et au feuillage touffu auquel se marient des lianes grimpantes, des branches de lierre ou des ceps de vigne chargés de raisins. Douze masques riants ou grimaçants, glabres ou hirsutes, cornus, voilés, couronnés de lierre ou de laurier, ou ceints de la torsade de laine blanche, sont accrochés, au hasard, dans le feuillage ou répandus sur le sol. Un grand voile noué aux branches s'étend mystérieusement au dessus d'un abaque chargé d'offrandes, d'exvotos à Bacchus et des vases de toutes formes, cratères, rhytons, cylix, œnochoés, canthares, qui servent d'ordinaire aux libations orgiastiques. Remarquons, en outre, sur la table aux pieds carrés, une statuette de Demeter, deux torches à la main, et sur la table soutenue par des griffons, un hermès de Priape; à côté de l'abaque, une corbeille ronde tressée de branches de lierre et d'où s'élance un serpent : c'est la ciste mystique, *textam de vimine cistam*, dit Ovide, qui renferme les secrets de la divinité. Dans ce sanctuaire sauvage du dieu de Nysa, nous voyons encore au milieu des *oscilla*, des syrinx, des cymbales, un tympanon, un thymiatérion, deux torches renversées, un céras ou corne à boire, le pedum, la nébride et la besace des bergers et des satyres, le van sacré, puis deux oiseaux qui tressaillent et battent des ailes, des boucs, une panthère qui s'enivre de vin. On n'attend plus, pour célébrer la fête joyeuse, que le pontife de Bacchus et son cortège :

Et te, Bacche, vocant per carmina læta tibique,
Oscilla ex altâ suspendunt mollia pinu. (Georg., II, 388.)

Telle est la description sommaire de cette coupe aussi merveilleuse que le vase du Saint Graal à la légende duquel elle a peut-être été mêlée. Ce que ne peut reproduire complètement le pinceau d'un artiste, si habile qu'on le suppose, ce sont les reflets de la gemme, sa limpidité, sa transparence, ses tons doux ou éclatants, qui passent du brun foncé ou clair, aux nuances rouges, jaunâtres, laiteuses, grises, cendrées, rappelant, par places, cette couleur de la corne ou de l'ongle d'où est venu à la pierre le nom d'onyx. J'aimerais à voir la coupe des Ptolémées étinceler sous un rayon de soleil, telle qu'elle paraissait dans les orgies champêtres, aux mains du pontife de Bacchus, et non dans le clair obscur d'une vitrine mal éclairée. Il n'y a guère, dans les collections de l'Europe, que deux autres vases de sardonyx qu'on puisse lui comparer sans trop de disproportion artistique. C'est la coupe du musée de Naples connue sous le nom de *Tasse Farnèse*, sur laquelle est sculptée une scène empruntée à la mythologie égyptienne; c'est, en second lieu, le *vase de saint Martin*, à l'abbaye de Saint-Maurice d'Agaune, sur lequel l'artiste a sculpté un sujet homérique, peut-être Achille à Scyros, au milieu des filles de

---

1. Voyez nos planches XIV et XV.

— 148 —

Lycomède. Je préfère notre lot, quoique le sujet qui décore la coupe des Ptolémées soit plus banal [1].

L'histoire de notre canthare est enveloppée de nuages et se perd dans des légendes apocryphes. C'est uniquement, sans doute, à cause de la célébrité de la dactyliothèque de Mithridate que le nom du fameux roi de Pont s'est trouvé, à l'époque moderne, mêlé aux origines de notre coupe. De ce que Mithridate possédait des camées, des intailles, des vases ornés de pierres précieuses (*gemmata potoria*) qui éblouirent les Romains lors des triomphes de Lucullus et de Pompée, et de ce que ce dernier consacra au temple du Capitole la dactyliothèque du roi de Pont, on ne saurait raisonnablement en conclure, même sous la forme d'une hypothèse, que notre canthare a fait partie de ce riche butin qui répandit à Rome le goût des gemmes sculptées. La tradition qui l'a décoré du nom de *Coupe des Ptolémées* est plus accréditée, mais elle ne mérite guère plus de créance. Elle ne paraît pas, d'ailleurs, antérieure à Tristan de Saint-Amant, qui suppose que notre canthare était au nombre des vases précieux, décorés de sujets bachiques, qui figurèrent dans la pompe triomphale de Ptolémée II Philadelphe. Athénée raconte, en effet, d'après Callixène de Rhodes, qu'on vit à Alexandrie ce prince, affublé en Bacchus et environné de nymphes et de satyres portant des thyrses, des coupes, des canthares d'or et d'onyx, qui dénotaient une richesse si extraordinaire que l'antiquité tout entière en fut éblouie. Mais quel qu'ait été le luxe de ces pompes dionysiaques et quelque rapprochement que l'on puisse tenter entre les vases signalés par Athénée et notre canthare, c'est faire un roman que d'appeler celui-ci « Coupe des Ptolémées ». Tout ce qu'il est permis de conjecturer, c'est qu'il a pu être fabriqué en Egypte, sous les Ptolémées, parce que la mode des camées et des vases et joyaux d'onyx prit naissance en Egypte; c'est, en effet, à Alexandrie qu'arrivaient les belles agates de l'Inde et de l'Arabie, et celles qui n'ont pas été sculptées à Rome même, l'ont été très souvent à Alexandrie. La Tasse Farnèse, qui est décorée d'un sujet égyptien, pourrait peut-être, avec plus de raison que notre canthare, être attribuée aux Lagides. Quoi qu'il en soit, nous pouvons dire que ces coupes d'onyx, d'un luxe si ruineux sont bien à nos yeux l'expression de ces civilisations décadentes de l'Asie de Mithridate et de l'Egypte des Lagides, amoureuses par dessus tout de la richesse fastueuse plutôt que du beau simple et idéal des anciens Grecs.

Rome elle-même hérita de cet engouement pour ce luxe exagéré qui tue l'art, et ses écrivains nous

---

1. La Tasse Farnèse, du musée de Naples, est reproduite notamment dans B. QUARANTA, *Museo Borbonico*, t. XII, 47, et dans F. LENORMANT et ROBIOU, *Chefs-d'œuvre de l'art antique*, 1re série, t. II, pl. XXX-XXXI et p. 22; voyez aussi, à son sujet, LAFAYE, *Divinités d'Alexandrie*, p. 316. Cette coupe a la forme d'une cylix sans pied et le fond est sculpté sur ses deux faces, mais la partie convexe a seulement une tête de Gorgone en relief; quant au sujet qui décore l'intérieur, on n'est pas fixé sur son interprétation. Maffei a proposé d'y voir l'apothéose de Ptolémée Aulètes; Barthélemy y voit Triptolème instruit par Cérès, Bacchus, Antoine et Cléopâtre; selon Visconti, c'est Isis, la terre d'Egypte, appuyée sur le sphinx, et accompagnée du Nil et d'Horus; enfin, pour Quaranta, c'est une représentation rurale de l'Egypte après la moisson. Cette hésitation dans l'interprétation vient de la difficulté de la taille en pierres fines, qui oblige souvent l'artiste à abréger son sujet ou à négliger de donner aux personnages leurs attributs caractéristiques : on aurait tort d'en conclure que la Tasse Farnèse n'a été exécutée qu'à l'époque de la Renaissance. E. MUNTZ, *Hist. de l'art pendant la Renaissance*, t. I, p. 696, note. — Le vase dit de Saint-Martin, à l'abbaye de Saint Maurice en Valais, est magnifiquement reproduit dans l'ouvrage de M. ED. AUBERT, *Le trésor de Saint-Maurice d'Agaune*, pl. XVI à XVIII. Pour les mêmes raisons que celles que nous venons de donner, l'interprétation de la scène figurée sur cette magnifique aiguière de sardonyx est des plus douteuses. On y a vu successivement le retour d'Ulysse à Ithaque, Achille à Scyros ou un épisode de la guerre de Troie. Plus heureux que notre coupe des Ptolémées, le vase de saint Martin a encore sa monture d'or enrichie de pierreries dont l'a décoré la piété du Moyen-Age.

parlent avec enthousiasme des vases d'or et d'argent ou décorés de pierres précieuses; il y avait même, parmi les affranchis de la maison impériale, un *præpositus ab auro gemmato*; les deux coupes de cristal de roche que Néron, dans un accès de colère, brisa, pour ne laisser à personne après lui l'honneur d'y boire, étaient décorées de sujets empruntés à Homère. Mais aucun témoignage de l'antiquité, aucune tradition digne de foi ne nous fait retrouver les traces de notre canthare bachique, et quand nous arrivons au Moyen-Age, nous le voyons parmi les joyaux du trésor de Saint-Denis, où il sert de calice, monté, pour cet usage, sur un pied d'or enrichi de pierres précieuses. Cette monture, de travail oriental, disparue aujourd'hui, remontait au IXe siècle, comme le prouve un monument du musée du Louvre qui va nous éclairer à son sujet.

On peut voir, dans la galerie d'Apollon, une soucoupe de serpentine montée en or, qu'on désignait, à tort, par suite d'une erreur de dom Félibien, sous le nom de Patène du calice de Suger[1]. Cette patène accompagnait, au contraire, la coupe des Ptolémées transformée en calice : c'est ce que disent formellement les anciens inventaires de Saint-Denis, notamment celui qu'a publié dom Millet et que nous avons reproduit plus haut. Félibien, et à sa suite les *Guides du visiteur à Saint-Denis*, rédigés à différentes reprises au XVIIIe siècle, ont donc commis une méprise en rapprochant cette soucoupe de serpentine du calice de Suger déposé aujourd'hui au trésor de la cathédrale de Reims. D'ailleurs, M. E. Molinier, après avoir reconnu dans l'ornementation de la soucoupe un travail syrien du IXe siècle, ajoute qu'il constate « une grande analogie entre la monture, aujourd'hui disparue, de la coupe des Ptolémées et la monture de la soucoupe ». Ainsi, le vase des Ptolémées avait une monture ciselée en Syrie au IXe siècle, et la patène qui l'accompagnait est au musée du Louvre. C'est dans le cours du Moyen-Age, peut-être au temps de Suger, qu'on fit graver sur le pied, les vers que nous avons rapportés plus haut et qui constatent qu'un prince carolingien, du nom de Charles, fit présent de ce *carchesium* de sardonyx au trésor de l'abbaye. Visconti[2], remarquant que les vers forment des hexamètres tronqués, a proposé de restituer :

> Hoc vas, Christe, tibi [devota] mente dicavit
> Tertius in Francos [sublimis] regmine Karlus.

Il n'est point certain que ce roi Charles, troisième du nom, soit Charles le Simple, plutôt que Charles le Chauve.

C'est le vendredi 30 septembre 1791 que, par suite de la loi sur l'aliénation des trésors des églises, la Coupe dite des Ptolémées fut transportée de Saint-Denis au Cabinet des médailles avec le calice de Suger, la coupe de Chosroès, le fauteuil du roi Dagobert et quelques autres précieux monuments. Le 16 février 1804, la coupe des Ptolémées fut volée, avec le grand Camée. Après que les coupables eurent été arrêtés à Amsterdam, la coupe fut restituée au Cabinet des médailles, mais la

---

1. Darcel, *Notice des émaux du Louvre. Supplément* par E. Molinier, p. 554, n° D, 927; cf. Ch. de Linas, *Les origines de l'orfèvrerie cloisonnée*, t. I, p. 257 et ss; Barbet de Jouy, *Gemmes et joyaux de la Couronne*, pl. VIII.
2. *Museo Pio Clementino*, t. V, p. 71.

monture du moyen âge avait disparu : les voleurs avaient eu le temps de la mettre au creuset avec celle du grand Camée. Pendant quelque temps, sous le premier Empire, on donna au canthare des Ptolémées une monture nouvelle qui fut exécutée dans le style de l'époque par un habile orfèvre de Paris, nommé Delafontaine. Mais ce pied moderne n'était pas en harmonie avec le style de la coupe, et on l'a enlevé plus tard. C'est dépouillé de tout ornement que le célèbre canthare bachique en sardonyx figure aujourd'hui dans notre vitrine d'honneur, et quelque regrettable que soit la perte de la monture du moyen âge, il faut convenir qu'il se suffit à lui-même.

1. D'après Félibien et Montfaucon, *op. cit.*

LA COUPE DES PTOLÉMÉES AVEC SON ANCIENNE MONTURE [1].

Cabinet des Antiques   Pl. XLVI

Héliog. Dujardin   Imp Quantin

ESCLAVE ÉTHIOPIEN
Statuette de bronze

XLVI.

ESCLAVE ÉTHIOPIEN

STATUETTE DE BRONZE

Haut., 20 cent.

UAND le lieutenant du khalife Omar se fut emparé d'Alexandrie en 640, il annonça en ces termes sa victoire à son maître : « J'ai conquis la grande ville de l'Occident, et je ne pourrais t'énumérer tout ce que renferme son enceinte : il y a quatre mille bains, douze mille vendeurs de légumes, quatre mille musiciens et danseurs... » Marchands et mendiants sur la voie publique, histrions et chanteurs de carrefours, garçons de bains, c'étaient bien là les professions qu'exerçaient jadis ces légions d'esclaves africains que la force, le commerce ou le hasard faisaient affluer dans Alexandrie, qui fut la grande ville cosmopolite de l'antiquité, comme elle fut la patrie de l'éclectisme dans l'art et la philosophie. C'est à Alexandrie surtout que les marchands de bétail humain allaient s'approvisionner de ces esclaves à la peau d'ébène, dressés et apprivoisés comme les lions de Numidie, et qui faisaient fureur à Rome, tant à cause des bas métiers dont ils s'acquittaient à merveille, qu'en raison de leurs difformités physiques et de leurs talents exotiques. Ils étaient le luxe des bonnes maisons, l'amusement des gens de haut parage, de même que le peuple, aujourd'hui, se divertit aux exhibitions monstrueuses de la foire. Il n'est pas surprenant qu'Alexandrie, le plus grand marché d'Éthiopiens et de Pygmées soudaniens, ait été en même temps le centre de la fabrication de ces statuettes de nègres et de nains en argent, en bronze, en marbre, en terre cuite, qui inondèrent l'empire romain aux deux premiers siècles de notre ère, et qui sont venues par centaines enrichir nos musées. Elles représentent ces déshérités de la nature dans les poses les plus grotesques, encore enlaidis, accroupis comme des singes, les genoux aux dents, ou bien debout, horriblement contorsionnés, mettant enfin en action par les traits grimaçants de leur visage aussi bien que par leurs danses désordonnées et leurs gestes souvent lubriques, tout le cortège des Silènes et des Satyres des pompes bachiques.

Déjà, à la cour de Ptolémée Soter, le peintre Antiphilos avait fait figurer dans l'un de ses tableaux un tel monstre exécutant la danse appelée γρυλλισμός, qui semble n'être que la parodie bouffonne de la réjouissance nommée κάνωβος par Strabon [1]. Telle fut la popularité de l'œuvre de l'artiste égyptien qu'au dire de Pline, on donna désormais le nom de *grilli* à ce genre de peintures

---

1. Strabon, XVII, 1, 17.

grotesques[1]. Antiphilos eut des imitateurs, non seulement à l'époque ptolémaïque, mais surtout sous la domination romaine, et les fondeurs en bronze, les toreuticiens, les coroplastes d'Alexandrie produisirent, en variétés infinies, des figures de Pygmées et d'esclaves nègres qui affluèrent à Rome, comme aujourd'hui chez nous les produits de l'art chinois et japonais.

Il existe au musée d'Athènes, provenant de l'ancienne collection Demetrio d'Alexandrie, une petite statue de nègre en basalte (haut. 40 cent.) qui a été trouvée en Égypte même. Elle nous intéresse particulièrement en ce qu'elle représente un esclave éthiopien dans la même attitude que la statuette de bronze qui figure sur notre planche XLVI. Il a les mêmes traits, il fait le même geste, il jouait incontestablement du même instrument; si bien, qu'il paraît hors de doute que la figurine de bronze soit une copie réduite de la statue de basalte. M. Schreiber, qui a publié cette dernière, la considère comme une œuvre originale, et en lui déniant avec raison les caractères du style grec, il reconnaît dans la facture les procédés routiniers du travail du bronze sous l'empire romain[2]. La copie que nous avons sous les yeux se distingue par le même réalisme que son modèle dont elle paraît d'ailleurs contemporaine. Avec l'expression mélancolique et douloureuse de son visage, ses jambes longues et grêles, son torse d'une flexibilité outrée, ce petit nègre est, pour nous, l'image idéale de l'esclave alexandrin, estimé à Rome, dit M. H. Wallon, « comme le type accompli de ces jeunes chanteurs habiles et dépravés qui figuraient dans les fêtes[3]. »

Il y a longtemps qu'on a signalé pour la première fois la conservation idéale de cette statuette et sa patine brune, luisante, qui en fait un vrai bijou. Au siècle dernier, Caylus écrivait déjà : « Il est rare de trouver une figure de nègre tenue dans une proportion si svelte et si élégante. Je conviens que la contraction de son mouvement est un peu outrée dans les hanches et dans les reins; mais il faut penser que cet esclave est représenté souffrant d'une blessure qu'il a reçue au bras, et à laquelle il porte son autre main[4]. »

Caylus, qui a si bien jugé les détails de la physionomie et de la structure de cette figurine fondue massive, se trompe en ce qui concerne l'occupation à laquelle se livre ce jeune Ethiopien : il n'est nullement blessé au bras, mais il touchait d'un instrument à cordes (*sambuca*), alors comme aujourd'hui, familier aux nègres.

En 1845, le duc de Luynes a aussi signalé notre statuette aux amateurs du bel art antique[5]. Enfin, Olivier Rayet ne manqua pas de lui faire une place dans l'élite des chefs-d'œuvre de l'art antique qu'il a réunis et commentés : « Debout, dit-il, le torse en avant, campé sur une jambe, avec ce déhanchement que permet seule l'extrême souplesse des reins des gens de sa race, il tenait dans sa main droite un instrument de musique, sans doute un *trigonon* ou petite harpe triangulaire, ou bien une *sambyké*,

---

1. Plin. *Hist. nat.*, XXXV, 114.
2. Schreiber, dans les *Mittheilungen des deutsch. arch. Instituts zu Athen*, 1885, p. 383 et pl. XIII.
3. Caylus, *Recueil d'antiquités*, t. VII, p. 285 ; Chabouillet, *Catalogue*, n° 3078; voyez, au n° 3079 du même catalogue, la description d'une autre statuette d'esclave éthiopien.
4. H. Wallon, *Histoire de l'esclavage dans l'antiquité*, t. II, p. 62.
5. *Annali dell' Instit. arch. di Roma*, 1845, p. 225 ; *Monumenti*, t. IV, pl. xx.

de forme analogue, dont il pinçait les cordes avec les doigts de la main gauche. Tout en jouant, il chante une de ces mélopées monotones et traînantes qu'il a apprises au pays natal. Son front contracté, sa tête violemment renversée sur l'épaule droite, ses yeux dirigeant dans le vide des regards douloureux, sa bouche aux coins abaissés, indiquent que le sujet de la chanson est triste, et qu'en la répétant, le pauvre enfant se rappelle son doux pays et sent plus vivement encore le poids de la captivité et l'amertume de l'exil [1]. »

Nous nous demandons, en vérité, si Caylus est bien informé et s'il n'a pas été victime de quelque mystification, lorsqu'il raconte qu'en 1783 un paysan des environs de Chalon-sur-Saône, qui travaillait dans sa vigne, trouva enfoui sous le sol, à une faible profondeur, un coffret en bois renfermant dix-huit statuettes de bronze : notre Éthiopien était du nombre [2]. Ce qui est singulier, c'est que toutes ces figurines, qui entrèrent pour la plupart dans le Cabinet du Roi, sont remarquables par leur style, d'une conservation exceptionnelle et recouvertes d'une patine brillante, mais bien antique. Il faut supposer, si l'on accepte le récit de Caylus, que ce lot de statuettes appartenait à quelque amateur d'un goût éclairé qui, pour une cause ignorée, aura enfoui ses trésors archéologiques sans jamais les redemander à la terre où, d'ailleurs, ils ne seraient pas restés longtemps sans être atteints par l'oxydation.

On verra plus loin une lampe en bronze, de la collection de Luynes, qui a la forme d'une tête de nègre d'un caractère tout particulier, à cause de la protubérance monstrueuse de la mâchoire et de la dépression du front : cette lampe a été trouvée dans l'Italie méridionale [3]. La bouche béante du nègre servait d'orifice à la flamme; le sommet de la tête est muni d'un couvercle, comme la pyxis en forme de tête de nègre qui figure sur notre planche XVI. Si, comme nous l'avons remarqué plus haut [4], on constate dans les figures de nègres que nous a léguées l'art classique des différences qui caractérisent peut-être des variétés ethnographiques, ces figures ont aussi plus d'un trait commun, en particulier l'arrangement des cheveux qui forment toujours, sur leurs têtes, des rangées de vrilles élégamment étagées. Comme les Nubiens d'aujourd'hui, leurs ancêtres, sujets de la reine Candace, mettaient toute leur coquetterie dans la disposition artificielle de ces mèches de frisures noyées dans le suif. C'est à ces Éthiopiens qu'on peut appliquer ce que dit Strabon de certaines populations africaines : « Ils évitent de se toucher lorsqu'ils s'abordent, de peur de déranger l'élégant édifice de leur coiffure [5]. »

Les Pygmées étaient, aux yeux des anciens, nettement distincts des noirs, dans l'art comme dans la légende et l'histoire. Leur type plastique, dans l'antiquité grecque et romaine, paraît se rattacher aux représentations pharaoniques du dieu égyptien Phtah embryon, en passant par les *patèques*

---

1. O. Rayet, *Monuments de l'art antique*. Livr. VI, p. 4 de l'expl. de la planche. C'est à tort, selon nous, que Rayet, dans la table chronologique de son recueil, attribue notre statuette au n° 8 siècle avant notre ère.
2. Caylus, *Recueil d'antiquités*, t. VII, p. 279 ; Chabouillet, *Catalogue*, note du n° 2922.
3. Voyez aussi *Gazette archéologique*, 1879, t. V, p. 209 et pl. XXVIII.
4. Voyez ci-dessus, p. 51.
5. Strabon, XVII, 111, 7.

phéniciens qui s'appelaient eux-mêmes *pygmées* [1]. C'est donc à la fois le nom et la forme qui rattachent les Pygmées classiques aux patèques phéniciens. Homère a accrédité chez les Grecs les fables les plus étranges sur cette race de nains noirs qui, habitant bien loin sous les tropiques, derrière les déserts africains, soutenaient une lutte sans merci contre les grues qui finirent même par en détruire la race. Pline donne aux Pygmées trois spithames, c'est à dire vingt-sept pouces de haut, et il croit aussi que ces nains luttent à main armée contre les grues qui fondent sur leur pays tous les printemps. Des artistes comiques s'inspirèrent de ces fables, et représentèrent le combat des grues avec les Pygmées : sur des vases peints, on voit ces nains ventrus et barbus, armés de casques, de lances et de boucliers de peaux, luttant contre des oiseaux d'une taille plus grande qu'eux-mêmes [2]. Le petit bronze de la collection Oppermann qui figure ci-dessous, se rattache à ces représentations singulières : c'est un Pygmée dans l'attitude du combat; sa lance et son bouclier ont disparu; s'il a des difformités physiques, les traits de son visage, du moins, sont réguliers. Des figurines analogues se rencontrent dans d'autres musées; nous signalerons notamment celle du musée de Nîmes, qui est, à peu de chose près, identique à celle-ci [3]. Mais le petit fleuron qui orne sa tête, et qui rappelle les statuettes si communes d'Harpocrate, indique bien que toutes ces représentations sont égyptiennes par l'inspiration, sinon même par la provenance.

1. Voyez G. Perrot et Ch. Chipiez, *Hist. de l'art dans l'antiquité*, t. III, p. 419 et suiv.
2. Voyez notamment Creuzer et Guigniaut, *Religions de l'antiquité*, pl. CCXXXVII, n° 813 ; Baumeister, *Denkmäler*, v° Pygmaeen; Helbig, *Campan. Wandgemälde*, n° 1527 ff; Bougot, *Philostrate l'Ancien*, p. 462 et ss.
3. Voyez *Gazette archéologique*, t. II, 1876, p. 37. Une figure de Pygmée, du Cabinet des Médailles, est décrite dans Chabouillet, *Catalogue*, n° 3077.

PYGMÉE. BRONZE DE LA COLLECTION OPPERMANN.

Cabinet des Antiques

Pl. XLVII

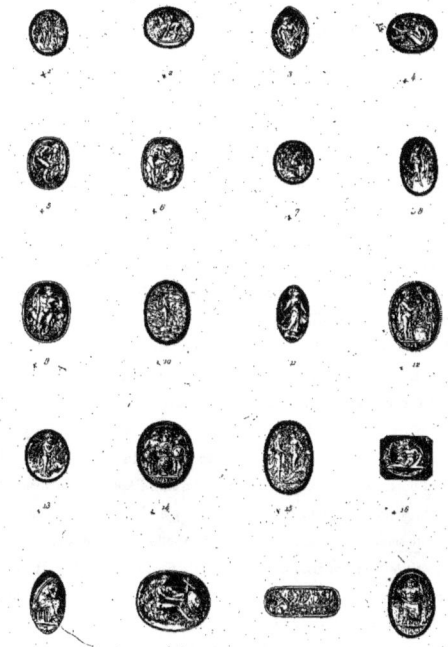

INTAILLES ANTIQUES
DE LA COLLECTION DE LUYNES

A. Lévy Éditeur

XLVII.

INTAILLES ANTIQUES

DE LA COLLECTION DE LUYNES

I.

POLLON PHILESIOS. — Debout, vu de profil, entièrement nu, Apollon tient d'une main son arc et deux flèches; il joue de l'autre main avec un jeune faon qui se dresse devant lui sur ses pattes de derrière; dans le champ, une branche de laurier. Cette pierre gravée rappelle par son style archaïque les plus anciennes statues d'Apollon que nous connaissions, celles de Tenea, de Thera, d'Orchomène, de Naxos, de Mégare [1]. Nous la rapprocherons particulièrement de l'Apollon Philésios ou Didyméen, que Canachos exécuta pour le temple des Branchides, près de Milet, entre les années 494 et 479. On connaît cette statue de bronze par les types des monnaies de Milet et par deux importantes répliques en bronze conservées, l'une au Musée Britannique, l'autre au Louvre [2]. L'Apollon Philesios de Canachos tient un arc de la main gauche et un faon sur sa main droite : notre pierre gravée introduit une variante, puisque le faon est debout devant la statue; mais la pose et le mouvement des bras et des jambes sont les mêmes : on reconnaît bien ici le style encore empreint de raideur du commencement du ve siècle. Canachos avait sculpté en bois, pour Thèbes, une autre statue, celle d'Apollon Isménien, qui, nous dit-on, était pareille à celle du temple des Branchides. Peut-être y avait-il entre ces deux chefs-d'œuvre du sculpteur sicyonien cette seule différence que, dans l'une, Apollon tenait le faon sur la main, tandis que, dans l'autre, il caressait le faon bondissant devant lui. Ce n'est là qu'une hypothèse et nous nous garderons d'y insister autrement que pour faire remarquer que notre pierre gravée pourrait être une copie de l'Apollon Isménien aussi bien que de l'Apollon Philesios. Une intaille du musée de l'Ermitage à Saint-Pétersbourg offre le même sujet [3]. On peut aussi rapprocher de cette composition une autre pierre gravée de la collection Blacas au Musée britannique, sur laquelle on voit Artemis qui, d'une main, tient un arc, tandis que de l'autre elle joue avec un faon ou une biche qui se dresse devant elle [4] : ce type forme le pendant de celui que nous avons sous les yeux. Rappelons enfin que

1. Overbeck, *Griechische Kunstmythologie, Apollon*, p. 11 et suiv.
2. Overbeck, *Geschichte. der. griech. Plastik*, t. I, p. 107.
3. Millin, *Pierres gravées inédites*, pl. VI; Müller et Wieseler, *Denkmäler der alten Kunst*, 2ᵉ édit., t. I, pl. XV, 61.
4. Müller et Wieseler, *op. cit.*, t. II, pl. XVI, n° 168ᵉ.

— 156 —

Pausanias (X, 13, 5) raconte que les Macédoniens de Dion consacrèrent à Delphes une statue qui représentait Apollon tenant une biche.

Cornaline formant le chaton d'une bague d'or antique. Haut. 11 mill., larg. 9 mill.

II.

APOBATE. — Cette pierre gravée représente un apobate (ἀποβάτης, *desultor*) qui reste en équilibre sur le flanc de son cheval en pleine course. Les jeux d'apobates étaient particulièrement en honneur à Thèbes, à Athènes et à Olympie. On inaugura à Olympie, dans la 71ᵉ Olympiade, la course appelée κάλπη, pour laquelle les concurrents montaient des juments; ils devaient parcourir le stade hissés sur le flanc de leur monture, la tenant par la bride, et les deux pieds presque à terre, du même côté[1]. Le sujet de notre pierre correspond exactement à cette description; l'apobate, tenant la bride de son cheval, est nu et casqué; il a son bouclier au bras gauche. Ces armes pourraient porter à croire qu'il s'agit d'un héros plutôt que d'un athlète vulgaire, et dans ce cas, on reconnaîtrait ici, par exemple, Adraste, l'un des héros de la guerre de Thèbes, qui, dans le combat qui suivit la mort d'Etéocle et de Polynice, échappa seul à la mort, grâce à la vitesse de son cheval Arion[2]. Un apobate dans la même attitude forme le type de didrachmes d'Himera en Sicile et de quelques autres villes; une peinture de vase nous montre le cavalier nu, armé d'un bouclier rond et d'un javelot[3]. Sur des monnaies de Larissa, en Thessalie, et sur celle des *Calpurnii Pisones*, à Rome, l'apobate est représenté dans des poses différentes et variées.

III et IV.

PHILOCTÈTE DANS L'ÎLE DE LEMNOS. — Sur la première de ces deux gemmes, le héros est représenté de face, accroupi sur son rocher; d'une main il tient l'arc, de l'autre une flèche. Ce sont les armes qu'Héraclès lui a confiées et avec lesquelles il tue les oiseaux qui voltigent autour de sa caverne et qui sont sa seule nourriture. La tête tristement inclinée de côté, il parait jeter un regard désespéré sur sa blessure incurable. Outre le mérite de la gravure, cette pierre est fort intéressante au point de vue de la mythologie figurée; en effet, la description que nous venons d'en donner ne permet pas de méconnaître Philoctète : ce ne saurait être Achille blessé au talon. Or, les monuments qui se rapportent au mythe de Philoctète sont rares et, en outre, sur ceux que l'on connaît, Philoctète est généralement représenté barbu, dans la maturité de l'âge, et la cheville de l'un de ses pieds est enveloppée de bandelettes[4]. Cette dernière circonstance fait défaut sur notre pierre, comme sur quelques

---

1. Daremberg et Saglio, *Diction. des antiquités gr. et rom.* v° *Desultor.*
2. Apollod., III, 6.
3. Tischbein, *Vases d'Hamilton*, I, 48; cf. Panofka, *Bilder. antiken Lebens*, pl. III, 2; Saglio, *op. cit.* Percy Gardner, *Types of greek Coins*, pl. II, fig. 38; E. Babelon, *Descr. des monnaies de la République romaine*, t. I, p. 290 et suiv.
4. Voyez Gori, *Mus. Guarnacci*, tab. VIII, p. 48-50; Winckelmann, *Monum. inédits*, 118, 119; Choiseul-Gouffier, *Voyage pittoresque de la Grèce*, III, pl. XVI, p. 155; Inghirami, *Mon. etrusch.* Sér. II, tav. XXXIX, p. 408-416; R. Rochette, *Mon. inédits*, *Achilléide*, p. 61, note, et *Odysséide*, p. 286 et

autres monuments. On sait d'où provenait la blessure de Philoctète : pour le punir d'avoir révélé aux Grecs, en frappant le sol du pied, à l'endroit où étaient enfouies les armes d'Héraclès, les dieux firent que Philoctète laissât tomber sur son pied indiscret une des flèches d'Héraclès, encore imprégnée du sang empoisonné de l'Hydre de Lerne. Philoctète est également représenté jeune et imberbe sur une monnaie de Lamia en Thessalie[1]. Sur les tétradrachmes de Naxos, en Sicile, on voit Silène accroupi, de face, à peu près dans la même attitude que le personnage de notre pierre gravée.

Sous le n° IV, nous donnons une intaille non moins importante, qui représente une autre phase du mythe de Philoctète. Le héros est assis sur son rocher de Lemnos, et il est occupé à déplumer un oiseau qu'il vient de tuer pour son repas. Devant lui, à terre, l'arc d'Héraclès avec lequel il a lancé sur l'oiseau la flèche meurtrière. Philoctète est barbu ; il étend sa jambe malade, et l'on peut remarquer qu'elle n'est pas plus que sur la gemme précédente, enveloppée de bandelettes. Ce sujet ne se trouve sur aucun autre des monuments du mythe de Philoctète publiés jusqu'à ce jour.

Cornaline. Haut., 10 mill.; larg., 13 mill. Monture moderne en bague.

V ET VI.

COMPAGNON D'ULYSSE PORTANT L'OUTRE DES VENTS. — Le roi d'Ithaque étant allé consulter le roi des Vents sur son voyage pour le prier de l'aider à faire une heureuse navigation, Éole lui confia les Vents enfermés dans une peau de bouc (ἀσκός) dont l'orifice était liée avec un fil d'argent pour empêcher le moindre souffle de s'échapper : le Zéphir seul était en liberté et poussait doucement les vaisseaux. Mais voilà que les compagnons d'Ulysse s'imaginent que l'outre mystérieuse renferme des trésors que leur chef veut leur dissimuler. Profitant de son sommeil, ils délient l'outre et les Vents déchaînés s'échappent et soulèvent une tempête qui les fait presque tous périr. Les deux pierres gravées reproduites sous les n°s 5 et 6 ont trait à cette légende homérique. La première représente un des compagnons d'Ulysse au moment où il saisit l'outre des Vents avant de la délier. Le héros est imberbe, les cheveux longs et coupés droit sur la nuque ; il a une chlamyde sur le dos ; courbé en avant, il saisit des deux mains l'outre gonflée dont on distingue, outre l'orifice, trois appendices qui représentent la queue et les pattes du bouc. Dans le champ, l'inscription étrusque ꟼꙄИꙄꟼ.

Sur la seconde, on voit le compagnon d'Ulysse dans la même attitude, vêtu de même de la chlamyde et tenant l'outre, mais le style de la gravure est bien supérieur, et les longs cheveux du héros rappellent ceux du Tireur d'épine du Vatican. L'orifice de l'outre a la forme d'une tête humaine barbue, et de la bouche de cette tête aux joues gonflées rayonnent en éventail des stries qui simulent la violence du vent. Ces deux scarabées, rapprochés l'un de l'autre et représentant deux phases de la même légende, témoignent de la variété que les lithoglyphes grecs en Étrurie pouvaient apporter

---

suiv.; Chabouillet, *Descr. des antiq. du cabinet Louis Fould*, n° 1056; Overbeck, *Die Bildwerke zum theb. und. troisch. Heldenkreis*, p. 369 et suiv; L. A. Milani, *Il mito di Filottete*, Florence, in-8, 1879.

1. Friedlaender, dans la *Zeitschrift für Numismatik*, t. VI, p. 12 et suiv; Milani, *Il mito di Filottete*, p. 83.

— 158 —

dans la représentation du même sujet. Nous retrouvons également, avec d'autres modifications secondaires, le compagnon indiscret d'Ulysse sur d'autres pierres gravées [1]; enfin, c'est Ulysse lui-même portant l'outre qu'Éole lui a confiée, qu'il faut reconnaître sur un scarabée publié pour la première fois par Winckelmann [2].

Scarabées en cornaline, montés en bagues. Haut., 14 mill.; larg., 11 mill.

VII.

CASSANDRE AU PIED DU PALLADIUM. — La fille de Priam et d'Hécube étreint en suppliante l'image sacrée de Pallas au moment où Ajax, fils d'Oïlée, pénètre dans le sanctuaire pour l'en arracher. La prêtresse, les cheveux en désordre, est à demi nue, vue de dos, un genou sur l'autel; son voile lui enveloppe une partie du corps.

Le sacrilège d'Ajax est représenté avec diverses circonstances sur des monuments de toute sorte, vases peints, miroirs, pierres gravées, bas-reliefs. La scène est complète sur un beau vase de la collection de Lamberg [3]: on y voit Cassandre agenouillée aux pieds de la Pallas troyenne qu'elle cherche à étreindre dans ses bras, tandis qu'Ajax la saisit par les cheveux et qu'une compagne de l'infortunée prêtresse s'enfuit épouvantée. Sur une pierre gravée du Musée Worsley [4] et une pâte de verre antique du Musée de Berlin [5], la scène est également plus complète que sur l'intaille de Luynes : Ajax y figure. On peut voir aussi dans Clarac [6] deux bas-reliefs inspirés du même sujet; l'un d'eux, que l'on a désigné à tort sous le nom de *Bacchante en fureur*, reproduit exactement le groupe de notre gemme [7].

Cornaline. Haut., 11 mill.; larg., 9 mill.

VIII.

HERMÈS PORTANT DIONYSOS ENFANT. — Hermès est représenté en marche, nu, avec des ailerons à la tête et aux pieds; il porte son caducée de la main droite; de son bras gauche pend une longue draperie sur laquelle est assis le jeune Dionysos. Il y a, entre le type de notre pierre gravée et la statue de Praxitèle trouvée à Olympie [8], des rapports généraux, mais des différences caractéristiques dans le détail. Ici, Hermès est en marche; il est au repos dans la statue d'Olympie. Ici, il tient un caducée de

---

1. Voyez *Revue archéologique*, t. I de 1847, p. 294 et pl. LXVIII, fig. 3 ; Overbeck, *Die theb. und. troisch. Heldenkreis*, p. 309 et pl. XII, 12; Chabouillet, *Catalogue*, n° 1665.
2. Winckelmann, *Monuments inédits*, t. I, n° 158, p. 212; Creuzer et Guigniaut, *Religions de l'antiquité*, pl. CCXXXIX, n° 846 ; Müller et Wieseler, *Denkmäler*, t. III, pl. VI; Daremberg et Saglio, *Dict. des antiq. gr. et rom.*, t. I, p. 108.
3. Al. de Laborde, *Vases peints de Lamberg*, t. II, pl. XXIV. V. aussi de nombreuses reproductions du même sujet dans *Archäol Zeitung*, 1848, pl. XIII et XIV.
4. Publiée dans Creuzer et Guigniaut, *Religions de l'Antiquité*, Atlas, pl. CCXLI, n° 819.
5. Overbeck, *Die Bildwerke zur Theb. und Troisch. Heldenkreis*, p. 652 et pl. XXIV, 6.
6. Clarac, *Mus. de sculpt.*, pl. CXVII, n° 246 et pl. CXXXV, n° 134.
7. V. aussi Raoul Rochette, *Monum. inédits*, pl. XX (miroir), pl. LV et LXVI (vases peints) ; Müller et Wieseler, *Denkmäler*, 2ᵉ éd. pl. I, fig. 7.
8. Voyez S. Reinach dans la *Revue archéologique*, janvier 1888, pl. I.

la main droite baissée; que tenait ce bras mutilé dans l'œuvre du grand sculpteur, et quelles étaient, au juste, sa position et sa direction? Sur l'intaille, Hermès paraît dévorer des yeux le divin enfant qu'il va confier aux nymphes de Nysa; il détourne ses regards d'un autre côté dans l'œuvre originale. Un bas-relief de Venise a beaucoup plus de rapports avec le sujet de notre gemme [1], et nous y reconnaissons le chef-d'œuvre de Praxitèle interprété très librement. C'est là ce qui nous porte à penser qu'il faut songer, malgré les différences que nous venons de signaler, plutôt à Hermès portant Dionysos, qu'à Hermès portant le jeune Arcas; toutefois ce dernier groupe, tel qu'il est reproduit sur les médailles de Pheneus en Arcadie, a de frappantes analogies avec le type de la pierre gravée de Luynes.

Jacinthe. Haut. 18 mill.; larg. 11 mill. Trouvée en Syrie.

IX.

HÉRACLÈS ET ECHIDNA. — Héraclès est nu, il porte la peau de lion et son carquois est suspendu à son bras; d'une main il lève sa massue et de l'autre il fait le geste de la parole. Devant lui, Echidna avec laquelle il paraît converser amicalement; elle a un buste de nymphe et étend la main comme pour parler; son corps se termine en deux serpents. Une représentation qui a avec celle-ci certaines analogies forme le type de revers d'un médaillon de bronze de Perinthus (Thrace) et d'une pièce de bronze d'Alexandrie à l'effigie d'Antoine le Pieux [2]; on la trouve aussi sur un bas-relief de la villa Albani [3]. En ce qui concerne notre pierre gravée, nous ne saurions hésiter sur le nom à donner au monstre qui se trouve en présence d'Héraclès. En effet, ce ne saurait être Scylla, dont le corps se terminait par des chiens aboyants; ce ne saurait être l'Hydre de Lerne, qui avait plusieurs têtes de serpent émergeant de ses bras autour de son buste de femme. C'est Echidna, monstre femelle né de Chrysaor et de Callirhoé, et mère de l'Hydre, de Cerbère, de la Chimère et de tous les autres monstres de la fable. Echidna avait le corps d'une belle nymphe et deux serpents à la place des jambes; Héraclès étant allé chez les Hyperboréens y rencontra ce monstre avec lequel il vécut quelque temps et dont il eut trois enfants, Agathyrsos, Gélon et Scythos. En la quittant, il lui laissa un arc avec ordre de ne laisser pénétrer dans le pays que celui de leurs enfants qui pourrait bander l'arc : c'est ainsi que Scythos en devint le maître et donna son nom à la Scythie. Sur notre pierre gravée, Héraclès entretient avec la femme monstrueuse qui est à ses côtés les rapports les plus pacifiques : c'est donc bien Echidna qu'il faut reconnaître ici. Mais sur la monnaie d'Alexandrie, où M. Imhoof a voulu reconnaître Echidna, de même que sur le médaillon de Perinthus, Héraclès combat le monstre sur lequel il frappe avec sa massue : c'est certainement, comme me l'a fait observer mon ami M. Svoronos, de l'Hydre qu'il s'agit, d'autant plus que, suivant Apollodore, Echidna a été tuée par Argos et non par Héraclès.

Scarabée en cornaline, avec sa monture antique en or. Haut., 16 mill.; larg., 13 mill.

---

1. Voyez Fr. Lenormant, art. *Bacchus*, dans le *Dictionn. des Antiq. gr. et rom.* de Daremberg et Saglio, t. I, p. 602.
2. Imhoof Blumer, *Monnaies grecques*, p. 458.
3. Zoega, *Bassirilievi della villa Albani*, II, p. 96, pl. LXV ; Panofka, *Argos Panoptes* (1837), p. 85, pl. I, 1.

X.

Terme de Dionysos Pogonités. — Le dieu est représenté de profil; d'une main, il tient un thyrse orné de bandelettes, de l'autre, un canthare; un péplos jeté sur son épaule lui enveloppe une partie du buste jusqu'à la ceinture. Le cippe qui remplace les jambes est fixé sur une base cylindrique. Les nombreux *xoana* de Dionysos qu'on voit sur les vases peints paraissent généralement d'un style plus rudimentaire que le type de notre pierre gravée : ce sont de simples troncs d'arbres sculptés en forme de tête humaine à la partie supérieure, et auxquels on adapte parfois des bras, ou qu'on affuble de vêtements. A une époque déjà fort éloignée des temps primitifs, les idoles populaires continuaient à être exécutées conformément aux anciens modèles et aux vieilles traditions. La tête de ces termes archaïques ou archaïsants de Dionysos est toujours barbue; les monnaies de Naxos, en Sicile, nous ont conservé le plus beau type que je connaisse de la tête de Dionysos Pogonités; sur des pièces de bronze d'Antissa, dans l'île de Lesbos, on voit, outre la tête de Dionysos barbu qui figure au droit, un terme qui a une certaine analogie avec le sujet de notre pierre.

Cornaline. Haut., 17 mill.; larg., 11 mill.

XI.

Agavé. — Fille de Cadmus et d'Harmonie, Agavé épousa le Spartiate Echion et fut mère de Penthée. Elle calomnia sa sœur Sémélé, mère de Dionysos, en l'accusant de s'être laissé séduire, mais plus tard Dionysos se chargea de venger la mémoire de sa mère outragée. Il vint à Thèbes où commandait Penthée, comme successeur de Cadmus, et il réussit à se faire donner par les Thébaines une grande fête sur le mont Cithéron. Penthée qui s'était opposé à l'introduction du culte de Dionysos dans ses États, voulut assister en curieux à la bacchanale à laquelle sa mère prenait part. Mais, dans la fureur et l'ivresse de la danse, Agavé apercevant tout à coup son fils, le prit pour un faon, se précipita sur lui le glaive à la main et lui trancha la tête. Telle est la fable qu'Eschyle et Euripide illustrèrent en l'introduisant au théâtre. Sur le chaton de notre anneau d'or, nous voyons Agavé, dansant comme une Ménade, la tête rejetée en arrière, dans le paroxysme de l'exaltation; elle tient d'une main son glaive et de l'autre la tête de Penthée [1].

Anneau d'or trouvé en Syrie. Haut., 8 mill.; larg., 16 mill.

XII.

Jason a la conquête de la toison d'or. — Le héros de l'expédition des Argonautes est arrivé au terme de son lointain voyage. Debout, casqué, la chlamyde sur les épaules, armé de la lance et

---

1. O. Jahn, *Pentheus und die Maenaden* (Kiel, 1841); Müller et Wieseler, *Denkmäler der alten Kunst*, t. II., n° 436; Roscher, *Lexicon*, v° *Agaue*; A. Bougot, *Philostrate l'Ancien. Une galerie antique de soixante-quatre tableaux*, p. 392 et suiv.

du bouclier, il contemple la toison d'or suspendue aux branches d'un chêne; il semble réfléchir aux moyens qu'il pourra employer pour vaincre le terrible dragon enroulé autour du tronc de l'arbre. Au pied du chêne, l'autel de Zeus Laphystios sur lequel est placée la tête du bélier jadis sacrifié par Phrixos, frère de Hellé qui donna son nom à l'Hellespont. Ce n'est pas le lieu de raconter le mythe bien connu de la conquête de la fameuse toison de Colchos, et moins encore de rappeler tout ce que les mythographes modernes ont écrit pour expliquer cette fable née, paraît-il, de ce qu'on recueillait dans des peaux de bélier l'or que roulaient les fleuves de la Colchide. Parmi les monuments qui se rapportent à l'expédition des Argonautes, il convient de rappeler la pierre gravée que nous avons reproduite plus haut et qui représente Castor puisant de l'eau à la fontaine du pays des Bébryces [1]. La fable des Argonautes a été exploitée à profusion dans l'art étrusque; les Grecs sont loin, de leur côté, de l'avoir négligée. Récemment, M. Greenwell a reconnu Jason sur les statères d'electrum de Cyzique [2]. Une pierre gravée du cabinet de l'Académie de Cortone représente le même sujet que notre pâte de verre; on le rencontre aussi sur quelques autres gemmes avec des modifications dans les détails [3].

Pâte de verre, imitation d'émeraude. Haut., 18 mill.; larg., 14 mill. Monture moderne en bague.

XIII.

ULYSSE CONTEMPLANT LES ARMES D'ACHILLE. — Il est facile de reconnaître ici le prudent roi d'Ithaque, barbu, portant la main à ses lèvres, geste d'homme avisé que lui donne souvent l'antiquité figurée. Il est debout, casqué, la chlamyde sur les épaules, le glaive au côté; il regarde, en méditant, les armes d'Achille qui lui ont été octroyées après la mort du plus courageux des héros grecs: la lance est plantée dans le sol; à terre, le casque et la cuirasse. Millin a publié une pierre gravée avec un sujet analogue [4].

Un Romain de l'époque impériale, qui a possédé ce cachet, y a fait grossièrement graver son nom: A. SCANT. FELIX (*Aulus Scantinius ? Felix*).

Cornaline. Haut., 13 mill.; larg., 11 mill. Monture moderne en bague.

XIV

LES HÉRACLIDES TIRANT AU SORT LES VILLES DU PÉLOPONNÈSE. — Le sujet de cette intaille archaïque est analogue à celui de deux autres pierres publiées par Gori, mais il nous paraît avoir été mal interprété : on y a vu Achille donnant à Nestor une urne à deux anses, en souvenir de Patrocle, d'après un épisode du XXIIIe chant de l'Iliade [5]. Le texte homérique ne permet guère de justifier

---

1. Voyez plus haut, p. 21
2. Greenwell, *Coinage of Cyzicus*, pp. 5, 26 et 99.
3. Creuzer et Guigniaut, *Religions de l'antiquité*, t. III, p. 429 et pl. CLXX^{ter}.
4. Millin, *Galerie mythologique*, pl. CLXXII, n° 630.
5. Gori, *Museum florentinum*: t. II, pl. XXIX, n°s 2 et 3 ; Inghirami, *Galleria omerica*, t. II, pl. CCXX.

— 162 —

cette interprétation, et n'explique point l'action à laquelle concourent ces trois héros couverts de leur armure, le bouclier au bras gauche. L'un d'eux se penche et porte la main sur l'orifice d'un grand vase sphérique, sorte de κάδος, orné sur sa panse de deux sphinx affrontés, emblème de l'incertitude du sort. Au fond de la scène, au second plan, un fût de colonne surmonté d'un globe; en admettant l'hypothèse homérique, ce serait le cippe funéraire de Patrocle. Dans notre explication, c'est une simple borne fixant le lieu du rendez-vous.

D'après une légende bien connue, les descendants d'Héraclès se partagèrent la souveraineté sur le Péloponnèse dans les circonstances suivantes rapportées par Apollodore : « Lorsque les Héraclides furent maîtres du Péloponnèse, dit-il, ils élevèrent trois autels à Zeus Patroos, et après avoir offert un sacrifice, ils tirèrent les villes au sort. Argos formait le premier lot, Lacédémone le second et Messène le troisième. On apporta un vase plein d'eau et il fut convenu que chacun y mettrait son suffrage. Temenos et les deux fils d'Aristodème (Proclès et Eurysthènes) y déposèrent des pierres; Cresphonte, voulant avoir Messène, y mit une boule de terre, pour qu'elle se fondît et que les deux autres sortissent les premières. Celle de Temenos sortit d'abord, ensuite celle des fils d'Aristodème, et Cresphonte eut Messène par ce moyen. Ils trouvèrent les signes suivants sur les autels où ils avaient sacrifié. Celui à qui Argos échut y trouva une grenouille; celui qui avait Lacédémone un dragon, et celui qui avait Messène un renard. Les devins, consultés à ce sujet, répondirent que ceux qui y avaient trouvé une grenouille feraient bien de rester chez eux, cet animal n'ayant point de force lorsqu'il est en marche; que ceux qui y avaient trouvé un dragon seraient terribles dans leurs entreprises, et que ceux qui avaient trouvé un renard seraient très rusés [1]. »

Nous reconnaissons ici les trois rois tirant au sort Argos, Lacédémone et Messène : celui qui plonge la main dans l'urne nous remet en mémoire le fameux vase d'argent Corsini, qui représente le jugement d'Oreste, et où l'on voit Athéna qui dépose son suffrage [2]. La légende du tirage au sort des trois grandes capitales péloponnèsiennes était plus populaire qu'on pourrait le croire de prime abord; outre les pierres gravées citées plus haut, il y est fait allusion sur un tétradrachme d'Athènes du nouveau style. En effet, sur ce tétradrachme on voit la déesse du sort, ailée, tenant une corne d'abondance et déposant son suffrage dans l'urne du vote; le premier magistrat dont le nom est inscrit sur cette monnaie s'appelant *Héracleidès*, il n'est pas douteux qu'il n'ait voulu, par ce symbole monétaire, rappeler le vote des Héraclides dont il se targuait de descendre. Les symboles des monnaies d'Athènes sont très souvent des allusions personnelles au premier magistrat monétaire ou à ses traditions de famille : il en fut de même à Rome sous la République [3].

Cornaline. Haut., 17 mill.; larg., 15 mill. Monture moderne en bague.

1. Apollod., *Biblioth.* II, 8, 4; Platon, *Legg.* III, 684. Cf. O. Möller, *Dorier*, I, p. 64, 80.
2. Daremberg et Saglio, *Dict. des antiq. gr. et rom.*, t. II, p. 805; Millin, *Galerie mythologique*, pl. CLXXI, 624. Une bulle d'or du Cabinet des Médailles (n° 2807) paraît se rapporter à un sujet analogue; on y voit trois femmes (les Parques ?) tirant au sort dans une urne.
3. L'explication que nous venons de donner du symbole sur la monnaie d'Héracleidès a été proposée dès 1848 par Panotka (*Arch. Zeitung*, 1848, p. 281 à 283); elle a échappé à Beulé (*Monn. d'Athènes*, p. 301) et à M. Barclay Head (*Catal. of greek Coins in the British Museum. Attica* p. 56).

XV.

ACHILLE, PRIAM ET HERMÈS. — Achille, debout, la chlamyde sur les épaules, accueille Hermès reconnaissable à son caducée et à ses ailerons aux tempes; sa chlamyde est enroulée autour de son bras gauche; il donne la main au héros grec. Le vieux Priam est assis à terre enveloppé dans un grand voile de deuil; il appuie sa tête sur sa main droite, suivant l'attitude de tristesse familière à l'art antique. Le commentaire de cette gemme, d'un excellent style, se trouve au dernier livre de l'Iliade, dans l'épisode où il est raconté qu'Hermès conduisit Priam au camp des Grecs jusqu'à la tente d'Achille, pour racheter le cadavre d'Hector. Seulement, le poème homérique dit formellement qu'Hermès se retira une fois arrivé à la porte de la tente et qu'il ne voulut point voir Achille. Le sculpteur de notre pierre gravée a donc suivi une tradition un peu différente. Le même sujet se voit également sur la table iliaque du musée du Capitole[1].

Cornaline. Haut., 19 mill.; larg., 12 mill. Monture moderne en bague.

XVI.

OTHRYADÈS MOURANT. — Othryadès fut le seul survivant des trois cents Spartiates qui combattirent contre trois cents Argiens pour la possession de Thyrée; après sa victoire, il se donna la mort. Voici dans quelles circonstances eut lieu ce tragique évènement raconté par Hérodote :

Peu de temps avant que Sardes succombât sous les coups de Cyrus, une querelle était survenue entre les Spartiates et les Argiens, au sujet de la possession de la contrée appelée Thyrée. Après des luttes sanglantes, on entra en pourparlers et il fut convenu que trois cents hommes combattraient de chaque côté et que le pays appartiendrait au parti victorieux. « Ces guerriers luttèrent avec une telle parité de forces que, des six cents hommes, trois seulement survécurent : du côté des Argiens, Alcinor et Chromios; du côté des Lacédémoniens, Othryadès. Ceux-là, quand la nuit survint, vivaient encore. Les deux Argiens, se présumant vainqueurs, coururent à Argos; mais le Lacédémonien Othryadès, ayant dépouillé les cadavres ennemis et transporté les armes dans le camp lacédémonien, se tint à son poste. Le lendemain, les deux armées, informées du résultat, accoururent et pendant quelque temps toutes les deux réclamèrent la victoire : les uns disant que le plus grand nombre des survivants étaient des leurs, les autres déclarant que les survivants étaient des fugitifs et que le Spartiate avait conservé le champ de bataille et dépouillé les morts. La querelle se termina par une bataille où beaucoup d'hommes périrent et où les Lacédémoniens l'emportèrent. » Les Lacédémoniens racontent qu'Othryadès, le survivant des trois cents, honteux d'avoir à rentrer dans Sparte tandis que ses compagnons étaient morts, mit fin à ses jours sur le territoire de Thyrée. Il y eut, sans nul doute,

---

1. Millin, *Galerie Mythologique*, pl. CI, n° 558, bande Ω, n°s 72, 73 et 74.

à cette tradition des variantes qui ne sont pas parvenues jusqu'à nous. Sur notre intaille, le héros spartiate est figuré s'affaissant sur lui-même, son bouclier au bras gauche ; on aperçoit le trait qui l'a frappé au cœur et en tombant il repousse de la main le bouclier d'un ennemi. Entre ce bouclier et la tête d'Othryadès, remarquez la tête d'un guerrier argien barbu et casqué ; un troisième héros est figuré renversé, la tête en bas, derrière le bouclier qui le dissimule en partie. Un sujet analogue se trouve sur plusieurs autres pierres gravées, notamment sur une cornaline publiée par Gori [1] et sur une autre qui a fait partie de l'ancienne collection Louis Fould [2]. Il est à remarquer que, sur la pierre publiée par Gori, une main moderne a gravé le mot VICTOR sur le bouclier qu'Othyradès repousse de la main. Ce nom latin, mis à la place du fameux cri des Spartiates : ἀπὸ τῶν Ἀργίων, « sus aux Argiens !, » ne laisse pas que d'étonner ; comme la pierre était dans le musée *Vettori*, on a supposé que le mot VICTOR faisait allusion à la fois au triomphe d'Othryadès et au nom du possesseur de la gemme. Sur l'intaille de la collection de Luynes, une main moderne a aussi inscrit à la même place les lettres VICT, sans doute pour imiter la pierre de Vettori. Pausanias nous apprend qu'un groupe sculptural représentant Othryadès mourant décorait le théâtre d'Argos.

Cornaline. Haut., 11 mill. ; larg., 14 mill. Monture moderne en bague.

XVII.

VÉNUS DU LIBAN. — Il faut rapprocher la figure gravée sur le chaton de cet anneau d'or de la statuette en calcaire reproduite sur notre planche x. La bague a été, comme la statuette, trouvée en Syrie et elle offre, elle aussi, comme type, une femme assise, couverte d'un long voile de deuil, la tête tristement appuyée sur sa main. Nous ne saurions donc hésiter à reconnaître la Vénus d'Arca Caesarea pleurant la mort d'Adonis [3]. Il convient d'ajouter toutefois que, n'était le lieu de la trouvaille, on pourrait donner le nom d'Electre à cette femme abîmée dans la douleur. C'est l'attribution qu'a proposée Millin [4] pour une pierre gravée représentant un sujet analogue ; Raoul Rochette a, de son côté, cru reconnaître Electre plutôt que Pénélope dans la fameuse statue du Musée du Vatican qui représente une femme voilée, assise et en pleurs. Electre serait figurée comme la décrit Euripide, au moment où on lui apprend la mort d'Oreste [5].

Anneau d'or. Haut., 10 mill. ; larg., 18 mill.

XVIII.

ACHILLE AU BORD DE LA MER. — Le héros est entièrement nu, assis sur son péplos qu'il a posé sur le rocher ; il regarde fièrement la mer, croisant ses mains autour de son genou ; il a

---

1. Gori, *Museum florentinum*, t. II, pl. LXI, n° 4.
2. Chabouillet, *Catalogue de la collection Fould*, n° 1058 ; cf. Winckelmann, *Pierres gravées de Stosch*, p. 405 ; Bracci, *Mem. degli antichi incisori*, t. I, pl. XXIII.
3. Voyez plus haut, p. 33.
4. Millin, *Orestéide*, p. 13 ; cf. Maffei, *Gemm. ant.* I. 19.
5. Raoul Rochette, *Mon. inédits. Orestéide*, p. 162 et pl. 32.

les cheveux courts; devant lui, son épée plantée dans le sol et son bouclier dont l'épisème est orné d'une tête de Méduse; des algues marines croissent à ses pieds. Il y a une étroite parenté entre le sujet de cette gemme et le célèbre Achille citharède reproduit sur notre planche LXI (n° 13). Au Musée de Berlin, il existe une pierre gravée représentant le même sujet, avec des modifications secondaires [1]; une troisième variante se trouve parmi les gemmes du musée de Florence [2]. Les uns ont voulu reconnaître dans ce type Philoctète à Lemnos, les autres Hector, à cause d'un passage de Pausanias (X, 31, 2) qui parle d' « Hector assis, tenant son genou gauche embrassé de ses deux mains, dans l'attitude d'un homme absorbé par la douleur ». Hector serait aux enfers, pleurant sa jeunesse moissonnée par le glaive d'Achille. Mais on ne s'expliquerait guère, en ce cas, la présence de ses armes, celle du rocher et des plantes marines; aussi a-t-on préféré reconnaître ici Achille. Il y a, remarque Raoul Rochette, deux évènements qui conviennent presque également bien, dans la légende d'Achille, pour l'interprétation de ce type, et ces évènements forment le nœud et le dénouement de l'Iliade. L'un est la douleur que cause au fils de Pélée l'enlèvement de Briséis, l'autre est celle qu'il ressent en apprenant la mort de Patrocle dont il médite déjà la vengeance. On préfère généralement la première hypothèse à cause de ces vers du premier chant de l'Iliade : « Alors Achille, fondant en larmes, loin de ses compagnons, s'assied à l'écart près des flots blanchissants du rivage; les regards tournés sur les sombres vagues de la haute mer..... il implore à haute voix Thétis, sa mère. »

La pose donnée ici au héros grec se rencontre sur un grand nombre de monuments : c'est celle, notamment, du Mars de la villa Ludovisi [3], auquel Raoul Rochette a aussi voulu donner le nom d'Achille. Quoi qu'il en soit, il est positif que l'art antique s'était emparé de cette habitude de tenir familièrement ses deux mains croisées autour du genou, pour exprimer la douleur méditative [4].

Cornaline enchassée dans un anneau d'or antique. Haut., 17 mill.; larg., 20 mill.

XIX.

LE MONSTRE MARIN AEGÉON. — Fils d'Uranos et de Gaia, le géant Aegéon, ainsi appelé par les hommes, portait le nom de Briarée dans la langue des dieux [5]. Certains auteurs le disent fils de Pontos et de Gaia et nous le montrent prenant part à la guerre des Titans contre les dieux de l'Olympe; il épousa Cymopoleia, fille de Poseidon. D'autres enfin le disent fils de Poseidon lui-même. Quant aux représentations figurées du dieu marin Aegéon, on l'a généralement reconnu dans les *polypes* ou *pieuvres* qu'on paraît avoir portés comme amulettes, et qui se sont rencontrés en quantité, en or, dans les fouilles de M. Schliemann à Mycènes [6]. Mais il revêtait aussi d'autres formes et c'est lui que

---

1. Overbeck, *Die Bildwerke zum thebisch. und troisch. Heldenkreis*, pl. XXIV, n° 10, p. 571.
2. Gori. *Mus. Florent. Gemm.* t. I, tab. XXV, 3, p. 62; Millin, *Galerie mytholog.*, pl. CXLVI, 566; R. Rochette, *Mon. inédits. Achilléide*, p. 61.
3. Max. Collignon, *Mythologie figurée de la Grèce*, p. 235.
4. R. Rochette, *Monuments inédits.*, *Achilléide*, p. 49 à 60. V. aussi Inghirami, *Galleria omerica*, t. I, pl. XXXIV.
5. Voyez Roscher, *Ausf. Lexicon der gr. und röm. Mythologie*, v° *Aigaion*.
6. Schliemann, *Mycènes*, n°s 240 et 424; Milchhöfer, *Die Anfänge der Kunst*, p. 29 et suiv.

Charles Lenormant a distingué dans le sujet de notre anneau d'or, qu'il a publié après Micali [1]. Le nom d'Aegéon (Αἰγαίων) est formé de αἴξ, *chèvre*, et de γαία, *terre*; Gaia est la mère d'Aegéon comme de tous les géants en révolte contre le ciel, et αἴξ, on le sait, est synonyme de χίμαιρα, *la Chimère*. En outre, remarque Charles Lenormant, les Doriens donnaient le nom d'αἴγες aux flots courroucés, de même que nous disons aujourd'hui, en parlant des grosses vagues, que la mer *moutonne*. Ces rapprochements autorisent à donner le nom d'Aegéon au monstre que nous avons sous les yeux. C'est un dieu marin, car il est ichthyomorphe comme Glaucos et Triton; il est barbu et porte de longs cheveux comme les dieux marins; il est palmipède, comme les oiseaux nageurs, et les longs replis de son corps indiquent les enroulements des flots agités. D'autre part, la parenté d'Aegéon avec la Chimère explique les têtes de lion, de chèvre et de serpent qui émergent sur son dos.

Le duc de Luynes a acheté cet anneau d'or étrusque de la collection Révil. Haut., 8 mill.; larg., 21 mill.

XX.

Baaltars ou Zeus arotrios. — Le dieu est représenté à demi nu, la chlamyde sur ses genoux, assis de face sur un trône à dossier; il tient des épis de la main droite et il s'appuie de la main gauche sur un long sceptre. Ce qui donne quelque intérêt à cette représentation de Zeus, gravée sur une belle améthyste par un artiste médiocre, c'est que le chef de l'Olympe tient des épis à la place du foudre son attribut ordinaire; une autre pierre gravée du Cabinet des Médailles offre cette même particularité, qui est néanmoins assez rare [2]. Sur les monnaies de la ville de Tarse, en Cilicie, Baaltars ou Zeus Tersios est représenté tenant à la main un épi de blé et une grappe de raisin; des monnaies de Thalassa, en Crète, à l'effigie de Domitien, ont pour type de revers, Zeus assis, des épis à la main. Nous croyons donc qu'on peut donner au type de notre gemme le nom de Ζεὺς Ἀρότριος ou Ἀγρότης qui, d'après Philon de Byblos, avait inventé la charrue et la culture du blé, et qu'on honorait comme protecteur des céréales à Byblos et dans d'autres villes phéniciennes [3]. Baaltars était assimilé à ce dieu parce que la ville de Tarse était une colonie phénicienne.

La pierre gravée de la collection de Luynes nous fournit donc une excellente représentation du Baal agriculteur de la Phénicie. Je ne connais pas l'origine de cette intaille, mais elle est probablement syrienne comme un grand nombre des pierres gravées du duc de Luynes, que cet éminent collectionneur a achetées de Péretié, de Beyrout : cette circonstance confirmerait encore notre attribution. Une pâte de verre antique de l'ancienne collection de Stosch, au Musée de Berlin, représente Zeus comme nous le voyons ici, avec cette seule, mais essentielle différence, que les épis sont remplacés par le foudre [4].

Améthyste. Haut., 19 mill.; larg., 12 mill. Monture moderne en bague.

---
1. Micali, *Storia degli ant. pop. ital.* tav. XLVI, 19; Ch. Lenormant, *Nouv. galerie mythologique*, p. 31, note 20.
2. Chabouillet, *Catalogue des Camées*, etc., n° 1426.
3. Ch. Lenormant, *Nouv. galerie mythologique*, p. 64.
4. Overbeck, *Kunstmythologie. Zeus.* Gemmentafel II, n° 3, et texte, p. 167.

COUPE D'ARGENT SASSANIDE

XLVIII.

COUPE D'ARGENT SASSANIDE

DE LA DÉESSE ANAÏTIS

Diam., 0ᵐ 26 ; haut., 0ᵐ 44.

ETTE coupe d'argent doré, trouvée en Russie, a été acquise par le Cabinet des Médailles au mois de novembre 1843, à la vente de la collection du prince P. D. Saltikov, avec un autre vase d'argent de même forme et de même travail, mais décoré seulement d'un tigre doré. Une troisième coupe analogue, que le Cabinet doit à la libéralité du duc de Luynes, représente un prince sassanide dans une partie de chasse à courre : c'est Sapor II suivant les uns, Firouz ou Pérose suivant d'autres. Ces monuments, étroitement apparentés par leur forme, leurs dimensions, le métal, le style, la disposition et le relief des figures, constituent, avec une aiguière d'argent décorée de lions dorés et la tasse d'or gemmée de Chosroès, un groupe intéressant au plus haut degré pour l'histoire de l'art asiatique et spécialement celle de l'industrie métallique en Perse sous la domination de la dynastie sassanide [1]. Bien qu'elle ait été formée par le hasard des circonstances, cette collection de vases perses en métaux précieux n'a de rivale dans aucun musée de l'Europe. En ce qui concerne spécialement la coupe de la déesse Anaïtis, la seule qui doive particulièrement nous occuper ici, après avoir été signalée par divers auteurs [2], elle a fait, naguère, l'objet d'une très savante dissertation de M. A. Odobesco que nous résumerons en formulant toutefois certaines réserves sur quelques points essentiels [3].

Les figures en relief plat qui décorent la partie concave de la coupe se détachent en argent sur un fond recouvert d'une légère couche de dorure; leur style lourd, leurs formes affaissées trahissent un art décadent. Au centre de la composition, la grande déesse asiatique Anaïtis ou Nanaea, indécemment nue, est assise sur un quadrupède imaginaire comme le martichoras de Ctésias ou les génies hybrides des Assyriens et des Perses achéménides. Elle a pour tout vêtement des bracelets aux poignets, des anneaux aux chevilles; au cou, un collier de bulles d'or; des boucles d'oreilles; un simple ruban lui sert de diadème, et ses cheveux, ramassés en chignon, retombent en nattes épaisses

---

1. Voyez plus haut, p. 61 et pl. XXI; Chabouillet, *Catalogue*, nᵒˢ 2880, 2881, 2882, 2883.
2. Chabouillet, *Catalogue des camées*, etc., nᵒ 2883; Aspelin, dans le t. II des *Travaux de la 3ᵉ section du Congrès des Orientalistes*, Leyde, 1878, p. 20; Ch. de Linas, *Les origines de l'orfèvrerie cloisonnée*, t. II, p. 358.
3. Odobesco, dans la *Gazette archéologique* de 1885 et de 1886.

sur la nuque et descendent jusqu'au milieu du dos. De nombreuses statuettes de terre cuite et des cylindres chaldéo-assyriens représentent l'Istar babylonienne dans le même état de nudité immodeste.

L'animal fantastique, sur lequel la déesse se tient hissée et qu'elle caresse de la main gauche, ne se rencontre sur aucun autre monument asiatique. A un corps de lion, démesurément allongé, est adaptée une longue et souple encolure qui ressemble à celle de l'antilope. A ce mufle effilé, M. Odobesco voudrait reconnaître la girafe ou camélopard (καμηλοπάρδαλις), cet hôte de la zone tropicale de l'Afrique. Mais le camélopard n'a jamais habité les régions de l'Asie centrale, au moins pendant l'époque historique, et je ne vois aucune preuve qu'il ait eu sa place dans la symbolique religieuse, pourtant si variée, des anciennes civilisations asiatiques. D'ailleurs, ces cornes droites et ce collier de poils ne sauraient convenir à la girafe, et je préfère reconnaître ici une tête de chèvre, d'antilope ou d'ægagre dessinée, il est vrai, très conventionnellement et par une main inhabile. Dans la description de cette étrange monture d'Anaïtis, nous nous écarterons encore de M. Odobesco sur un point de détail : c'est au sujet de ce qu'on remarque à côté de la déesse, au dessus de la patte de devant de la bête. M. Odobesco croit y reconnaître un carquois; il va même jusqu'à signaler les pennes des flèches qui émergent du carquois, à moins, dit-il, que ce ne soit là des ailes courtes, comme en ont parfois les génies de la Perse ou de l'Assyrie. Je ne saurais voir ici, pour ma part, que les extrémités de la selle brodée sur laquelle Anaïtis est assise; gardons-nous d'un excès de raffinement dans l'analyse descriptive d'un quadrupède purement symbolique, dont les détails anatomiques sont traités avec une négligence qui confine à la barbarie.

Autour du groupe central, huit personnages sont disposés en rond et affrontés deux à deux, symétriquement : c'est le cortège des prêtres et prêtresses de la déesse. Affublés de longues robes flottantes, et portant dans leurs mains des offrandes ou les ustensiles sacrés du culte, les jambes croisées ou infléchies, ces hiérodules exécutent une danse choragique. Le groupe d'en haut paraît adresser ses hommages au symbole divin qui préside à cette fête tumultueuse : un buste d'homme sur un croissant, image ordinaire du dieu Mên ou Lunus. L'une des femmes le montre du doigt, l'autre porte le seau métallique qu'on voit si souvent aux mains des génies assyriens. Le groupe d'en bas est aussi composé de deux femmes qui adorent le symbole de Lunus; l'une fait le geste oriental de la prière, l'autre présente une patère pleine de fruits. Les groupes latéraux sont composés chacun d'un homme et d'une femme; dans ces figures d'hommes, aux traits adipeux et efféminés, on reconnaît des eunuques : les bas-reliefs assyriens leur donnent déjà ces caractères de mollesse. L'un tient une branche de lotus et une colombe; l'autre, un long bâton et un pyrée ou *atech-gah* portatif sur lequel brûlent des parfums. Les femmes qui leur font face sont voilées; dans leurs mains, un encensoir à couvercle ajouré; une patère cotelée, la *pialet* des Parsis, pleine de lait; enfin, une sorte d'étui allongé, souple comme du cuir ou une étoffe brodée, qui semble un récipient destiné à renfermer l'encens ou la myrrhe que les Orientaux prodiguaient dans leurs pompes religieuses.

Ce curieux tableau nous remet en mémoire la description que fait Strabon du temple de Comana en Cappadoce : on y comptait plus de six mille hiérodules, tant hommes que femmes, exécutant des danses sacrées autour du simulacre de la déesse Mâ ou Enyo, la même qu'Anaïtis, Nanaea ou Astarté. Nous savons par de nombreux témoignages archéologiques ou littéraires que le culte de la grande déesse asiatique, quelque nom qu'on lui donne, n'a cessé d'être pratiqué dans tout l'Orient, jusqu'à la prépondérance des doctrines chrétiennes, musulmanes ou bouddhiques. Les Perses surtout recueillirent en cela l'héritage de Babylone; M. Odobesco rappelle qu'au ive siècle avant Jésus-Christ, un prince achéménide, Artaxerxès Mnémon, bien que sectateur d'Ormuzd, mit particulièrement en honneur le culte d'Anaïtis; Bérose dit formellement qu'il s'appliqua à restaurer les images de la grande déesse dans toute l'étendue de l'empire perse, à Babylone, à Suse, à Ecbatane, à Persépolis, à Bactres, à Damas, à Sardes. La domination macédonienne ne fit que développer le culte d'Anaïtis qui prédomina, sous différents noms, soit dans l'empire des Arsacides, soit dans la Bactriane et jusqu'aux frontières de l'Inde. On sait que les rois Arsacides et ceux de la Bactriane conservèrent les divinités helléniques jusque sur leurs monnaies. La tradition qu'ils avaient respectée et continuée fut si puissante que les Scythes eux-mêmes, lorsqu'ils eurent chassé de la Bactriane les rois grecs et qu'ils se furent implantés à leur place, se proclamèrent, eux aussi, les héritiers d'Alexandre et introduisirent, sur les monnaies qu'ils firent frapper du Ier au Ve siècle de notre ère, les types et les noms grecs des divinités du pays conquis par eux.

Plusieurs de ces noms et de ces types monétaires des rois indo-scythes doivent être rapprochés de la déesse Anaïtis et du symbole du dieu Mên que nous voyons sur notre plat d'argent. Ainsi, l'on y trouve la déesse CAAHNH, pour Σελήνη, MAO ou Mâh, le dieu Lunus des Iraniens, nom que donne Strabon à la déesse de Comana; la déesse NANA ou NANAIA, c'est-à-dire Anaïtis, l'Anâhita du Bundehech, « la grande déesse des eaux; » on trouve même la formule NANAPAO, qui signifie « Anaïtis, la reine ». Ce n'est donc pas tout à fait en vain que les rois indo-scythes se prétendaient les successeurs d'Alexandre en Bactriane et dans l'Inde : ils ont transporté dans leur pays et introduit dans leur langue les noms mêmes des divinités qui étaient adorées dans toute l'Asie conquise par Alexandre. Mais ce n'est pas tout; si l'on examine les types de ces monnaies, on en verra qui ont de frappantes analogies avec Anaïtis assise sur son martichoras. La déesse Nana est représentée sur les monnaies comme une Artémis-Séléné « nimbée, drapée dans une robe en gaze flottante, portant un croissant sur la tête, une fleur de lotus dans une main, et dans l'autre un sceptre surmonté d'un petit cerf ou une petite baguette fourchue ». Une autre divinité qui paraît sur ces curieuses monnaies et qui est purement indienne, c'est le dieu Siva, souvent appuyé sur un zébu, le bœuf Nandi « qui joue auprès du dieu hindou le rôle attribué par nous, dit M. Odobesco, au camélopard, dans la scène où cet étrange animal sert de support à la déesse [1] ».

Ces rapprochements ont paru à M. Odobesco assez caractérisés pour admettre que notre coupe

---

1. Voyez surtout sur ces monnaies l'étude de M. Edmond Drouin, dans la *Revue numismatique* de 1888.

n'est pas sassanide, mais bactro-indienne. Il trouve un caractère indien aux figures, au costume et même à la coiffure d'Anaïtis : « Il nous semble reconnaître, dit-il, dans la coupe du Cabinet de Paris, les formes de l'art iranien, modifiées et altérées, tout autant sous l'influence de l'esprit hellénique abâtardi que sous la pression de la nature, des mœurs et des goûts de l'Inde...; elle représente à nos yeux la déesse persique Nana au moment où elle vient à peine de franchir les limites de l'empire iranien pour s'aventurer timidement dans les régions brahmaniques. »

Nous n'oserions, pour notre part, être aussi hardi et nous pensons qu'il est un peu téméraire de s'appuyer à peu près exclusivement sur le rigorisme jaloux du mazdéisme en Perse pour aller chercher l'origine de notre coupe en dehors des contrées iraniennes et jusque sur les bords de l'Indus. Ce que nous avons dit tout à l'heure prouve que le rigorisme mazdéen ne suffit pas à extirper de la Perse le culte d'Anaïtis. De plus, au point de vue de l'art, nous ne trouvons rien d'hindou dans la technique de cette coupe ni dans le style ou les attributs des personnages, tandis que tout, au contraire, la rattache à l'art sassanide et l'assimile aux coupes où sont représentés des rois de cette dynastie. Le costume des hiérodules est perse et n'a rien d'hindou; ne voyons-nous pas flotter au dos de plusieurs d'entre eux, les banderoles du *kosti* sacré, attribut essentiel des adorateurs du feu, que nous avons déjà signalé sur la coupe de Chosroës? les plis bouffants et ondulés des écharpes et des jupes, ces étoffes plissées, rayées et fleuronnées ne se rencontrent-ils pas identiques sur les bas-reliefs rupestres de la dynastie sassanide? cette prêtresse qui lève le doigt en montrant l'image divine ne fait-elle pas le geste appelé *nis qati*, que les Perses ont emprunté aux Assyriens? M. Odobesco lui-même, dans son étude si nourrie de recherches érudites, reconnaît, dans la coupe pleine de fruits, le vase appelé *tali*, dans lequel les Mazdéens offraient à Ormuzd des grenades égrainées : les bas-reliefs sassanides nous montrent des coupes identiques. Le seau métallique, à anse, que tient une des figures, est le *havan* dans lequel les Mazdéens préparaient le breuvage sacré du *hom*. Enfin, quant au style de notre coupe, nous avons déjà dit que sa technique la rattachait directement à l'art sassanide qui a tant produit de monuments de ce genre. Nous trouvons dans les faits qui précèdent un tel ensemble de preuves que la barbarie du dessin, sa lourdeur extrême, qui contraste avec l'élégance des figures sur les coupes royales, ne nous paraissent démontrer qu'un seul point, c'est que la coupe de la déesse Anaïtis appartient à une époque où l'art sassanide était en pleine décadence. Le culte d'Anaïtis persista, d'ailleurs, si longtemps dans les contrées ariennes qu'à Bactres, par exemple, il ne fut étouffé que par le bouddhisme.

Quant à l'usage de coupes du genre de celle que nous avons décrite, je suis porté à croire qu'elles servaient au culte mazdéen lui-même. Il y a encore chez les Parsis actuels des espèces de soucoupes appelées *taschtés*, dans lesquelles on place les morceaux de *hôm*, et que les riches se font fabriquer en argent. Les rois assyriens sacrifient souvent dans des coupes de même forme, et, en parlant de la tasse de Chosroës, nous avons rappelé déjà qu'au dire d'Hérodote, Xerxès, à l'imitation des rois de Ninive, faisait au soleil des libations dans une coupe qui avait certainement une forme analogue. Ces vases

— 171 —

avaient aussi un caractère magique; ils servaient à interroger l'avenir et à éloigner les mauvais esprits. C'est une coupe de ce genre que le *Schah Nameh* met aux mains de Djemschid et que les traditions orientales donnent à Alexandre. Les coupes magiques, fréquemment en usage chez les Orientaux pendant tout le Moyen-Age, servent encore à certaines pratiques d'hydromancie chez les Persans et les Arabes de nos jours.

Nous savons déjà avec quelle passion jalouse les Byzantins recherchaient les coupes sassanides qu'ils achetaient à grands frais, enrichissant leur vaisselle de table de la dépouille des temples d'Anaïtis ou des sanctuaires en plein air d'Ormuzd. Cependant celle-ci, comme beaucoup d'autres, ne nous vint pas par les Byzantins. Elle passa, peut-être par droit de conquête, aux mains de barbares qui, à l'aurore des temps modernes, poursuivant leur marche envahissante sur l'Europe, l'apportèrent dans quelque canton de la Russie méridionale où ils l'abandonnèrent. Ces barbares, quels qu'ils soient, ont laissé leur signature sur la coupe d'Anaïtis. Pareils aux voyageurs rustiques qui inscrivent leur

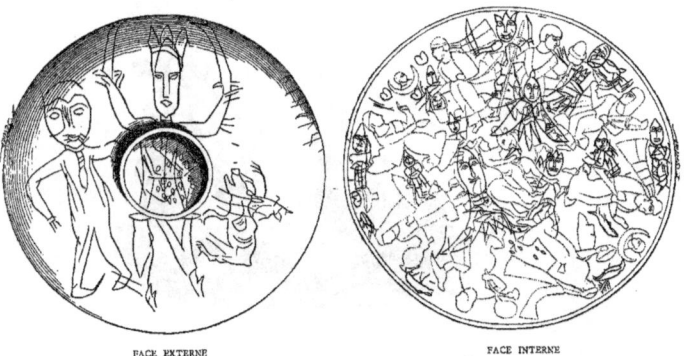

FACE EXTERNE   FACE INTERNE

nom sur les édifices qu'ils vont visiter, ils ont gravé à la pointe tout un grimoire de figures grossières sur les deux faces du vase. Sur la partie externe ou convexe, on voit deux grandes figures d'hommes accostées d'une sorte de cerf; la figure du milieu, qui semble couronnée et porter une épée

dans chaque main, traverse le pied circulaire de la coupe; sur le bord, tout près de l'orle, on remarque aussi des traits que nous reproduisons ici en les grossissant : ils ont paru à M. Odobesco être des caractères runiques indéchiffrables. La face interne de la coupe est chargée de figures barbares du même genre, que notre photogravure laisse apercevoir de place en place. Le dessin minutieusement exact qu'on en voit ici, permet de juger comment ces images enfantines, tracées sans doute avec la pointe d'un poignard, s'enchevêtrent avec les reliefs primitifs et originaux; nous n'entreprendrons pas d'interpréter ce grossier grimoire dont on retrouve, d'ailleurs, d'autres exemples sur les monuments orientaux qui sont passés par les mains des Finno-Ougriens, des Permiens et des autres peuplades de la Russie du Moyen-Age.

1. Sur cette lampe en forme de tête de nègre, voyez plus haut, p. 153.

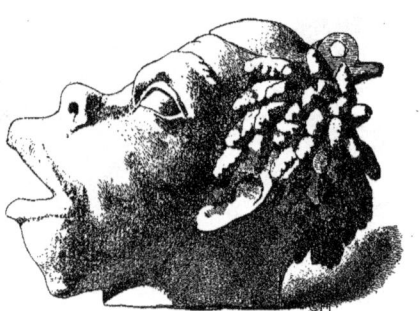

TÊTE DE NÈGRE EN BRONZE
Lampe de la collection de Luynes¹.

Cabinet des Antiques

Pl. XLIX

CAMÉES ANTIQUES
(Trésors de Chartres et de Saint-Denis)
A. Lévy, Éditeur

XLIX.

CAMÉES ANTIQUES

I. — LE TRÉSOR DE LA CATHÉDRALE DE CHARTRES

E trésor de la cathédrale de Chartres, enrichi pendant de longs siècles par les donations sans cesse renouvelées des rois, des barons et des prélats, renfermait, avant la Révolution, entre autres objets d'art, une grande châsse, couverte de pierreries, qui abritait une relique insigne, appelée la chemise de la Vierge. Des inventaires rédigés à diverses reprises à travers les âges, nous ont conservé la description des gemmes antiques, des vases précieux et autres monuments intéressants pour l'histoire de l'art, qui composaient ce trésor, un des plus riches de France; ils se sont particulièrement complu à énumérer les merveilles d'orfèvrerie de la châsse de la Sainte Chemise, à laquelle chaque dévot pèlerin, depuis Charles le Chauve, avait tenu à cœur d'ajouter un bijou, une parure nouvelle dont il dépouillait son propre écrin. L'inventaire de 1353, ceux de Jean de Lacroix, en 1545, et celui du chanoine Estienne, daté de 1682, sont du plus haut intérêt à notre point de vue [1].

Ces richesses, dont nous pouvons ainsi reconstituer historiquement l'importance, furent englouties dans le grand naufrage où sombrèrent la plupart des trésors des églises à l'époque de la Révolution. Le pillage de celui de Chartres eut au moins, sur beaucoup d'autres, l'avantage d'être organisé méthodiquement. « Une première visite, raconte M. de Mély [2], a lieu en 1792; la mairie s'empare des grosses pièces de métal précieux; au commencement de 1793, les marguilliers ordonnent de brûler les tapisseries où il y a de l'or; le 17 septembre, le conventionnel Sergent, craignant que les pierres gravées, qu'il connaît depuis son enfance et qu'il aime tant, ne viennent à lui échapper, arrive de Paris avec Lemonnier, détache lui-même de la châsse les superbes joyaux et les emporte à Paris. Ils n'y arriveront pas tous, et lui seul, je le crains bien, aurait pu nous apprendre ce qu'étaient devenues les merveilleuses montures qui les ornaient. Enfin, le 16 brumaire, les officiers municipaux feront mettre dans dix tonneaux les argenteries et cuivreries de la cy-devant cathédrale pour les envoyer à la Convention. »

La châsse de la Sainte Chemise fut détruite; l'or qui entrait dans sa composition fut envoyé au creuset; quant aux pierreries, dont la destruction eût été sans profit, elles furent déposées au Cabinet

1. F. de Mély, *Le trésor de Chartres*, Paris, Picard, 1886, in-8º.
2. F. de Mély, *op. cit.*, p. XLIII.

des Médailles. Les délégués de la Convention, Sergent et Lemonnier, en dressèrent une liste sommaire qu'il importe de reproduire avant de chercher à retrouver les monuments sous nos vitrines :

Procès-verbal d'enlèvement d'objets précieux destinés pour le Musée national.

Aujourd'huy mardi dix-sept septembre mil sept cent quatre-vingt-treize, l'an II de la République, en présence des citoyens administrateurs du département d'Eure-et-Loir et des officiers municipaux de cette ville, a été enlevé par le citoyen Sergent, représentant du Peuple, et le citoyen Lemonier, peintre, tous deux membres de la Commission des Monuments, en vertu des pouvoirs qui leur ont été donnés par la loi du 27 juillet dernier, de la châsse de la Vierge qui était dans le trésor de la ci-devant cathédrale de Chartres, les bijoux et objets qui suivent :

1. Un camée de trois pouces de haut, représentant un Jupiter de trois sortes de couleurs, sardoine;
2. Une sardoine de quinze lignes de haut, représentant une Diane gravée en creux;
3. Une pierre de quinze lignes de haut, représentant Assuérus sur son trône;
4. Une cornaline de onze lignes de haut, représentant une figure portant sur l'épaule une espèce de javelot;
5. Une agathe représentant un Cupidon, de quinze lignes de haut;
6. Un camée représentant un sacrifice composé de trois figures, cassé dans deux parties;
7. Deux têtes de femmes gravées en relief;
8. Une grosse tête, gravée en relief, représentant une Méduse, agathe blanche;
9. Un camée représentant un lion terrassant un taureau, de deux couleurs, neuf lignes de long;
10. Une cornaline représentant une tête d'enfant, neuf lignes;
11. Une tête de femme, agathe gravée en relief;
12. Une pierre, seule tête d'homme coiffée du bonnet phrygien;
13. Une cornaline gravée en creux, représentant l'Abondance;
14. Une pierre verte en creux, représentant une Minerve;
15. Une cornaline en creux, représentant un Mercure;
16. Une pierre brune inconnue.

Tous les objets ci-dessus pour être déposés au Musée national.

Et, à l'égard des deux tableaux désignés par le procès-verbal du deux du présent mois, est arrêté que, lorsqu'ils seront enlevés, les citoyens commissaires enverront une décharge d'iceux.

A encore été enlevé de la châsse de saint Théodore, ce qui suit :

Une agathe blanche, tête antique d'un empereur romain; trois petites pierres représentant un Amour; une tête de femme et un mufle de lion.

Dont et de tout ce que dessus a été dressé le présent procès-verbal, pour servir de décharge, qui a été signé par lesdits citoyens Sergent et Lemonnier, lesdits jour et an, dont acte.

Pour copie conforme. Signé : Sergent. — Lemonnier.
Goret, Secrétaire adjoint[1].

Le catalogue des objets reçus à cette occasion au Cabinet des Médailles confirme le précédent procès-verbal d'enlèvement avec lequel, d'ailleurs, il n'offre que quelques variantes dans la description des monuments. En voici la teneur, d'après l'original conservé à la Bibliothèque nationale :

Provenant de la châsse de la cathédrale de Chartres :

1. Un camée de trois pouces de haut, deux de large, ovale, représentant un Jupiter de trois sortes de couleurs.
2. Une sardoine de 15 lignes de haut : Diane, en creux.
3. Une pierre de 15 lignes de haut : Assuérus sur son trône.
4. Une cornaline de 11 lignes de haut : une figure portant sur l'épaule une espèce de *massue*.
5. Une agathe de 15 lignes de haut représentant un Cupidon (une *Diane*, selon une correction de l'abbé Barthélemy).
6. Un camée représentant un sacrifice, composé de trois figures, cassé en deux parties.
7 et 8. Deux têtes de femme, gravées en relief.

---

[1]. L. Courajod. *Alexandre Lenoir, son journal et le musée des monuments français*, t. I. Introd. p. CXXVI-CXXVII; cf. *Bulletin du comité historique des arts et monuments. Archéologie*, t. III, p. 28.

9. Une grosse tête gravée en relief : Méduse. Agathe blanche.
10. Un camée représentant un lion terrassant un taureau, de deux couleurs, portant neuf lignes de long; fêlé.
11. Une cornaline de 9 lignes représentant une tête d'enfant.
12. Une tête de femme gravée en relief. Agathe.
13. Une tête d'homme coiffée du bonnet phrygien.
14. Une cornaline gravée en creux représentant l'Abondance, — peut-être un Mercure.
15. Une pierre verte gravée en creux, représentant Minerve.
16. Une pierre brune inconnue.
17. Une agathe blanche : tête antique d'un empereur romain.
18. Un Amour. Agathe.
19. Une tête de femme sur agathe.
20. Un muffle de lion sur turquoise, en relief.
Ces quatre dernières pierres proviennent de la châsse de saint Théodore.

A la suite de cet inventaire, le document que nous venons de reproduire contient cette mention : « les nos 3, 7, 8, 12, 16, 17, ont été mis au rebut comme indignes de figurer dans la collection. »

La lecture des documents qui précèdent démontre suffisamment l'inexpérience archéologique des délégués de la Convention et la précipitation qu'ils ont mise à accomplir leur tâche. Du moment qu'ils étaient assez ignorants pour confondre Mercure avec l'Abondance et Diane avec Cupidon, ou pour reconnaître Assuérus sur une pierre gravée probablement romaine, il va sans dire que nous ne saurions nous montrer archéologiquement trop rigoureux dans la reconnaissance que nous allons tenter des monuments qui ont pris rang sous nos vitrines. Il importe de remarquer, en outre, que si les objets sont insuffisamment et incorrectement décrits, leurs dimensions ont été certainement données sans précision, et elles paraissent souvent avoir compris la monture même des pierres, monture qui n'existe plus aujourd'hui. Enfin, au point de vue administratif, je ne saurais bien m'expliquer ce qu'on a voulu dire en prévenant qu'on mettait *au rebut*, six des pierres qui sont déclarées indignes de la collection nationale. Quoi qu'il en soit, essayons de retrouver les quatorze autres.

I. Le camée n° 1 est reproduit sur notre planche 49 : c'est une pièce capitale dont l'histoire mérite d'être rapportée dans toutes ses particularités[1]. Il est serti dans une monture en or émaillé, du plus haut intérêt, qui a elle-même son histoire. L'écusson aux armes de France, d'or sur fond d'azur, est surmonté d'une large couronne royale sur laquelle on lit, en caractères gothiques :

Charles · roy · de · France
fils · dv · roy · Jehan · donna
ce · joupau · l'an · M · CCC · LXVII
le · quart · an · de · son · regne

Ainsi, d'après cette inscription, le camée appartint au roi de France Charles V, qui le donna au trésor de la cathédrale de Chartres en 1367, la quatrième année de son règne, à l'occasion d'un pèlerinage qu'il fit à la Sainte Chemise. A cette époque et pendant tout le Moyen-Age jusqu'au XVIe siècle, le Jupiter passait pour un saint Jean, à cause de l'aigle qui figure à ses pieds. C'est le

---

1. Chabouillet, *Catalogue*, n° 4. Sardonyx à trois couches. Haut., 1 décim. ; largeur, 65 millim.

30 juin 1367, que le roi Charles V accomplit son pèlerinage, et ce fut sans aucun doute à cette occasion qu'il fit fixer le précieux joyau au dessus du toit de la châsse [1].

Mais si l'écusson et l'inscription qui le surmonte sont bien dans le style du temps de Charles V, il n'en est pas de même du reste de la monture, ainsi qu'on va le voir.

Dans une description de la sainte Châsse, qu'on doit placer en 1540 au plus tard [2], le camée, dans lequel on ne voyait déjà plus un saint Jean, mais un Jupiter, est décrit de la manière suivante : « Une agathe en ovale, garnye tout autour d'or et de grosses perles, embellie de la figure du dieu tenant de la main droite la foudre et de la gauche une lance et un oyseau ; à ses pieds, sont gravés ces mots, *Jesus, Maria, Adam, Eva*, et au dessous, *Charles, Roy de France, fils du Roy Jehan, donna ce joyau en 1367, le quart an de son règne*, les armes de France à fleurs de lys sans nombre. »

Vingt-deux ans plus tard, en 1562, Charles IX voulut forcer les chanoines à aliéner une partie des richesses du trésor de la Cathédrale pour payer les frais de la guerre civile ; mais le peuple de Chartres s'opposa par la force à l'enlèvement de la sainte Châsse quand se présentèrent les commissaires du roi pour l'emporter [3]; en 1577-1578, Henri III demanda aussi aux chanoines de porter au creuset une partie de leurs bijoux et de leurs vases sacrés. On aurait quelque raison de supposer que, dans ces moments de détresse, la monture du camée décrite en 1540 dut subir des modifications, qu'on l'arracha et qu'elle fut plus tard remplacée par une autre. Le camée fut, en effet, le 20 janvier 1578, enlevé à la sainte Châsse et emporté à Paris où on l'estima VIII^{cc} livres. « Pendant deux ans, dit M. de Mély, le camée resta, avec les autres joyaux de Chartres, à Paris ; peut-être Henri III les a-t-il mis en gage, comme tant d'autres pièces qu'il donna en nantissement aux Juifs de Metz ? En tout cas, ils reviennent au bout de deux années à la sainte Châsse, où ils sont attachés de nouveau [4]. » Dans le reçu, notre camée est ainsi décrit : « Le camahiè de sainc Jehan garny de six rubis baillez (balais), et où il y en a deux séparez, et de douze perles. Estimé VIII^{cc} L. [5]. » Dans un inventaire de 1680, il est signalé de même ; enfin, en 1682, l'inventaire rédigé par le chanoine Etienne le décrit ainsi : « Tout au haut du pignon est une grande agate ovale sur laquelle est taillé un Jupiter ayant à ses pieds une aigle. Il tient un foudre d'une main et une lance de l'autre. Le quadre qui est ovale, comme l'agate, est d'or enrichy de grosses perles et de pierreries ; au bas il y a un écusson couronné aux armes de France. On lit sur la couronne, que le roi Charles V, fils du Roy Jehan, donna cette agate à l'église en 1367 [6]. » Une note marginale ajoute : « Estimée six mille livres, quoique par les estats de joyaux envoyez à Paris pour les nécessitez du Royaume, elle ne fut estimée que 300 livres ; il y avait 5 rubis balais et 12 perles. » Les édits de Louis XIV, en 1689, 1700 et 1710, pour ordonner l'aliénation d'une partie des richesses des trésors des églises, laissèrent intact le trésor de Chartres et la monture de notre camée. C'est ce

---

1. F. de Mély, *op. cit.*, Préface, p. xxxi.
2. F. de Mély, *op. cit.*, *Pièces justificatives*, p. 110 et note.
3. F. de Mély, *op. cit.*, Préface, p. xxxix, et 17, note.
4. Mély, *op. cit.*, p. 37.
5. Mély, *op. cit.*, p. 117.
6. Mély, *op. cit.*, p. 34.

que permet de constater cette brève mention de l'inventaire rédigé en 1726, par le chanoine Brillon : « Jupiter, quadre ovale d'or, garni de pierreries » [1].

En rapprochant ces divers textes les uns des autres, il est permis de conclure que, jusqu'à la Révolution, le camée désigné sous le nom de « Jupiter de Chartres » était garni sur son pourtour de dix-huit pierres précieuses, six rubis et douze perles; une seule, un rubis, est signalée comme disparue, en 1682. Or, aujourd'hui, la monture que nous avons sous les yeux est toute autre; les pierres précieuses ont toutes disparu, ainsi que le cercle d'or sur lequel étaient gravés les mots : *Jesus, Maria, Adam, Eva.* « Si maintenant, remarque M. de Mély [2], nous comptons les fleurs de lys, les dauphins et les trois fleurs de lys qui terminent la couronne de France, nous avons les dix-huit places occupées par les pierres précieuses. » C'est précisément l'orfèvre Sergent, le délégué de la Convention, celui que ses compatriotes ont surnommé Sergent-agate, tant il avait poussé loin l'amour des gemmes antiques, qui a supprimé l'inscription pieuse et remplacé par des dauphins et des fleurs de lys, pris ailleurs, les rubis et les perles de l'ancienne monture; ces fleurs de lys et ces dauphins sont en vermeil [3]; la grossièreté des clous d'attache avec lesquels on les a rivés atteste le remaniement hâtif qu'a subi la monture du camée.

Mais nous ne croyons pas qu'on puisse, avec M. de Mély, porter plus loin la responsabilité déjà bien lourde de Sergent qui, selon nous, s'est contenté de faire disparaître les pierres précieuses et l'inscription; ce personnage n'est pas et ne saurait être l'auteur de la monture émaillée ni des fleurs de lys. En effet, les fleurs de lys en vermeil remontent par leur style au moins au xvie siècle, à l'époque de Henri III, peut-être même à Charles V, comme la comparaison avec celles qui bordent la couronne, ainsi qu'avec les monnaies et d'autres monuments du xive siècle tendrait à l'établir. Le travail de Sergent a dû tout simplement consister à détacher ces fleurs de lys, qui ne sont pas en or, d'un autre monument, et à les fixer sur la monture à la place des perles et des rubis.

Enfin, le cadre en or émaillé sur lequel sont adaptées les fleurs de lys ne nous paraît pas avoir été jamais changé depuis Charles V; les caractères conviennent parfaitement à cette époque, et si les inventaires ne mentionnent pas l'inscription, c'est qu'elle était dissimulée en grande partie par les rubis et les perles. Cette inscription est la suivante, extraite de divers passages des Evangiles : IEXVS·AVTEM·TRANSIENS·PER·MEDIVM·ILLORVM·IBAT — ET·DEDIT·PACEM·EIS — SI ERGO·ME·QVÆRITIS·SINITE·HOS·ABIRE.

Au revers du camée, on lit sur la monture une inscription émaillée, disposée sur le pourtour, parallèlement à la précédente, et qui, à elle seule, suffirait à prouver que le cadre remonte au Moyen-Age, à l'époque où le Jupiter était pris pour saint Jean : ce sont les premiers versets de l'Evangile de cet apôtre : ✠ IN·PRINCIPIO·ERAT·VERBVM·ET·VERBVM·ERAT·APVD·DEVM· ET·DEVS·ERAT·VERBVM·HOC·ERAT·IN·PRINCIPIO·APVD·DEVM·OMNIA·PER·IPSVM·FACTA· SVNT·ET·SINE·IPSO·FACTVM·EST·NIHIL·QVOD·FACTVM·EST·IN·IPSO.

1. Mély, *op. cit.*, p. 119, n° 326.
2. Mély, *op. cit.*, p. 37.
3. M. Chabouillet dit *en or*; M. de Mély dit un *laiton doré.*

Après la minutieuse révision que nous venons de consacrer au Jupiter de Charles V, il est à peine nécessaire d'ajouter que ce monument est un des plus importants joyaux du Cabinet des Médailles. Les autres pierres qui nous viennent de la même provenance sont, ainsi qu'on va le constater, d'un intérêt secondaire. Il en est même quelques-unes dont le signalement, tel qu'il est donné dans les documents officiels reproduits plus haut, est trop sommaire et trop banal pour qu'on puisse espérer les identifier jamais. Ce sont les suivants : N° 11. Tête d'enfant. Cornaline. — N° 12. Tête de femme en relief. Agate. — N° 13. Tête d'homme avec le bonnet phrygien. — N° 15. Minerve. Pierre verte. — N° 18. Amour. Agathe. — N° 19. Tête de femme. Agate. — N° 20. Mufle de lion en relief. Turquoise. — Mes efforts ont été vains pour retrouver ces gemmes au milieu de leurs similaires et il serait oiseux d'exposer ici les identifications hypothétiques auxquelles je n'ai, en fin de compte, osé m'arrêter.

La reconnaissance de celles qu'il nous reste à examiner est moins conjecturale; dans les cas même où elle n'est pas absolument sûre, elle donne lieu à des rapprochements instructifs :

N° 2 du procès-verbal de 1793 : « Une sardoine de 15 lignes de haut. Diane en creux. » Ce doit être la pierre décrite comme il suit dans l'inventaire de 1682 : « Une agathe ovale de près de deux pouces de haut, représentant une Diane à la chasse, tenant d'une main un lévrier en lesse et de l'autre un arc; elle est dans un quadre d'or ciselé et accompagné d'une moulure en plate bande d'émail blanc [1]. » L'inventaire ajoute que cette pierre a été donnée par l'abbé Olivier, chanoine de Chartres et prieur de Saint-Lezin, le 13 août 1681. La description détaillée que nous venons de reproduire est contrôlée et confirmée par l'image, que nous avons, de la pierre de l'abbé Olivier : on voit en effet cette gemme au dessous d'une tête de mort, sur une ancienne gravure de la châsse de la Sainte Chemise conservée au musée de Chartres et reproduite par M. de Mély (pl. VIII). Eh bien! cette image et cette description permettent d'affirmer que la Diane en question n'existe pas au Cabinet des Médailles.

N° 4 du procès-verval de 1793 : « Une cornaline de 11 lignes de haut, une figure portant sur l'épaule une espèce de massue. » C'est un Hercule décrit dans l'inventaire de 1540, puis dans celui de 1682 en ces termes : « Une agate sur laquelle est taillé un Hercule avec sa massue. » Il figure aussi dans l'inventaire de 1726 [2]. La désignation de cette pierre est trop sommaire pour qu'on puisse la reconnaître parmi les nombreux Hercules de nos vitrines, si toutefois elle s'y trouve.

N° 5 du procès-verbal de 1793 : « Une agate de 15 lignes de haut, représentant Cupidon » (une Diane, d'après la correction de Barthélemy). Cette pierre est décrite ainsi dans l'inventaire de 1682 : « Une agate sur laquelle est gravée une chasseresse tenant un arc en main, elle est dans un quadre de fleurs d'or cizelées et émaillées. » Elle figure aussi dans l'inventaire de 1726 où l'on ajoute que Diane n'est pas suivie de son chien. M. de Mély a cru reconnaître ici l'Apollon en buste que nous avons reproduit plus haut, en vignette, à la page 50 : nous avons, en le commentant, exposé les raisons qui nous empêchent d'admettre l'identification proposée par M. de Mély [3]. Sous le n° 1499 du *Catalogue* de

---

1. Mély, *op. cit.*, p. 24.
2. F. de Mély, *op. cit.*, pp. 34, 110 et 119 (n° 335).
3. Mély, *op. cit.*, pp. 29 et 119 (n° 66).

— 179 —

M. Chabouillet, est décrite une Diane assise, l'arc à la main et sans chien ; cette pierre correspond, sauf pour les dimensions, à la description des inventaires de 1682 et de 1726.

N° 6 du procès-verbal de 1793 : « Un camée représentant un sacrifice, composé de trois figures. Cassé en deux parties. » C'est le camée représentant une offrande à Priape, que nous avons reproduit ci-dessus en vignette à la page 22. Son identification est certaine. Il figure dans l'inventaire de 1726 qui nous apprend que ce camée décorait non pas la châsse de la Sainte Chemise, mais le haut du portique du reliquaire de Saint-Faustin. Il était alors rehaussé, comme on va le voir, d'une riche monture : « Une agate représentant un homme assis avec deux autres, dans une rose d'or de filigrane : la dite agate cassée, entourée d'un cercle d'or, enrichie de douze chattons, savoir six perles, six saphirs, ledit cercle environné de six feuilles d'émaux clairs, de vert, blanc, azur, entre lesquels il y a trois émeraudes, et trois grenats, et au delà des feuilles et sur le tour de la rose sont des bouquets de perles de grains d'or cizelés, il y a dix perles et un grain de jaspe blanc : au haut de cette rose est un petit bouquet de cinq perles et plus haut un jaspe gravé d'une figure humaine, mise en bague d'or rompue, à usage d'évesque. » Le camée est entré au Cabinet des Médailles, dépouillé de tous ces ornements.

N° 9 du procès-verbal de 1793 : « Une grosse tête gravée en relief, Méduse. Agate blanche. » C'est probablement la tête de Méduse que nous avons fait figurer plus haut, à la page 54. L'inventaire de 1726 la décrit avec une riche monture qu'on a fait disparaître : « Une grosse agathe, taillée en tête de femme, avec deux serpents dans la chevelure, environnée de chattons mis en or, sur un fond ovale, aussi d'or, sçavoir un saphir fin, une pasle émeraude, deux améthistes, un crystal blanc, une agathe cabochon, quatre perles et un chatton [1] ».

N° 10 du procès-verbal de 1793 : « Un camée représentant un lion terrassant un taureau, de deux couleurs, portant neuf lignes de long, fêlé. » Il s'agit du camée dont nous avons donné l'image à la page 34. L'inventaire de 1726 lui consacre cette courte mention : « Agathe. Un taureau et un lion [2]. »

N° 14 du procès-verbal de 1793 : « Une cornaline gravée en creux, représentant l'Abondance, peut-être un Mercure. » Dans l'inventaire de 1682, cette pierre est décrite : « Un cachet... d'argent, où il y a une cornaline gravée d'un Mercure [3]. » Ce signalement est trop vague pour permettre l'identification. M. de Mély croit qu'il s'agit du Mercure décrit sous le n° 1599 dans le catalogue de M. Chabouillet; mais c'est là une hypothèse sans fondement, car la cornaline dont il s'agit n'a point une monture d'argent, mais une monture très ancienne en cuivre, munie d'une bélière.

Pour résumer en peu de mots les résultats de l'enquête à laquelle nous venons de nous livrer, sur seize camées ou intailles du trésor de la cathédrale de Chartres qui sont censés être entrés au Cabinet des Médailles le 17 septembre 1793, il n'y en a que quatre que nous puissions sûrement reconnaître aujourd'hui : le Jupiter de Charles V dont la monture a été en partie détruite; l'offrande à Priape dont on a fait disparaître la monture; la tête de Méduse, qui a subi les mêmes mutilations; le

---

1. F. de Mély, *op. cit.*, p. 119, n° 434.
2. F. de Mély, *op. cit.*, p. 119, n° 295.
3. F. de Mély, *op. cit.*, p. 23.

lion dévorant un taureau. Parmi les douze autres pierres, les unes ne figurent certainement pas sous nos vitrines, les autres sont trop insuffisamment décrites pour qu'on puisse les identifier en toute sécurité. Nous venons d'exposer les faits : leur brutale éloquence nous dispense de tout commentaire.

II. — AUGUSTE, CAMÉE DU TRÉSOR DE SAINT-DENIS.

C'est également une épave du vandalisme révolutionnaire que nous avons fait reproduire au dessous du Jupiter de Chartres sur la planche 49. Ce camée antique est encore paré de la lourde monture dont la piété naïve de nos pères l'avait affublé. Il provient du trésor de l'abbaye de Saint-Denis et représente la tête d'Auguste ceinte d'une couronne formée de deux branches de chêne et de laurier entrelacées [1]. Cette tête est d'une remarquable finesse d'exécution et je doute qu'en dehors du type de certaines monnaies, l'iconographie d'Auguste s'honore d'un autre portrait aussi achevé.

Le camée est monté sur une plaque d'argent assez épaisse, ornée sur tout son pourtour de griffes qui soutiennent une couronne formée de trois rubis, trois saphirs et six bouquets de perles fines. Cette monture, plus riche qu'élégante, remonte sûrement aux premiers siècles du Moyen-Age, à l'époque où l'on fit servir la gemme antique à la décoration d'un reliquaire. Les inventaires du trésor de Saint-Denis nous apprennent que ce reliquaire contenait le chef de saint Hilaire, évêque de Poitiers ; c'était une *capsa* ayant la forme du buste même du saint, en habits pontificaux. Notre camée était serti au milieu de l'orfroi du col de la chape du saint, ainsi que nous l'apprend la description de la châsse par Félibien : « Buste de vermeil doré dans lequel est enchâssé le chef de saint Hilaire, évêque de Poitiers, père et docteur de l'Eglise. La mitre est toute couverte de perles et de pierreries, aussi bien que l'orfroy qui est autour du col de la figure. On y remarque surtout une agathe sur laquelle est représenté l'empereur César Auguste. Dans ce reliquaire est aussi l'os d'un bras du même saint Hilaire que l'on voit sur le devant à travers d'un crystal. Ce reliquaire fut fait par les religieux de saint Denys après les troubles de la Ligue [2] ». Félibien, précisant davantage, nous apprend que la *capsa* fut exécutée en 1606, sous l'administration de Jérome de Chambellan, grand prieur de l'abbaye ; elle fut détruite sous la Révolution, mais l'image en figure dans l'ouvrage du savant religieux. On y reconnaît la place du camée dont la monture, il est à peine besoin de le faire remarquer, est beaucoup plus ancienne que la date de 1606 fixée pour la fabrication du reliquaire. Il est donc hors de doute qu'on a rapporté le camée tout monté d'un reliquaire plus ancien pour orner le nouveau. Ce fut le vendredi 30 septembre 1791 que ce joyau, détaché de la châsse de saint Hilaire, fut transporté au Cabinet des Médailles.

1. Ch. Lenormant, *Trésor de Numism. Iconogr. romaine*, pl. v, 3 ; Chabouillet, *Catalogue*, n° 190 ; Bernoulli, *Rœmische Iconographie*, t. II, p. 48.
2. Dom Félibien, *Histoire de l'abbaye de Saint-Denys*, p. 538 cf. p. 430.

GÉNIE PERSE
BAS-RELIEF DE LA COLLECTION DU LOUVRE.

L.

GÉNIE PERSE

BAS-RELIEF DE LA COLLECTION DE LUYNES

Haut., 113 mill.; larg., 200 mill.

E n'est pas d'hier que l'Orient est le pays des rêves et que l'imagination, cette folle du logis, y a élu son domicile de prédilection. Dès le temps où nous reportent les souvenirs les plus lointains de l'humanité, dès l'époque que représentent les plus anciens monuments de l'art et de la littérature assyro-chaldéenne, nous voyons les prêtres chaldéens, à la fois théologiens et astrologues, poètes et devins, peupler les éléments de génies fantastiques, aux formes variées à l'infini et qui symbolisent les forces de la nature. Il y a là, enfanté par la peur, tout un monde d'êtres monstrueux, d'esprits bienfaisants ou malfaisants, dont une science chimérique prétend déterminer avec précision le rôle et les attributs, qu'on invoque dans des hymnes, chefs-d'œuvre de déraison, parvenus en grand nombre jusqu'à nous; l'enseignement sacerdotal avait hiérarchisé les innombrables légions des génies supra-sensibles, comme le sont les anges et les archanges de la théologie chrétienne.

Les artistes surent s'élever à la hauteur des théologiens, et ils donnèrent une forme tangible à ces monstres surnaturels, incarnation des maladies, des vents, de la foudre, des nuages, des astres, des ténèbres, du désert, de l'Océan. Ezéchiel, le prophète de la captivité, vit les images sculptées de ces êtres étranges dont le muet cortège se déroulait sans fin sur les murs des palais et des temples de Ninive et de Babylone; il décrit dans un mystérieux langage ces légions de chérubins (*Keroubim*) ailés, à tête humaine et à corps de taureaux ou de lions qui décorent aujourd'hui les galeries de nos musées. Ces génies hybrides, produits d'une imagination dévoyée, et qui participent à la fois de l'aigle, du taureau, du lion, du cheval et de l'homme, se multiplient en variétés innombrables sur les bas-reliefs ninivites et surtout sur les cylindres où on les voit se combattant mutuellement, luttant contre l'homme ou des animaux féroces : on est encore loin, aujourd'hui, de pouvoir donner l'explication mythologique de ces scènes étranges dont l'idée philosophique paraît être de symboliser le triomphe de la force musculaire.

Ce que nous pouvons constater, dans tous les cas, c'est que la mythologie de la Grèce paraît avoir emprunté la plupart de ses monstres à ceux de la Chaldée : c'est sur les bords du Tigre et de l'Euphrate que nous trouvons les prototypes des griffons, de la Chimère, du Minotaure, de Cerbère, de l'Hydre, de Pégase ¹. Mais, en empruntant ces formes symboliques à l'Orient, le génie hellénique les modifie et les interprète. Loin de se borner à une copie servile, il sait, ici comme partout d'ailleurs, transformer et s'assimiler si bien le modèle, que son œuvre devient une véritable création, s'éloignant de plus en plus du prototype au fur et à mesure des progrès de l'art, tandis que l'art asiatique demeure éternellement figé dans la formule étroite qu'il a une fois conçue ce qu'il n'a jamais su perfectionner. Ce n'est point ici le lieu de rechercher comment se sont enfantés et développés, au double point de vue mythique et plastique, les monstres de la mythologie hellénique, ni même de déterminer dans quelle mesure ils procèdent des monstres assyriens; mais ce problème, mal éclairé jusqu'ici, et qui nous entraînerait trop loin de notre sujet, serait bien digne de tenter quelque érudit.

La tradition chaldéo-assyrienne des *Keroubim* se conserva plus intacte chez les Perses achéménides et revêtit, entre leurs mains, moins d'originalité que chez les Grecs : on reconnaît, dans les sculptures de Suse et de Persépolis, la copie servile des bas-reliefs de Ninive. Bien qu'ils fussent Mazdéens et adorateurs du feu, les Perses, après que Cyrus eut conquis Babylone en 538, se montrèrent les héritiers directs du grand empire sémitique qu'ils venaient de renverser; ils en adoptèrent officiellement la langue et les usages et transportèrent sur le plateau du Fars, leur patrie d'origine, les principes de l'architecture et de la sculpture mésopotamiennes. Comme les bas-reliefs de l'Assyrie, ceux des palais persépolitains sont à saillie faible et plate, les sujets interprétés sont les mêmes, les taureaux ailés androcéphales qui flanquent les portiques sont la copie de ceux de Ninive, les figures monstrueuses sont identiques. Seul l'artiste perse s'est substitué à l'artiste assyrien et s'il se montre supérieur à ce dernier, c'est que, depuis le jour de la conquête de l'Asie mineure par Cyrus, il a pu se former à l'école des Grecs; on cite même des artistes grecs, comme Téléphanès de Phocée, qui travaillèrent à la cour du Roi des rois. Voilà pourquoi, dans la sculpture des *Keroubim* persépolitains, l'artiste perse est plus habile que l'artiste assyrien; tout en conservant aux animaux la même pose hiératique, il a su adoucir le modelé des membres, donner aux ailes une courbure plus élégante et plus gracieuse; les taureaux n'ont plus que quatre pattes au lieu de cinq; leurs flancs sont plus souples et plus gras; les cornes, emblèmes de la force, qui entourent la tête des monstres ninivites, sont supprimées; les formes anatomiques et les proportions respectives des diverses parties du corps sont mieux observées : c'est l'art assyrien interprété par des artistes formés à l'école des Grecs.

Ces caractères généraux que nous venons d'esquisser, on ne saurait les méconnaître dans la figure de *Keroub* que notre planche L reproduit en grandeur naturelle. Ce petit bas-relief en grès jaunâtre, extrêmement friable, représente une des plus curieuses et des plus étranges formes qui aient été données aux *Keroubim*. Le monstre a le corps et les pattes de devant d'un lion; les pattes de derrière, armées de serres puissantes, sont celles de l'aigle; il a des oreilles de bœuf et des cornes d'œgagre; l'œil, la face et le bec entr'ouvert sont ceux du gerfaut; une crinière hérissée orne le cou

---

1. Le nom même des griffons, γρύπις, paraît dérivé de *Keroubim*. V. Fr. Lenormant, *Les Origines de l'histoire*, t. I, p. 111.

fièrement cambré comme celui du cheval; la queue est celle du lion; de grandes ailes à plumes imbriquées se développent en éventail comme celles des taureaux persépolitains. Nous ne connaissons, ni dans l'art assyrien, ni dans l'art perse, rien qui soit supérieur à cette figure, symbole de la force et de la puissance, où tant d'éléments disparates sont combinés avec une si heureuse harmonie.

Une des particularités spéciales à notre bas-relief, c'est la tête de perroquet, de gerfaut ou peut-être simplement de hibou ou de quelque oiseau carnassier. Bien que le perroquet soit connu de toute antiquité et célébré même par Homère dans l'*Odyssée*, on le voit rarement figurer sur les monuments. Il paraît pourtant sur un bas-relief assyrien, trouvé à Nimroud, qui représente une chasse au lion, mais je n'ai jamais rencontré, comme ici, la tête d'un perroquet ou d'un oiseau de proie autre que l'aigle, entrant, comme élément, dans la composition d'un *Keroub* assyrien ou perse. Le monument, en raison de cette particularité, n'en est que plus intéressant à signaler; nous sommes loin, d'ailleurs, de connaître tous les types religieux créés par l'art chaldéo-assyrien ou achéménide, et chaque année, sous ce rapport, se signale par la découverte de monuments qui nous fournit quelque révélation inattendue.

Notre Keroub perse peut être rapproché d'un monstre qui figure sur un cylindre assyrien que Fr. Lenormant a décrit sous ce titre : *Le dieu Lune délivré de l'attaque des mauvais esprits*[1]. Nous lui trouvons surtout les plus frappantes analogies avec le monstre ailé et cornu qui paraît gravé sur une belle calcédoine blonde du Cabinet des Médailles, que nous donnons ci-dessous en cul de lampe. Le corps est identique dans les moindres détails, la tête seule, qui est ici celle du lion rugissant, diffère et nous est un témoignage expressif des variétés infinies que l'art oriental introduisait dans ses types de génies symboliques.

C'est donc à tort qu'on a considéré comme assyrien ou chaldéen le bas-relief de la collection de Luynes[2]. Si l'on pouvait douter de son origine achéménide, il suffirait d'ouvrir le grand recueil de Flandin et Coste, intitulé la *Perse ancienne*. On peut voir, reproduit sur la planche CLII de cet ouvrage, un bas-relief de Persépolis, représentant le même monstre, debout, absolument pareil, avec sa tête si singulière et si caractéristique qu'on ne rencontre point dans la symbolique assyrienne, les cornes de mouflon, le poitrail de cheval, les ailes recroquevillées, les pattes de lion et d'aigle, la queue terminée en houppe, la crinière hérissée qui couvre l'épine dorsale. Tous ces détails s'y rencontrent si complètement identiques qu'il n'est pas possible de douter que nous soyons en présence du même monstre exécuté par la même école artistique, inspiré par la même symbolique.

Au surplus, nous pouvons signaler quelques traits essentiels qui appartiennent en propre à l'art perse et non à l'art ninivite ou babylonien. Les ailes recroquevillées et courtes ne se rencontrent jamais ainsi sur les sculptures ninivites, tandis qu'elles sont au contraire, et avec cette même forme d'éventail, l'apanage exclusif des monstres ailés qui ornent les portiques de Persépolis. Le style est per-

---

1. *Gazette archéologique*, 1878, p. 20.
2. G. Perrot et Ch. Chipiez, *Hist. de l'art dans l'antiquité*, t. II, p. 579-580.

sépolitain dans la facture des membres, le rendu des muscles, les détails anatomiques : il y a ici plus de science de la nature et non moins de vigueur d'exécution que dans l'art ninivite qui, nous l'avons dit, fut le grand initiateur artistique de la sculpture perse sous la dynastie des Achéménides.

Ici, comme à Ninive, on ne saurait trop admirer cet art oriental, fils de ses œuvres, qui n'a rien emprunté à son voisin de l'Egypte et qui, donnant une forme sensible aux êtres fantastiques que la mythologie avait rêvés, a su marier et combiner si harmonieusement des éléments que la nature n'a jamais pu associer ; il a su, sans tomber dans le difforme et le grotesque, créer des monstres hybrides, mais harmonieux dans leurs formes et leurs proportions : c'est là ce qui caractérise l'art oriental de Babylone, de Ninive, de Suse et de Persépolis et le distingue essentiellement de l'art des peuples sauvages ou barbares.

1. Calcédoine blonde scarabéoïdale, percée d'un trou de suspension. Haut., 18 mill. ; larg., 25 mill. Chabouillet, *Catalogue*, n° 1087.

PIERRE GRAVÉE PERSE [1].

CANTHARE DES CENTAURES
TRÉSOR DE BERNAY

LI.

CANTHARE DES CENTAURES

(TRÉSOR DE BERNAY[1])

Haut., 11 cent.; diam., 16 cent. (sans les anses).

Si l'on me proposait de choisir parmi les soixante-neuf vases, statuettes et ustensiles du trésor de *Canetonum*, ceux qui me plaisent davantage par la richesse et le goût de la décoration, mes préférences se porteraient sans hésiter sur la paire de canthares reproduits sur nos planches XIV et LI. Malgré leur forme lourde et trapue, qui rappelle la coupe en onyx des Ptolémées, il semble que le toreuticien se soit appliqué particulièrement à donner aux détails de son œuvre une délicatesse exquise, et un relief d'une hardiesse qui étonne les praticiens de nos jours. Le hasard enfin s'est mis de la partie, car cette *synthesis* de canthares bachiques est d'une conservation exceptionnelle et c'est à peine si quelques parcelles des reliefs ont souffert.

Pline[2] nous transmet la description de deux vases d'argent qui se faisaient pendant, comme les nôtres, ce qui caractérise bien le côté essentiellement décoratif de ce genre de monuments. Il parle d'une paire de scyphos en argent, œuvre de Zopyre, sur l'un desquels était représenté Oreste accusé devant ses juges, et sur l'autre Oreste absous. Comme on le voit, il y a, de même que sur nos canthares des Centaures, analogie des sujets, symétrie dans la composition. Le fameux vase Corsini, conservé au musée de Florence, est probablement une copie de l'œuvre de Zopyre[3].

Ce n'est donc pas sans de sérieuses raisons qu'on a conjecturé (voyez plus haut, p. 45) que les *canthares des Centaures* du trésor de Bernay pourraient, comme ceux de Pompéi[4], qui sont sortis du même atelier, être la copie des vases exécutés par Acragas, sur lesquels, au témoignage de Pline, cet habile artiste avait ciselé en relief des centaures et des bacchantes. Il faut pourtant se montrer prudent dans la voie des hypothèses de ce genre, car les artistes grecs qui se sont illustrés dans la ciselure des vases d'argent à sujets dionysiaques furent nombreux. Rappelez-vous la description que fait Athénée[5] des canthares bachiques qui furent portés dans la pompe triomphale de Ptolémée Philadelphe. Voici encore, au sujet d'une coupe bachique en argent, une ode d'Anacréon qui prouve combien ce genre de vases était prisé des anciens : « Vulcain, fonds cet argent : fais-en, non pas une armure complète, car quels

---
1. Chabouillet, *Catalogue*, n. 2808.
2. Plin., *Hist. nat.* XXXIII, 12, 55.
3. Winckelmann, *Monum. inéd.*, nᵒ 151 ; Michaelis, *Das Corsinische Silbergefäss*; V. Duruy, *Histoire grecque*, t. II, p. 256.
4. F. Lenormant et Robiou, *Chefs-d'œuvre de l'art antique* t. I, pl. 79 et 80.
5. Athen., *Deipn.*, V, 23 et 30.

charmes ont pour moi les combats, mais une coupe large et profonde. Ne représente sur ses parois ni la brûlante Canicule, ni le Chariot, ni le triste Orion. Qu'ai-je besoin des Pléiades et des étoiles du Bouvier? Grave tout autour des vignes, des grappes de raisin, l'Amour et Bathylle foulant la vendange avec le charmant Bacchus. »

Le nombre des artistes qui se sont appliqués à ciseler des vases d'argent, depuis l'époque d'Alexandre jusqu'au siècle des Antonins, est si considérable que, rien qu'à l'époque de Pompée, par exemple, Pline énumère, comme s'étant illustrés dans cet art, Pasitélès, Posidonius d'Éphèse, Hedystrachidès, Zopyre, Pythéas et Teucer. Ces artistes inventaient des œuvres originales ou imitaient celles de maîtres antérieurs; Zénodore copia une paire de coupes ciselées par Calamis, contemporain de Phidias, et Pline a soin d'ajouter qu'il était difficile de distinguer, à première vue, les originaux des copies. Cependant, les amateurs romains préféraient aux pastiches les œuvres authentiques des maîtres grecs, à tel point, dit Pline, « que des pièces tout usées par un long frottement, où l'on ne pouvait plus distinguer aucune figure, gardèrent une grande valeur; » Crassus l'orateur paye 100.000 sesterces une paire de vases ciselés de la main de Mentor, et il se gardait d'en faire usage par respect pour l'artiste et son œuvre; les coupes du jugement d'Oreste, par Zopyre, furent payées 1.200.000 sesterces. Qui donc, après de pareils exemples, oserait soutenir que les amateurs de nos jours se laissent entraîner à des folies en se disputant les objets d'art que nous a laissés l'antiquité? En vente publique, notre paire de canthares atteindrait-elle le prix que l'auraient payée les amateurs du siècle d'Auguste?

Nous voyons, sur les deux faces de celui qui est reproduit sur la planche LI, un chêne noueux et desséché qui étend ses branches au dessus de symboles et de personnages bachiques. D'un côté, il y a, au pied du chêne, un vaste *diota* doré, décoré de figures en relief : Castor et Pollux enlevant Hilaïra et Phébé, les filles de Leucippe. Plus loin, un cippe surmonté d'un Éros qui verse à boire à un monstre ailé, anguipède; une nymphe qui tient d'une main une tige de lotus et une patère, tandis que de l'autre main elle se presse le sein pour en faire jaillir le lait. Un centaure gigantesque forme le centre de la composition; accroupi comme un cheval qui se cabre, et les flancs couverts d'une nébride, il souffle avec force dans une trompe ou une double flûte qui a disparu. L'un de ses pieds est en ronde bosse et complètement détaché du fond. Devant lui, un Éros qui renverse une corbeille pleine de fruits, une panthère, un autre Éros qui, perché sur une amphore décorée d'un Triton, paraît jouer avec un paon.

Sur l'autre face, un abaque, comme sur la coupe des Ptolémées, est chargé des instruments du culte de Bacchus, rhytons, cratères, cymbales; les supports de la table sont formés de deux satyres jouant avec une Ménade. Au premier plan, et faisant pendant au centaure de l'autre face, la centauresse Hippa, nourrice de Bacchus, la poitrine et les flancs ornés de guirlandes de lierre; échevelée comme une Ménade en ivresse, elle détourne la tête dans un gracieux mouvement, tenant d'une main une outre presque vide, supportant de l'autre une corbeille dans laquelle un Éros prend des fruits à pleines mains.

L'inscription votive, au pointillé, est placée dans la zone lisse qui sépare les figures du pied du vase :

MERCVRIO AVGVSTO Q. DOMITIVS TVTVS EX VOTO.

Cabinet des Antiques   Pl. LII

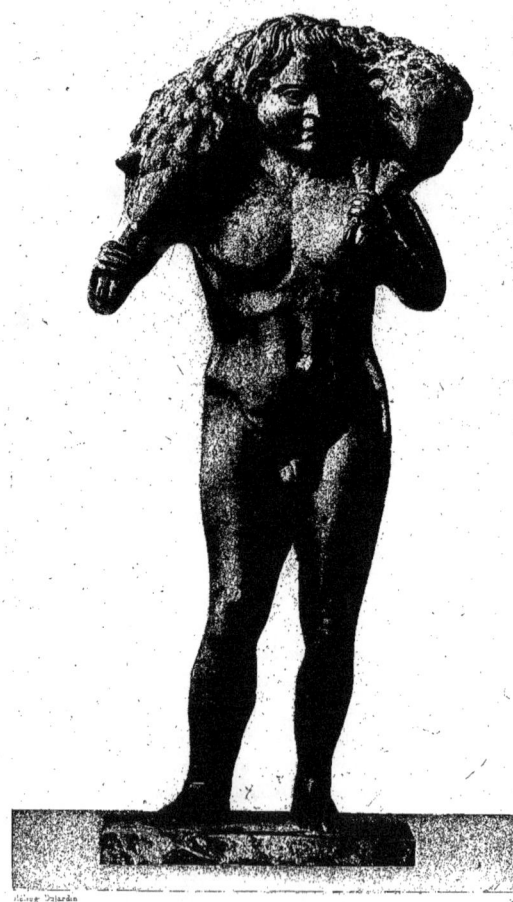

ENFANT CRIOPHORE
(COLL DE LUYNES)
A. Lévy, Editeur

LII.

ENFANT CRIOPHORE

BRONZE DE LA COLLECTION DE LUYNES

Haut., 54 cent.

l arrive si rarement que nous soyons renseignés avec précision sur la provenance des statuettes et autres monuments de petites dimensions conservés dans nos musées, que l'on me saura gré, je n'en doute pas, de reproduire ici, dans sa partie essentielle, un document qui est comme le procès-verbal de la découverte de l'*Enfant criophore* de la collection de Luynes. C'est la lettre par laquelle le fameux antiquaire de Beyrouth, Péretié, rend compte à Félix Lajard de la trouvaille de cette statuette remarquable par ses dimensions exceptionnelles. On verra, à la lecture de ces détails, combien il peut être important d'avoir la description du lieu de la découverte, et parfois même de connaître la position précise qu'occupaient les objets au moment où la pioche de l'ouvrier les a rendus à la lumière. Après avoir indiqué en peu de mots ce qu'est le village syrien de Rimat situé sur une montagne, à cinq heures de Saïda (Sidon), Péretié poursuit :

« Vers le commencement de 1849, en fouillant dans les ruines (situées sur le penchant de la colline où se trouvent des cavernes sépulcrales) pour extraire des matériaux qui devaient servir à bâtir le couvent de Rimat, on arracha plusieurs pierres de la clef d'une voûte qui formait la partie supérieure d'une grotte ou cavité arrondie dont les parois étaient revêtues d'une couche peu épaisse de chaux, mais très lisse et très régulièrement appliquée. On n'y apercevait aucune trace d'inscription. Cette cavité, qui ressemble par sa forme aux fours arabes, avait environ un mètre de largeur à sa base et un mètre et demi de profondeur. Au centre, était suspendue à une potence de fer une espèce de lustre de bronze, d'environ 6 décimètres de diamètre, sur autant de hauteur. Il était formé de deux cercles ou étages rattachés l'un à l'autre par des chaînes dont les extrémités pendaient au dessous du cercle inférieur. Dans des trous percés dans l'épaisseur de chaque cercle étaient implantées des espèces de clous de bronze, à tête énorme, convexe et surmontée d'une pointe de fer, qui devait servir à supporter le luminaire. Au dessous du centre du lustre était enchâssé, dans le ciment très dur qui formait le fond de la grotte ou cavité, un plateau également de bronze, sur lequel reposaient les pieds d'une statuette de bronze, d'environ 50 centimètres de hauteur. Cette statuette, d'un travail assez bon dans quelques parties, représente un enfant nu, portant sur ses épaules un bélier. Elle semble avoir été destinée à être appliquée contre un mur ; car, du sommet de la tête jusqu'au milieu des cuisses, elle est évidée par derrière. Elle portait sur la tête un petit plat de bronze orné seulement de cercles concentriques. En face de cette figure étaient placés à terre et appuyés contre la paroi intérieure de la grotte ou cavité, deux bustes de bronze, à tête radiée. L'un a 30 centimètres de hauteur ; l'autre, 8 centimètres seulement ; tous deux sont couronnés de douze rayons qui sortent de la chevelure. Le travail du plus grand de ces deux bustes est assez médiocre ; celui du plus petit est fort mauvais. De même que la statuette de l'enfant qui porte un bélier, le premier paraît avoir été fait pour être attaché à un mur ; c'est du moins ce que semblent indiquer clairement trois trous pratiqués dans la poitrine de ce buste et disposés en triangle. La conservation de ces deux bustes est parfaite ; mais il n'en est pas de même de la statuette ; les deux pieds ont été détachés et un seul a pu être retrouvé. Le bronze de cette figure est recouvert d'une fort belle patine. On a brisé la couche de ciment qui avait été placée sur le sol intérieur de la grotte, et on a enlevé le plateau de bronze, pour creuser au dessous, dans l'espoir de trouver là quelque chose d'intéressant ; mais cette recherche n'a rien produit. A environ deux mètres de la grotte ou cavité qui vient d'être décrite, il y avait à fleur de terre une grande pierre ronde, de plus de trois mètres de diamètre. Elle était plate, et à la surface, on voyait trois trous pratiqués au centre symétriquement [1]. »

De cette relation, il résulte que l'Enfant criophore de Luynes n'est point, comme l'on dit aujourd'hui, une œuvre de genre, un jeune pâtre portant un agneau ; c'est l'image d'un dieu pasteur, et elle a été trouvée dans le sanctuaire qui lui était consacré : elle était encore en place au moment de la découverte, posée sur un socle de bronze et faisant face à la porte de l'édicule ; ne pouvant être vue que de face, on s'explique que la partie postérieure, ainsi que le remarque Péretié, soit inachevée et échancrée depuis l'occiput jusqu'aux cuisses ; elle rappelle en cela les statues cypriotes qui, destinées à être appliquées contre les parois de la muraille sont, en général, à peine ébauchées sur leur face postérieure. Cette figure en demi-ronde bosse était accostée de deux autres statuettes secondaires, deux bustes de Hélios ou Baal-Semes, entrés aussi l'un et l'autre dans la collection de Luynes : le plus petit de ces bustes, la tête ornée de douze rayons symbolisant les douze mois, est représenté ci-après en cul de lampe. Je ne me rends qu'imparfaitement compte de l'appendice que Péretié signale sur la tête du Dieu : « un petit plat de bronze orné de cercles concentriques ». Cet attribut peut être un pétase disparu, et comme il n'existe pas, sur la tête de la statuette, la moindre trace d'arrachement ou de cassure, j'incline à croire que le petit plat de bronze en question était complètement indépendant de la figurine.

Quoi qu'il en soit, nous nous faisons une idée assez exacte du sanctuaire de notre jeune dieu porteur de bélier. C'était un édicule voûté rappelant par ses dimensions exiguës les sanctuaires phéniciens d'Amrith et d'Aïn-el-Hayat. Le temple proprement dit se développait comme une cour autour de cette sorte de Saint des saints ; il était en plein air et orné sur son pourtour d'un portique, s'il ressemblait, comme c'est probable, au type ordinaire des temples phéniciens [2].

---

[1]. Lettre de Péretié à Félix Lajard, dans l'*Archæologischer Anzeiger*, 1851, t. IX, p. 50-51.
[2]. E. Renan, *Mission de Phénicie* ; G. Perrot et Ch. Chipiez, *Hist. de l'art dans l'antiquité*, t. III, p. 241 et suiv.

Pouvons-nous donner un nom de divinité à ce jeune éphèbe dont la figure souriante rappellerait d'assez près les types d'Eros, d'Hermès, d'Adonis ou d'Apollon? La Phénicie est, à l'époque gréco-romaine, le centre du culte de Tammouz ou Adonis, et Virgile, dans l'une de ses Eclogues, considère le jeune amant d'Astarté comme un dieu pasteur :

Et formosus oves ad flumina pavit Adonis.

Mais l'absence d'attribut dans notre statuette ferme la voie à toute conjecture. Ni Alphonse Veyries, à qui l'on doit un mémoire développé sur les figures criophores dans l'art antique [1], ni M. Salomon Reinach, qui a écrit une intéressante notice sur le bronze de Rimat [2], ne se prononcent sur ce point. Les principales divinités criophores sont : Hermès, Apollon, Silène, Pan, Aristée, Attys, et les représentations qu'on en a, sont fort nombreuses depuis le vi^e siècle avant notre ère jusqu'à l'époque chrétienne. Veyries explique comme il suit la légende multiforme de tous ces dieux porteurs d'agneaux : « Dès qu'un dieu était plus particulièrement connu dans un pays de pasteurs, il devenait, pour ce seul motif, un dieu pastoral. Les bergers s'inquiétaient peu et eussent été fort embarrassés de faire un choix parmi les divinités : ils s'empressaient de consacrer leurs troupeaux à celle qui leur était la plus familière, à Apollon, quand le culte d'Apollon était déjà répandu dans le pays, à Hermès, quand Hermès leur était mieux connu : cela était d'autant plus naturel que tous les dieux, à l'origine, sont plus ou moins ἀλεξίκακοι. Puis ils supposaient que ce dieu, protecteur des bergers, avait été berger lui-même. On connaît la légende d'Apollon gardant les troupeaux du roi Admète; Hermès, lui aussi, avait mené la vie pastorale, coiffé de la κυνῆ ou πῖλος, bonnet en peau de chèvre des pâtres grecs. Quand il fallut représenter ces dieux pasteurs, on les représenta en costume de pâtre et on leur fit porter l'animal placé sous leur garde, précisément à la façon des pâtres, quand ils chargent une brebis blessée ou fatiguée sur leurs bras ou sur leurs épaules [3]. »

La plus célèbre des statues de divinités criophores était celle d'Hermès que Calamis avait sculptée pour la ville de Tanagra dans des circonstances rapportées par Pausanias : « Tanagra étant ravagée par la peste, Hermès fit cesser le fléau en portant un bélier sur ses épaules tout autour des murs de la ville. En mémoire de cet évènement, Calamis sculpta un Hermès criophore (porte-bélier). Aux fêtes de ce dieu, celui des éphèbes de la ville qui est jugé le plus beau, fait le tour des murs de Tanagra en portant un agneau sur ses épaules [4]. » Nous ne rapportons cette anecdote que parce que l'œuvre de Calamis fut, sans relâche, copiée, imitée, interprétée, jusqu'à l'époque chrétienne, dans la statuaire et la céramique comme sur les monnaies, et le bronze de Rimat, surtout s'il était coiffé du pétase, pourrait en être un lointain souvenir. Bien que la barbarie du style de notre statuette force à ne pas la classer avant le second siècle de notre ère, il est possible que l'artiste médiocre auquel on la doit se soit inspiré de la donnée mythologique que Calamis rendit populaire dans l'art gréco-romain. Son caractère

---

1. *Les figures criophores dans l'art grec, l'art gréco-romain et l'art chrétien* (39e fasc. de la *Bibliothèque des Ecoles françaises d'Athènes et de Rome*).
2. Dans la *Gazette archéologique* de 1885, p. 215 et pl. 25.
3. A. Veyries, *op. cit.*, p. 23-24.
4. Pausanias, IX, 22, 1.

— 190 —

religieux, dans tous les cas, ne permet pas d'y voir un simple sujet de genre à rapprocher des scènes pastorales décrites dans Virgile, ou, par exemple, de ces vers de Tibulle :

Non agnamve sinu pigeat fetumque capellæ
Desertum, oblitâ matre, referre domum.

Cette statuette, remarquable spécimen de l'art syrien à l'époque romaine, a été rapprochée justement, par F. Lajard, d'un bas-relief palmyrénien, du musée du Capitole, qui représente un enfant criophore sortant du feuillage d'un cyprès, et dans lequel on reconnaît Attys, le berger divin « pasteur des astres », dont le culte était, aussi bien que celui d'Adonis, répandu dans tout l'Orient [1]. Il convient de faire remarquer enfin que, dès l'époque contemporaine de notre bronze, les artistes chrétiens, s'inspirant de la parabole évangélique du Bon Pasteur, introduisirent dans les peintures des catacombes le type payen du dieu berger criophore, en le modifiant et l'interprétant suivant leur inspiration religieuse [2].

1. Publié dans les *Monumenti dell' Instit. arch. de Rome*, t. IV, 1847, pl. XXXVIII, n° 11, cf. Veyries, *op. cit.*, p. 50, n° 5 et p. 60.
2. Voyez l'étude récente de M. de Rossi, dans le *Bullettino comunale* de Rome, avril 1889.
3. Trouvé à Rimat avec l'*Enfant criophore* (voyez plus haut, p. 188). Haut., 80 millim.

HÉLIOS
Buste en bronze (coll. de Luynes) [3].

Cabinet des Antiques.   Pl. LIII

Imp. Dudas   Héliog. Dujardin

CAMÉES ANTIQUES

A. Lévy Editeur

LIII.

CAMÉES ANTIQUES

ICONOGRAPHIE ROMAINE

I.

UGUSTE ET AGRIPPA. — Tête laurée d'Auguste à droite; en face, tête d'Agrippa avec une couronne rostrale et murale. Marcus Vipsanius Agrippa mourut à l'âge de 51 ans en l'an 12 de notre ère; après la mort de Marcellus, en 23 avant J.-C., il avait épousé Julie, fille d'Auguste. Les monnaies associent souvent la tête d'Agrippa à celle d'Auguste; Agrippa, reconnaissable à la proéminence de sa mâchoire inférieure, à l'épaisseur de ses sourcils et au renfoncement de ses yeux, l'est surtout par la couronne ornée de tours et de proues de navires (*corona rostrata*) qui lui fut décernée, en l'an 36 avant notre ère, après ses victoires sur Sextus Pompée devant Mylae et Naulochus [1]. Plusieurs bustes en marbre, des monnaies, des camées et des pierres gravées nous ont conservé les traits d'Agrippa [2]. Le camée reproduit ici a été légué au Cabinet des Médailles par Henri Beck en 1846.

Sardonyx à trois couches. Haut., 34 mill.; larg., 48 mill. Monture moderne en or [3].

II.

TRAJAN [4]. — Buste de profil à droite, lauré et revêtu du paludamentum. L'iconographie de Trajan est considérable, même en dehors des monnaies, mais notre camée en est peut-être le monument le plus précieux et le plus achevé. Remarquons aussi la monture moderne dont il est entouré : pourrait-on en concevoir quelque autre d'un goût à la fois plus sobre et plus exquis? Ce liseré d'or émaillé et ces deux rubis modestes font ressortir l'éclat de la gemme sans trop attirer le regard. L'orfèvre du xviiie siècle qui a exécuté ce travail était un homme de goût qui a su résister à la tentation de mettre son œuvre en évidence au détriment du tableau qu'il avait à encadrer.

Le bord du camée est taillé en biseau. Sardonyx bleutée à trois couches. Haut., 83 mill.; larg., 50 mill.

1. E. Babelon, *Monnaies de la République romaine*, t. II, p. 554.
2. Bernoulli, *Römische Ikonographie*, t. I, p. 252 et suiv.
3. Chabouillet, *Catalogue*, n° 199.
4. Ch. Lenormant, *Trésor de numismatique. Iconographie romaine*, pl. XXVI, 1; Chabouillet, *Catalogue*, n° 240.

III.

Septime Sévère et Julia Domna, Caracalla et Geta. — Ce camée est remarquable par ses dimensions, la beauté de la gravure et le groupement des figures. Il est rare de rencontrer dans la glyptique antique des monuments qui représentent ainsi les membres de la famille impériale groupés dans un même tableau. A ce point de vue, il convient de rapprocher celui-ci du camée de la collection impériale de Vienne où l'on voit, ainsi conjugués deux à deux, les bustes de Claude et Messaline, en regard de ceux de Tibère et Livie [1]. Des monnaies d'or et d'argent offrent réunis les bustes de Septime Sévère, de Julia Domna, sa femme, et de leurs fils Caracalla et Geta, mais les effigies sont disposées autrement que sur notre camée : tandis que Septime Sévère figure seul sur la face des médailles, Julia Domna est au revers, de face, entre ses deux enfants de profil [2]. Le camée nous représente le premier empereur africain, avec la couronne radiée du Soleil, vêtu du paludamentum et de la cuirasse; Julia Domna est diadémée et voilée en Junon. Caracalla, lauré, porte l'égide sur la poitrine. Son frère n'a pas la couronne de laurier, ce qui indique que le camée a été sculpté avant que Géta eût été élevé à la dignité d'Auguste, tandis que son frère aîné l'était déjà. D'après cette indication, on doit fixer la date de notre pierre entre les années 198 et 209 de notre ère [3].

Sardonyx bleutée à trois couches. Haut., 61 mill.; larg., 101 mill. Monture en or émaillé blanc.

1. Ch. Lenormant, *Trésor de numismatique. Iconographie romaine*, pl. xv.
2. H. Cohen, *Description des monnaies frappées sous l'empire romain*, t. IV, p. 99 et 100 (2ᵉ édit.).
3. Ch. Lenormant, *Trésor de Numismatique. Iconographie romaine*, pl. xlii, 1. Chabouillet, *Catalogue*, nº 249.
4. Cinq pendants d'un collier étrusque en or; trois de ces pendants ont la forme de bulles rondes aplaties, décorées de rosaces et de cercles concentriques; les deux autres sont de petites amphores sans anses, ornées de filigranes. Une statuette d'Apollon en bronze, qui porte sur la jambe une inscription étrusque (Chabouillet, *Catalogue*, nº 2939), est figurée avec un collier au cou, composé de cinq pendants qui ont la même forme que ceux-ci. (*Catalogue*, nº 2544; E. Fontenay, *Les bijoux anciens et modernes*, p. 161.)

COLLIER ÉTRUSQUE EN OR [4].

ÉPÉE MAURESQUE DITE DE BOABDIL
COLLECTION DE LUYNES
A. Lévy Éditeur

LIV.

ÉPÉE MAURESQUE

DITE ÉPÉE DE BOABDIL

DE LA COLLECTION DE LUYNES

N regard de l'*Épée de la religion*, arme de parade des grands maîtres de Malte [1], il est intéressant de placer l'une des plus belles épées qui aient combattu pour l'islamisme, et d'opposer à un chef-d'œuvre d'orfèvrerie d'origine chrétienne, une des merveilles de l'orfèvrerie arabe. Ce glaive mauresque, dont la poignée est en argent massif recouvert d'émaux et de filigranes d'or, fut remarqué au commencement de ce siècle, à Grenade, par Alexandre de Laborde qui le publia en 1812, en le qualifiant : « Sabre du dernier roi maure de Grenade [2]. » Le prince musulman auquel il est ainsi fait allusion est Abou Abdallah el Zaquir, appelé vulgairement Boabdil, *el rey chico*, qui fut détrôné par Ferdinand et Isabelle en 1492. Mais la tradition qui attribue notre épée à Boabdil ne mérite pas grande créance, car le nom de ce prince ne se trouve pas dans les inscriptions qui décorent la poignée du glaive ou son fourreau, et l'on connaît quelques autres armes du même style et d'une égale richesse qui pourraient, tout aussi légitimement que celle-ci, revendiquer l'honneur d'avoir flamboyé dans la main du dernier défenseur de l'islamisme en Espagne.

L'une de ces épées, rivales de celle-ci, est à la *Real Armeria* de Madrid, et dans le catalogue de ce musée elle est attribuée à Boabdil [3]; une autre, qui appartient au marquis de Campotejar, est conservée à Grenade, dans la *casa de los Tiros* [4]. Une quatrième est dans la collection des marquis de Villaseca, à Madrid [5], avec un poignard d'un travail analogue, et muni, lui aussi, d'un fourreau décoré de broderies en fils d'argent. De toutes ces armes anonymes, les seules qui aient, en bonne critique, quelque chance d'avoir appartenu à Boabdil, sont celles de Villaseca; les marquis de Villaseca sont les descendants de Fernand de Cordoue, et si l'on s'en rapporte à leurs souvenirs de famille, l'épée et le poignard

---

1. Voyez plus haut, planche II.
2. Alex. de Laborde, *Voyage pittoresque et historique de l'Espagne* (Didot, 1812, gr. in-f°), t. II, p. 20 et pl. XLI.
3. *Catalogo de la real Armeria*, par D. Joaquin Fernandez de Cordoba et D. Gabriel Campuzano y Herrera (Madrid, 1854, in-8), p. 66, n° 1598 : « Espada llamada de Boabdil; el arriaz lo terminan dos cabezas de elefantes; tiene lecturas àrabes poco inteligibles. »
4. Ch. Davillier, *Recherches sur l'orfèvrerie en Espagne*, p. 25.
5. L'épée Villaseca est reproduite par Davillier, *op. cit.*, p. 22, et par M. Henri Lavoix, dans la *Gazette des Beaux-Arts*, juill.-déc., 1878, p. 784.

dont il vient d'être parlé, auraient été remis à Fernand de Cordoue quand cet illustre guerrier fit prisonnier Boabdil, le 24 avril 1483. Quoi qu'il en soit de cette tradition, si l'épée de la collection de Luynes ne saurait, faute de preuves, être attribuée à Boabdil, elle n'en représente pas moins à nos yeux l'orfèvrerie mauresque du xv⁰ siècle; elle est un des plus remarquables de ces bijoux, *joyas moriscas*, qui ont fait dire de l'Arabe qu'il fut « un ouvrier si délicat et si fin que ses travaux sont restés inimitables [1] ». Si le luxe d'orfèvrerie des khalifes d'Espagne est resté légendaire, c'est surtout par la passion des armes de prix qu'il se manifestait. Qu'on était loin alors de la rudesse et de la pauvreté farouche des premiers lieutenants du prophète! le raffinement et la recherche du détail dans l'art faisaient cortège à la mollesse de la vie et à la corruption des mœurs : les casques, les cuirasses, les boucliers, les lances et les épées de ces soldats parfumés étaient incrustés d'or, d'émaux et de pierreries. Mohamed IV avait une lance enrichie de gemmes et de filigranes d'or; des armes couvertes d'émaux figuraient au nombre des présents offerts en 1454, par Mohamed-Aben-Ozmin, aux rois chrétiens de l'Espagne, et celles que Boabdil donna, quelques années plus tard, à Ferdinand le Catholique, n'étaient ni moins riches, ni moins remarquables : c'étaient bien là les armes qui convenaient à ces Orientaux, dont les pieds délicats étaient à demi chaussés de babouches brodées d'or et de soie. Les orfèvres qui dessinaient et ciselaient, sur ces armes tant prisées, ces fines torsades, ces élégants fleurons, ces écussons, ces grandes lettres ornées, ces filigranes d'or, étaient les dignes émules des architectes, des sculpteurs et des ornemanistes de la mosquée de Cordoue et de l'Alhambra, ces grandioses monuments dont les murailles, les portes, les colonnes étaient incrustées de lames d'or et d'argent, de pierres précieuses, de plaques d'ivoire et d'ébène, fixées avec des clous d'or.

Tel est, en peu de mots, le grand mouvement artistique et industriel dans lequel doit prendre place l'épée de la collection de Luynes. En la comparant aux armes du même genre, Ch. Davillier l'a appréciée et décrite en termes excellents [2] : « Elle est, dit-il, à peu près de la même époque et de la même forme que celle de Villaseca, et elle peut être citée comme un des monuments les plus élégants de l'orfèvrerie moresque. La poignée et le fourreau sont ornés à profusion d'inscriptions arabes, d'écussons et d'arabesques d'une finesse extraordinaire. Les émaux, plus variés que dans l'épée précédente, sont le bleu turquoise, le blanc, le noir, le vert et l'incarnat; ces deux derniers sont translucides. Tous ces émaux sont cloisonnés sur fond d'argent. Le pommeau, la fusée, très courte, suivant l'usage oriental, en sont couverts, ainsi que la croisée, recourbée vers la lame en forme de trompe d'éléphant, et qui est ornée en outre de travaux de filigrane d'argent doré très délicats. Les différentes parties du fourreau ne sont pas moins riches : la chape, les anneaux et la bouterolle également d'argent doré, sont ornés de plusieurs écussons renfermant des inscriptions en émail blanc sur fond noir, comme celles de la poignée. Le cuir est orné d'une élégante broderie en fils d'argent qui

---

1. H. Lavoix, dans la *Gazette des Beaux Arts*, juill.-déc. 1878, p. 770.
2. Voyez Gayangos, *Mohammedan dynasties*, t. I, p. 94; *Magasin pittoresque*, t. XXI, p. 243 et 282; Ch. de Linas, *Les origines de l'orfèvrerie cloisonnée*, t. I, p. 253.

est presque de l'orfèvrerie, et dont le travail rappelle beaucoup celui de la belle aumônière du musée de Dijon exposée en 1878 dans une des salles du Trocadéro [1]. » Aujourd'hui encore, nous disent les voyageurs, on travaille, à Malaga et à Cordoue, le filigrane suivant les anciennes traditions arabes qu'ont perpétuées dans le pays les *Moriscos* autorisés à y demeurer après la prise de Grenade par Ferdinand et Isabelle.

Il paraît que les inscriptions en émail blanc qui figurent sur les écussons de la poignée et du fourreau sont à peu près indéchiffrables, de même que les lettres en fils d'argent doré qui s'enchevêtrent et dessinent des *arabesques* tout le long du fourreau en *cuir de Cordoue*. M. H. Lavoix a pourtant réussi à déchiffrer à la fois sur cette gaîne de maroquin, sur les viroles et sur les écussons, une formule banale : « Il n'y a de vainqueur que Dieu » : c'était la devise des rois maures de Grenade. On peut, sans crainte de se tromper, affirmer que tout le reste de ces lettres incrustées et filigranées, contournées avec une élégance digne de la calligraphie du moyen-âge et dont l'art arabe a seul connu le secret, se résoudraient en phrases du Coran analogues à celle-là.

La lame de l'épée est droite, mince, plate et sans autre ornement que deux cannelures vers la poignée et la marque du fabricant, un *perillo*, « petit chien. » C'est, nous apprend le catalogue de l'*Armeria* [2], la marque adoptée par le célèbre *espadero* Julian del Rey, surnommé *el Moro*, qui travailla pour le roi Boabdil. Julian del Rey, après l'expulsion des Maures, se fit chrétien et eut pour parrain Ferdinand le Catholique. Il travailla à Saragosse et l'on a des armes chrétiennes qui portent sa marque du *perillo*. Je ne sais sur quels documents s'appuient ces renseignements si précis, mais je crains bien qu'ils soient mêlés de légendes. Ce Julian del Rey, qui serait l'auteur de notre épée, l'aurait ciselée pendant qu'il était encore musulman, et, dans ce cas, comment expliquer la marque du petit chien, si contraire aux usages arabes et aux prescriptions du Coran? Aussi, après un examen attentif, je crois pouvoir avancer l'opinion que la lame de notre épée a été remplacée et que celle que nous avons aujourd'hui avec la marque du *perillo*, n'est pas la lame arabe originelle. Et, en effet, observez attentivement le bout de la poignée, vous reconnaîtrez que la soie y a été grossièrement rivée au marteau par un ouvrier qui ne se doutait pas que son travail détériorait une œuvre d'art du plus haut prix. A la poignée arabe, il a adapté une lame d'origine chrétienne et marquée du *perillo*, lame qui a pu, je n'y contredis pas, sortir des mains de Julian del Rey; la marque du *perillo* se trouve sur d'autres lames qui n'ont rien de mauresque, et qui contribuent dignement à soutenir, par leur trempe excellente, la réputation des « lames de Tolède » [3]. La comparaison de l'épée de Luynes avec les autres glaives mauresques du même style ne fait que confirmer notre induction : elle permet en effet de constater que la poignée devait être plus longue de cinq à six millimètres, et se terminer non point par un écrasement qui forme une scission plate, mais par une calotte hémisphérique, ciselée et émaillée comme tout le reste de la poignée.

1. Ch. Davillier, *Recherches sur l'orfèvrerie en Espagne*, p. 25.
2. Catalogue de l'*Armeria* de Madrid, cité plus haut, p. 117; voyez aussi E. de Beaumont, *La fleur des belles épées*.
3. Voyez notamment l'épée décrite sous le n° 75 du catalogue de l'*Armeria* cité plus haut, et aussi le n° 59 de la pl. x.

Le duc de Luynes eut la bonne fortune d'acquérir pour une somme relativement fort minime (2.500 francs) l'épée qu'Alexandre de Laborde avait signalée dans son voyage à Grenade. Mais le prix de vente d'un objet d'art, les amateurs le savent bien, n'est pas toujours en rapport avec son importance, et le duc de Luynes regardait son glaive mauresque comme l'un de ses joyaux les plus précieux. Ce fut de cette belle arme qu'il se détacha avec le plus de regret, le jour où il offrit à son pays tous les monuments qu'il avait réunis avec passion et au milieu desquels il avait coulé les plus douces heures de son existence. Voulant conserver un souvenir des richesses artistiques dont il se dépouillait avec une libéralité princière, il choisit l'épée de Boabdil, ne pouvant se résigner à l'abandonner. Mais bientôt, un remords saisit cet homme de bien, le remords de n'avoir pas eu le courage d'être généreux jusqu'au bout. Un jour, raconte un de ses biographes, on vint l'avertir officiellement que la salle dans laquelle on a rangé ses collections était enfin aménagée, et on le priait de venir donner son approbation à cette installation modeste avant d'y laisser pénétrer le public. Le duc se rendit pour cette circonstance au Cabinet des Médailles, le 11 octobre 1865; en abordant le conservateur, il lui tendit l'épée de Boabdil en lui disant : « Monsieur, je vous rends les armes [1]. »

1. Huillard-Bréholles, *Notice sur le duc de Luynes*, p. 119.
2. Pour l'explication du type de ce médaillon romain de bronze, voyez plus loin, page 198.

MÉDAILLON (AGRANDI) DE LUCILLA, FEMME DE LUCIUS VERUS [2].

EROS
STATUETTE DE BRONZE

LV.

ÉROS FUYANT

STATUETTE DE BRONZE

Haut., 22 cent.

IEN de plus répandu dans l'antiquité figurée que les représentations d'Éros. Outre le culte dont le dieu de l'amour était personnellement honoré, et les sujets de genre dont il forme le principal et le plus gracieux élément, il est constamment associé, dans l'art comme dans la mythologie, à Aphrodite, à Dionysos, à Héraclès. Il n'y a point de catégorie de monuments anciens d'où soient bannis les Amours, et leurs attitudes sont si capricieuses et si variées qu'en entreprendre l'analyse serait presque impossible. En décrivant un tableau qui représentait une troupe d'Amours faisant la récolte des pommes, Philostrate l'Ancien dit au spectateur : « Ne sois pas surpris de leur nombre, car ces enfants des Nymphes qui gouvernent toute la race mortelle sont innombrables en raison des innombrables désirs de l'homme .» Aux derniers jours de l'antiquité, Claudien, célébrant les noces d'Honorius et décrivant pour la circonstance, dans des vers ampoulés, le séjour de Vénus à Cypre, dit en parlant des Éros fils des Nymphes :

Mille pharetrati ludunt in margine fratres
Ore pares, similes habitu, gens mollis Amorum ².

Lors donc que nous nous trouvons en présence d'une représentation isolée d'un enfant ailé, et que cette image ne nous est pas parvenue dans le milieu qui l'expliquait, nous sommes obligés, le plus souvent, en raison de cette multiplicité prodigieuse, de rester dans le vague et l'indéfini au sujet de cette figure, de sa portée mythologique ou allégorique, de son interprétation archéologique, de l'école artistique à laquelle on doit la rattacher. Parfois, cependant, certains indices nous viennent en aide et nous tirent d'embarras. C'est ainsi, par exemple, que si Pline dit assez vaguement que Praxitèle avait exécuté pour la ville de Parium une statue d'Éros, les monnaies de cette ville nous font connaître la pose et les attributs de cet Éros, et, par là, il a été possible de déterminer, parmi les marbres et les terres cuites de nos musées, les monuments qui reproduisent l'œuvre de Praxitèle ³.

N'y aurait-il pas lieu de réclamer aussi le secours de la numismatique pour l'explication de la remarquable figurine de bronze reproduite en réduction sur notre planche 55 ⁴. Cet Éros détourne la

---
1. Bougot, *Philostrate l'Ancien*, p. 221.
2. Claudian., *De nuptiis Honorii*, vers 94 et 95.
3. Bursian, *De Cupidine Praxitelis Pariano*; Rigganer, *Eros auf Münzen*, dans la *Zeitschrift für Numismatik*, t. VIII, p. 71 ; Percy Gardner, *A statuette of Eros*, dans le *Journal of hellenic studies*, 1883.
4. Clarac, *Mus. de sculpt.*, pl. DCLXVI E, nº 1469 c. Chabouillet, *Catalogue* nº 2986.

tête dans un sens opposé au mouvement du corps, bien que les doigts soient mutilés, on peut constater qu'il n'avait certainement dans les mains aucun attribut, de sorte que nous ne saurions songer à un Éros prenant son essor après avoir lancé un trait avec son arc, ou à un Éros qui monte dans un char [1]. Il paraît plutôt fuir; son geste et l'expression de son visage trahissent sinon la peur, du moins une certaine inquiétude. Il n'a rien de la grâce enjouée de ces Éros rieurs qui folâtrent autour d'Aphrodite, de Dionysos ou d'Héraclès, ou de ces petits Amours sans prétention symbolique, comme ceux qu'on vendait aux passants dans les carrefours de Pompéi. Parmi les médaillons romains à l'effigie d'Annia Lucilla, fille de Marc Aurèle et femme de Lucius Verus, il en est un, reproduit ci-dessus (p. 196), sur lequel on voit, comme figure secondaire, un Éros sur un cippe, qui a exactement l'attitude de notre statuette. Malheureusement la scène que représente le type de ce médaillon n'a pas encore été clairement expliquée. Les uns, comme Vaillant, Mazzoleni, Ott. Muller, F. Lenormant, y reconnaissent une scène de lustration dont les enfants de Lucille sont l'objet; d'autres, comme Millin, Otto Jahn, Ch. Lenormant et M. Frœhner, proposent d'y voir Vénus jouant avec des Amours dans un jardin, au bord d'un lac [2]. Le rapprochement si heureux que l'on a fait du type de ce médaillon avec des peintures murales trouvées à Rome en 1777, n'a pas fait avancer la question d'un pas [3], et l'on ne peut rien conclure, non plus, d'un type analogue sur un médaillon de Faustine, la mère de Lucille [4].

Toutefois, cette reproduction, avec des variantes, de la même scène sur deux médaillons et sur des peintures murales, nous porterait assez volontiers à admettre la cérémonie de la lustration plutôt qu'un jeu banal de Vénus avec les Amours. La peste qui sévit à Rome à plusieurs reprises et emporta presque tous les enfants de Faustine et de Lucille, ainsi que Marc Aurèle et Vérus eux-mêmes, est aussi un argument à invoquer pour croire que nous sommes en présence de quelque cérémonie magique ou d'ablutions destinées à préserver les enfants survivants, comme Achille était devenu invulnérable en se baignant dans le Styx. L'absence de renseignements bien positifs sur les malheurs domestiques de Lucille et de Faustine ne permet pas de formuler autre chose qu'une hypothèse vraisemblable, et le rapprochement que nous avons tenté entre la statuette de bronze et l'un des Éros du médaillon de Lucille, ne fait donc que piquer notre curiosité sans la satisfaire. Nous remarquerons encore que le visage joufflu de notre Éros a une certaine analogie avec les types des médailles ou les bustes qui reproduisent les traits d'Annius Verus, le jeune et infortuné fils de Marc Aurèle.

1. Comparez, par exemple, Clarac, *Musée de sculpt.*, pl. CXC, n° 217; et l'art. *Éros* (M. Collignon), dans le *Dict. des ant. gr. et rom.* de Saglio, p. 1609.
2. Vaillant, *Antiqua numismata ab abbate de Camps collecta*, in f° 1737, p. 42; Alb. Mazzolenus, *In numismata aerea selectiora maximi moduli e museo Pisano olim Corrario commentarii*, in f° 1740, p. 72-73 et pl. XXV; Millin, *Galerie mythologique*, pl. LXXXII, 194; O. Jahn, *Archaeol. Beiträge*, p. 213, note; O. Muller, *Manuel d'archéologie*, trad. P. Nicard, § 212; F. Lenormant, *La monnaie dans l'antiquité*, t. I, p. 44; Ch. Lenormant, *Trésor de numism. Iconogr. romaine*, p. 69, n° 10 (description fantaisiste); W. Frœhner, *Les médaillons romains*, p. 95; H. Cohen, *Monn. Impériales* (2e édit.) t. III, p. 223, n° 105.
3. C. Buti, *Parietinas picturas inter Esquilinum et Viminalem collem superiori anno detectas in ruderibus privatae domús, in tabulis expressas*, Rome, 1778; Winckelmann, *Histoire de l'art*, trad. franç. éd. Jansen, t. II, p. 123 et t. III, p. 337; Muller et Wieseler, *Denkmaeler der alten Kunst*, pl. LXXIV, n° 427; voir aussi d'autres peintures trouvées à Pompéi, Minervini, dans le *Bull. arch. Napolitano* du 1er avril 1848 (n° XCIV), p. 42.
4. Herbert A. Grueber, *Roman medaillons in the British Museum* (Londres, 1874), pl. XXIV, n° 1.

Cabinet des Antiques

Pl. LVI.

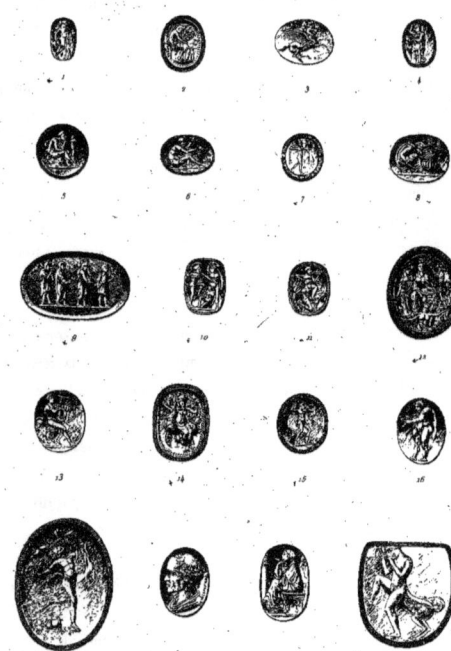

INTAILLES ANTIQUES

A Lévy Éditeur

LVI.

INTAILLES ANTIQUES

I.

HÉRACLÈS A LA FONTAINE. — Le nom du dieu, inscrit en caractères étrusques,  dans le champ de la pierre, ne permet pas d'hésiter à reconnaître Héraclès dans ce personnage imberbe, qui s'avance vers une source. Héraclès est rarement représenté sous cet aspect juvénile; il a la peau de lion nouée autour du cou et ramenée sur le bras gauche; son arc est à terre derrière lui; d'une main il s'appuie sur sa massue tandis que de l'autre il tient le scyphos qu'il va remplir à la fontaine dont l'orifice en gueule de lion laisse échapper un filet d'eau. Je ne connais pas, dans le mythe d'Hercule, de circonstance à laquelle se rapporte cette scène que les mille anecdotes d'Hercule grand buveur sont insuffisantes à expliquer. Nous rapprocherions volontiers cette pierre gravée de celle que nous avons commentée plus haut et qui représente Castor puisant de l'eau à la fontaine des Bébryces¹; l'analogie du sujet et le caractère juvénile du personnage nous portent à supposer que le graveur à qui l'on doit cette intaille étrusque a volontairement mêlé la légende d'Héraclès à celle de Castor.

Agate rubanée. Haut. 12 mill. Larg. 9 mill. Monture moderne en or. Collection de Luynes.

II.

JEUNE HOMME CALCULANT AVEC UN ABAQUE². — Le *calculator*, imberbe, à demi nu et drapé dans sa chlamyde, est assis devant une table à trois pieds sur laquelle il paraît compter avec des billes (*calculi*). De la main gauche il tient l'abaque; c'est une tablette rectangulaire, ornée d'un cadre, et sur laquelle sont disposés, sur deux rangs, des caractères extrêmement ténus, que je crois pouvoir lire :

---

1. Voyez plus haut, p. 21 et pl. v, n° 20.
2. Chabouillet, *Catalogue*, n° 1898; B. Hase, *Léon Diacre*, vign. à la p. xxi; *Dict. des antiq. gr. et rom.* de Daremberg et Saglio, v° *Abacus*; *Civiltà cattolica di Roma*, 1853, sér. II, vol. IV, p. 436; Fabretti, *Corpus inscr. italicarum*, n° 2578 *ter* et pl. XLIV.

Ce sont là probablement des notations numérales, car en grec, on sait que le signe Ϝ vaut 5.000. Notre lecture diffère un peu de celle qui a été proposée par Fabretti. Dans le champ, il y a aussi un mot en lettres très fines, qu'on a lu ΑΓΕCΑΡ; une observation attentive, à la loupe, nous permet d'affirmer qu'il y a ΑИCΑΡ. Est-ce là le nom du mathématicien qui est représenté absorbé dans ses calculs? c'est probable, car ce ne saurait être un nom de divinité ou de héros. Le nom étrusque latinisé *Ancarius* ou *Ancharius* fut porté à Rome, vers la fin de la République, par divers personnages qui occupèrent des charges importantes, mais aucun d'eux ne paraît s'être signalé comme émule d'Archimède ou de Pythagore.

Cornaline (avec une fêlure). Haut. 13 mill. Larg. 9 mill.

III.

BELLÉROPHON SUR PÉGASE[1]. — Le héros, nu et casqué, est armé de la lance avec laquelle il s'apprête à transpercer la Chimère; mais le monstre n'est pas représenté. Sous le Pégase on lit les lettres ΕΠΙ qui paraissent être les initiales du nom d'Epitynchanus, l'habile artiste contemporain d'Auguste qui grava le buste de Faune reproduit sur notre planche v, n° 9. Notre pièce gravée est digne, au point de vue artistique, de figurer à côté du Faune; elle est d'un travail remarquable et les lettres de l'inscription paraissent bien antiques. Une intaille de l'ancienne collection Louis Fould porte le même sujet, mais au lieu de ΕΠΙ on lit, sous le Pégase, les lettres ΑΠΙC, probablement gravées par une main moderne. Des monnaies de Corinthe ont aussi pour type Bellérophon monté sur Pégase galopant.

Cornaline. Haut. 12 mill. Larg. 16 mill.

IV.

AMAZONE. — Pline raconte que lorsque les Ephésiens voulurent consacrer, dans le temple d'Artémis, une statue d'Amazone, ils firent appel simultanément au talent de plusieurs artistes en renom, et parmi les sculpteurs qui prirent part au concours, il cite Polyclète, Phidias, Crésilas et Phradmon. Le prix fut décerné à Polyclète, et Phidias ne vint qu'au second rang. Parmi les nombreuses statues d'Amazones que possèdent nos musées, et dont M. Michaelis a donné récemment la liste complète, il en est, sans doute, qui sont des répliques des différents chefs d'œuvre qui figurèrent au concours d'Éphèse, mais toutes les conjectures qu'on a tentées pour distinguer les copies des Amazones de Polyclète, de Phidias ou de leurs concurrents, sont restées à peu près vaines. Il ne faut pas oublier, non plus, que d'autres artistes, comme Strongylion, sculptèrent des Amazones célèbres, bien qu'ils fussent demeurés étrangers à la joute artistique d'Éphèse. Les principales statues d'Amazones que nous possédons, sont celles du musée de Berlin, du musée du Louvre, de la villa Mattei au Vatican, et celle qui est signée de Sosiclès, au musée du Capitole. Elles ne diffèrent entre elles, en dehors des restaurations

---

1. Chabouillet, *Catalogue des Camées*, etc., n° 1797.

maladroites qu'on leur a fait subir, que par des détails dans la pose générale et le mouvement des draperies; toutes représentent une Amazone debout, vêtue d'un court chiton serré à la taille par une ceinture et levant un bras, soit pour poser la main sur sa tête et exprimer la douleur, soit pour s'appuyer sur une longue lance. Notre pierre gravée, comme on le voit, se rattache directement à cette donnée générale, et bien qu'elle soit d'un style médiocre et de l'époque romaine, elle pourrait servir de pièce justificative dans la restauration scientifique de plusieurs des statues d'Amazones. C'est dans ce but que je l'avais signalée, jadis, au regretté A. Kluegmann qui a su habilement en tirer parti dans une savante étude, aujourd'hui dépassée par celle de M. Michaelis[2]. Tout le monde s'accorde à la rattacher au type de la statue de Sosiclès du musée Capitolin. Sans vouloir prétendre que notre pierre gravée reproduit le type de l'Amazone de Polyclète, je ferai cependant remarquer que, comme plusieurs des statues d'Amazones, elle a le mouvement des jambes créé dans l'art par Polyclète, que nous avons déjà signalé dans nos répliques du Doryphore et du Diadumène. Sur une pierre gravée du musée de Florence, une Amazone s'appuie aussi sur sa lance dans un pareil mouvement, seulement elle est vue de face, tandis que notre Amazone se présente de profil.

Sardoine à deux couches. Haut. 14 mill., larg. 10 mill.

V.

SATYRE EN MÉDITATION [3]. — Il est imberbe et nu, sa pardalide retombant sur le rocher sur lequel il est assis. Le menton appuyé sur la main, il paraît rêveur en présence d'un hermès de Pan ithyphallique; à terre, au pied de l'hermès, deux flûtes. Le style de cette pierre est remarquable; le modelé du corps du satyre rappelle les statues de Lysippe. Le sujet est à rapprocher d'une autre intaille du Cabinet des Médailles qui représente un satyre dans la même attitude, en présence d'une statue de Pallas élevée sur une colonne [4]. Enfin, deux autres pierres analogues, mais d'une authenticité douteuse, se trouvent, l'une au Musée britannique (signée de Nicomachos) et l'autre dans l'ancienne collection du duc de Marlborough [5].

Sardoine. Haut. 12 mill.

VI.

ASCALAPHE [6]. — Ascalaphe, fils d'Achéron et de Gorgyre, suivant les uns, d'Achéron et d'Orphné, suivant d'autres, est mêlé au mythe de l'enlèvement de Perséphone. Après que Perséphone eut été emportée aux enfers par Pluton, Zeus promit à Demeter que sa fille retournerait sur la terre, s'il

---

1. Chabouillet, *Catalogue de la collection Louis Fould*, p. 47, n° 1042.
2. A. Kluegmann, *Die Amazonen in attischer Literatur und Kunst*; voyez aussi Baumeister, *Denkmäler*, v° *Polyclète*, p. 1350; Roscher *Ausführ. Lexicon*, v° *Amazonen*, et surtout l'étude développée de M. Michaelis, *Die sogenannten ephesischen Amazonenstatuen* dans le *Iahrbuch des K. D. arch. Instituts*, t. I, 1886, p. 24 et suiv.
3. Chabouillet, *Catalogue*, n° 1677; Muller et Wieseler, *Denkmäler*, t. II, pl. XL, n° 468.
4. Chabouillet, *Catalogue*, n° 1658.
5. *A Catalogue of engraved Gems in the British Museum*, n° 1036 (Londres, 1888, in-12); cf. Stosch, *Gemmæ antiquæ cælatæ*, pl. XLIV.
6. Chabouillet, *Catalogue*, n° 1713; cf. Welker, *Alte Denkmäler*, 3° part., pl. XXVII.

était prouvé que, conformément à sa promesse, elle n'avait mangé quoi que ce fût depuis son entrée au séjour des morts. Mais Ascalaphe affirma avoir vu Perséphone manger six pépins d'une grenade qu'elle avait cueillie dans les jardins de Pluton. La décision du maître des dieux fut modifiée en conséquence, et Perséphone condamnée à retourner six mois seulement chaque année parmi les vivants. Notre pierre gravée montre Ascalaphe assis devant le masque funèbre de Perséphone; il tend d'une main la grenade accusatrice, tandis que, levant l'autre main, il fait serment qu'il n'est point un imposteur et que ses paroles sont l'expression de la vérité. La légende ajoute que Demeter irritée métamorphosa Ascalaphe en hibou ou en lézard pour le punir d'avoir dénoncé sa fille. La ressemblance du nom d'Ascalaphe avec ἀσκάλαβος, lézard, et ἀσκάλαφος, hibou, a évidemment donné naissance à cette double forme du mythe.

Cornaline. Haut. 11 mill., larg. 14 mill. Monture moderne en bague.

VII.

ATHLÈTE. — Il s'avance, le bras vigoureusement tendu en avant, tandis qu'il porte l'autre main derrière sa tête. Dans le champ, on lit le nom ΑΥΛΟC. Cet athlète paraît s'exercer à assouplir ses membres vigoureux plutôt que s'apprêter à lancer le disque; il gesticule avant de se livrer au pugilat ou à quelqu'autre combat : il est χειρονόμος ou σκιαμαχῶν. Une pierre gravée du musée de Berlin représente un Eros s'exerçant aux mêmes mouvements [1]. On peut aussi comparer à notre athlète une statue d'Apollon du musée de Berlin [2], ainsi que le type de diverses monnaies grecques qui représentent des divinités ou des athlètes dans une attitude à peu près pareille, comme Poseidon sur des monnaies de Posidonia, et le frondeur sur les monnaies d'Aspendus ou des Aenianes de Thessalie. Son torse et ses jambes rappellent notre satyre dansant [3]. Quant à l'inscription ΑΥΛΟC, elle a été ajoutée à une époque postérieure, comme sur un grand nombre d'autres pierres gravées [4]. En admettant que quelques-unes de ces signatures remontent à l'antiquité, comme le croit Brunn, mais ce que nie M. Furtwaengler, elles représentent le nom de l'artiste plutôt que celui du possesseur du cachet.

Cornaline. Haut. 11 mill., larg. 9 mill. Monture moderne en bague. Collection de Luynes.

VIII.

SCULPTEUR. — Il est représenté assis à terre, drapé dans sa chlamyde; d'une main il tient son maillet baissé, tandis qu'il appuie son burin sur un grand cratère dont il est occupé à creuser les cannelures torses; un olivier ombrage la scène. Cette pierre gravée a été souvent publiée [5], mais c'est

---

1. Muller et Wieseler, *Denkmäler*, t. II, pl. LI, n° 652.
2. Overbeck, *Kunstmythologie. Apollon*, p. 219.
3. Voyez plus haut, pl. XXX et XXXI.
4. H. Brunn, *Geschichte der griech. Kunstler*, t. II, p. 546 à 556; Furtwaengler, dans le *Jahrbuch des Kaiserl. deutsch. archäol. Instituts*, t. IV (1889), p. 51 et suiv.
5. Grivaud de la Vincelle, *Arts et métiers des Anciens*, pl. LXIII; Chabouillet, *Catalogue*, n° 1900; Daremberg et Saglio, *Dict. des ant. gr. et rom.*, v° *Caelatura*, p. 792, fig. 943; Panofka, *Bilder antiken Lebens*, pl. VIII.

à tort qu'on a cru récemment y reconnaître un orfèvre ciselant un vase de métal, plutôt qu'un sculpteur. Les proportions du vase ne permettent pas une semblable supposition : il s'agit évidemment d'un cratère en marbre tels qu'on en voit dans nos musées et qui atteignent parfois jusqu'à un mètre de haut. Le musée du Louvre possède un célèbre cratère de ce genre, signé du sculpteur athénien Sosibios [1]. Le sculpteur a en main les mêmes outils que les tailleurs de pierre (*lapidarii*) qu'on voit dans le Virgile du Vatican, représentés taillant des blocs de marbre et des colonnes pour la construction de Carthage.

Cornaline. Haut. 13 mill., larg. 16 mill.

IX.

Brutus le jeune et ses licteurs. — Le consul, drapé dans sa toge, s'avance gravement, d'un air pensif, tenant dans ses mains un *volumen*. Les deux licteurs qui l'accompagnent, vêtus d'une tunique serrée à la taille, baissent la tête d'un air sombre et portent sur l'épaule le faisceau surmonté de la hache; enfin, l'*accensus* ou huissier précède le groupe, vêtu d'une tunique et d'un court pallium rejeté sur l'épaule; il porte la main à la hauteur du visage pour imposer silence ou inviter au respect tous ceux qui peuvent se trouver sur le passage du consul. Une monnaie de Junius Brutus représente le même groupe de personnages, et le type monétaire paraît même avoir inspiré le graveur de l'intaille [2]; on peut aussi comparer cette scène au type d'une pièce d'or frappée en Thrace vers la fin de la république romaine, avec le nom de ΚΟΣΩΝ inscrit à l'exergue. On sait que chaque consul était accompagné de deux licteurs et d'un *accensus*; ce dernier marchait toujours en avant et faisait écarter la foule. On dit généralement que les licteurs suivaient les consuls et prêtaient au besoin main forte à l'exercice du pouvoir consulaire; cependant notre pierre gravée et les deux monnaies que nous avons citées paraissent autoriser à croire que, parfois au moins, le consul marchait entre les deux licteurs.

Agate à deux couches. Haut. 22 mill., larg. 33 mill. Collection de Luynes.

X.

Dolon surpris par Ulysse et Diomède. — Nous avons donné plus haut une intaille de la collection de Luynes qui représente un autre épisode de la légende de Dolon : Diomède tenant la tête du malheureux Troyen qu'il vient de mettre à mort [3]. Ici, Dolon est fait prisonnier et va périr. L'un des guerriers grecs, Ulysse ou Diomède, le bouclier au bras, pose le pied sur le genou du malheureux captif accroupi et demandant grâce; il s'apprête à le transpercer, tandis que son compagnon lève aussi sa lance pour frapper l'espion troyen qui ne cherche même plus à se défendre. Rappelons que, d'après l'Iliade, Dolon aurait offert à Hector de pénétrer la nuit au camp des Grecs; il demandait

1. W. Frœhner, *Notice de la sculpture antique du musée du Louvre*, p. 50.
2. E. Babelon, *Monnaies de la République romaine*, t. II, p. 114.
3. Voyez ci-dessus p. 16 et pl. V, n° 7.

pour récompense le char et les chevaux immortels d'Achille. Homère ajoute que Dolon se revêtit, pour accomplir son périlleux projet, d'une peau de loup et qu'il se mit à contrefaire le quadrupède : l'espion troyen porte en effet ce déguisement sur un certain nombre de monuments, mais la légende homérique n'a pas toujours été suivie à la lettre [1]. Notre pierre gravée peut servir à illustrer les vers de l'Iliade où Dolon, tremblant de tous ses membres, dit à ses ennemis : « Prenez-moi vivant et je me rachèterai. Ma demeure renferme de l'airain, de l'or et du fer difficile à travailler. Mon père vous donnera des présents infinis s'il apprend que je respire encore sur les vaisseaux des Grecs. »

Scarabée étrusque en cornaline. Haut. 16 mill., larg. 12 mill. Collection de Luynes.

XI.

ÉNÉE PORTANT ANCHISE. — Le pieux Énée, un genou en terre, s'appuie d'une main sur sa lance qui l'aide à se relever; il a son bouclier au bras gauche, et il est figuré au moment où il vient de prendre son père sur son épaule; il est imberbe et entièrement nu. Anchise est chauve; il a les traits décharnés d'un vieillard et une longue barbe; sa chlamyde couvre ses épaules; il porte sur la main une sorte de coffret. Ce sujet est souvent représenté avec des variantes sur les monuments antiques de toute sorte; quelquefois, Énée tient d'une main le *palladium*; ailleurs, le jeune Ascagne figure à côté de son père et de son aïeul [2]. Parmi les monuments de style archaïque récemment découverts, nous signalerons un magnifique tétradrachme d'Aenea en Macédoine, acquis par le musée de Berlin [3] : cette médaille, antérieure à l'an 550 avant notre ère, nous montre Énée portant son père Anchise et précédé de Creusa qui tient Ascagne dans ses bras.

Scarabée en cornaline. Haut. 15 mill., larg. 10 mill. Collection de Luynes.

XII.

LA VILLE D'ANTIOCHE PERSONNIFIÉE. — Elle est assise sur un rocher, entre le *démos* qui la couronne et la Fortune; le génie du fleuve Oronte, vu à mi-corps, nage au pied du rocher. La Fortune a une corne d'abondance et un gouvernail; le démos est costumé en légionnaire romain, circonstance qui nous fixe approximativement sur l'âge de cette pierre gravée.

Dans la symbolique des anciens, on distingue les *Tychés* particulières des villes, avec des attributs spéciaux suivant les diverses localités, de la Tyché en général, dont les attributs constants et traditionnels sont le gouvernail et la corne d'abondance. Dans un très grand nombre de villes grecques, il y avait un temple dédié à la Τύχη, ἀγαθή Τύχη, avec sa statue; de là les représentations de Tychés presque innombrables que nous donnent les monnaies, les pierres gravées, les bijoux, les bronzes, la

---

[1]. Voyez aussi Hygin. *Fab.* 113. Cf. Overbeck, *Gallerie her. Bildwerke*, pl. XVII, fig. 2 ; Schreiber, *Il mito di Dolone*, dans les *Annali dell' Instituto*, 1875, p. 299 et suiv. ; C. Robert, dans *Archäol. Zeitung*, 1882, p. 47 et suiv.
[2]. Overbeck, *Die Bildwerke zur thebisch. und troisch. Heldenkreis*, pl. XXVI, 10. Cf. Kékulé, *Die antiken Terracotten*, t. I, pl. XXXVII ; Millin, *Galerie mythologique*, pl. CI ; E. Babelon, *Monnaies de la République romaine*, t. II, p. 11.
[3]. *Zeitschrift für Numismatik*, t. VII (1880), p. 221 ; cf. Roscher, *Lexicon*, v° *Aineias*, p. 167.

statuaire, les bas-reliefs. Dans l'art, la plus ancienne mention d'une Tyché spéciale de ville qui nous soit parvenue est la statue de Tyché exécutée pour les Smyrniotes par Bupalos, dans la 50ᵉ Olympiade [1]. Mais la plus fameuse des représentations de Tychés urbaines est celle que sculpta, au temps de Seleucus Iᵉʳ Nicator, Eutychidès, élève de Lysippe, pour la ville d'Antioche récemment fondée. La statue d'Eutychidès avait ceci de particulier que, pour symboliser la position topographique de la ville, elle était assise au dessus d'un rocher, le fleuve Oronte nageant au pied de la montagne; elle était voilée et portait sur sa tête une couronne crénelée qui rappelait les fortifications de la ville; elle tenait dans sa main des épis, emblème de la fertilité de la contrée environnante : elle semblait, paraît-il, une reine sur son trône, donnant des lois à toute l'Asie. On reconnaît aisément, à cette description, ce que la Tyché d'Antioche avait de commun avec toutes les autres Tychés de villes et les particularités qui lui étaient propres. Une réplique en marbre de l'œuvre d'Eutychidès est conservée au musée du Vatican [2], et l'on en voit aussi l'image sur des monnaies des rois de Syrie, surtout celles de Tigrane l'Arménien, ou celles de la ville d'Antioche elle-même. Au Cabinet des Médailles, nous signalerons un magnifique bronze de la collection de Janzé et deux intailles de la collection de Luynes, parmi lesquelles celle que nous reproduisons ici. Cette dernière est particulièrement intéressante en ce que, au type créé par Eutychidès, elle ajoute deux figures nouvelles qui font escorte à la Tyché urbaine. Au reste, il y a des variantes fort nombreuses dans les représentations de Tychés que nous possédons et que, dans bien des cas, on a lieu de regarder comme des répliques ou de libres imitations de l'œuvre d'Eutychidès [3].

Cornaline. Haut. 22 mill.; larg. 17 mill. Collection de Luynes.

XIII.

ACHILLE CITHARÈDE [4]. — Cette merveilleuse gemme occupe, dans l'histoire de la glyptique chez les anciens, la place que tient la Vénus de Milo dans l'histoire de la statuaire. Depuis que Stosch l'a reproduite dans ses *Gemmæ antiquæ*, jusqu'au récent mémoire de M. Furtwaengler, elle n'a cessé d'exciter l'admiration de tous les amis de l'art antique, et l'on en rencontre partout l'image, soit dans ses proportions naturelles, soit le plus souvent agrandie [5]. Suivant l'idée ingénieuse de Raoul Rochette, à laquelle nous avons déjà fait allusion plus haut en expliquant une pierre dont le sujet a beaucoup d'analogie avec celui-ci, il faut reconnaître ici Achille pleurant l'enlèvement de Briséis et cherchant une consolation dans les doux accords de sa lyre [6]. Ces deux intailles représentent deux phases

---

1. Pausanias, IV, 30, 6.
2. Muller et Wieseler, *Denkmäler*, pl. XLIX, 220. Baumeister, *Denkmäler*, t. I, p. 519; H. Brunn, *Geschichte der griech. Kunstler*, t. I, p. 412.
3. Voyez surtout Percy Gardner, *Countries and cities in ancien art*, dans le *Journal of hellenic Studies* de 1888.
4. Chabouillet, *Catalogue*, n° 1815.
5. Ph. de Stosch, *Gemmæ antiquæ cælatæ sculptorum nominibus insignitæ*, p. 66; Inghirami, *Galleria omerica*, t. I, pl. 99; Mariette, *Traité des pierres gravées*, t. II, pl. XCII; V. Duruy, *Histoire grecque*, t. I, p. 177; Furtwængler, dans le *Jahrbuch des kaiserlich deutschen archäologischen Instituts*, t. III (1888), pl. X, n° 4.
6. Raoul Rochette, *Achilléide*, p. 64, note 3; Overbeck, *Die Bildwerke des theb. und troisch. Heldenkreis*, pl. XVI, n° 20; cf. ci-dessus, p. 164 et pl. XLVII, n° 18.

successives du même épisode homérique et leur rapprochement à ce point de vue est des plus intéressants. Ici, le héros est assis sur le rocher sur lequel il a jeté sa chlamyde; derrière lui, son casque; à ses pieds, son bouclier dont l'épisème est une tête de Gorgone entourée de quadriges lancés au galop; son épée et son baudrier sont suspendus à un tronc d'arbre. La pose donnée à ses pieds par l'artiste est celle qui est familière aux représentations d'Apollon assis sur l'omphalos du temple de Delphes; on peut aussi comparer au type de notre gemme l'Apollon citharède qui figure au revers d'une monnaie de Métaponte du IIIe siècle [1], et celui qui paraît sur un denier d'Auguste [2].

Ces rapprochements nous laissent un peu incertains sur l'époque où fut gravée l'améthyste de Pamphyle. Faut-il la placer seulement au siècle d'Auguste et l'attribuer à quelque émule d'Epitynchanus l'affranchi de Livie [3], ou bien peut-on la regarder comme contemporaine de la Vénus de Milo? La forme de la lyre ne nous aide point à préciser [4], non plus que la gravure de la signature ΠΑΜΦΙΛΟΥ. Cependant le style si idéalement pur de ce petit chef-d'œuvre nous porte à croire qu'il remonte à une date très voisine d'Alexandre. En publiant plus haut [5] la tête de Méduse signée du même nom d'artiste, nous avons rappelé tout ce qu'on sait d'un sculpteur de ce nom, élève de Praxitèle.

Il y a au Musée britannique (collection Blacas) une cornaline qui reproduit notre Achille citharède avec la signature de Pamphile [6]. Si cette signature est bien antique, comme le croient quelques-uns en considérant que la pierre porte, au revers, une inscription gnostique qui remonte aux premiers siècles du christianisme, nous voyons là un nouvel exemple de la manière dont procédaient parfois les artistes de l'antiquité, reproduisant sans vergogne non seulement l'œuvre, mais la signature d'un maître plus ancien ou plus illustre qu'eux-mêmes.

L'Achille citharède du Cabinet des Médailles fut donné à Louis XIV par un professeur de Bâle, nommé Fesch, probablement de la famille du célèbre cardinal de ce nom, oncle de Napoléon.

Améthyste. Haut. 17 mill.; larg. 14 mill.

XIV.

THÉTIS SUR UN HIPPOCAMPE. — La forme de l'hippocampe est curieuse; la tête seule se rapproche de celle du cheval; tout le reste du corps est celui du serpent; il est pourvu d'ailes et sa queue est munie de squammes et d'arêtes. La Néréide, assise nonchalamment sur la croupe du monstre, a une attitude presque voluptueuse; à demi nue, le cou orné d'un collier de bulles d'or, elle incline légèrement la tête et enveloppe d'un bras le corps du monstre, tandis que de l'autre main elle retient son voile que le zéphir agite au dessus de sa tête; ce geste rappelle les nombreuses représentations

---

1. Garrucci, *Monete dell' Italia antica*, 2e part., p. 138 et pl. CIV, n° 6.
2. E. Babelon, *Monnaies de la République romaine*, t. II, p. 53.
3. Voyez plus haut, page 16.
4. Sur les formes variées de la lyre, voyez *Archäol. Zeitung*, 1858, p. 182 et pl. CXV.
5. Voyez plus haut, page 102.
6. *A Catalogue of engraved Gems in the British Museum*, n° 2305 (considérée comme moderne); cf. Chabouillet, *Catalogue*, p. 243.

d'Europe sur le taureau. Thétis sur l'hippocampe forme le revers de magnifiques monnaies de Pyrrhus, mais le type monétaire n'a, au point de vue de la forme, qu'un rapport fort éloigné avec le sujet de notre cornaline; il en est de même du camée reproduit plus haut et qui représente Thétis sur un Triton [1]. Le Musée britannique possède une intaille plus petite avec un sujet identique [2].

Cornaline montée en bague. Haut. 19 mill.; larg. 13 mill. Coll. de Luynes.

XV.

HERMAPHRODITE DANSANT. — Le sexe indécis du personnage ou plutôt l'association qu'on remarque en lui des formes viriles et des formes féminines, ne permet pas d'hésiter sur le nom qu'on doit lui donner. Il a, de la femme, le visage, les cheveux longs enroulés en chignon, la poitrine. Il danse comme un satyre, et dans son agitation qui rappelle les chœurs dionysiaques, il fait flotter sur son dos les plis de sa chlamyde qu'il retient des deux mains [3].

Cornaline. Haut. 15 mill.; larg. 12 mill. Coll. de Luynes.

XVI.

SILÈNE JOUANT DE LA DOUBLE FLUTE [4]. — Le précepteur de Bacchus, nu, sauf une nébride jetée sur son épaule, souffle dans une double flûte qu'il tient des deux mains. Il est chauve, sa tête est ramassée dans son cou; sa barbe hirsute et son nez épaté en font un véritable type de laideur et de réalisme; il est remarquable aussi par ses formes adipeuses.

Cornaline. Haut. 18 mill.; larg. 14 mill.

XVII.

SATYRE DANSANT [5]. — Le sujet de cette intaille, de dimensions exceptionnelles, est à rapprocher de la statuette de bronze reproduite sur nos planches XXX et XXXI. Ici, le satyre, à moitié ivre, est entièrement nu et danse d'un mouvement désordonné, debout sur la pointe du pied, la tête rejetée en arrière sur une épaule. Les deux bras sont étendus, et d'une main il brandit un thyrse orné de bandelettes, tandis que de l'autre il tient le canthare qu'il vient de vider; sa nébride est sur son bras; à ses pieds, un canthare renversé. Ce type de satyre dansant est des plus fréquents dans les œuvres de la glyptique, et il y subit des modifications nombreuses [6]; mais, parmi ces gemmes, il en est peu qui présentent un personnage aussi remarquable d'exactitude anatomique.

1. Voyez plus haut, p. 82 et pl. XXVI, n° 4.
2. *A Catalogue of engraved Gems in the British Museum*, n° 548.
3. Voyez plus haut le satyre qui figure sur notre pl. V, n° 17. Voyez aussi un autre satyre, Chabouillet, *Catalogue*, n° 1634.
4. Chabouillet, *Catalogue*, n° 1641.
5. Chabouillet, *Catalogue*, n° 1648. Cf. Mariette, *Traité des pierres gravées*, t. II, pl. XL. V. Duruy, *Histoire grecque*, t. III, p. 224.
6. Lenormant et Robiou, *Chefs-d'œuvre de l'art antique*, t. II, pl. XXII, n° 3 et pl. LXXXVII; Muller et Wieseler, *Denkmäler*, t. II, pl. XXXII, n° 364, et XXXIX, n° 464.

XVIII.

BUSTE DE VIEILLARD INCONNU [1]. — Le personnage est de profil; chauve, le visage ridé, il paraît avoir dépassé la soixantaine. Derrière la tête on lit le nom de l'artiste : ΔΙΟCΚΟΥΡΙΔΟΥ.

Il y a peu d'intailles dans les collections publiques sur lesquelles on ait autant disserté que sur celle-ci et qui nous laissent dans une pareille incertitude, tant au point de vue de l'authenticité que de l'attribution iconographique. Le dernier savant qui en ait parlé est M. Furtwaengler, qui la tient pour un travail moderne [2]. Cependant le sieur de Bagarris, le ciméliarque de Henri IV, faisait déjà admirer cette intaille à Peiresc, dès l'an 1605 [3]; si donc elle est moderne, elle remonte au moins au XVIe siècle. Mais pourquoi serait-elle moderne? Un examen attentif et réitéré me convainc que les anciens conservateurs du Cabinet des Médailles ont eu raison de la classer parmi les antiques. Dioscorides fut un graveur du siècle d'Auguste; il est cité par Pline et l'on sait que c'est lui qui grava le cachet de ce prince. En cherchant les raisons qui ont pu porter à douter de l'antiquité de notre gemme, nous en trouvons deux qu'il est facile de réfuter. La première, c'est qu'il existe plusieurs copies de l'œuvre de Dioscorides. Les unes sont antiques, comme celle qui se trouve au Cabinet des Médailles, sous le n° 2078; les autres sont probablement modernes, du moins M. Furtwaengler regarde comme moderne celle qui est au musée de Berlin. Mais je ne vois pas en quoi ces reproductions, modernes ou antiques, pourraient porter atteinte à l'authenticité de notre gemme. Une autre raison paraît plus sérieuse au premier abord : c'est qu'il existe au musée de Naples, provenant de l'ancienne collection Farnèse, et ayant appartenu antérieurement à Fulvio Orsini [4], une intaille signée ΣΟΛΩΝΟΣ, qui paraît représenter le même personnage, bien qu'il soit figuré sous des traits plus jeunes, mais avec une tête plus chauve. On connaît effectivement un graveur en pierres fines de l'antiquité qui porte le nom de Solon [5]. Faut-il admettre que deux artistes du premier siècle de notre ère ont reproduit, l'un et l'autre, les traits d'un illustre personnage de l'antiquité, ou bien qu'un graveur de la Renaissance a inscrit sur ses œuvres propres les noms de Dioscorides et de Solon? Cette dernière hypothèse me paraît d'autant moins justifiée que les intailles en question n'ont certainement pas été gravées par le même artiste, car la technique des deux pierres comporte des différences caractéristiques. De même que la *Julia Titi* d'Evodus, l'Achille citharède et la Méduse de Pamphile ont été imités dans l'antiquité, et qu'il nous en est parvenu plusieurs répliques, le portrait gravé par Dioscorides a pu aussi être l'objet, dès l'époque romaine,

---

1. Chabouillet, *Catalogue*, n° 2077.
2. Furtwaengler, dans le *Jahrbuch des kais. deutschen archäol. Instituts*, t. III (1888), pp. 136 218 et 297.
3. Gassendi, *Vita Peireskii*, p. 90.
4. Cette intaille est ainsi décrite dans le catalogue de Fulvio Orsini publié par M. P. de Nolhac : « Corniola con la testa di Soione et lettere greche che dicono COΛΩNOC, da M. Cesare de Carnei. » P. de Nolhac, dans les *Mélanges de l'École de Rome*, t. IV (1884), p. 154, n° 18.
5. H. Brunn, *Geschichte der griech. Künstler*, t. II, p. 524 et suiv.; Furtwaengler, *op. cit.*, p. 308.

de copies, même signées de nom d'artistes : le cas a été constaté dans la statuaire, ainsi que nous l'avons rappelé plus haut [1], et la glyptique en fournit aussi des exemples.

Quant au nom à donner au personnage dont les traits ont été si habilement gravés par Dioscorides et par Solon, il est incertain. Les anciens antiquaires, prenant la signature de Solon pour le nom de la figure, croyaient reconnaître ici le législateur d'Athènes; c'est le duc d'Orléans qui, en 1717, remarqua que ΣΟΛΩΝΟΣ était plutôt le nom de l'artiste. Cette réflexion était judicieuse, mais le prince amateur ne s'en tint pas là, et il proposa sans raison de donner à la figure le nom de Mécènes. C'est sous ce nom, approuvé plus tard par Visconti, que notre gemme de Dioscorides est généralement désignée [2]. Mais cette appellation n'est justifiée en rien et elle n'a persisté jusqu'à nous que par suite de l'impuissance où nous nous trouvons de la remplacer par une autre qui soit moins conjecturale. Nous remarquerons cependant que le portrait de Phidias, sur le bouclier Strangford au Musée britannique, n'est pas sans une certaine analogie avec celui de notre prétendu Mécènes [3].

Améthyste. Haut., 20 mill.; larg., 15 mill.

XIX.

POLYMNIE [4]. — Au siècle dernier, on désignait cette belle intaille sous le nom de *Calpurnie inquiète sur le sort de César* [5]; aujourd'hui, on l'appelle Polymnie et nous nous garderons de trop chicaner cette attribution puisque nous n'en avons pas de meilleure à lui substituer. La déesse des hymnes héroïques est généralement représentée debout, dans une attitude méditative et enveloppée dans les plis d'un ample manteau : telle elle paraît sur des monnaies de la République romaine, sur le bas-relief de Bovillæ (apothéose d'Homère) au Musée britannique, dans la statue du Louvre et sur un bas-relief de sarcophage du même musée [6]. Il y a, effectivement, un rapport indiscutable entre ces diverses représentations bien antiques de Polymnie et la figure de femme de notre intaille; elle est pareillement drapée, et elle a, de même, la main ramenée sous son menton, geste qui souligne bien l'attention soutenue et prolongée qu'expriment la physionomie et le maintien général. Mais c'est à ces traits d'ensemble que se bornent les rapprochements. Polymnie n'a pas ce grand voile qui couvre la tête reproduite ici; que signifierait cette feuille de lierre dans la main de la muse « qui aime les chants »? derrière elle, on voit suspendu un casque de guerrier; devant elle, est une colonnette surmontée d'une statuette d'Eros qui paraît faire signe de la main à cette femme; elle lui répond par un sourire. Voilà bien des détails étrangers aux filles de Mnémosyne. Je me bornerai à ces critiques et ne tenterai pas des

---

1. Voyez plus haut, p. 103.
2. Voyez Baudelot, *Hist. de l'Académie des Inscriptions*, t. III, p. 248; Visconti, *Iconogr. romaine*, t. I, p. 287 et pl. XIII, nos 4 et 5; Koehler, *Gesammelte Schriften*, t. III, p. 123; H. Brunn, *Geschichte der griechischen Künstler*, t. II, p. 482; Chabouillet, *Catalogue des Camées*, etc., p. 269, n° 2077.
3. Schreiber, *Kulturhistorischer Bilderatlas*, pl. IX, n° 7a.
4. Chabouillet, *Catalogue*, n° 1473.
5. J. Mariette, *Traité des pierres gravées*, t. II, pl. CIV.
6. E. Babelon, *Monnaies de la République romaine*, t. II, p. 363; S. Reinach, dans la *Gazette archéologique* de 1887, p. 132 et pl. XVII; V. Duruy, *Histoire grecque*, t. I, pp. 443 et 519; W. Froehner, *Notice de la sculpture antique au musée du Louvre*, n° 378. Cf. Oberg, *Musarum typi monumentis veteribus expressi*, Berlin, 1873.

rapprochements encore plus conjecturaux, peut-être, que celui que nous n'enregistrons qu'à regret : la tête voilée de Sapho sur des monnaies d'électrum de Lesbos, par exemple, ressemble beaucoup à la tête de notre gemme; la statue du Vatican, dont nous avons parlé et à laquelle on donne le nom de Pénélope [1], a aussi, dans sa pose et ses traits généraux, quelque analogie avec notre prétendue Polymnie dont la grâce, la noblesse et le grand style rappellent les plus belles des terres cuites grecques.

Grenat. Haut., 22 mill.; largeur, 15 mill.

XX.

LA CENTAURESSE HIPPA [2]. — La nourrice de Dionysos danse impétueusement en même temps qu'elle boit dans une coupe qu'elle remplit au fur et à mesure avec un rhyton à tête de cheval. Ce qu'elle a de remarquable, c'est que ses jambes et ses pieds de devant sont entièrement humains : c'est, en somme, une femme, une Ménade, aux reins de laquelle est adapté un arrière-train de cavale. Cette représentation rappelle les figures archaïques des Centaures qui offrent, elles aussi, la même particularité : une statuette de bronze de la collection Oppermann en est un des plus beaux exemples que l'on puisse citer [3]. Plus tard, la fusion de l'élément humain et de l'élément animal est plus complète; le buste seul reste celui de l'homme, et les jambes de devant, elles-mêmes, sont celles du cheval; notre Centauresse est donc traitée suivant la tradition archaïque bien qu'elle n'appartienne pas, par son style, à la période primitive de l'histoire de l'art.

Les figures de Centaures sont fort nombreuses sur les monuments antiques de toute époque, mais les Centauresses sont, au contraire, des plus rares. Nous en avons pourtant déjà vu sur deux canthares du trésor de Bernay [4]; il y a également une Centauresse sur un ivoire étrusco-phénicien trouvé à Chiusi [5]; une pierre gravée du musée de Florence a pour sujet une Centauresse qui allaite un jeune Centaure [6]. Lucien raconte que le peintre Zeuxis avait représenté une famille de Centaures : « un genou en terre, une jambe fortement tendue comme pour se relever, les pieds de derrière repliés, une Centauresse allaitait deux petits Centaures, prenant l'un sur son sein de femme, se laissant téter par l'autre comme font les poulains. Un hippocentaure, vu à mi-corps se penchait en souriant sur ce groupe, tandis que de la main droite il élevait un lionceau comme un épouvantail pour les enfants [7]. » Philostrate l'Ancien décrit aussi un tableau dans lequel figurent des Centauresses jouant avec leurs nourrissons [8]; enfin une Centauresse tuée par des léopards se voit sur une mosaïque du musée de Berlin [9].

Cristal de roche. Monture en argent. Haut., 28 mill.; larg., 30 mill.

---

1. Voyez plus haut, p. 164. La meilleure et la plus récente des reproductions de cette statue se trouve dans les *Antike Denkmäler des kaiserl. deutsch. archäol. Instituts*, t. I, pl. 31 (3er Heft, 1888).
2. Chabouillet, *Catalogue*, n° 1689; V. Duruy, *Histoire grecque*, t. II, p. 661.
3. Publiée par Ludwig Ross, *Archäol. Aufsätze*, t. I, pl. VI.
4. Voyez plus haut, t. XIV et LI.
5. *Annali dell' Instituto arch. di Roma*, 1877, pp. 198 et 409 ; *Monumenti*, pl. CV.
6. Winckelmann, *Monuments inédits*, t. II, part I, fig. 80, p. 107 ; Muller et Wieseler, *Denkmäler*, t. I, pl. XLIII, n° 203.
7. Lucien, *Zeuxis*, IV.
8. Bougot, *Philostrate l'Ancien*, pp. 361 et 365.
9. *Monumenti dell' Instituto arch. di Roma*, t. IV, pl. 50.

Pl. LVII

Cabinet des Antiques

Nef en Sardonyx
TRÉSOR DE SAINT-DENIS

A. Lévy, Editeur

LVII.

GONDOLE DE SARDONYX

AVEC UNE MONTURE D'OR ET DE PIERRERIES

Haut., 95 mill.; larg., 215 mill.

ANS le trésor de l'abbaye de Saint-Denis avant la Révolution, on remarquait deux coupes en pierres précieuses, affectant la forme de nefs ou de gondoles, enrichies d'une monture d'or et de pierreries. L'une d'elles nous est parvenue intacte : on en voit l'image coloriée sur notre planche 57. L'autre, conservée aussi actuellement au Cabinet des Médailles, n'a pas réussi à parvenir jusqu'à nous sans subir de graves atteintes ; dérobée en 1804 avec le Grand Camée et la Coupe des Ptolémées¹, elle se vit dépouillée par les voleurs de sa monture qui fut envoyée au creuset, et la police ne put saisir qu'une sorte de petite auge de jade sans intérêt artistique et archéologique². Cette mutilation est rendue encore plus regrettable par cette circonstance que ce monument figure au nombre des joyaux décrits par Suger dans le livre *De son administration*. Le ministre de Louis VI et de Louis VII, en le consacrant à saint Denis, le qualifie de *vas preciosissimum de lapide prasio ad formam navis exsculptum*, et il attribue sa riche monture à saint Éloi. Dans un moment d'embarras financier, Louis le Gros l'avait donné en gage : avec la permission du roi, Suger rachète soixante marcs d'argent ce vase *tam pro preciosi lapidis qualitate quam integrâ sui quantitate mirificum*³. La disparition de la monture à laquelle se rattachaient des souvenirs aussi précis et aussi anciens est une perte d'autant plus sensible pour l'histoire de l'art, que les monuments d'orfèvrerie authentiquement antérieurs au XIIᵉ siècle et dont l'histoire est connue, sont plus rares.

Nous regrettons, d'autre part, de ne pouvoir signaler, pour la nef de la planche 57, une tradition aussi intéressante et aussi vénérable. Si cette coupe dont la forme est si élégante, dont l'ornementation est d'un goût si achevé, nous est parvenue vierge de toute mutilation grave, nous ne savons rien sur son origine. Elle n'a même pas toujours été décrite avec exactitude, et sur la foi d'un ancien inventaire, les commissaires chargés, au mois de septembre 1791, de l'enlever du trésor de Saint-Denis, se sont trompés sur la nature de sa monture ; ils l'ont crue en argent doré et non en or ; effectivement, dans le procès-verbal de transfert, notre gondole est désignée par cette mention : « Une

---

1. Voyez plus haut, *Introd.* p. XV, et pp. 4 et 149.
2. C'est la gondole de jade décrite sous le nº 281 du catalogue de M. Chabouillet.
3. *Œuvres de Suger*, édition Lecoy de La Marche, p. 207.

cuvette de sardoine orientale, à godrons, avec son pied d'*argent doré* et sa bordure de même matière. » Félibien, en 1706, l'avait décrite non moins laconiquement, mais avec plus d'exactitude : « Gondole faite d'une agathe onix dont la garniture est d'or enrichie de pierreries [1]. » Mais l'inventaire du trésor de Saint-Denis, publié en 1638 par dom Millet, dit au contraire : « Une excellente gondole d'agathe, gauderonnée dedans et dehors, avec le pied de la mesme agathe garny *d'argent doré* [2]. » Après vérification faite sous nos yeux par un habile orfèvre de Paris, nous sommes en mesure d'affirmer que la monture de cette précieuse gondole est bien en or et non en vermeil. Pour compléter ces descriptions sommaires, nous ferons remarquer les pierres fines et les émaux cloisonnés qui bordent la monture, les rinceaux en cordonnet granulé qui décorent le pied et le bord de la coupe, les chaînettes qui séparent les godrons et semblent relier le pied d'or à la bordure supérieure.

Labarte [3] croit que notre coupe se rattache par sa monture à l'orfèvrerie byzantine. Si elle n'est pas, selon lui, aussi sûrement byzantine qu'un certain nombre de monuments d'orfèvrerie conservés dans les trésors de Monza et de Saint-Marc de Venise, par exemple, et dont l'origine nous est connue par des témoignages historiques, du moins elle prend place, incontestablement, à côté d'œuvres telles que la croix de Lothaire à Aix-la-Chapelle, la couverture de l'évangéliaire de saint Emmeran à Ratisbone, le reliquaire de saint André à Trèves, le calice de saint Remi à Reims, monuments qu'on est autorisé à attribuer aux orfèvres grecs qui accompagnèrent la princesse Théophanie en Allemagne en 972 : ces chefs-d'œuvre de l'orfèvrerie rhénane du xe siècle dérivent en effet de l'art byzantin par le style et les procédés techniques, et si l'on ne veut pas en faire directement honneur aux artistes de Byzance, du moins ne peut-on se refuser à y reconnaître leur influence immédiate.

Telle est l'opinion de Labarte, mais nous ne saurions suivre jusqu'au bout ce savant, lorsqu'il admet, en s'appuyant d'ailleurs à tort sur l'autorité de Félibien, que notre gondole figure au nombre des vases gemmés dont Suger enrichit le trésor de Saint-Denis. Suger l'aurait reçue de Thibaud le Grand, comte de Blois et de Champagne, à qui le roi de Sicile l'aurait envoyée. C'est en vain que j'ai lu et relu les chapitres de l'ouvrage de Suger où se trouvent décrites ses généreuses donations ainsi que les libéralités du comte Thibaut ; je n'ai rien trouvé qui se rapporte d'une manière précise à une gondole de sardonyx godronnée et montée en or. Le seul vase donné par le roi de Sicile Roger II le Jeune au comte Thibaut et cédé par celui-ci à Suger, est une belle aiguière (*lagena praeclara*) avec sa soucoupe. Si donc il est possible, au point de vue archéologique, que notre nef soit venue de la Sicile, pays dont les empereurs de Constantinople ne furent chassés par les Normands qu'au xie siècle, et qui était resté un des grands entrepôts de l'industrie et du commerce byzantins, aucune donnée positive ne vient historiquement corroborer cette conjecture.

1. Félibien, *Hist. de l'abbaye de Saint-Denis*, p. 543 et pl. IV, n° BB ; cf. Paul Lacroix et Ferd. Seré, *Hist. de l'orfèvrerie-joaillerie*, vignette à la p. 29.
2. Dom Germain Millet, *Le trésor sacré... de Saint-Denis en France*, p. 131 de l'éd. de 1638 et p. 123 de l'éd. de 1645.
3. J. Labarte, *Histoire des arts industriels au Moyen-Age*, t. I, pp. 332 et 342.

CAMÉES ANTIQUES

A. Lévy, Éditeur.

LVIII.

CAMÉES ANTIQUES

I.

ÉROS ABREUVANT SES CHEVAUX A UNE FONTAINE OU UN AUTRE PERSONNAGE VIENT PUISER DE L'EAU. — Le héros est imberbe, dans la fleur de l'âge, et il n'a pour tout vêtement que sa chlamyde posée sur ses jambes; debout, courbé en avant, le pied sur le bord de l'abreuvoir orné de bucrânes, où boivent ses coursiers, il tient les rênes des deux mains, et il paraît converser avec un personnage accroupi qui se dispose à boire dans une hydrie. Celui-ci, qui le regarde attentivement, est aussi imberbe; il est coiffé d'un bonnet phrygien, et vêtu d'une courte tunique serrée à la taille. Derrière les chevaux, enfin, on voit un hermès silénique, couronné de pampre et de lierre. Telle est la scène charmante que nous avons sous les yeux, sculptée avec une habileté merveilleuse, mais dont l'interprétation véritable n'a pas encore été trouvée [1].

Millin qui, le premier, a parlé de ce camée, lui a donné le nom sous lequel il est généralement désigné : *les chevaux de Pélops* [2]. Il y voit la traduction de la fable rapportée par Pindare, dans laquelle il est raconté que Poseidon donna à Pélops quatre chevaux ailés pour triompher, dans la course en char, d'Œnomaüs, père d'Hippodamie, dont il ne pouvait épouser la fille qu'à ce prix. Le personnage accroupi près des chevaux serait l'aurige appelé Sphœrus ou Cillas. Mais les chevaux donnés par Poseidon à Pélops étaient ailés et ceux-ci ne le sont pas; d'autre part, rien n'indique qu'il s'agisse ici d'une course en char; je cherche en vain un attribut, un personnage, une circonstance quelconque qui soit un argument en faveur de l'opinion de Millin. La rectification proposée par Wieseler, qui voit dans le personnage accroupi Myrtilos, l'aurige d'Œnomaüs, qui devait trahir son maître et procurer la victoire à Pélops, cette rectification, dis-je, ne change rien à la donnée générale proposée par Millin [3].

Ce qui a égaré les recherches des antiquaires, c'est surtout la description inexacte, selon moi, que Millin a donnée du camée en question. Il a vu dans la figure agenouillée à côté des chevaux, l'aurige lui-même qui fait boire ses coursiers. Or, un examen attentif lui aurait permis de remarquer que celui qui fait boire les chevaux et qui les tient par la bride est, au contraire, l'autre personnage, celui qui est debout. Ce dernier paraît converser avec celui qui boit dans l'urne : les deux interlocuteurs semblent se rencontrer inopinément. De plus, les seins de la figure accroupie sont si nettement

---

1. Chabouillet, *Catalogue des Camées*, etc., nº 106, Creuzer et Guigniaut, *Religions de l'antiquité*, Atlas, pl. CCXIV, nº 734 ; Ch. Lenormant, *Trésor de numismatique. Nouvelle galerie mythologique*, pl. LI, nº 2.
2. Millin, *Monuments antiques inédits*, t. I, p. 1 et suiv.
3. Muller et Wieseler, *Denkmäler*, 2ᵉ édit., pl. XL, nº 176.

accuses, le développement de ses cuisses, les traits de son visage sont si caractéristiques, qu'il est évident qu'il s'agit d'une femme, coiffée et vêtue comme une Troyenne ou une Amazone.

Nous avons tous appris dans notre enfance le récit de l'entrevue du serviteur d'Abraham avec Rébecca, au puits de Harran : y a-t-il dans les légendes grecques un épisode qui rappelle la charmante idylle biblique? Faut-il reconnaître, ici, Thésée et une Amazone? ou bien Poseidon et Amymone? Amymone, fille du Libyen Danaos, peut être représentée avec le costume phrygien; on se rappelle que, cherchant une source près d'Argos, elle fut surprise par un satyre qui voulut lui faire violence, puis délivrée par Poseidon [1]. De nombreux monuments traduisent les diverses phases de cette légende; tantôt Poseidon accourt avec ses chevaux; tantôt Poseidon et Amymone, placés de chaque côté d'une fontaine, se contemplent et s'interrogent; Poseidon est même parfois, comme ici, dépourvu du trident [2].

Ne pourrait-on pas aussi bien chercher à rapprocher notre camée de la légende homérique, de Troïlos? Une peinture de vase montre Troïlos, le plus jeune des fils de Priam, et sa sœur Polyxène, venus ensemble à une fontaine derrière laquelle Achille est embusqué. Polyxène s'apprête à remplir l'hydrie qu'elle porte dans ses bras, tandis que Troïlos amène ses chevaux à l'abreuvoir [3]. Mais, si c'est là le sujet de notre camée, convenons que l'artiste y a apporté des modifications fondamentales. Je ne vois point Achille embusqué, ni le corbeau, cet oiseau de malheur dont les cris annoncent le triste sort qui attend Troïlos; enfin, le jeune héros ne doit avoir que deux chevaux.

Il y a encore moins lieu de songer à Actéon surprenant Artémis à la fontaine Gargaphie [4].

Chercherons-nous enfin à reconnaître ici Andromaque, Hector et ses coursiers? Le huitième chant de l'Iliade raconte qu'Hector, sur le point d'aller combattre les Grecs jusque dans leurs retranchements, s'adresse en ces termes à ses coursiers : « Xanthe, Podarge, Œthon, et toi, divin Lampos, le moment est venu de reconnaître mes soins et ceux d'Andromaque, fille du magnanime Eétion. Souvent elle vous présente, avant même de songer à son jeune époux, le doux froment et le vin mélangé, dont il vous est permis de boire au gré de vos désirs! » Ce passage est le seul des poèmes homériques où il soit parlé d'un attelage de quatre chevaux.

Que l'on adopte l'une ou l'autre de ces interprétations ou que l'on en propose encore de nouvelles, il paraît bien que nous ne sommes guère plus avancés qu'à l'époque, antérieure à Millin, où notre camée était connu sous le nom de *Vainqueurs à la course*. Ce qui nous semble avéré, c'est que l'explication proposée par Millin n'est pas fondée et que le personnage qui tient l'hydrie dans ses mains est une femme, et non un esclave phrygien : ce n'est pas lui enfin qui conduit les chevaux.

Sardonyx à trois couches. Haut, 32 mill.; larg., 45 mill. L'exergue est de restauration moderne. Monture moderne en or émaillé.

1. Voyez plus haut, p. 19.
2. Overbeck, *Kunstmythologie, Poseidon*, p. 368 et suiv.; Bougot, *Philostrate l'Ancien*, p. 235 et suiv.
3. Voyez *Annali dell' Instituto archeol. di Roma*, 1850, tav. d'agg. E, F, 1.
4. Clarac, *Mus. de sculpt.* pl. CXIV, n° 315.

II.

Tête d'Alexandre, avec les cornes d'Ammon [1]. — Cette tête est la copie de celle qui figure sur les tétradrachmes de Lysimaque et qui passe pour se rapprocher le plus fidèlement des traits réels d'Alexandre, bien que le conquérant fût déjà mort quand la gravure en a été exécutée [2]. Alexandre se donnait pour fils de Zeus; de là est venu l'usage de le représenter avec des cornes de bélier, attribut d'Ammon Cnouphis identifié à Zeus par les Grecs; les Arabes, recueillant le souvenir du héros macédonien, l'appelaient encore, au Moyen-Age, *Iskander dhoul'carnaïn*, « Alexandre aux deux cornes [3]. »

Notre camée est d'un très bon travail, et rien dans la technique et le style ne s'oppose à ce que ce monument remonte au temps même de Lysimaque. Cependant n'oublions pas les habiles lithoglyphes grecs qui gravaient des camées et des intailles pour les Romains, aux Ier et IIe siècles de notre ère; rappelons-nous aussi les superbes médaillons d'or du trésor de Tarse, au Cabinet des Médailles, qui, bien que seulement contemporains de Sévère Alexandre, reproduisent les traits du conquérant macédonien avec un art qui mérite d'être rapproché de notre camée [4]. Jusqu'au IVe siècle de notre ère, on ne cessa d'attacher une idée talismanique aux portraits d'Alexandre répandus à profusion à Rome et dans tout l'Orient; hommes et femmes les portaient au cou comme amulettes [5]: il serait donc possible qu'on eût gravé ce camée seulement sous l'empire romain, d'après un tétradrachme de Lysimaque.

Sardonyx à trois couches. Haut., 33 mill.; larg., 31 mill. Monture moderne en or émaillé.

III.

Tête casquée d'Alexandre [6]. — Si le type du camée précédent peut avoir quelque prétention à reproduire les traits vrais et authentiques d'Alexandre, il n'en est pas de même de celui-ci, qui nous représente une tête coiffée d'un casque rond, dont la visière est relevée, dont le timbre est orné d'un lion, et qui est entouré d'une couronne de laurier. C'est un portrait idéalisé qui se rapproche du type classique d'Alexandre en Hercule, coiffé de la dépouille du lion néméen. Les deux têtes d'Alexandre sur les médaillons du trésor de Tarse ont une expresssion qui se rapproche de celle-ci ; enfin, sur des monnaies de bronze frappées en Macédoine sous la domination romaine, avec la légende ΑΛΕΞΑΝΔΡΟΥ, on voit la tête d'Alexandre avec un casque qui ne diffère de celui-ci qu'en ce que le lion est remplacé par un griffon [7]. Il ne faut donc pas songer, avec Visconti, à reconnaître ici les traits de Lysimaque : c'est bien Alexandre, mais celui de la légende, altéré et héroïsé.

Sardonyx à trois couches. Haut., 35 mill.; larg., 35 mill. Monture moderne en or émaillé.

1. Chabouillet, *Catalogue*, n° 154.
2. Lud. Müller, *Numismatique d'Alexandre le Grand*, p. 12; Imhoof-Blumer, *Porträtköpfe auf antiken Münzen*, p. 14 et pl. I, 1.
3. A. de Longpérier, *Œuvres*, publiées par G. Schlumberger, t. II, p. 80, note 1; L. Müller, *op. cit.*, p. 32, note.
4. A de Longpérier, *Œuvres*, t. III, pl. IV et VI.
5. A. de Longpérier, *Œuvres*, t. III, p. 210.
6. Chabouillet, *Catalogue*, n° 163. Cf. Visconti et Mongez, *Iconographie grecque*, t. II, p. 104, et pl. XLI, 9.
7. Imhoof-Blumer, *Porträtköpfe*, pl. II, n° 6.

IV

BUSTE DE MINERVE [1]. — Ce buste paraît inspiré de la statue chryséléphantine d'Athéna au Parthénon, l'œuvre la plus célèbre de Phidias, qui fut consacrée, comme on le sait, dans l'été de 438, et qui existait encore en l'an 375 de notre ère. Parmi les copies ou les imitations qui nous en sont parvenues [2], nous citerons ici l'intaille du musée de Vienne, signée d'Aspasios, le seul monument qui reproduise dans tous ses détails le casque et le buste d'Athéna. Si nous en rapprochons notre camée, nous constaterons qu'il y a entre ces œuvres de glyptique une certaine analogie : la poitrine d'Athéna est de même couverte de l'égide; les cheveux de la déesse retombent pareillement en mèches ondulées sur les épaules. Mais là s'arrêtent les termes de la comparaison. Le profil de la tête du camée est moins lourd que dans l'intaille d'Aspasios; ici, tout en restant souriant et gracieux, le visage respire une mâle vigueur. Le casque enfin est différent, en dehors de la crinière et du couvre-nuque. Sur l'intaille d'Aspasios, le cimier est formé de trois aigrettes, celle du milieu reposant sur un sphinx, les deux autres sur des Pégases; les paragnathides relevés sont ornés de griffons, et au dessus de la visière s'alignent toute une rangée de chevaux galopant : c'est, avec quelques modifications, le type des monnaies athéniennes postérieures à Alexandre. Cette surcharge d'ornements n'existe pas sur notre camée; le cimier du casque, au lieu de reposer sur un sphinx, est adapté directement au timbre qui lui-même, en revanche, est orné du griffon en relief. Les Pégases ont disparu ainsi que les garde-joues qui sont remplacés par un simple enroulement. Bref, nous sommes en présence d'une copie abrégée de la statue de Phidias, copie exécutée sur une matière digne de l'œuvre du plus grand des sculpteurs de l'antiquité, par un des plus habiles graveurs en pierres fines du siècle d'Auguste.

Sardonyx à deux couches. H., 7 cent.; l., 6 cent., sans la monture. Monture moderne en or émaillé.

V.

CENTAURE ET GÉNIES MUSICIENS [3]. — J'ai quelque peine à admettre l'authenticité de ce camée; tout au moins doit-on, ce me semble, croire qu'il a subi, à l'époque de la Renaissance, de profondes retouches dues à quelqu'un de ces habiles artistes qui, sans songer à mal, se faisaient gloire de pareils travaux. Au surplus, ce n'est pas sur le sujet lui-même que nous attirerons l'attention; c'est sur sa monture de style architectural, œuvre remarquable de l'orfèvrerie du XVIe siècle. Elle représente un édifice à fronton brisé; le milieu du fronton est rempli par un cartouche entouré d'une couronne de laurier en émail vert, sur lequel on lit en lettres noires la devise : RERUM | TVTIS | SIMA | VIRTV | S. De chaque côté du fronton, sont couchées deux figures allégoriques, la Force, qui tient une colonne brisée, et la Renommée, qui porte à la main une trompette.

Agate-onyx à deux couches. Haut., 42 mill.; larg., 41 mill. sans la monture.

1. Chabouillet, *Catalogue*, n° 26 ; Ch. Lenormant, *Trésor de numismatique. Nouvelle galerie mythologique*, pl. XXVI, n° 11.
2. Max. Collignon, *Phidias*, p. 29-30; Ch. Valdstein, *Essay on the art of Pheidias*, p. 269 et suiv.
3. Chabouillet, *Catalogue*, n° 79 ; Ch. Lenormant, *Trés. de numism. Nouvelle galerie mythol.*, pl. LII; E. Fontenay, *Les bijoux anc. et modernes*, p. 200.

Cabinet des Antiques   Pl. LIX

JOUEUSE D'OSSELETS
TERRE CUITE DE LA COLLECTION DE JANZÉ
Halévy Éditeur

LIX.

JOUEUSE D'OSSELETS

TERRE CUITE DE LA COLLECTION DE JANZÉ

Haut., 110 millim.

E jeu des osselets (ἀστραγάλισμος) était le jeu à la mode chez les Grecs[1] : c'est le passe-temps préféré des dieux et des héros, des femmes et des guerriers, des bergers et des rois. Zeus, dans l'Olympe, joue avec des osselets d'or; Ganymède jouait aux osselets sur le mont Ida quand il fut surpris par l'aigle de Zeus; les héros de la guerre de Troie dissipent avec les osselets les ennuis d'un long siége; Alcibiade y joue dans la rue avec les écoliers de son âge; on distribue aux enfants des osselets comme récompense de leur assiduité et de leur mérite; enfin, on offre en ex-votos dans le sanctuaire des dieux des osselets de bronze, d'argent ou d'or. Il faut peut-être chercher l'explication de cette popularité des osselets dans les rapports qu'on croyait exister entre ce jeu de hasard et la divination : c'est parfois en jetant les osselets qu'on obtient la réponse des oracles[2]; n'est-il pas remarquable qu'Hesychius emploie le mot ἀστράγαλος en parlant de la main mystérieuse qui écrit sur la muraille le sort de Balthasar? Cette vogue universelle, ces légendes puériles, ce caractère fatidique, nous expliquent pourquoi les joueuses d'osselets sont si nombreuses dans les représentations figurées et à quelle inspiration obéissent les artistes qui ont donné ce rôle aux jeunes filles vouées à une destinée fatale. Sur les murs de la Lesché des Cnidiens, à Delphes, Polygnote avait représenté les malheureuses filles de Pandarée, Clytie et Camiro, faisant une partie d'osselets[3] : le contraste entre la beauté idéale des jeunes filles et la sombre tristesse de leur destin était traduit par la joie mélangée d'anxiété du jeu de hasard.

Une peinture du musée de Naples, trouvée à Resina en 1746, paraît inspirée de l'œuvre de Polygnote. Elle représente Latone, Niobé, Diane, Aglaia et Hilaïra jouant aux osselets; l'une d'elles en supporte sur le revers de la main plusieurs qu'elle va laisser échapper, et sa partenaire anxieuse est attentive au coup du sort. Ces deux déesses, les seules qui soient accroupies, sont dans la même attitude qu'un groupe de deux joueuses d'osselets, trouvé près de Nola et conservé au Musée Britannique : ces figurines en terre cuite posées sur la même plinthe, en face l'une de l'autre, sont tellement semblables aux deux femmes accroupies de la peinture de Naples[5] que l'on peut croire que les difficultés de

---

1. Voyez surtout Bolle, *Das Knöchelspiel der Alten*, Weimar, 1886.
2. Pausanias, VII, 25, 6.
3. Charles Lenormant, *Mémoire sur les peintures de Polygnote dans la Lesché de Delphes*, p. 76 (tableau) et 83.
4. *Antichità d'Ercolano*, t. I, pl. 1
5. Murray, dans la *Gazette archéologique*, t. II (1876), p. 95.

l'exécution et la fragilité de la terre cuite ont seules contraint le coroplaste à simplifier son modèle.

De ce groupe de deux figures, nous passons aisément aux terres cuites qui représentent une seule joueuse, dans la même attitude, un des types les plus gracieux que le génie du coroplaste grec ait enfantés. Mais ces statuettes isolées représentent-elles toujours des joueuses d'osselets, et ne serait-il pas possible d'y reconnaître parfois, avec M. L. Heuzey, des cueilleuses de fleurs[1] ? Les rapprochements que nous avons signalés paraissent donner raison à Olivier Rayet[2] et à ceux qui, comme lui, ont reconnu partout des joueuses d'osselets. Cependant la légende de Perséphone cueillant les violettes et le narcisse dans la prairie de Nysa, au moment où Pluton va la surprendre pour l'entraîner dans l'Hadès, était singulièrement répandue et elle a été traduite sous mille formes dans toutes les branches de l'art. Au point de vue philosophique, n'offre-t-elle pas également un contraste intéressant pour l'artiste entre la douce sérénité de la jeune fille et le danger qui la menace? Si l'on doit voir une joueuse d'osselets dans le type d'une charmante médaille de Cierium, en Thessalie, il n'est pas possible, en revanche, de méconnaître une cueilleuse de fleurs dans le type de belles monnaies de Tarse, car les fleurs elles-mêmes sont figurées devant la jeune fille, accroupie comme Perséphone dans l'hymne homérique à Déméter :

« Loin de Demeter au glaive d'or, aux fruits éclatants, Perséphone, jouant avec les filles de l'Océan, aux amples vêtements, et cherchant des fleurs dans la molle prairie, cueillait la rose, le safran, les belles violettes, l'iris, l'hyacinthe et le narcisse, que, par les conseils de Zeus, pour séduire la vierge charmante, la Terre, favorisant Polydectès, fit naître comme une merveille, surprenante à voir pour tous, dieux immortels et hommes mortels. De sa racine partaient cent têtes de fleurs; le vaste ciel, la terre entière et les flots salés de la mer souriaient à son parfum. Pleine d'admiration, la jeune déesse s'empresse de saisir des deux mains cette belle parure; alors la terre s'ouvre largement dans la plaine de Nysa, et de cette ouverture s'élance, traîné par ses chevaux immortels, le roi Polydegmon, fils renommé de Cronos[3]. » Ces vers auraient-ils inspiré le coroplaste qui a modelé la figurine de Janzé ?

« Agenouillée à terre, dit Lenormant en parlant de notre belle Cyrénéenne[4], la fille de Demeter, dans la fleur printanière de la jeunesse, cueille gaiement la parure du champ Nyséen; mais tout à coup elle s'arrête étonnée et semble écouter un bruit inattendu, c'est celui du char de Pluton qui s'approche. Encore un instant et Perséphone surprise sera saisie par son ravisseur. Tel est le moment du récit mythique que l'artiste a voulu exprimer. »

Au surplus, cueilleuse de fleurs ou joueuse d'osselets, qu'importe! Laissons de côté ces discussions d'école pour admirer sans réserve ce chef-d'œuvre de grâce et de coquetterie qui, au point de vue de l'esthétique, a été ingénieusement rapproché par F. Lenormant d'un dessin de Raphaël, inspiré du *Purgatoire* de Dante, qui représente Mathilde agenouillée et cueillant des fleurs dans le Paradis.

1. L. Heuzey, *Nouvelles recherches sur les terres cuites grecques*. II. *Les cueilleuses de fleurs et les joueuses d'osselets*.
2. O. Rayet, *Monuments de l'art antique*, n° 80, livr. I, pl. XII.
3. Voyez Fr. Lenormant (Léon Fivel), dans la *Gazette archéologique*, t. II (1876), p. 22 et suiv.
4. La figurine de notre planche 59 a été trouvée dans un tombeau de la Cyrénaïque et a fait partie de la collection de Vattier de Bourville, avant d'entrer dans celle de Janzé. Il y a des traces de couleurs.

PIÈCES DE JEUX D'ÉCHECS EN IVOIRE

LX.

PIÈCES DE JEU D'ÉCHECS

EN IVOIRE

Au nombre des merveilles orientales conservées dans l'ancien trésor de Saint-Denis, on montrait les pièces d'un jeu d'échecs, en ivoire, que la tradition faisait remonter jusqu'à Charlemagne. Ce n'était pas sans piquer vivement la curiosité des visiteurs, que le *cicerone* affirmait, sans toutefois en être bien sûr, car Eginhard n'en dit mot, que le fondateur de l'empire carolingien avait manœuvré l'échiquier qu'on avait là sous les yeux, et qu'il l'avait reçu du khalife Haroun al Raschid. Dom Doublet, en 1625, en parle ainsi : « L'empereur et Roy de France saint Charlemagne a donné au Thrésor de Saint-Denys un jeu d'eschets, avec le tablier, le tout d'yvoire; iceux eschets hauts d'une paulme, fort estimés :le dit tablier et une partie des eschets ont esté perdus par succession de temps, et est bien vrayscmblable qu'ils ont esté apportez de l'Orient, et sous les gros eschets il y a des caractères arabesques [1]. » Dans l'Inventaire du trésor de Saint-Denis, que Dom Millet a publié en 1638, ce jeu est signalé comme il suit : « Un jeu d'échecs tout d'yvoire, qui a autrefois servi à l'empereur Charlemagne. Ces eschets sont fort grands et y a certains caractères arabesques sous les plus gros, ce qui démontre qu'ils sont venus d'Orient [2]. »

Ainsi, d'après ces témoignages formels, il subsistait encore, au XVIIe siècle, plusieurs des pièces du jeu d'échecs attribué par la légende à Charlemagne; aujourd'hui, il n'en reste plus qu'une seule : c'est celle qui figure au milieu de notre planche 60. De toute la série des pièces d'échecs conservées au Cabinet des Médailles, c'est la seule qui soit orientale par son style et sa provenance, et qui porte sous son pied « des caractères arabesques », c'est-à-dire l'inscription coufique dont nous donnons le fac-similé; elle a été traduite : *Ouvrage de Iousouf-al-Nahili* [3].

C'est en vain que nous chercherions dans un autre musée un monument oriental du même genre

---

1. J. Doublet, *Histoire de l'abbaye de Saint-Denis*, in-4°, 1625.
2. Dom Millet, *Le trésor sacré ou inventaire des Saintes Reliques qui se voient en l'église et au trésor de Saint-Denys*, édit. de 1746, p. 116.
3. Chabouillet, *Catalogue des Camées*, etc., n° 3271; A. van der Linde, *Geschichte und Litteratur des Schachspiels*, t. I, p. 34. L'auteur de ce très savant ouvrage a le tort de croire que le monument d'ivoire dont il est ici question n'est pas une pièce de jeu d'échecs, mais seulement l'image d'une divinité hindoue.

et aussi curieux. Il représente un éléphant surmonté d'une tour sur laquelle un roi hindou est accroupi dans l'attitude bouddhique. Ce roi porte un collier et des bracelets. Autour de la galerie qui entoure son siège sont figurés des arceaux sous lesquels on voit huit guerriers indiens, à pied, armés d'un glaive et d'un bouclier. Autour de l'éléphant, quatre gardes à cheval, avec une armure différente, suivant leur grade ou leurs fonctions à la cour. Le cornac, qui est mutilé, était juché au dessus de la tête du pachyderme, assez forte pour supporter en outre un saltimbanque qui se tient renversé la tête en bas, les mains arc-boutées sur les défenses de l'animal. De sa trompe puissante, l'éléphant soulève à la fois le cavalier et sa monture. Tout, dans ce monument, atteste qu'il a été sculpté dans l'Inde, et il serait impossible de l'attribuer à la Syrie ou à la Perse; c'est *le roi* d'un jeu hindou fort ancien, qui n'est peut-être venu en France qu'à l'époque des Croisades, comme le croit M. van der Linde. Il a 16 centimètres de haut; l'héliogravure montre qu'il n'est pas arrivé jusqu'à nous sans subir certaines avaries.

Un coup d'œil attentif permet de constater que les deux autres pièces d'ivoire qui figurent sur notre planche n'ont pas de rapport avec celle que nous venons de décrire, et l'une d'elles au moins ne faisait pas partie des seize pièces de jeu d'échecs enlevées au trésor de Saint-Denis et déposées au Cabinet des Médailles, le 19 décembre 1793. Ce sont *le roi* et *la reine* d'un jeu fabriqué en Occident vers le xiie siècle, par un ivoirier fort inférieur au sculpteur hindou. Le roi, barbu, est assis sous un dais, de face, comme les consuls romains sur leur diptyques d'ivoire; deux valets écartent la draperie de chaque côté de lui. Le toit plat de l'édicule sous lequel il trône est surmonté de créneaux. La partie postérieure a la forme d'une abside semi-circulaire et à claire-voie, avec d'élégantes colonnes géminées, des chapiteaux et des arcades de style roman. Ce monument a appartenu à Caylus, qui lui a consacré un commentaire puéril avant de le léguer au roi avec ses collections [1]. Hauteur : 143 millimètres.

La reine est assise sous un dais gothique, les pieds sur un escabeau; elle a une couronne ornée de pierreries et elle tient un globe. Deux dames d'atours écartent les rideaux. Sur le toit, il y avait, à chaque angle, un homme d'armes, abrité derrière son bouclier : l'un des deux a disparu. Des feuilles de chêne, des rinceaux, des enroulements en cordelettes décorent le bord du toit, et à l'arrière de la voûte sont postés, comme sur les tombeaux, deux chiens accroupis et adossés. Comme la pièce précédente, celle-ci a la forme d'un demi-cylindre; la partie cylindrique est ajourée et ornée de colonnes géminées et d'arceaux en plein cintre rappelant l'architecture du xiie siècle. Hauteur, 150 millimètres.

Il y a encore au Cabinet des Médailles un certain nombre d'autres pièces d'échecs en ivoire, rois, reines, cavaliers, éléphants, pions ou fantassins, dépareillés et ayant fait partie de jeux divers [2]. Leur groupement disparate ne nous donne pas une idée de l'ensemble de l'échiquier. La découverte faite dans l'île de Lewis sur les côtes d'Ecosse, en 1831, n'éclaircit guère non plus ce point délicat qui, d'ailleurs, relève plutôt de recherches d'un autre ordre. Cette trouvaille, étudiée par Frédéric Madden, comprenait six rois, cinq reines, treize évêques remplaçant les fous, quatorze cavaliers, dix gardes à pied, des tours,

---

[1]. Caylus, *Recueil d'antiquités*, t. VI, p. 323.
[2]. Voyez deux autres spécimens, un roi et une reine, reproduits dans Willemin, *Monuments inédits de la France*, pl. 18.

— 221 —

et enfin des pions ayant la forme de bornes, à pans hexagonaux, sans ornements. Ces curieuses pièces, d'un style aussi original que les nôtres, remontent, comme elles, au XIIe siècle; mais elles constituent évidemment dans leur ensemble plusieurs jeux. M. Madden pense qu'il s'agit peut-être là du lot d'un marchand qui transportait ces objets aux îles Hébrides ou en Irlande pour en trafiquer. Il va même jusqu'à émettre l'hypothèse que ce lot aurait été envoyé par Inga, roi de Norvège (1136-1161) à Godred Olafson qui régna en Irlande de 1154 à 1187. Tout ce qu'on doit retenir de conjectures aussi téméraires, c'est que le jeu des échecs avait une grande vogue dans les pays du Nord aux XIe et XIIe siècles; on en sculptait en Islande avec l'ivoire fourni par de grands poissons, tels que le narval, pêchés en abondance sur les côtes de cette île[1]. Ceci n'a point lieu de nous surprendre; seulement, on conviendra que les artistes du Moyen-Age, en s'appliquant à sculpter les énormes blocs d'ivoire dont ils faisaient des pièces de jeu d'échecs, auraient bien dû, en vérité, mettre en pratique le procédé tant vanté par le moine Théophile qui prétend qu'un habile praticien avait trouvé le secret d'amollir l'ivoire pour le mouler et le façonner, puis de lui rendre, après l'opération, sa solidité première. Les œuvres que nous ont laissées les contemporains du moine Théophile prouvent, avec autant d'éloquence que les expériences des chimistes modernes, qu'un pareil procédé n'a jamais pu être inventé.

C'est, paraît-il, dans l'Inde, que le jeu d'échecs a pris naissance, et il nous a été transmis par les Persans, les Arabes et les Byzantins. Des preuves littéraires établissent qu'il fut connu en Occident au moins dès le commencement de la période féodale : ce jeu, noble par excellence, dont M. van der Linde est parvenu à reconstituer les anciennes règles et les transformations successives, est le délassement préféré des chevaliers, et nos vieilles épopées y reviennent sans cesse[2]. Charlot, le fils de Charlemagne y joue avec Baudouinet, le fils d'Ogier le Danois, et, furieux d'avoir perdu la partie, il tue son partenaire d'un coup d'échiquier; la guerre de Charlemagne avec les quatre fils d'Aimon a pour prétexte une partie d'échecs. Nos preux se divertissent au jeu d'échecs comme Palamède, Achille ou Calchas au jeu des osselets, des dés et des petits cailloux pendant le siège de Troie. D'après la *Chanson de Roland*, à la cour de Charlemagne, tandis que les jeunes s'exercent à l'escrime, les vieux et les sages manœuvrent ces lourds échecs, bien faits pour des géants bardés de fer :

> Le roi Charles est dans un grand verger;
> Avec lui sont Roland et Olivier.....
> Il y a bien là quinze mille chevaliers de la douce France
> Ils sont assis sur des tapis blancs
> Et pour se divertir ils jouent au trictrac;
> Les plus sages, les plus vieux jouent aux échecs
> Et les bacheliers légers à l'escrime[3].....

---

1. Fr. Madden, *Historical remarks on the introduction of the game of Chess into Europe and on the ancient Chess-men discovered in the isle of Lewis*, dans l'*Archaeologia*, Londres, 1832, p. 203 à 291 (t. 24). Cf. W. Maskell, *Ancient and Medieval Ivories in the south Kensington Museum*, préface, p. LXIX.
2. Sur l'origine du jeu d'échecs, voir l'ouvrage déjà cité de A. van der Linde, *Geschichte und Litteratur des Schachspiels*; 2 vol. in-8°, Berlin, 1874.
3. Léon Gautier, *La Chanson de Roland*, édition classique, vers 103 et suiv., p. 14 à 17.

TABLE MÉTHODIQUE DES MATIÈRES

Introduction historique .... i à xix
Gravure représentant l'ancien Cabinet des Médailles..... 1

Médaillier Louis XV, commode du cabinet des Médailles. (Gravure).......................... xix

ANTIQUITÉ

I. — CAMÉES

Le Grand Camée de France, ou l'Agate de Tibère, p. 1 à 6 et pl. 1.

Canthare de sardonyx, dit Coupe des Ptolémées, p. 145 à 150 et pl. XLV.

La Coupe des Ptolémées avec son ancienne monture, vignette à la p. 150.

Buste d'empereur romain (dit de Constantin), bâton cantoral de la Sainte-Chapelle, p. 115 à 122 et pl. XXXVII.

Buste d'empereur romain (dit de Constantin); son état avant la Révolution, vignette à la p. 122.

Camées antiques. Iconographie romaine.
I. Auguste et Agrippa. — II. Trajan. — III. Septime Sévère et Julia Domna ; Caracalla et Geta.
P. 191 à 192 et pl. LIII.

Camées antiques. Iconographie romaine.
I. Bustes de Caligula et de Drusilla. — II. Buste de Messaline. — III. Têtes de Jules César, d'Auguste, de Tibère et de Germanicus, camée avec une monture attribuée à Benvenuto Cellini.
P. 29 à 30 et pl. VIII.

Camées antiques. Iconographie romaine.
I. Apothéose de Germanicus. — II. Claude. — III. Néron et Agrippine.
P. 135 à 138 et pl. XLII.

Camées antiques.
I. Le trésor de la cathédrale de Chartres (Jupiter de Charles V). — II. Auguste, camée du trésor de Saint-Denis (Montures du moyen âge).
P. 173 à 180 et pl. XLIX.

Camées antiques.
I. Buste de Héra d'Argos. — II. Buste de Mercure. — III. Vénus marine sur des hippocampes. — IV. Achille vainqueur de Penthésilée. — V. La courtisane Laïs.
P. 57 à 58 et pl. XIX.

Camées antiques.
I. La dispute d'Athéna et de Poseidon. — II. Taureau dionysiaque. — III. Sapho. — IV. Thétis emportée par un Triton.
P. 79 à 82 et pl. XXVI.

Camées antiques.
I. Héros abreuvant ses chevaux (prétendu Pélops). — II. Tête d'Alexandre avec les cornes d'Ammon. — III. Tête casquée d'Alexandre. — IV. Buste de Minerve. — V. Centaure et génies musiciens.
P. 213 à 216 et pl. LVIII.

Offrande à Priape, vignette à la p. 22.

Tête de Méduse, vignette à la p. 54.

Buste de Diane, vignette à la p. 82.

II. — INTAILLES

Intailles antiques.
I. Tête de Méduse, signée de Pamphile. — II. Taureau dionysiaque, signé d'Hyllus. — III. Julie, fille de Titus, signée d'Evodus (monture carolingienne).
P. 103 à 106 et pl. XXXIII.

Intailles antiques.
I. Héraclès à la fontaine. — II. Jeune homme calculant avec un abaque. — III. Bellérophon sur Pégase. — IV. Amazone. — V. Satyre en méditation. — VI. Asclaphe. — VII. Athlète. — VIII. Sculpteur. — IX. Brutus le jeune et ses licteurs. — X. Dolon surpris par Ulysse et Diomède. — XI. Énée portant Anchise. — XII. La ville d'Antioche personnifiée. — XIII. Achille citharède, signé de Pamphile. — XIV. Thétis sur un hippocampe. — XV. Hermaphrodite dansant. — XVI. Silène jouant de la double flûte. — XVII. Satyre dansant. — XVIII. Buste de vieillard inconnu (le prétendu Mécène), signé de Dioscoride. — XIX. Polymnie. — XX. La centauresse Hippa.
P. 199 à 210 et pl. LVI.

Intailles antiques de la collection de Luynes.
I. Apollon Philésios. — II. Apobate. — III et IV. Philoctète à Lemnos. — V et VI. Compagnon d'Ulysse portant l'outre des Vents. — VII. Cassandre au pied du palladium. — VIII. Hermès portant Dionysos enfant. — IX. Héraclès et Echidna. — X. Terme de Dionysos Pogonitès. — XI. Agavé. — XII. Jason à la conquête de la Toison d'or. — XIII. Ulysse contemplant les armes d'Achille. — XIV. Les Héraclides tirant au sort les villes du Péloponèse. — XV. Achille, Priam et Hermès. — XVI. Othryadès mourant. — XVII. Vénus du Liban. — XVIII. Achille au bord de la mer. — XIX. Le monstre marin Aegéon. — XX. Baaltars ou Zeus Arotrios.
P. 155 à 166 et pl. XLVII.

Intailles antiques de la collection de Luynes.
I. Pandarée et le chien de Crète. — II. Persée et la tête de Gorgone. — III. Céphale et le chien Laelaps. — IV. Bacchant dans l'attitude du Diadumène. — V. Capanée foudroyé. — VI. Marsyas et Olympus. — VII. Diomède portant la tête de Dolon. — VIII. Apollon devin. — IX. Satyre, signé d'Epitynchaous. — X. Satyre tireur d'épine. — XI Polyidios et Glaucos. — XII. Achille au tombeau de Patrocle. — XIII. Mercure assis. — XIV. Buste de Bacchante. — XV. Satyre agenouillé et préparant un sacrifice. — XVI. Neptune ouvrant la source de Lerne. — XVII. Satyre dansant. — XVIII. Saturne dans un bige de serpents. — XIX. Minerve et Acratès. — XX. Castor chez les Bébryces.
P. 13 à 22 et pl. V.

Génie perse achéménide, vignette à la p. 184.

Buste d'Apollon, vignette à la p. 50.

Buste de Caracalla (en saint Pierre), vignette à la p. 138.

III. — MONUMENTS D'OR ET D'ARGENT.

La patère d'or trouvée à Rennes, p. 25 à 28 et pl. VII.

Collier étrusque en or, vignette à la p. 192.

Bijou phénicien en or, vignette à la p. 132.

Pendant de collier (médaillon romain de Postume) en or, vignette à la p. 28.

Canthare des Centaures. Vase en argent du trésor de Bernay, p. 43 à 46 et pl. XIV.

Canthare des Centaures. Vase en argent du trésor de Bernay, p. 185 à 186 et pl. LI.

Canthare des masques. Vase en argent du trésor de Bernay, p. 123 à 124 et pl. XXXVIII.

Œnochoé en argent du trésor de Bernay : le triomphe et la mort d'Achille, p. 53 à 54 et pl. XVII.

Œnochoé en argent du trésor de Bernay : la mort de Patrocle et la rançon d'Hector, p. 133 à 134 et pl. XLI.

Cotylé en argent du trésor de Bernay : les divinités des Jeux Isthmiques, p. 71 à 72 et pl. XXIV.

Poculum en argent du trésor de Bernay, vignette à la p. 124.

Manche de patère en argent du trésor de Bernay, vignette à la p. 46.

IV. — MONUMENTS DE BRONZE.

Héraclès combattant, statuette de bronze de la collection Oppermann, p. 73 à 78 et pl. XXV.

Héraclès combattant, statuette de bronze de la collection Oppermann, vignette à la p. 78.

Satyre dansant. Statuette de bronze, p. 93 à 100 et pl. XXX et XXXI.

Aphrodite Melaenis. Statuette de bronze de la collection de Luynes, p. 83 à 84 et pl. XXVII.

Le Diadumène. Statuette de bronze de la collection de Janzé, p. 41 à 42 et pl. XIII.

Jeune Pan. Statuette de bronze dans l'attitude du Doryphore, p. 67 à 68 et pl. XXII.

Iphiclès. Statuette de bronze de la collection de Janzé, p. 31 à 32 et pl. IX.

Hercule étouffant les serpents. Bronze. Vignette à la p. 32.

Eros fuyant. Statuette de bronze, p. 197 à 198 et pl. LV.

Adonis. Statuette de bronze de la collection de Janzé, p. 113 à 114 et pl. XXXVI.

Enfant criophore. Statuette de bronze de la collection de Luynes, p. 187 à 190 et pl. LII.

Esclave éthiopien. Statuette de bronze, p. 151 à 154 et pl. XLVI.

Tête de nègre. Bronze de la collection de Janzé, p. 51 à 52 et pl. XVI.

Tête de Méduse en bronze. Marteau de porte (collection de Luynes), p. 101 à 102 et pl. XXXII.

Buste de Mercure en bronze. Peson de balance romaine, orné de clochettes, p. 125 à 128 et pl. XXXIX.

Vache de bronze, p. 23 à 24 et pl. VI.

Céphale, figure d'applique en bronze, p. 9 à 10 et pl. III.

Héra et Hébé. Figures d'applique en bronze, p. 139 à 142 et pl. XLIII.

Tête de nègre. Lampe de bronze de la collection de Luynes, vignette à la p. 172.

Pygmée. Statuette de bronze de la collection Oppermann, vignette à la p. 154.

Vénus et Adonis. Miroir en bronze, vignette à la p. 114.

Eros bachique. Bronze de la collection Oppermann, vignette à la p. 142.

Buste de Cybèle en bronze, vignette à la p. 128.

Hélios. Buste en bronze de la collection de Luynes, vignette à la p. 190.

Tête de Méduse en bronze, vignette à la p. 100.

Médaillon de bronze de Lucille, femme de Lucius Verus, vignette à la p. 196.

V. — VASES PEINTS ET AUTRES MONUMENTS EN TERRE CUITE.

La coupe (cylix) d'Arcésilas, p. 37 à 40 et pl. XII.

La coupe d'Arcésilas, vignette à la p. 40.

Pelée et Atalante. Cylix de la collection de Luynes, p. 55 à 56 et pl. XVIII.

Œnochoé de style corinthien. Collection Oppermann, p. 129 à 132 et pl. XL.

Bas-relief grec en terre cuite (bige au galop) de la collection de Luynes, p. 11 et 12 et pl. IV.

Antéfixe grec en terre cuite, p. 107 à 108 et pl. XXXIV.

Joueuse d'osselets. Statuette en terre cuite de la collection de Janzé, p. 216 à 218 et pl. LIX.

VI. — MONUMENTS DE MARBRE ET DE PIERRE.

Tête colossale de femme en marbre (attribuée faussement au Parthénon), p. 59 à 60 et pl. XX.

Tête d'homme inconnu (portrait prétendu de T. Quinctius Flamininus) en marbre, p. 143 à 144 et pl. XLIV.

Marcus Modius Asiaticus, médecin méthodique. Buste en marbre, p. 85 à 86 et pl. XXVIII.

Vénus du Liban. Statuette en pierre calcaire de la collection de Luynes, p. 33 à 34 et pl. X.

Génie perse. Bas-relief achéménide en pierre calcaire de la collection de Luynes, p. 181 à 184 et pl. L.

MOYEN-AGE & RENAISSANCE

I. — CAMÉES ET INTAILLES.

Camées de la Renaissance.
I. Le pape Paul III. — II. Camillo Gonzaga, comte de Novellera, et Barbara Borromeo. — III. Barbara Borromeo. — IV. Portrait d'une inconnue. — V. Elisabeth, reine d'Angleterre.
P. 69 à 70 et pl. XXIII.

Camées de la Renaissance.
I et II. Portraits de personnages inconnus. — III. François Ier. — IV. Victoria Colonna. — V. Henri IV.
P. 47 à 50 et pl. XV.

Intailles de la Renaissance.
I. Bacchanale (prétendu cachet de Michel Ange). — II. Le triomphe de Silène. — III. Alexandre faisant placer l'Iliade dans le tombeau d'Achille.
P. 87 à 92 et pl. XXIX.

Lion dévorant un taureau. Camée byzantin, vignette à la p. 34.

Roi nègre. Camée de la Renaissance, vignette à la p. 92.

II. — MONTURES DE MONUMENTS ANTIQUES.

Monture du Jupiter donné par Charles V à la cathédrale de Chartres, p. 173 et pl. XLIX.

Monture du buste de Constantin (bâton cantoral de la Sainte-Chapelle), p. 115 et pl. XXXVII.

Monture de l'aigue-marine représentant Julie, fille de Titus, p. 104 et pl. XXXIII.

Monture de camée antique (Auguste, du trésor de Saint-Denis), p. 180 et pl. XLIX.

Monture de camée antique, attribuée à Benvenuto Cellini, p. 30 et pl. VIII.

Monture du camée représentant un Centaure avec des Amours, p. 216 et pl. LVIII.

III. — MONUMENTS DIVERS.

Gondole de sardonyx, avec une monture d'or et de pierreries, p. 211 à 212 et pl. LVII.

La coupe de Chosroès Ier, p. 61 à 66 et pl. XXI.

Coupe d'argent sassanide de la déesse Anaïtis, p. 167 à 172 et pl. XLVIII.

Coupe d'argent sassanide de la déesse Anaïtis, vignette à la p. 171.

Epée mauresque, dite Epée de Boabdil, de la collection de Luynes, p. 193 à 199 et pl. LIV.

Le trône de Dagobert. Chaise curule romaine en bronze doré, p. 109 à 112 et pl. XXXV.

Pièces de jeux d'échecs en ivoire, p. 219 à 221 et pl. LX.

L'ancien oratoire dit de Charlemagne, au trésor de Saint-Denis, vignette à la p. 106.

Médaillon en marbre, signé de Mino de Fiésole, p. 35 à 36 et pl. XI.

Epée des grands maîtres de Malte, dite Epée de la Religion, p. 7 à 8 et pl. II.

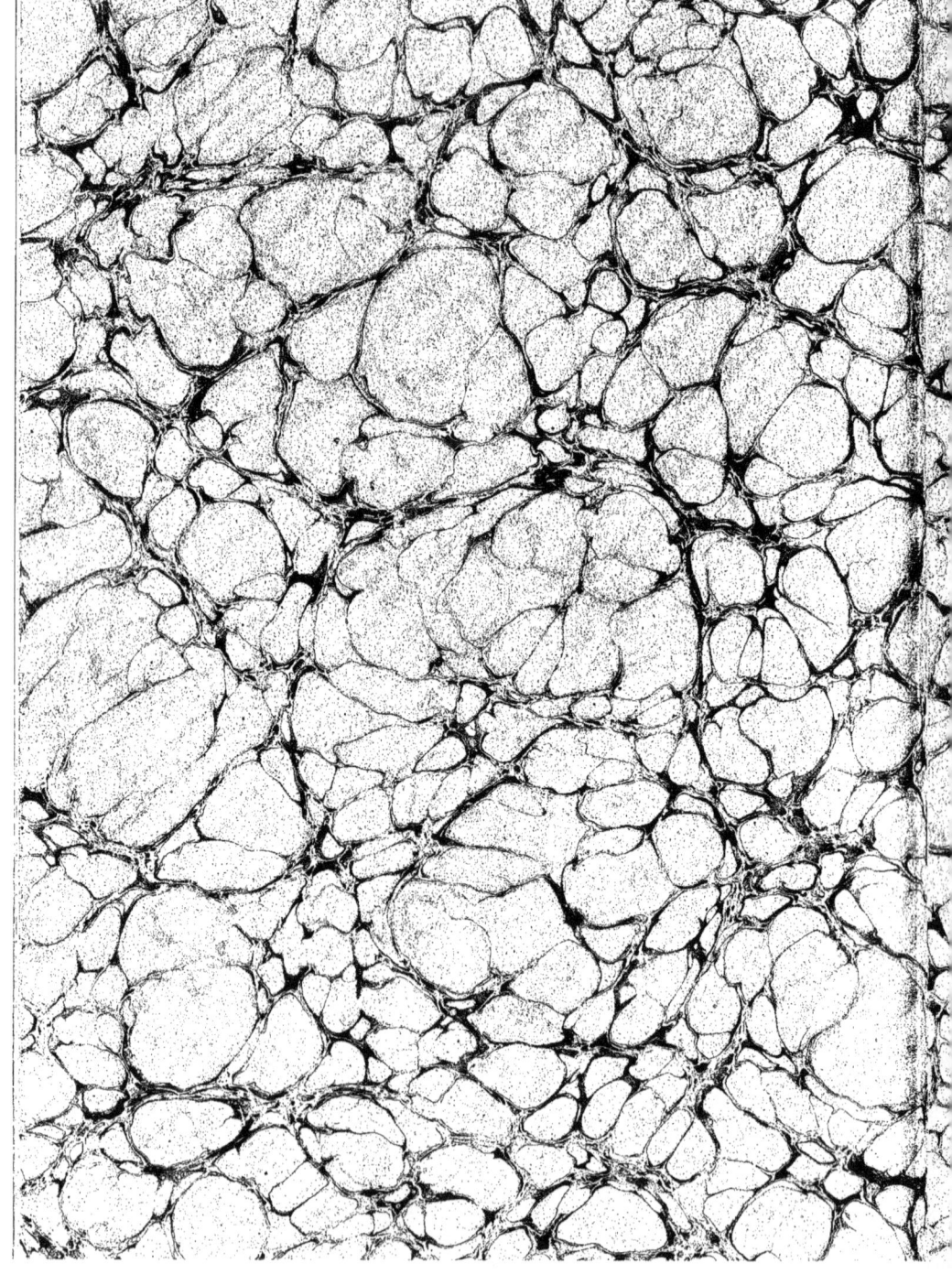

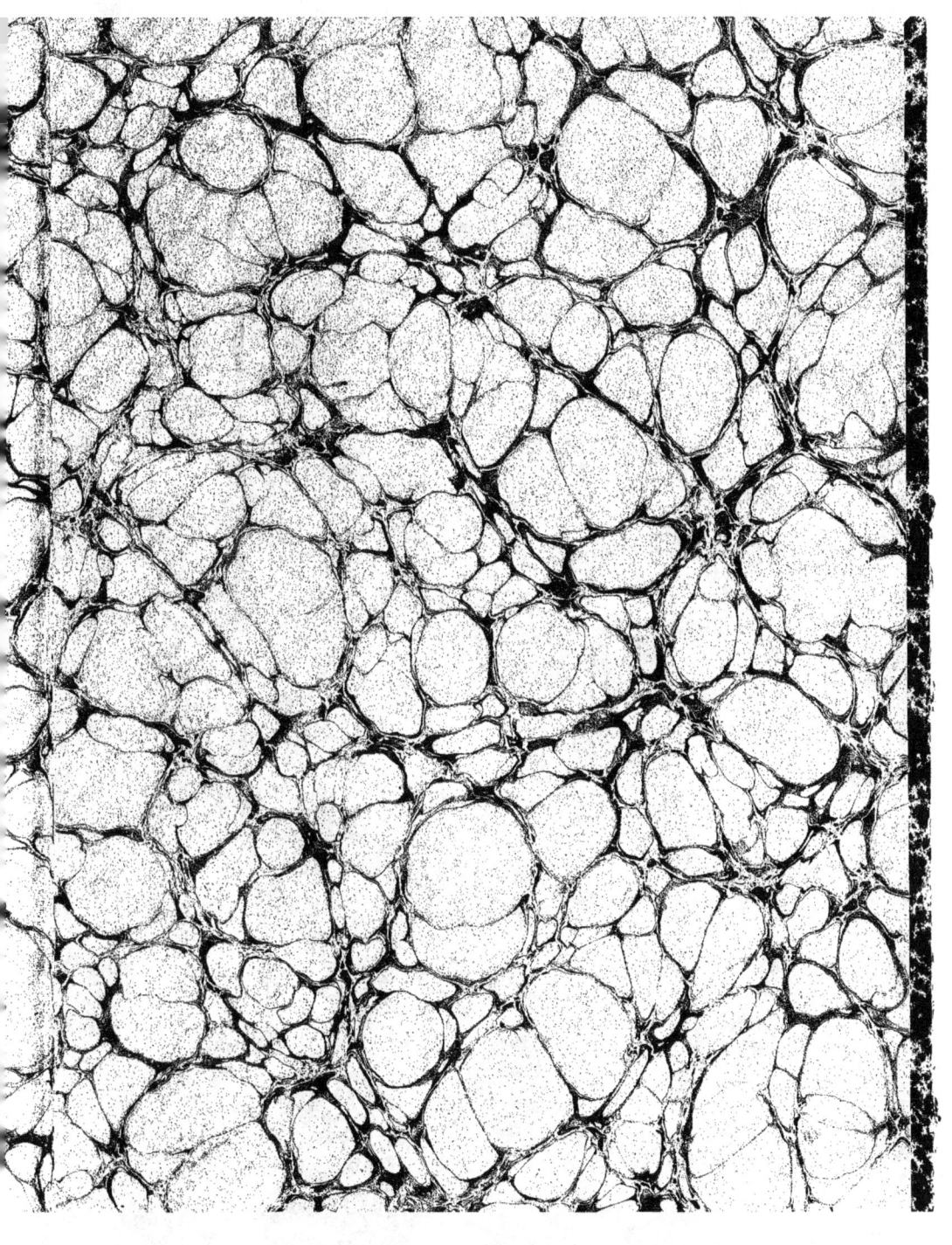

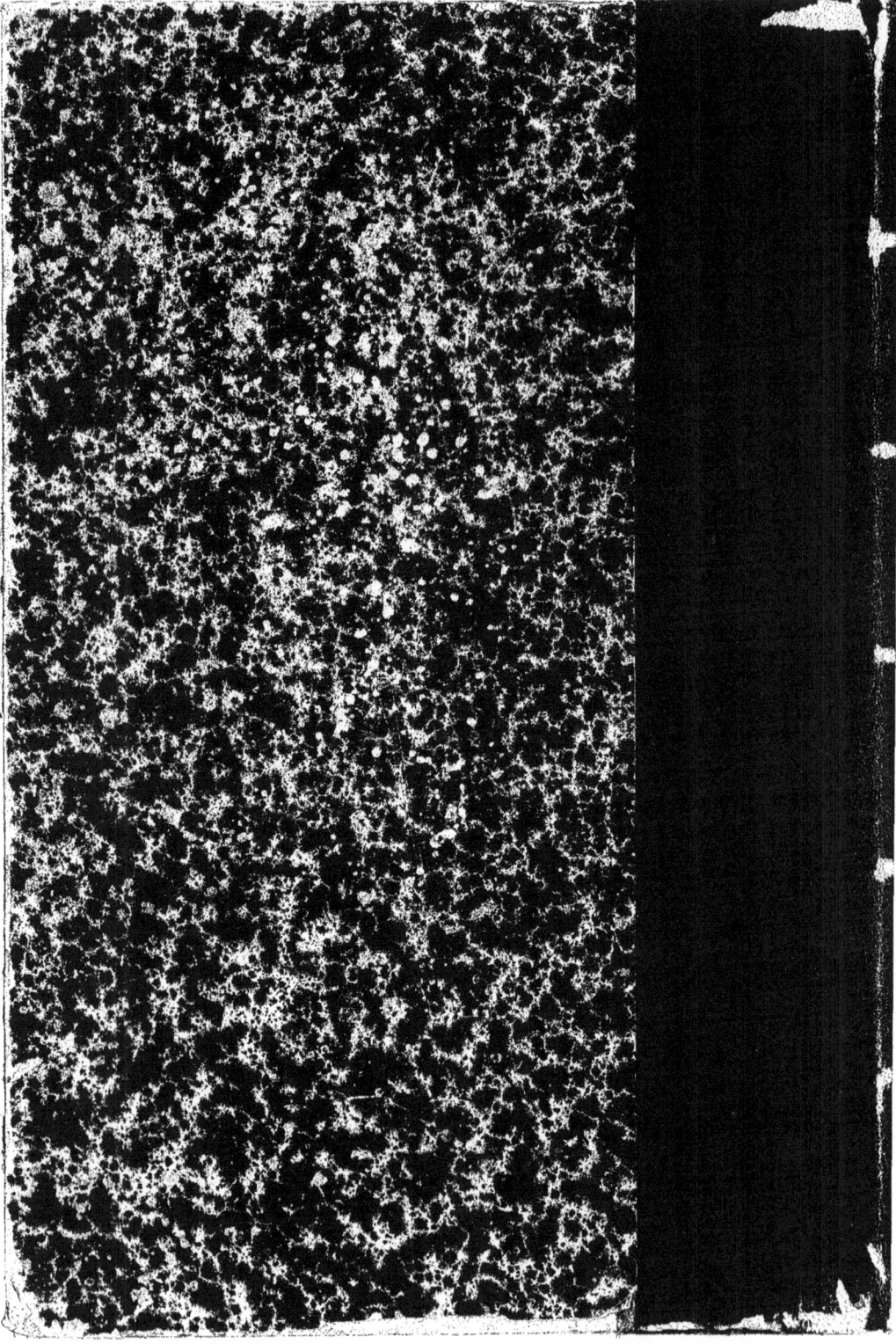

E. BABELON

LE CABINET
DES
ANTIQUES

www.ingramcontent.com/pod-product-compliance
Lightning Source LLC
Chambersburg PA
CBHW070618160426
43194CB00009B/1309